FRANCE

ANGLETERRE

Londres ✪

Manche

Dunkerque
Calais
Lille ◉
Valenciennes ◉

BELGIQUE

✪ Bruxelles

ALLEMAGNE

ARTOIS

Amiens

PICARDIE

LUXEMBOURG

✪ Luxembourg

Le Havre
Rouen ◉
Caen

Reims

Metz

NORMANDIE

Versailles ✪ PARIS

CHAMPAGNE

LORRAINE

Nancy   Strasbourg

Brest

BRETAGNE

Rennes

Chartres

Seine

ALSACE

FRANCHE-COMTÉ

Berne ✪

Le Mans   Orléans

BOURGOGNE

ANJOU
PAYS DE LA LOIRE

Angers   Tours

Dijon   Besançon

JURA

SUISSE

Nantes

TOURAINE

Loire

Lausanne

POITOU-CHARENTES

BOURBONNAIS

Saône

Genève

OCÉAN
ATLANTIQUE

La Rochelle

Limoges

Clermont-Ferrand

Annecy

Lyon ◉

Grenoble ◉

ITALIE

LIMOUSIN

MASSIF
CENTRAL

St-Étienne

ALPES

Bordeaux ◉

AUVERGNE

Rhône

MONACO

Garonne

Avignon

PROVENCE

Nice ✪

50 100 150 200 mi
100   200   300 km

AQUITAINE

Toulouse ◉

Montpellier

Aix-en-Provence

CÔTE
D'AZUR

GASCOGNE

LANGUEDOC

Marseille ◉   Toulon

MIDI-PYRÉNÉES

PYRÉNÉES   Perpignan

ANDORRE

Mer
Méditerranée

Corte

CORSE

Ajaccio

ESPAGNE

✪ Capitale
Population des unités urbaines
◉ plus de 300.000 habitants
• de 100.000 à 300.000 habitants
· de 50.000 à 100.000 habitants

L'EUROPE

DÉPARTEMENTS ET TERRITOIRES D'OUTRE-MER

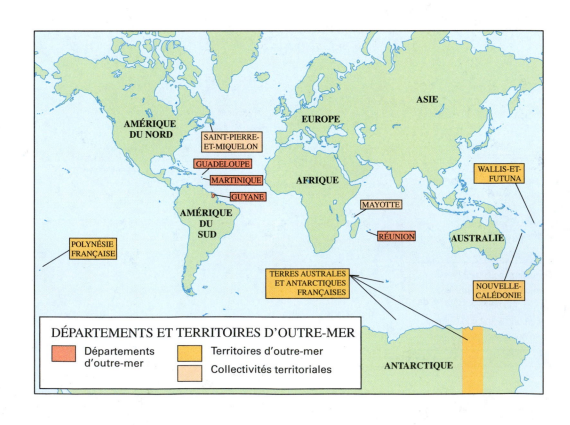

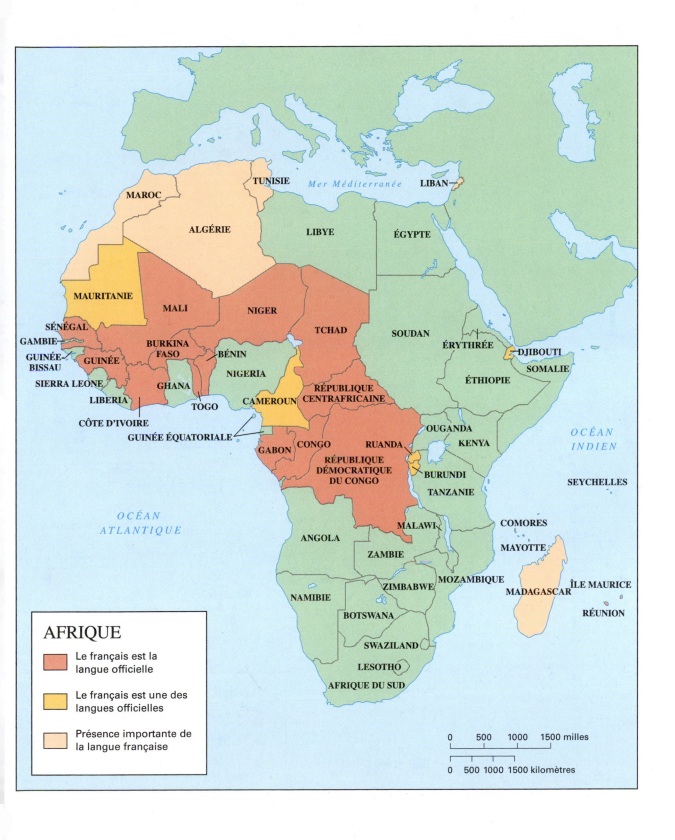

AFRIQUE

- **Le français est la langue officielle**
- **Le français est une des langues officielles**
- **Présence importante de la langue française**

0   500   1000   1500 milles

0   500 1000 1500 kilomètres

MAROC

TUNISIE

Mer Méditerranée

LIBAN

ALGÉRIE

LIBYE

ÉGYPTE

MAURITANIE

MALI

NIGER

TCHAD

SOUDAN

ÉRYTHRÉE

DJIBOUTI

SÉNÉGAL

GAMBIE

GUINÉE-BISSAU

GUINÉE

BURKINA FASO

BÉNIN

NIGERIA

CAMEROUN

RÉPUBLIQUE CENTRAFRICAINE

ÉTHIOPIE

SOMALIE

SIERRA LEONE

LIBERIA

GHANA

TOGO

CÔTE D'IVOIRE

GUINÉE ÉQUATORIALE

GABON

CONGO

RUANDA

RÉPUBLIQUE DÉMOCRATIQUE DU CONGO

OUGANDA

KENYA

BURUNDI

TANZANIE

OCÉAN INDIEN

SEYCHELLES

OCÉAN ATLANTIQUE

ANGOLA

ZAMBIE

MALAWI

COMORES

MAYOTTE

MOZAMBIQUE

ÎLE MAURICE

MADAGASCAR

RÉUNION

NAMIBIE

ZIMBABWE

BOTSWANA

SWAZILAND

LESOTHO

AFRIQUE DU SUD

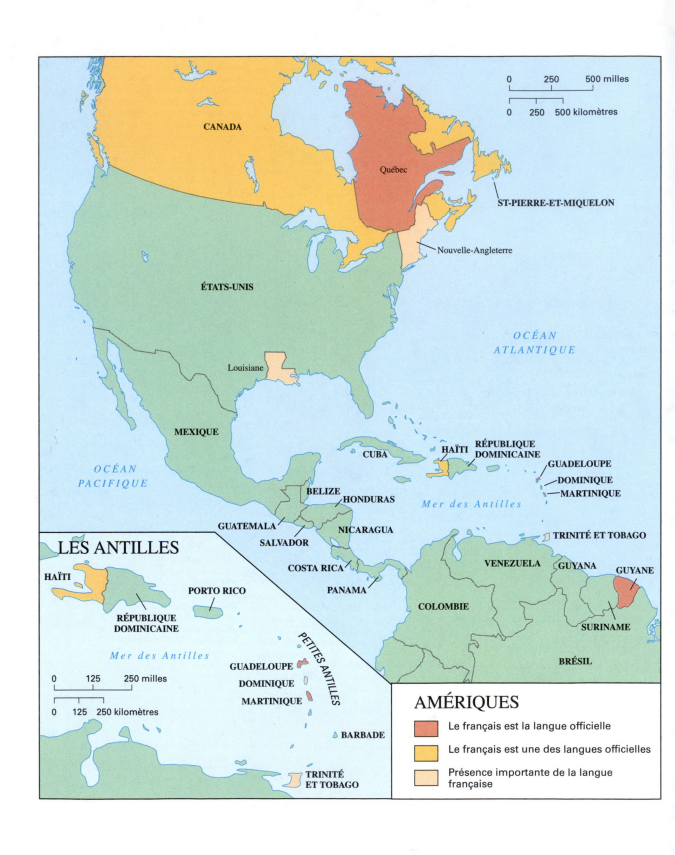

CANADA

Québec

ST-PIERRE-ET-MIQUELON

Nouvelle-Angleterre

ÉTATS-UNIS

OCÉAN ATLANTIQUE

Louisiane

MEXIQUE

OCÉAN PACIFIQUE

CUBA

HAÏTI

RÉPUBLIQUE DOMINICAINE

GUADELOUPE

DOMINIQUE

MARTINIQUE

Mer des Antilles

BELIZE

HONDURAS

GUATEMALA

SALVADOR

NICARAGUA

COSTA RICA

PANAMA

TRINITÉ ET TOBAGO

VENEZUELA

GUYANA

GUYANE

COLOMBIE

SURINAME

BRÉSIL

0   250   500 milles

0   250   500 kilomètres

LES ANTILLES

HAÏTI

PORTO RICO

RÉPUBLIQUE DOMINICAINE

Mer des Antilles

PETITES ANTILLES

GUADELOUPE

DOMINIQUE

MARTINIQUE

△ **BARBADE**

TRINITÉ ET TOBAGO

0   125   250 milles

0   125   250 kilomètres

AMÉRIQUES

■ Le français est la langue officielle

■ Le français est une des langues officielles

■ Présence importante de la langue française

Mais oui!

fifth edition

Mais oui!

Introductory French and Francophone Culture

WORKTEXT ADVANTAGE EDITION
VOLUME 1

Chantal P. Thompson
Brigham Young University

Elaine M. Phillips
Educational Consultant

HEINLE
CENGAGE Learning™

Australia • Brazil • Japan • Korea • Mexico • Singapore • Spain • United Kingdom • United States

**Mais oui! Introductory French
and Francophone Culture, Fifth Edition
Worktext Advantage Edition Volume 1**
Chantal P. Thompson, Elaine M. Phillips

Vice President, Editorial Director:
P.J. Boardman

Publisher: Beth Kramer

Senior Acquisitions Editor: Nicole Morinon

Development Editor: Catharine Thomson

Senior Content Project Manager:
Esther Marshall

Assistant Editor: Kimberly Meurillon

Senior Editorial Assistant: Timothy Deer

Senior Media Editor: Morgen Murphy

Associate Media Editor: Katie Latour

Marketing Manager: Daphne Allanore

Marketing Coordinator: Claire Fleming

Marketing Communications Manager:
Glenn McGibbon

Manufacturing Planner: Betsy Donaghey

Art Director: Hannah Wellman

Permissions Editor: Sylvie Pittet

Image Research and Permissions:
PreMediaGlobal

Production Service: PreMediaGlobal

Text Designer: Janet Theuer

Cover Designer: Roycroft Design

Cover Image: ©Burton Zara/
SuperStock/Corbis

Unless otherwise noted, material in this book is
© Cengage Learning.

© 2013, 2011, 2009 Heinle, Cengage Learning

ALL RIGHTS RESERVED. No part of this work covered by the copyright herein
may be reproduced, transmitted, stored or used in any form or by any means
graphic, electronic, or mechanical, including but not limited to photocopying,
recording, scanning, digitizing, taping, Web distribution, information networks,
or information storage and retrieval systems, except as permitted under
Section 107 or 108 of the 1976 United States Copyright Act, without the prior
written permission of the publisher.

For product information and technology assistance, contact us at
Cengage Learning Customer & Sales Support, 1-800-354-9706
For permission to use material from this text or product,
submit all requests online at **www.cengage.com/permissions**
Further permissions questions can be emailed to
permissionrequest@cengage.com

Library of Congress Control Number: 2011935891

Worktext Advantage Edition Volume 1:

ISBN-13: 978-1-111-83582-8

ISBN-10: 1-111-83582-9

Heinle
20 Channel Center Street
Boston, MA 02210
USA

Cengage Learning is a leading provider of customized learning solutions with
office locations around the globe, including Singapore, the United Kingdom,
Australia, Mexico, Brazil, and Japan. Locate your local office at:
www.cengage.com/global

Cengage Learning products are represented in Canada by Nelson Education, Ltd.

For your course and learning solutions, visit **www.cengage.com**

Purchase any of our products at your local college store or at our preferred
online store **www.cengagebrain.com**

Printed in the United States of America
1 2 3 4 5 6 7 15 14 13 12 11

Scope and Sequence

To the Student

Welcome to the fifth edition of *Mais oui!*, your beginning French program. Much like the image on the cover, what you see as a reflection of another culture is not always as it first appears. *Mais oui!* takes you on a reflective journey of discovery from one language to another, from one cultural framework to another. In doing so, *Mais oui!* calls on you to use your critical thinking skills and participate actively in the process of discovering the French language and the cultural landscapes of **la Francophonie.** Each step makes you think, and as you observe and infer, explore and confirm, multiple layers of meaning are uncovered.

- **Real-world input.**   Chapters are divided into four **Étapes,** each focused on a central theme introduced with carefully selected real-world listening or reading materials used as entry into the language that you use to communicate about the topic. The readings are from current magazine articles, books and literary works; most listening segments are based on interviews with native speakers of the language. In the *Mais oui!* **Video**, native speakers also address questions related to the chapter theme, and Web Search Activities expand opportunities for learning about Francophone cultures. Through a series of tasks, you develop strategies that enable you to process this input successfully. A natural stage is thus set for the introduction of vocabulary, structures, cultural concepts, and the practice of language functions. Through this wealth of real-world language, you not only learn to understand "real" French, but you embark on a journey of discovery.

- **Critical thinking.**   As you use *Mais oui!*, you become a reflective observer who draws on a variety of language texts (oral and written) to discover the French way of saying things. Through a process of **Observez et déduisez** *(Infer)*, then **Confirmez** *(Confirm)*, you are led to figure out on your own how the language works. You observe, infer, confirm, and acquire the language in a stimulating environment conducive to long-term retention. You are also led to understand new social and cultural realities, for a new way of saying things is often a new way of seeing things. Take the word "vacation" for example. When you think of vacation time in the business world, how many days does it usually represent in your culture? To the French, **les vacances** is synonymous with five weeks of **congés payés** *(paid vacation)* per year, a mass exodus to the beaches of western or southern France in July and August, and a whole country that grinds to a complete halt for all the holidays. Language learning is not simply a matter of learning different words, but one of acquiring a new set of concepts associated with the words—a chance to expand one's horizons, inquisitively.

- **Realistic expectations.**   The discovery process may sound challenging but, fortunately, the journey is a guided tour. The tasks are kept simple and, one small step at a time, you are guided through activities that help you identify, recognize, and internalize the patterns of French to activities that stimulate you to use your newly acquired language skills to express your own ideas and perspectives. The process will help you become a more independent language learner. Chances to create with the language abound, and functions (or language tasks) are recycled from chapter to chapter in ever-expanding contexts. By the end of the *Mais oui!* program, you can reasonably expect to begin to express personal meaning about a variety of simple topics, to ask and answer questions, and to deal with most common everyday situations in French.

Supplementary Materials for the Student

🔊 **Text Audio Program**   The Text Audio Program, located on the *Mais oui!* website (www.cengagebrain.com) in MP3 format, contains the textbook's **À l'écoute** listening passages, the **Observez et déduisez** pronunciation samples, the items of the **Confirmez** exercises, oral cues for any listening activities, and all terms from the end-of-chapter **Vocabulaire actif**. This recording is designed to maximize your exposure to the speech of native speakers from a variety of regions. It also allows you to listen to the recorded passages as often as you wish and to improve your pronunciation.

✏️ **The Student Activities Manual (SAM)**   The Workbook section of this manual provides structured, written practice of the materials introduced in the corresponding chapters and additional reading comprehension based on cultural and journalistic excerpts. The Lab Manual section, designed for use with the audio and video program, contains pronunciation practice, a variety of listening comprehension tasks, and video activities to accompany the new *Mais oui!* Video Program.

Heinle eSAM   This online version of the Student Activities Manual contains the same content as the print version in an interactive environment that provides immediate feedback on many activities. The audio associated with the Heinle eSAM is also included with an easy click.

🔊 **The Student Activities Manual Audio Program**   The audio material that accompanies the Laboratory Manual section of the SAM is also available, passcode protected, on the *Mais oui!* Website. It includes the **À l'écoute** listening passages, the pronunciation exercises, and the recorded materials for the listening comprehension activities and dictations.

▶️ **The *Mais oui!* Video**   The video features engaging interviews of native French speakers to accompany the activities in the **Notes culturelles, Culture et réflexion,** and **Synthèse culturelle** sections of your textbook. The video clips can be found in the Heinle iLrn™ Learning Center and on the *Mais oui!* Website.

🌐 **The *Mais oui!* Website**   This icon points to the *Mais oui!* **Website**, which you can access by selecting *French* at the Cengage Learning home page, http://www.cengagebrain.com.
On the *Mais oui!* Website, you will find the following free resources:

- **Text Audio Program,** corresponding to your textbook's **À l'écoute** and **Prononciation** listening passages, oral cues for any listening activities, and all terms from the end-of-chapter **Vocabulaire actif**.

- **Cultural Web Search Activities,** to help you explore further the topics of the chapter and the **Culture et réflexion** section. After completing the activities, you will share your findings and discuss them with fellow students in class.

- **Web Links,** also new to this edition, to help you connect to a variety of French-language sites appropriate to the textbook's chapter themes and content, and inviting you into authentic experiences of French-speaking culture and language.

- **Auto-graded Vocabulary and Grammar Quizzes,** to help you practice further chapter vocabulary and grammar and to assess your progress via immediate feedback.

- Google™ Earth Coordinates
- iTunes™ Playlist

Your textbook may have been packaged with an access card for additional resources on the *Mais oui!* Website. If not, you may purchase access to the following resources by visiting www.cengagebrain.com.

- **SAM Audio Program.**
- **The *Mais oui!* Video Program.**
- **Audio-enhanced Flashcards,** to help you learn and practice chapter vocabulary, while getting more exposure to French pronunciation.
- **Grammar Tutorial Videos.**
- **Grammar Podcasts and Video Tutorials** which clearly explain in English some of the stickier grammar prints you will encounter in your textbook.

iLrn™ Heinle Learning Center iLrn™ Heinle Learning Center provides you with everything you need to master the skills and concepts of the course. The dynamic audio- and video-enhanced learning environment includes an audio-enhanced eBook with integrated activities, companion videos, an interactive voiceboard, an online workbook and lab manual with audio, interactive enrichment activities, a class blog. This interactive tool, in line with your lifestyle, is perfectly adapted to the innovative learning and communicating environment. You will have the possibility to access your material online, which will save you some time and help you to be successful.

Reference Materials

The following materials provide students with useful reference tools throughout the course:

- **Maps.** On the front of the textbook, five vivid full-color maps show France, French territories around the world, and countries where French is spoken in Europe, Africa, the Americas, and the Caribbean.
- **Appendix.** The appendix contains conjugation charts of regular and irregular verbs.
- **Glossaries.** French-English and English-French glossaries follow the conjugation charts. The French-English glossary lists all active words and identifies the number of the chapter in which the word or phrase first appears. It also includes the classroom expressions featured in the end-of-chapter **Vocabulaire actif** sections and all vocabulary included in the **À l'écoute, Lecture,** and **Littérature** input.

Acknowledgments

A book is the work of many people: its authors, yes, but also those who have accepted its concept, bettered its manner of expression, and nurtured its development. For this we thank Beth Kramer, Nicole Morinon, Cat Thomson, Esther Marshall, Kim Meurillon, Tim Deer, Daphne Allanore, Glenn McGibbon, Claire Flemming, Peter Schott, Andy Kwok, Carolyn Nichols, John Farrell, and the whole team at Heinle, Cengage Learning. They have shared our vision, supported our efforts, and provided invaluable guidance. Our thanks also go to the service and freelancers involved with the different stages of the production and, in particular, PremediaGlobal and their project manager Nicole Zuckerman, Sev Champeny, and Cécile Hoene.

We also wish to thank the following colleagues for the many useful suggestions they offered in their reviews of *Mais oui!* during various stages of development:

Myriam Alami, *Rutgers University*

Anita Alkhas, *University of Wisconsin, Milwaukee*

Stacey Ayotte, *University of Montevallo*

Julie Baker, *University of Richmond*

Diane Beckman, *North Carolina State University*

John Boitano, *Chapman University*

Clayton Callahan, *Mohawk Valley Community College*

Lance Chugg, *Northland Pioneer College*

Donna Coulet du Gard, *University of Delaware*

Claire Davidshofer, *University of Maine–Presque Isle*

Alain-Philippe Durand, *University of Rhode Island*

Jean Eledge, *Lee University*

Robert Erickson, *Brigham Young University*

Richard Goldsmith, *Pierce College*

David Graham, *Clinton Community College*

Sharon Hahnlen, *Liberty University*

Carrie Klaus, *Depauw University*

Jacek Lerych, *Grays Harbor C*

Tamara Lindner, *University of Louisiana–Lafayette*

José Lopez-Marron, *Bronx Community College of the City University of New York*

Rosa Maria, *University of Montevallo*

Sharla Martin, *University of Texas–Arlington*

Barbara McIntosh, *Lorain County Community College*

Jessica Miller, *University of Wisconsin–Eau Claire*

Helene Neu, *University of Michigan*

Renée Norrell, *Birmingham-Southern College*

Pascale Perraudin, *Saint Louis University*

Marina Peters-Newell, *University of New Mexico*

Scott Powers, *University of Mary Washington*

Florian Preisig, *Eastern Washington University*

James Radtke, *Milwaukee Area Technical College*

Sudarsan Rangarajan, *University of Anchorage*

Nathan Reincheld, *Asbury College*

Howard Ross, *University of Wisconsin–Whitewater*

Prosper Sanou, *Stony Brook University*

Jessica Sturm, *Purdue University*

Lorrel Sullivan, *University of Michigan*

François Victor Tochon, *University of Wisconsin–Madison*

Terri-Jo Webster Woellner, *University of Denver*

James Wilkins, *Lee University*

Finally, we want to express our appreciation to our families, whose patience, confidence, and love sustain us. The fifth edition of *Mais oui!* is dedicated by Chantal Thompson to Bill, Natalie and Gerry, Erica and Roy, Nick and Shelley, and grandchildren Ashley, Ethan, Brandon, Kendra, Andrew, Alex, and Aidan; and by Elaine Phillips to Bob and Jonathan.

Chantal P. Thompson
Elaine M. Phillips

Bonjour!

Owen Franken

This chapter will enable you to

- greet and introduce people formally and informally
- identify people and things
- understand basic classroom terms and spell in French
- understand an announcement and a short conversation at an airport

What do you think these people are saying to one another?

Chapter resources

- iLrn Heinle Learning Center
- Text Audio Program
- Video
- Premium Website

À l'écoute Votre attention!

You are about to listen to an audio segment on the iLrn Student Website and/or on the Text Audio Program. You will hear an announcement made over the public address system at a French airport. Prepare yourself by doing the activity that follows.

Pensez

1 Imagine that you are at a French airport, and someone is being paged. What do you expect to hear in this announcement?

Attention! Before you listen to the announcement, read the numbered tasks outlined in the **Observez et déduisez** section below. You will probably not understand everything you hear, but these tasks will guide you step by step. For each task, focus only on what you are asked to do. As you learn various strategies for listening, authentic speech will become increasingly easier for you to understand.

Observez et déduisez 🔊
CD 1-2

2 Listen a first time and check the information you had anticipated in **Pensez** that is actually mentioned in the announcement.

3 Listen again. In the following list, circle the words used in the announcement, and then guess their meaning.

votre attention / merci / s'il vous plaît
Monsieur / Madame / Mademoiselle
bureau / compagnie / société
Air France / Airbus / Air Inter

4 Listen a final time to infer the meaning of **est priée de se présenter** from the following choices.
   a. is asked to call
   b. is asked to come in person
   c. is asked to give a present

Pensez

1 The woman being paged comes to the airline counter. What do you expect will be included in the conversation?

Observez et déduisez 🔊
CD 1-3

2 Listen a first time and check the information you had anticipated in **Pensez**. What is actually included in the conversation?

3 Listen again. Match the French expressions on the left with the categories on the right.

1. je suis
2. au revoir
3. bonjour
4. merci

a. greetings
b. identifying oneself
c. thanking
d. leave-taking

> **Vocabulaire actif**
>
> à bientôt
> au revoir
> bonjour
> de rien
> euh…
> il n'y a pas de quoi
> je suis
> je vous en prie
> madame
> mademoiselle
> merci
> monsieur
> s'il vous plaît

4 Now that you have heard the conversation twice, indicate why the woman is being paged.

a. There was a message for her.
b. There was a problem with her ticket.
c. She had lost her passport.

5 Listen a final time, paying close attention to the woman's name. How is it spelled? Unscramble the following letters to spell her name.

U E A H S D C Y N

6 In English, we use *um* as a pause filler in conversation. Having heard this conversation three times, can you identify the pause filler that French speakers use to mark hesitation?

Notes culturelles

Bonjour, madame. In formal situations, French people generally add **monsieur, madame,** or **mademoiselle** (abbreviated **M., Mme,** and **Mlle** respectively) to **bonjour, au revoir,** and **merci.** Note that the last name is not used.

Salutations et gestes. When greeting or saying good-bye to a colleague or an acquaintance, French people always shake hands. Close friends and family members exchange kisses on the cheeks **(des bises)**—two, three, or even four kisses, depending on regional customs.

Au revoir? If you expect to see the person again in the near future, you may say **à bientôt** *(see you soon)* instead of **au revoir.** To say good-bye, French Canadians may say **bonjour** or **salut** rather than **au revoir.**

Merci et la politesse. **Je vous en prie** is a formal way to say *you're welcome.* **De rien** or **il n'y a pas de quoi** are less formal. French Canadians use the expression **bienvenue** *(welcome).*

Bloguez! (iLrn)
Go to the **Share it!** feature of iLrn to access your blog. In your first post, describe polite ways to greet someone or to take leave in your culture.

Greetings and Introductions

Observez et déduisez

Greetings and introductions in French, as in English, usually involve a great deal of social ritual. Study the illustrations and dialogues; then answer the following questions.

- In formal situations, do French speakers use **tu** or **vous**?

- What expressions are used to do the following?

    Greet a new student.
    Give your name and find out his.
    Introduce him to a classmate.
    Respond to an elderly neighbor's greeting.
    Ask how she is doing.
    Say you're doing fine.

- What are the French equivalents for the following expressions?

name	My name is . . .	Not too good.
first name	Good evening.	And you? *(formal)*
last name	I'm fine.	And you? *(informal)*

— Bonjour, madame.
  Comment allez-vous?
— Je vais bien, merci.
  Et vous?

— Bonsoir, monsieur. Vous
  allez bien?
— Oh, comme ci comme
  ça... les rhumatismes, vous savez…

— Simone, je vous présente
  Monsieur Leblanc.
  Monsieur Leblanc, Madame Bichon.
— Enchanté, madame.
— Enchantée.

— Salut! Ça va?
— Oui, et toi?
— Ça va!

— Tiens, Claire, je te
présente Naïma.
— Bonjour.

— Comment tu t'appelles?
— Mohammed.
— Et ton nom de famille?
— Belhaj. Mohammed Belhaj.

— Bonjour, monsieur. Comment
vous appelez-vous?
— Je m'appelle Cacharel.
— Pardon? Votre nom?
— Cacharel.
— Votre prénom?
— Alain.

Confirmez

	to greet someone	to respond
formel	Bonjour, madame.	Bonjour, monsieur.
familier	Salut, Jean.	Bonsoir, Marie.
	to ask how someone's doing	**to respond**
formel	Comment allez-vous?	Je vais bien, merci. Et vous?
	Vous allez bien?	Très bien, merci. Et vous?
		Comme ci comme ça.
familier	Comment vas-tu?	Ça va bien, et toi?
	Comment ça va?	Oh, pas mal.
		Comme ci comme ça. Et toi?
	to introduce someone	**to respond**
formel	Je vous présente...	Enchanté(e).
		Bonjour, monsieur (madame).
familier	Je te présente...	Bonjour.
	to ask someone's name	**to respond**
formel	Comment vous appelez-vous?	Je m'appelle...
	Votre nom? / Votre prénom?	Cacharel. / Alain.
familier	Comment tu t'appelles?	Je m'appelle...
	Ton nom? / Ton nom de famille?	Mohammed. / Belhaj.

Activités

A **Options.** Choose the most appropriate response to the following.

1. Comment vous appelez-vous?
   _____ Très bien, merci. ___✗___ Je m'appelle Caroline.

2. Je vous présente Monsieur Carel.
   _____ Il n'y a pas de quoi. ___✗___ Enchanté.

3. Comment allez-vous?
   _____ Ça va bien. ___✗___ Je vais bien, merci.

4. Ton prénom?
   ___✗___ Nicolas. ___Ⓐ___ Sarkozy.

5. Bonjour, mademoiselle.
   ___Ⓞ___ Bonjour, monsieur. ___✗___ Salut.

6. Merci, monsieur.
   _____ Comme ci comme ça. ___✗___ Je vous en prie.

7. Au revoir, Caroline.
   ___✗___ À bientôt! _____ De rien.

B **Complétez.** Now complete the following dialogues with the appropriate expressions.

1. — ___Bonsoir___, monsieur.
   — ___Bonsoir___, madame.
   — ___comment allez-vous?___
   — ___très bien___!

2. — ___prénom___?
   — Samuel.
   — ___nom de famille?___
   — Beynet.

3. — ___comment vous? applez vous___
   — ___Madame___ Letort.
   — ___votre prénom?___
   — Suzanne. Suzanne Letort.

4. — Salut, Michelle,
   ___ça va___?
   — Oui, ___et toi___?
   — ___Bien___, je suis fatiguée...

5. — Paul, ___je vous présente tous___ Jean-Michel.
   Jean-Michel, Paul.
   — ___enchanté___
   — ___enchanté___.

6. — Charles, ___je vous présente___ Madame Beynet. Madame Beynet, Monsieur Duval.
   — ___Enchantée___, madame.
   — ___Enchanté___, monsieur.

C **Bonjour.** Look at the photographs on page 9. Create an appropriate dialogue for each photo and practice it with a partner.

Note culturelle

Tu ou vous? The decision to use **tu** or **vous** is often a delicate one, even for native speakers of French. In general, the pronoun **tu** is used in familiar contexts (with family, friends, children, and students your own age). Use **vous** with people you address by their last name, new acquaintances, people with whom you maintain a professional distance, or people who are older than you. French Canadians use **tu** more readily than the French, as do younger people throughout the Francophone world. However, if you have any doubt, use **vous**!

Bloguez! 〔ilrn〕

In English, you use the same word—*you*—to speak to people you know well and to those you don't, to children and to adults. Nevertheless, there are other ways your language might change in those contexts. Give an example.

Stratégie de communication

Spelling in French

Observez et déduisez 🔊
CD 1-4

When you meet new people, you may need to spell your name or ask them to spell their names **(Comment ça s'écrit?).** Although French and English use the same alphabet, the sounds corresponding to many of the letters are different. How would you spell your name in French?

A	B	C	D	E	F	G	H	I	J	K	L	M
[a]	[be]	[se]	[de]	[ə]	[ɛf]	[ʒe]	[aʃ]	[i]	[ʒi]	[ka]	[ɛl]	[ɛm]
N	O	P	Q	R	S	T	U	V	W	X	Y	Z
[ɛn]	[o]	[pe]	[ky]	[ɛr]	[ɛs]	[te]	[y]	[ve]	[du blə ve]	[iks]	[i grɛk]	[zɛd]

accent aigu   André
accent grave   Irène
accent circonflexe   Benoît
c cédille   François
tréma   Joëlle
trait d'union   Marie-France, Jean-Paul
apostrophe   M'hammed

Activités

 D **C'est qui?** Stand with your classmates and listen carefully as your teacher spells a name—either a first name or a last name. Sit down when you are sure he/she is *not* spelling *your* name.

 E **Devinez (*Guess*)!** Spell the words aloud supplying the missing letters.

1. compagnie
2. je vous en prie
3. Vous allez bien?
4. Robert, comment ça va?
5. s'il vous plaît

6. monsieur
7. Il n'y a pas de quoi.
8. Je m'appelle Nicolas Sarkozy.
9. Enchanté
10. mademoiselle

F **Comment ça s'écrit?** You are checking tickets at the airline counter. Spell out the passengers' names to make sure there are no mistakes!

1. Jean-Pierre Segond
2. Yambo Hazoumé
3. Mariama Bâ

4. Françoise Gracq
5. Hélène Leroux
6. Aïcha Al'Kassem

Bloguez! iLrn ▶

In the ***Mais oui!*** 5th edition video, you meet four young French speakers from around the world. They will answer questions about their lives, opinions, and personal experiences related to chapter topics. Watch the video for the **Chapitre préliminaire** where they introduce themselves and tell you where they are from. Write down the names that you hear them spell, and complete the activities in the Student Activities Manual.

Camille

Fatim

Fatou

Greg

© Heinle, Cengage Learning

Les bises rituelles

La poignée de main—une obligation culturelle

Observez et déduisez

What do you think the relationship is between the two men exchanging greetings in this photo or the two people shaking hands in the other photo? What does the presence or absence of physical contact during greetings and leave-takings reveal about a culture?

Confirmez et explorez

• **Les salutations et les gestes.**   Greetings and leave-takings in France and many Francophone countries must include physical contact. As mentioned in the **Notes culturelles** on page 3, close friends and family members exchange **des bises.** Colleagues and acquaintances shake hands, and if one's hands are dirty or holding other things, a finger, wrist, elbow, or arm is offered to shake instead. Some type of physical salutation must be offered to each individual present in order to be polite; when leaving a group of ten or twelve people, for example, each person in the group would receive a handshake or a kiss, even if doing so is time consuming! A bank director in Paris reports that he clocks 20 minutes of handshaking per day for most of his personnel.[1] You shake hello, and you shake good-bye, adding the first name of the person if you are on first-name terms **(Bonjour, Martine, Au revoir, Robert)** or adding **madame** or **monsieur** with formal acquaintances or strangers.

Do you usually shake hands when you meet someone for the first time? When you meet a friend or acquaintance in a public place? Do you exchange hugs or kisses when you greet or leave family members in the morning or at night? In what situations do such greetings make you feel uncomfortable?

• **Le sourire.**   Nothing separates Americans and French people more than their smile codes.[2] Americans smile at strangers; French people don't. This may explain why tourists sometimes label the French as rude and arrogant. True, the French don't smile without a reason, and stumbling into someone's stare is not one of them. Smiles usually come if you bump into each other by mistake or if you both witness an event worth smiling at, but when you walk down the street or sit in the subway **(le métro),** don't take the French **mine d'enterrement** *(funereal expression)* personally!

Bloguez! ⓘLrn

Indicate how your greetings vary in different situations and with different people. Explain your "rule" regarding smiling at strangers. Enhance your blog post by adding a link to an "etiquette" website.

1. Polly Platt, *French or Foe* (London: Culture Crossings) p. 34.
2. Ibid. p. 24.

À l'écoute La salle de classe

You will watch and listen as your teacher points out and names items around the classroom. But first prepare yourself by thinking!

Pensez

What does the term *gender* bring to your mind? Do chairs and walls have gender? In French, they do! All nouns are either masculine or feminine. **Accent,** for example is masculine—**un accent. Apostrophe** is feminine—**une apostrophe.** As you listen to your teacher, pay attention to the gender of the words you hear. Accept gender as a fact of life, and whenever you store a French noun in your memory, get in the habit of including the article!

Observez et déduisez 🔊
CD 1-5

1 First, simply listen to the audio or watch and listen to your teacher. What are the French names for some familiar classroom items? Which article goes with each name?

2 Listen again, and repeat each word with its article.

3 Now look at the following picture and words, and match the number of each item with its name.

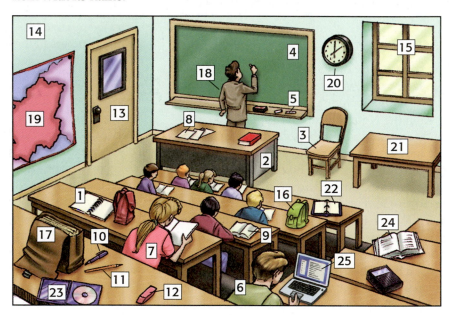

Vocabulaire actif

La salle de classe
un livre..., etc.

9 ☒ un livre
1 un cahier
8 une feuille de papier
11 un crayon
10 un stylo
12 une gomme

17 une serviette
4 un tableau
5 un morceau de craie / un marqueur
13 une porte
15 une fenêtre
14 un mur

18 un professeur
16 un sac à dos
19 une carte
23 un CD
22 un classeur
20 une horloge

2 ☒ un bureau
3 une chaise
6 ☒ un étudiant
7 une étudiante
21 une table
24 un dictionnaire
25 un ordinateur portable

Structures Identifying people and things

 Grammar Podcasts, Grammar Tutorials

Qu'est-ce que c'est? Qui est-ce? • *C'est / Ce sont* •
Les articles indéfinis et définis

Vocabulaire actif

un (une) camarade de classe
c'est / ce sont
une chose
une femme
un homme
le/la/l'/les
une personne
Qu'est-ce que c'est?
Qui est-ce?
un/une/des

Observez et déduisez

Qu'est-ce que c'est?

C'est un bureau: c'est
le bureau de M. Martin.

C'est une chaise: c'est
la chaise de Marianne.

Ce sont des livres: ce
sont les livres de Nancy.

Qui est-ce?

C'est un professeur:
c'est M. Martin.

Ce sont des étudiants: ce sont
les étudiants de M. Martin.

*Always answer the questions in **Observez et déduisez** first, then check your responses in **Confirmez.***

- Which question refers to people and which to things? What expression is used to identify one person or thing, and what expression is used to identify more than one person or thing?
- How do you think **un** and **une** differ from **le** and **la**? What is the plural form of **un/une**? of **le/la**? How is a noun made plural?

Confirmez

Qu'est-ce que c'est? Qui est-ce?

1. Use **Qui est-ce?** to ask about a person **(une personne).** Use **Qu'est-ce que c'est?** to ask about a thing **(une chose).**

C'est / Ce sont

2. Use **C'est un (C'est une)** to identify one person or thing. Use **Ce sont des** to identify more than one person or thing.

Les articles indéfinis et définis

3. As you learned in **À l'écoute,** in French all nouns have gender (masculine or feminine), which cannot always be determined logically. Most nouns also form their plural by adding an **s,** which is never pronounced. Fortunately, these nouns usually occur with articles that indicate both gender *and* number.

4. The indefinite articles **un** and **une** correspond to *a/an* in English and are used with nouns identifying things that can be counted. **Un** is used with masculine singular nouns, and **une** with feminine singular nouns.

un homme (*a man*)	**un** classeur
une femme (*a woman*)	**une** gomme

5. **Des** (*some, any*) is the indefinite article for all plural nouns, masculine *and* feminine. Note that in French, the article *must* be expressed.

> Ce sont **des** crayons et **des** gommes.
> *These are (some) pencils and erasers.*

6. The definite articles **le, la,** and **les** correspond to *the* in English. They also agree in number and gender with the nouns they modify.

(masculine)	**le** camarade de classe	**les** camarade<u>s</u> de classe
(feminine)	**la** serviette	**les** serviette<u>s</u>

Note that **le** and **la** become **l'** when followed by a word beginning with a vowel sound. Since the letter **h** is usually silent in French, most words beginning with **h** take **l'** also.

> **l'**étudiant   **l'**horloge   **l'**ordinateur

7. Definite articles are used to identify more specifically than indefinite articles. They may be used with **de** and a person to indicate ownership.

un livre	**le** livre de Samuel
une serviette	**la** serviette de Mégane
des étudiants	**les** étudiants de M. Martin

Les articles

	articles définis	articles indéfinis
masculin singulier	le, l'	un
féminin singulier	la, l'	une
masculin pluriel	les	des
féminin pluriel	les	des

Activités

G   **Chassez l'intrus.**   Find the word in each line that does not belong with the others.

1. stylo, crayons, morceau de craie, hommes
2. murs, sac à dos, porte, fenêtres
3. étudiant, professeurs, serviettes, camarade de classe
4. livre, gomme, classeurs, feuille de papier
5. horloges, cartes, ordinateur portable, tableau

H   **C'est... Ce sont...**   Refer to the following scene to answer the questions using the appropriate indefinite article: **un, une, des.**

> ➡ *C'est un stylo?*   *Non, ce sont des cahiers.*

1. C'est une horloge?
2. Ce sont des crayons?
3. C'est un ordinateur?
4. C'est un classeur?
5. C'est une fenêtre?
6. Ce sont des étudiants?
7. C'est un dictionnaire?
8. Ce sont des serviettes?
9. Ce sont des feuilles de papier?

I Questions. Number from 1 to 8 on a sheet of paper.
Listen to the answers, and provide the correct question:
Qu'est-ce que c'est? or **Qui est-ce?**

J Identifiez. Point to an object or a person in the room and ask a classmate what or who it is. Respond when someone asks you a question.

—*Qu'est-ce que c'est?*   —*Qui est-ce?*
—*C'est une fenêtre.*   —*C'est Marie.*

K Des précisions. Following the model, identify the owner of various items that you find in the classroom.

C'est la carte de M. Martin... Ce sont les stylos de Thomas..., etc.

Vocabulaire Expressions pour la classe

Observez et déduisez

Study the following expressions and divide them into two categories: those you would most likely hear the teacher say (**le professeur**) and those you would most likely hear a student say (**l'étudiant**).

*All words and phrases introduced in **Vocabulaire** are active vocabulary.*

Ouvrez vos livres.	*Open your books.*
Fermez vos livres.	*Close your books.*
Prenez une feuille de papier (vos devoirs).	*Take out a sheet of paper (your homework).*
Écrivez (la phrase, le mot).	*Write (the sentence, the word).*
Lisez (les instructions, le chapitre, la leçon).	*Read (the instructions, the chapter, the lesson).*
Écoutez (le professeur, un MP3, la réponse, l'exemple).	*Listen to (the teacher, an MP3, the answer, the example).*
Comment? Pardon?	*What? Pardon?*
Répétez, s'il vous plaît.	*Please repeat.*
Vous comprenez?	*Do you understand?*
(Oui) Je comprends.	*(Yes) I understand.*
(Non) Je ne comprends pas.	*(No) I don't understand.*
Comment dit-on... en français?	*How do you say . . . in French?*
Je ne sais pas.	*I don't know.*
Que veut dire... ?	*What does . . . mean?*
Comment ça s'écrit?	*How is that spelled?*

Activités

L **Options.** Circle the most logical completion for each sentence beginning.

1. Écrivez... le livre (le mot) l'ordinateur portable
2. Prenez... la réponse (un crayon) les hommes
3. Ouvrez... (la porte) l'horloge la chaise
4. Écoutez... (les instructions) le chapitre le livre
5. Lisez... le professeur (la phrase) le MP3
6. Répétez... (le mot) la femme le camarade de classe

M **Complétez les phrases.** Look at the commands in Activity L. With a partner, find as many ways as you can to complete each sentence.

➡ *Fermez... la porte, le livre, le cahier, la fenêtre, le sac à dos...*

N **Expressions pour la classe.** Using the classroom expressions and commands, decide what you or the teacher should say in the following situations.

1. You want to know how to say *classmate* in French.
2. You can't hear what the teacher is saying.
3. You don't understand an explanation.
4. You don't know the answer to a question.
5. The teacher wants to know if you understand a question.
6. The teacher wants you to open your book.
7. The teacher wants you to take out a pen.
8. The teacher wants you to listen to the CD.
9. You want to know how to spell something.

Vocabulaire Les nombres de 0 à 100

Observez et déduisez 🔊
CD 1-7

Learning to count in French is not difficult if you pay attention to patterns. Look at the lists below, and see if you can provide the missing numbers.

1	un	13	treize				
2	deux	14	quatorze	30	trente		
3	trois	15	quinze	31	trente et un		
4	quatre	16	seize	32	trente-deux	50	cinquante
				35	?	51	?
5	cinq	17	dix-sept	36	?	58	?
6	six	18	dix-huit				
7	sept	19	dix-neuf	40	quarante	60	soixante
8	huit			41	?	61	?
		20	vingt	47	?	69	?
9	neuf	21	vingt et un				
10	dix	22	vingt-deux				
11	onze	23	?				
12	douze	24	?				

French numbers from 70 to 99 follow a different pattern that is a remnant of the system used by the Celts who counted by twenties. Knowing this, can you match the written forms on the left with the correct numbers on the right?

a. soixante-dix _A_ 70
b. quatre-vingts _D_ 71
c. quatre-vingt-dix _E_ 72
d. soixante et onze _B_ 80
e. soixante-douze _H_ 81
f. quatre-vingt-onze _I_ 85
g. quatre-vingt-dix-huit _C_ 90
h. quatre-vingt-un _F_ 91
i. quatre-vingt-cinq _G_ 98

Now can you guess how to say the following numbers?

➡ 73   76   84   87   95   99

The word for 100 is **cent**. What does it remind you of in English that will make it easy for you to remember?

Activités

CD 1-8

O **Combien?** Listen and write down the correct number of the items mentioned. Cross out the **s** on any word that is not plural.

_____ horloges	_____ tables	_____ CD
_____ classeurs	_____ fenêtres	_____ professeurs
_____ crayons	_____ feuilles de papier	_____ livres
_____ dictionnaires	_____ cahiers	_____ cartes
_____ étudiantes	_____ serviettes	_____ gommes
_____ sacs à dos	_____ murs	_____ étudiants

P **Comptez...**

de 0 à 20 et de 20 à 0   de 70 à 99 et de 99 à 70
de 20 à 40 en multiples de 2   de 0 à 100 en multiples de 10
de 40 à 60 en multiples de 5

Q **Ça fait combien?** You do the math!

14 + 28 = ?	37 + 52 = ?	8 + 61 = ?
44 + 27 = ?	17 + 21 = ?	82 − 32 = ?
100 − 8 = ?	33 − 17 = ?	76 − 12 = ?
98 − 15 = ?	61 − 13 = ?	48 − 35 = ?

R **Votre campus.** Estimate how many of the following might be found in your classroom or building: **portes? ordinateurs portables? stylos? murs? femmes? CD? tables? horloges? cartes? tableaux? morceaux de craie?**

S **Devinez.** Using numbers from 0 to 100, create a number sequence, then read it to your classmates. They will write down the numbers they hear and then try to complete the sequence with two additional numbers.

➡ 8, 16, ____, ____

iLrn Complete the diagnostic tests to check your knowledge of the vocabulary and grammar structures presented in this chapter.

Understanding Cultural Perspectives

As you watch the video clips for each chapter, be careful not to over-generalize based on what you hear from the native speakers. Just as your ideas and opinions may vary from those of other members of your culture, so too may the responses you hear reveal *individual* perspectives—as much as those of their culture as a whole. After viewing, you are asked to reflect on what you heard, to complete tasks, and to present your thoughts and opinions on the topic in a blog post.

Pensez

Have you ever felt insecure or uncertain about how to behave in a particular social situation? Have you ever referred to an etiquette book or website? Think about how such sources can be useful, then watch the video as Fatou, Gregory and Fatim describe some basic social conventions in their culture—the unspoken rules that everyone obeys without even thinking.

As you watch the video, go to the corresponding section of your Student Activities Manual and complete the comprehension activities which will help you understand what you are hearing. Then do **Explorez** and **Bloguez!** below.

Quelles sont les règles implicites les plus importantes dans votre culture en ce qui concerne la façon convenable de saluer les gens? Quelles sont les conséquences de ne pas se conformer aux règles?

Fatou: Dans la rue, lorsque l'on rencontre quelqu'un ou bien un groupe de gens, on dit: «Salaam alaikoum» qui veut dire «que la paix soit avec vous».

Fatim: À Paris, on fait quatre bises. Par contre, dans les différentes régions en France, on peut en faire deux ou trois ou même des fois juste une bise.

Greg: En ne se conformant pas aux règles, on peut passer pour quelqu'un d'impoli.

© Heinle, Cengage Learning

Explorez

Think about a time when you felt ill at ease when someone didn't follow the "rules" for greetings in your culture—or perhaps it was you who made a gaffe?! What were the consequences?

Bloguez! iLrn

Which of the social conventions you heard mentioned were familiar to you? Which were unfamiliar? Explain why you think knowing unwritten cultural rules can be helpful. Enhance your post by uploading an image illustrating greetings in your culture.

Vocabulaire actif

You may access all end-of-chapter vocabulary audio at **iLrn** and on the *Mais oui!* Premium Website.

Les salutations (Greetings)

Formel

Bonjour / Bonsoir,
   monsieur / madame / mademoiselle. *Hello /
   Good evening, sir / ma'am / miss.*
Comment allez-vous? / Vous allez bien?
   How are you? / Are you well?
Je vais bien, merci. Et vous? *I'm fine, thank you.
   And you?*
Très bien, merci. *Very well, thank you.*

Familier

Salut, Robert! *Hi, Robert!*
Comment ça va? / Comment vas-tu?
   How are you?
Ça va? *How is it going?*
Oui, et toi? *Fine, how about you?*
Ça va (bien)! *I'm fine!*
Oh, pas mal. *Oh, not bad.*
Comme ci comme ça. *So-so.*

Le nom (Name)

Formel

Comment vous appelez-vous? *What's your name?*
Votre nom? *Your last name?*
Votre prénom? *Your first name?*
Je m'appelle... / Je suis... *My name is . . .*
Comment s'appelle-t-il/elle? *What's his/her name?*

Familier

Comment tu t'appelles?
Ton nom de famille?

Les présentations (Introductions)

Formel

Je vous présente... *May I introduce . . .*
Enchanté(e). *Pleased to meet you.*

Familier

Je te présente... *This is . . .*
Bonjour! *Hello. / Glad to meet you.*

Les formules de politesse (Polite expressions)

s'il vous plaît (s'il te plaît) *please*
merci (monsieur / madame / mademoiselle) *thank you (sir / ma'am / miss)*
Je vous en prie. (Je t'en prie.) / De rien. / Il n'y a pas de quoi. *You're welcome.*

Pour partir (Leave-taking)

Au revoir (monsieur / madame / mademoiselle). *Good-bye.*
À bientôt. *See you soon.*

Pour hésiter

euh...

Pour demander une répétition

Pardon? Comment? *Pardon me? What?*

La salle de classe

un bureau *a desk*	un homme *a man*
un cahier *a notebook*	une horloge *a clock*
un/une camarade de classe *a classmate*	un livre *a book*
une carte *a map*	un morceau de craie *a piece of chalk*
un CD	un MP3
une chaise *a chair*	un mur *a wall*
une chose *a thing*	un ordinateur portable *a laptop*
un classeur *a binder*	une personne *a person*
un crayon *a pencil*	une porte *a door*
vos devoirs *your homework*	un professeur *a teacher*
un dictionnaire *a dictionary*	un sac à dos *a backpack*
un étudiant / une étudiante *a student*	une serviette *a briefcase*
une femme *a woman, wife*	un stylo *a pen*
une fenêtre *a window*	une table
une feuille de papier *a sheet of paper*	un tableau *a blackboard*
une gomme *a pencil eraser*	

Les nombres de 0 à 100 (See p. 14.)

Les articles indéfinis et définis

un/une *a, an*	des *some*
le/la/l' *the (singular)*	les *the (plural)*

Les questions

Qu'est-ce que c'est? *What is it?*	Qui est-ce? *Who is it?*
Comment? *What? Pardon?*	

Les expressions verbales

C'est / Ce sont *It is, This is / These are*

EXPRESSIONS POUR LA CLASSE

un accent aigu / grave / circonflexe
une apostrophe
une cédille
Comment ça s'écrit? *How do you spell it?*
Comment dit-on... (en français)? *How do you say . . . (in French)?*
Complétez... *Complete . . .*
Confirmez... *Confirm . . .*
Déduisez... *Infer . . .*
Devinez... *Guess . . .*
Écoutez (le professeur, le CD, la réponse, l'exemple). *Listen to (the teacher, the CD, the answer, the example).*
Écrivez (la phrase, le mot). *Write down (the sentence, the word).*
Fermez vos livres. *Close your books.*
Identifiez... *Identify . . .*
Je comprends. / Je ne comprends pas. *I understand. / I don't understand.*

Je ne sais pas. *I don't know.*
les lettres de l'alphabet
Lisez (les instructions, le chapitre, la leçon). *Read (the instructions, the chapter, the lesson).*
Observez... *Notice . . .*
Ouvrez vos livres (à la page…). *Open your books (to page . . .).*
Pensez... *Think . . .*
Prenez une feuille de papier / vos devoirs. *Take out a sheet of paper / your homework.*
Que veut dire...? *What does . . . mean?*
Répétez, s'il vous plaît. *Repeat, please.*
singulier / pluriel *singular / plural*
un trait d'union *a hyphen*
un tréma *an umlaut*
Vous comprenez? (Oui. / Non.) *Do you understand? (Yes. / No.)*

These words and expressions are found in explanations and direction lines throughout the book, so you should become very familiar with them. Some will also become part of your active vocabulary.

Qui êtes-vous?

Image Source/Getty

This chapter will enable you to

- identify and describe yourself and others

- ask and answer yes/no questions

- discuss where people are from

- understand some riddles and a brief conversation between native speakers

- read a French cartoon and a mini-play

Qui sont-ils? Quelle est leur profession? Quelle est leur nationalité? Comment sont-ils? Et vous? Qui êtes-vous? Comment êtes-vous?

Chapter resources

iLrn iLrn Heinle Learning Center

Text Audio Program

Video

Premium Website

Première étape

À l'écoute Qui suis-je?

As you listen to the audio segment in the Text Audio Program, you will hear some famous people introduce themselves, then ask **Qui suis-je?** *(Who am I?)*. Try to guess who they are.

Pensez

1 In a guessing game about famous people's identity, what clues are you likely to hear?

Observez et déduisez 🔊
CD 1-9

Attention!   As you listen to this segment, remember that you don't need to understand every word. Before the first listening, read Task 2 and focus only on what you are asked to listen for. Then read Task 3 and listen again with that task in mind. Repeat the process for the other tasks. One step at a time, your ability to understand will increase.

2 Listen first to determine how many of the descriptions mention nationality. What are those nationalities? Circle them in the following list.

allemand / allemande
anglais / anglaise
français / française
espagnol / espagnole
canadien / canadienne
belge
américain / américaine
chinois / chinoise
japonais / japonaise
africain / africaine
italien / italienne
russe

Vocabulaire actif

Les nationalités
  allemand
  anglais, etc.
Les professions
  avocat
  médecin, etc.

3 Listen again. Circle the occupations mentioned.

avocat / avocate
acteur / actrice
médecin (docteur)
écrivain
musicien / musicienne
politicien / politicienne
juge

chanteur / chanteuse
informaticien / informaticienne
  (expert[e] en technologie)
journaliste
peintre
athlète

4 Listen for the following words. Using the context and logic, can you guess their meaning?

d'origine hispanique / Cour Suprême / États-Unis / l'auteur

5 Listen a final time to decide who each person is. Be ready to justify your answers.

1. a. Gérard Depardieu   b. Audrey Tautou   c. Madame Curie
2. a. Renoir   b. Picasso   c. Botticelli
3. a. Mozart   b. Bach   c. Tchaïkovski
4. a. Victor Hugo   b. Cervantes   c. Shakespeare
5. a. Sonia Sotomayor   b. Angelina Jolie   c. Barack Obama
6. a. Nicolas Sarkozy   b. Bill Gates   c. Nelson Mandela

Prononciation Les consonnes finales et la liaison

Observez et déduisez
CD 1-10

Listen to the following sentences on the audio track, paying close attention to the pronunciation of the words in bold. Listen to the pairs of sentences twice. Then, turn off the audio and answer the two questions that follow.

> Je **suis française;** je **suis actrice.**
> Je **suis français;** je **suis un** peintre impressionniste.

1. When is the **s** of **français / française** pronounced?
2. What happens when **suis** is followed by a word beginning with a vowel?

Note the following rules:

- Consonants at the end of words are generally silent.

  Je sui**s** françai**s**.

- When a word ends with a consonant + **e**, the consonant is pronounced.

  avoca**t**   avoca**te**

- Note that an **s** between two vowels is pronounced [z].

  françai**s**e

- When a final consonant that is normally silent is followed by a word beginning with a vowel, it is often pronounced as part of the next word. This linking of two words is called **une liaison.**

  Je suis_actrice.
  Je suis_un peintre impressionniste.

Confirmez ◀))
CD 1-11

In the following sentences, look at the final consonants in bold. Cross out the ones that should be silent, underline the ones that should be pronounced, and indicate the **liaisons** with a link mark (‿).

➡ Je suis_alleman**d**.

1. Je sui**s** avocate.
2. Je sui**s** anglai**s**.
3. Comment allez-vou**s**?
4. Comment vou**s** appelez-vou**s**?
5. C'est un étudian**t**.
6. Ce son**t** des étudiante**s**.

Now listen to the sentences on the audio segment. Repeat each sentence, and listen again to verify your pronunciation.

Le verbe *être* et les pronoms sujets

Observez et déduisez

STOCKFOLIO/Alamy

Qui suis-je? Je suis Cécile, une étudiante. Je suis d'Aurillac.

Peeter Viisimaa/istock/Getty Images

Et voici Léopold. Il est ingénieur. Il est de Dakar.

B2M Productions/Getty Images

Monsieur et Madame Bonal sont français. Ils sont de Saint-Simon.

Hisham Ibrahim/Getty Images

Voilà Naïma. Elle est de Rabat.

- The verb **être** *(to be)* can be used to describe yourself and others and to say where someone is from. What forms of this verb do you see above?
- What word (pronoun) is used to refer to yourself? to a man? to a woman? to a man and a woman?

Confirmez

Le verbe *être*

je suis	nous sommes
tu es	vous êtes
il/elle/on est	ils/elles sont

1. The pronoun **ils** refers to any group that includes a male; **elles** refers to groups composed of females only. You already know that **vous** is the formal *you*. It is also the plural *you*—both formal and familiar.

   Alors, Mike et Sally, vous êtes américains?

2. In spoken English, the noun *people* and the pronouns *one, you,* and *they* often refer to a general, unspecified person or group:

   To learn another language, *one* has to study regularly.
   If *you* are enthusiastic, language learning can be fun!
   If you travel to another country, *people* will appreciate your efforts to speak their language.
   In France, *they* are very proud of the French language.

   In French, the pronoun **on** is used in all these instances, and although it usually refers to a group of people, it requires a singular verb. In familiar speech, **on** can also replace the pronoun **nous.**

   En France, on parle français. (*In France they speak French.*)
   On parle français? (*Shall we speak French?*)

3. To tell what city someone is from, use the appropriate form of the verb **être** followed by **de** and the city. Use **D'où es-tu?** or **D'où êtes-vous?** to ask where someone is from.

   — D'où es-tu?   — D'où êtes-vous?
   — Je suis de Boston.   — Nous sommes de Montréal.

Activités

A **D'où sont-ils?**   Répondez selon le modèle.

➡ *Nicolas Sarkozy? Il est de Paris.*

Vladimir Poutine   Miami
Sandra Bullock   Belleville (Canada)
Avril Lavigne   Palm Beach
le prince William et le prince Harry   Moscou
les Black Eyed Peas   Hollywood
Sasha et Malia Obama   Londres
Lebron James   Los Angeles
Serena et Venus Williams   Washington D.C.
?   ?

Continuez…

 B **D'où es-tu?**   Faites un sondage *(poll)* dans la classe selon le modèle et notez les différentes villes d'origine.

➡ — *D'où es-tu?*
   — *Je suis de Toronto. Et toi?*

Le genre et le nombre

Observez et déduisez

1. Voilà Juliette. Elle est française. Elle est mécanicienne.

2. Mohammed est dentiste. Il est marocain.

3. Mariama est sénégalaise. Elle est ingénieur.

4. Voici Maria et Juan. Ils sont architectes. Ils sont mexicains.

Remember to complete the chart before checking Confirmez.

- In the **Chapitre préliminaire**, you learned that French nouns have gender and number and that they "agree" with their definite or indefinite articles. Adjectives also agree in gender and number with the nouns they modify; that is, they have masculine and feminine, singular and plural forms. Keeping in mind the examples in **Observez et déduisez** and in the **À l'écoute** section on page 20, can you infer the feminine and plural forms of the following nouns and adjectives?

Masculin singulier	Masculin pluriel (s)	Féminin singulier (e)	Féminin pluriel (es)
président	présidents	présidente	présidentes
secrétaire	secrétaires	secrétaire	secrétaires
espagnol	espagnols	espagnole	espagnoles
algérien	algérien	algérienne	algériennes

Confirmez

1. Most adjectives and many nouns can be made feminine by adding an **e** to the masculine form. This **e** is not pronounced, but the consonant that precedes it *is* pronounced. In most cases, you can listen for the sound of the final consonant to distinguish feminine from masculine.

   Il est présiden**t**. (final **t** *not* pronounced)
   Elle est présiden**te**. (final **t** *is* pronounced)

If the masculine form already ends with an unaccented **e**, there is no change for the feminine, and both are pronounced alike.

Il est artiste (suisse).   Elle est artiste (suisse).

If the masculine form ends in **-ien**, the feminine ending is **-ienne**.

Il est brésilien.   Elle est brésilienne.

2. The plurals of most nouns and adjectives are formed by adding an **s** to the singular.

Elle est athlète.   Elles sont athlète**s**.

However, there is no change if the singular already ends in an **s, x,** or **z**.

Il est anglai**s**.   Ils sont anglai**s**.

Nouns ending in **-eau** form their plurals by adding an **x**.

un morceau de craie   des morceau**x** de craie
un tableau   des tableau**x**

Notes culturelles

Le féminin des professions. The masculine form of some professions is often used for both sexes because, historically, many professions were practiced only by men. To specify, the word **femme** may be added: **une femme écrivain, une femme ingénieur**. In popular culture, an **e** is added to the masculine form (**écrivaine, ingénieure**). How has the English language changed to reflect the changing roles of men and women in North American culture?

Les professions qui font rêver. The top six "dream jobs" according to one survey of 18–25 year olds in France were: actor, photojournalist, ambassador, singer, airline pilot, sustainable energy project manager. How would a survey of North Americans in the same age group be similar or different? Take a poll of your classmates and compare the results with those mentioned in the French survey.

Célébrités. Throughout this book, you will be introduced to some well-known Francophone public figures. If some of the names are unfamiliar, do a quick Internet search before coming to class, and share what you learned with your classmates. Which of the following have you heard of already?

Paul Buck/epa/Corbis

Marion Cotillard became the first person to win an Academy Award for a French-language performance in 2008. She was selected as Best Actress for her role as Édith Piaf in La Vie en Rose, *winning an Oscar, a Golden Globe, and a* César du Cinéma.

AP Photo/Luca Bruno

Carla Bruni was born in Italy. Before marrying Nicolas Sarkozy and becoming the First Lady of France in 2008, she was a world-renown high fashion model and a musician, having written and composed several albums in French.

PHILIPPE HUGUEN/AFP/ Getty Images

Tony Parker, one of the most celebrated French sportsmen, has been captain of the French national basket ball team since 2008. He is more commonly recognized by many Americans as a pointguard for the San Antonio Spurs basketball team and the ex-husband of actress Eva Longoria.

REUTERS/Gilbert Tourte/ Landov

Vanessa Paradis has modeled for Chanel and is also a renowned actress and singer. She won a César *as Most Promising Actress and received two* Victoires de la Musique *awards for Female Performer and Video of the Year. She and American actor, Johnny Depp, have been partners since 1998.*

Bloguez! iLrn ▶

Watch the video where Fatou talks about her ideal profession. Do you think she has a good reason for her choice? State *your* "dream profession" and explain your preference. Add links to the personal Web pages of some public figures working in that profession.

Activités

C   Des partenaires célèbres.   Identifiez les partenaires, puis suivez le modèle.

➡ (Clyde + Bonnie) *Clyde est américain; Bonnie est américaine aussi.*

Lancelot est anglais.   Joséphine
Napoléon est français.   Juliette
Gretel est allemande.   Edward
Bella est américaine.   Guenièvre
Carmen est espagnole.   Hänsel
Roméo est italien.   Don José

D   Professions.   Identifiez les personnes ci-dessous avec la même *(same)* profession.

➡ *Picasso et Monet sont peintres.*

Avril Lavigne

Justine Henin

Nicolas Sarkozy

Avril Lavigne   Frank Lloyd Wright   Nicolas Sarkozy
Halle Berry   Vanessa Paradis   Justine Henin
Paul Gauguin   Toni Morrison   Barack Obama
Le Corbusier   Venus Williams   Berthe Morisot
Jean-Paul Sartre   Carrie Underwood

Continuez selon le modèle: *Jackson Pollock est peintre aussi.*

E   Identité.   Identifiez les personnes selon le modèle.

➡ *Kiefer Sutherland est acteur; il est canadien.*

1. Georgia O'Keeffe   4. Sonia Sotomayor
2. Andrea Bocelli   5. Johann Wolfgang von Goethe
3. Léopold Senghor   6. David Beckham

Jeu de rôle

Play the role of a "mystery person"—living or dead—and describe yourself. Your classmates will try to guess your name. If they need an additional clue, give them your first name.

➡ *Je suis américain. Je suis de Chicago. Je suis écrivain. (Je m'appelle Ernest.)*

Deuxième étape

À l'écoute | Tu connais… ?

Tu connais Nicolas? *(Do you know Nicolas?)*   When you're not sure who a certain person is, a description of that person can be helpful. As you listen to the audio segment, you will hear two people talking about someone you will get to know in this chapter.

Pensez

1 Look at the pairs of adjectives below. They are opposites. Many of them are cognates **(mots apparentés),** that is, words that are similar in spelling and meaning to English words. Can you infer their meaning?

grand	petit
blond	brun
mince	fort, gros
actif	paresseux, passif
calme	nerveux
égoïste	altruiste
fatigué	énergique
généreux	avare
idéaliste	réaliste
individualiste	conformiste
intéressant	ennuyeux
intelligent	bête, stupide
optimiste	pessimiste
patient	impatient
raisonnable	fou
riche	pauvre
sympathique	désagréable
timide	sociable
triste	heureux
sérieux	amusant

Observez et déduisez 🔊
CD 1-12

2 As you listen to the conversation for the first time, look at the list of adjectives in **Pensez** and circle the ones that are mentioned.

3 The adverbs **un peu** *(a little)* and **très** *(very)* modify adjectives. Listen to the conversation again, writing down how many times each adverb is mentioned.

4 Now focus on some new words **(des mots nouveaux).**

1. Listen to the conversation again. Listen for the words **le copain** and **un garçon.** From the context, which one do you think means *boy*? Which one means *friend*?

2. Listen once more. This time listen for the words **et, aussi,** and **mais.** Using the context and logic, can you guess which one introduces an opposite? Which ones introduce an additional item?

5 Listen to the conversation a final time in order to answer the question **Comment est Nicolas?** Listen for words that tell what Nicolas is like, and then describe him.

Prononciation Le rythme et l'accentuation

- In the acquisition of a good accent in French, even more important than the mastery of any particular sound is the development of proper habits as far as the rhythm of the language is concerned.

- The rhythm of English is uneven:

  Some SYLlables reCEIVE GREATer EMphasis than OTHers.

- The rhythm of French, however, is very even. French words are spoken in groups, and each syllable but the last one receives equal emphasis. This accentuation in French is not a change in force, but a lengthening of the last syllable in the group and a change in intonation. Compare the following:

  English: NIColas is inTELligent.
  French: Nicolas est intelliGENT.

- Word groups consist of short sentences or single ideas within longer sentences; punctuation and linking words such as **et** and **mais** generally indicate a word group.

Vocabulaire actif

Les adjectifs
   grand, petit, etc.
aussi
un copain
et
un garçon
mais
un peu
très
Tu connais?

Observez et déduisez
CD 1-13

Listen to the following sentences on the audio track, paying close attention to the rhythm you hear as each sentence is pronounced. Use a slash to indicate the end of word groups you hear, and underline the accented syllables. Then turn off the audio.

➡ *Il est petit,/brun,/intelligent.../*

1. Non, non, au contraire! Il est très sociable et très actif, très amusant aussi...
2. C'est le copain d'Alceste?
3. Il est un peu fou, mais c'est un garçon très sympathique.

Now practice saying the sentences aloud, using the rhythm and accentuation you just indicated. Then, play the audio track again, and listen to the sentences to verify your pronunciation.

Confirmez
CD 1-14

Pronounce the following sentences to yourself, paying attention to word groups. Make sure you say each syllable evenly, and make the last syllable slightly longer.

1. Nicolas est français.
2. Nicolas est un garçon.
3. Nicolas est un garçon très amusant.
4. Alceste est grand.
5. Alceste est grand et fort.
6. Alceste est un peu paresseux, mais très sympathique.
7. Alceste est le copain de Nicolas.

Now listen to the sentences on the Text Audio Track. Repeat each sentence, and listen again to verify your pronunciation.

L'accord des adjectifs

Observez et déduisez

Tu connais Nicolas et ses copains? Comment sont-ils?

Le petit Nicolas   *Les copains*   *Marie-Edwige*   *Louisette*

From Le petit Nicolas by Sempé/Goscinny. Copyright © Éditions Denoël, 1960, 2002 or Collection Folio (1980), pp. 119, 121, 124 MS p 20

— Nicolas est heureux et sportif.
— C'est vrai! Il adore le football.

— Les copains de Nicolas sont paresseux?
— Non, c'est faux. Ils sont très actifs.

— Marie-Edwige est heureuse. Louisette est active!
— Elles sont sportives? nerveuses?

- • What is the feminine form of masculine adjectives ending in **f**? in **x**?
- • When an adjective ends in **x**, how is the plural formed?
- • How would you say that Nicolas's friends are athletic and happy?

Confirmez

Vocabulaire actif

Comment est-il?
Comment sont-ils?
faux
sportif(-ve)
typique
vrai

1. Masculine adjectives ending in **f** and **x** form their feminine in **-ve** and **-se** respectively.

   Il est **sportif** et **sérieux.**   Elle est **sportive** et **sérieuse.**

2. The plural of adjectives ending in **x** does not change.

   Il est **ennuyeux.**   Ils sont **ennuyeux.**

3. Some adjectives have irregular feminine forms.

   Il est **fou.**   Elle est **folle.**

L'accord des adjectifs

masculin singulier	masculin pluriel	féminin singulier	féminin pluriel
grand	grand**s**	grand**e**	grand**es**
typique	typiqu**es**	typique	typiqu**es**
sportif	sportif**s**	sporti**ve**	sporti**ves**
ennuyeux	ennuyeu**x**	ennuyeu**se**	ennuyeu**ses**

Activités

F **D'accord (Agreed)?** Écoutez. C'est une description de qui? de la femme? de l'homme? des deux? Écrivez vos réponses sur une feuille de papier.

1. Louisette ou Nicolas?
2. Opray Winfrey ou Bill Gates?
3. Serena Williams ou Rafael Nadal?
4. Maya Angelou ou Dave Letterman?
5. Martha Stewart ou Lance Armstrong?
6. Michelle Obama ou John Stewart?
7. Ellen DeGeneres ou Johnny Depp?
8. Hillary Clinton ou Joe Biden?

G **C'est à vous de décider.** Êtes-vous d'accord ou non avec les descriptions suivantes? Suivez le modèle.

— *Jacques est blond?*
— *Oui, il est blond.*

— *Jacques est brun?*
— *Non, il est blond.*

1. Jacqueline est blonde.   2. Paul est grand.   3. Pierre est sérieux.

4. Marie est énergique.   5. Annick est conformiste.   6. Paul est sociable.

7. Hélène est triste.   8. Babette est fatiguée.

H **Comment êtes-vous?** Suivez le modèle.

➡ *Tu es énergique?...*
Oui, je suis énergique. / Non, je suis fatigué(e).

I **Comment sont-ils?** Avec un(e) camarade de classe, donnez la description d'une des personnes suivantes.

1. le professeur idéal
2. le professeur typique
3. l'étudiant(e) idéal(e)
4. l'étudiant(e) typique
5. l'acteur / l'actrice idéal(e)
6. le copain idéal / la copine idéale
7. le politicien typique
8. ?

J **Vrai ou faux?** Préparez une liste de mots qui présentent un portrait de *vous*—parfois *(sometimes)* vrai, parfois faux—puis présentez-vous à un(e) camarade de classe. Votre partenaire devine: Qu'est-ce qui est vrai? Qu'est-ce qui est faux?

— Je suis un peu paresseux.
— Moi, je suis énergique.
— Toi? Non, tu es très énergique!
— C'est vrai!

Les expressions *C'est / Il (Elle) est*

Observez et déduisez

— Tu connais le monsieur là-bas?
— Oui, c'est Monsieur Courteplaque, le papa de Marie-Edwige. C'est un homme patient. Il est sérieux et intelligent.
— Et la dame là-bas?
— C'est la maman de Marie-Edwige. Elle est très sympathique. C'est une journaliste.

Vocabulaire actif

une copine
une dame
une fille
là-bas

> • Is the expression **c'est** followed by a noun or an adjective? And the expression **il/elle est**?

Confirmez

1. The expressions **c'est** and **il/elle est** can all mean *he/she/it is* just as **ce sont** and **ils/elles sont** can all mean *they are*. However, these expressions are not interchangeable.

2. **Il/elle est** and **ils/elles sont** are used with adjectives to describe.

   Il est intelligent.   **Elles sont** actives.

3. **C'est/Ce sont** occurs with nouns and is used to identify and describe.

   Qui est-ce?   **C'est** une copine (*female friend*) amusante.
   Ce sont des filles (*girls*) intelligentes.
   La dame (*lady*) là-bas? **C'est** Madame Courteplaque.

4. To state nationality in French, you can use either an adjective *or* a noun. There is no article with an adjective, and the nationality is *not* capitalized.

   Il(s)/Elle(s) + être + adjective
   Il est canadien.   Elles sont mexicaines.

   Professions are treated like adjectives when they follow **il(s)/elle(s).**

   Ils sont avocats.   Elle est actrice.

5. When nationality or profession are treated like nouns, an article is required and the nationality is capitalized (but not the profession).

   C'est/Ce sont + article + noun (nationality / profession)
   C'est un Allemand.   C'est une Allemande.
   C'est un dentiste.   C'est une dentiste.

   Remember!   Il est professeur.   C'est <u>un</u> professeur.
   Elles sont journalistes.   Ce sont <u>des</u> journalistes.
   Elle est japonaise.   C'est <u>une</u> Japonaise.
   Ils sont belges.   Ce sont <u>des</u> Belges.

Activités

 K **Vrai ou faux?** Décidez si les descriptions suivantes correspondent aux images.

1. C'est une journaliste.
   Elle est triste.

2. Ce sont des copines.
   Elles sont paresseuses.

3. C'est une fille.
   Elle est énergique.

4. C'est le petit Nicolas.
   Il est sérieux.

5. Ce sont des hommes.
   Ils sont tristes.

6. Ce sont des acteurs.
   Ils sont amusants.

Maintenant *(Now)*, corrigez les descriptions fausses.

 L **C'est? Il est?** Identifiez l'expression correcte pour les mots suivants selon le modèle:

C'est/Ce sont...	Il/Elle est...	Ils/Elles sont...

➡ *une Espagnole*   *C'est une Espagnole.*
➡ *petite*   *Elle est petite.*

1. un homme
2. timide
3. écrivain
4. une Allemande
5. amusantes

6. des politiciens
7. désagréables
8. une femme
9. un cahier
10. des stylos

M **Qui est-ce?** Choisissez (*Choose*) deux ou trois adjectifs pour décrire les personnes suivantes.

➡ *C'est un professeur.*
Il est intelligent, amusant, énergique!

1.   2.   3.

4.   5.   6.

N **Un dessin** (*drawing*). Préparez le dessin d'un homme ou d'une femme et imaginez les traits de caractère de la personne. Décrivez la personne à vos camarades de classe.

➡ *C'est une étudiante. Elle est sérieuse et intelligente.*
Elle est fatiguée. C'est la copine de Claire.

Structure — Pointing out people and things Grammar Podcasts, Grammar Tutorials

Les adjectifs démonstratifs

Observez et déduisez

Qui est cette femme là-bas?

C'est ma tante. Et ce monsieur-là, c'est mon oncle.

- What is the meaning of **ce/cette?** Why the difference in form? Think about what you have already learned about adjective agreement.

Vocabulaire actif

Les adjectifs démonstratifs
  ce, cet, cette, ces
-ci / -là

Confirmez

1. Demonstrative adjectives *(this, that, these, those)* are used to point out or clarify, and, like all adjectives, they agree in number and gender with the noun they modify.

   ce monsieur (masc./sing.)
   cette dame (fém./sing.)
   ces garçons (masc./pluriel)
   ces filles (fém./pluriel)

   Cet is the form used before masculine words beginning with a vowel sound.

   cet <u>h</u>omme
   cet <u>a</u>vocat
   cet <u>é</u>tudiant

2. The suffixes **-ci** and **-là** may be added to the noun to distinguish between *this* and *that* or between *these* and *those*.

ce monsieur-**ci**	**ce** monsieur-**là**
cette femme-**ci**	**cette** femme-**là**
ces garçons-**ci**	**ces** garçons-**là**
ces filles-**ci**	**ces** filles-**là**

Activités

O **Comment est cette famille?** Décrivez la famille en employant le vocabulaire ci-dessous.

➡ *Ces garçons sont heureux...*

		grand(e)(s)
Ces garçons		amusant(e)(s)
Cette femme	est/sont	sociable(s)
Ce papa		blond(e)(s)
Cette fille		?

  P **Qui est-ce?** Apportez en classe une photo d'un membre de votre famille ou une photo d'une personne célèbre. Vos camarades de classe vous posent des questions au sujet de *(about)* la personne.

➡ — *Qui est cette femme?*
   — *C'est une actrice.*
     Elle s'appelle Sophie Marceau.
     Elle est française.

© Robert Eric/Corbis SYGMA

 ## Jeu de rôle

Your classmate and you seem to have opposing opinions about a lot of different people! For each opinion you express about a well-known person, your friend will disagree, and vice versa.

Culture et réflexion

Didier Ermakoff/The Image Works

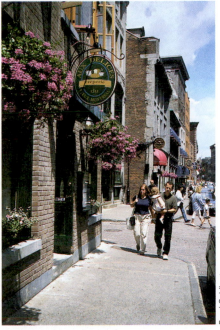

Beryl Goldbert

Au Québec, en français!

Observez et déduisez

This butcher is one of many immigrants in France. Where do you think he came from? **le Maghreb** *(North Africa)*? **l'Afrique noire** *(Sub-Saharan Africa)*? **l'Europe de l'Est** *(Eastern Europe)*? Does a change in language or nationality imply a change in identity?

Confirmez et explorez

• **Nationalités et immigration.**   Like the United States, France has a long tradition of being a melting pot for immigrants from around the world who seek a new home in a democratic nation that professes **liberté, égalité, fraternité** for all—but does not escape the woes of discrimination. The most recent count estimated 5.1 million immigrants living in France, totaling 8.1% of the French population. Where do you think these immigrants come from? What influence do immigrants have on a culture?

• **L'identité québécoise.**   Settled by French explorers in 1534, the eastern part of Canada was known as **la Nouvelle-France** for over two centuries before Great Britain took it over in 1763. **Les Canadiens français,** however, held firmly to their language and traditions, forming the province of Quebec, the only French-speaking province in English-speaking Canada. Linguistic and cultural tensions between Anglophones and Francophones are still very much an issue, as some of the 7 million **Québécois** still talk of independence. What is a **Québécois(e)**? Here are a couple of answers from some **Québécois.**

"Surrounded by English speakers, a **Québécois** defies cultural assimilation through personal inner strength—strong emotions, a strong will to preserve one's heritage, and a good sense of humor!" (I.L., student). "The **Québécois** can never rest on their laurels, for the survival of their culture is never assured. This pressure brings on a sense of insecurity at times but most often an abundance of energy and creativity." (H.D.F., university professor). How important is it to preserve one's own language and cultural identity? Compare the challenges of the **Québécois** with those of various ethnic groups living in specific neighborhoods in the big cities of the world. What are the ethnic groups who live in your area, and what do they do to preserve their cultural heritage?

Bloguez! iLrn

List some ways immigrants have had an impact on your own culture and language. Enhance your blog post by adding links to websites or audio / video files that illustrate that influence (festivals, music, food, etc.).

Troisième étape

Lecture Le petit Nicolas est malade

Pensez

1 *Le petit Nicolas* is a popular cartoon character in France. As you look at the three cartoons on this page and the next, can you guess what this little schoolboy is up to? Do you think he is really sick **(vraiment malade)**?

2 As you have seen before, identifying cognates can greatly facilitate your comprehension. Before you actually read the text that accompanies the cartoons, can you pick out some words that look familiar? Considering those words, do you think the captions will confirm your guess above?

Observez et déduisez: en général

The key to success in reading in a foreign language is the realization that you don't have to understand every word in order to understand the text. The best way to approach a text is first to skim over it to get a general idea using cognates and familiar words as anchors.

3 Review the text and cartoons below and on the next page as you consider this question: **Quel est le problème de Nicolas?** *(What is Nicolas's problem?)* Give the correct answer(s).

a. Il est vraiment malade.
b. Il est allergique à l'école.
c. Il est allergique au chocolat.

> **Vocabulaire actif**
>
> allergique
> le chocolat
> l'école (f.)
> malade
> vraiment

Le petit Nicolas est malade

Pauvre Nicolas... Il est malade. Le médecin prescrit une journée de repos et surtout pas de chocolat.

Nicolas est malade? Hum… Est-ce qu'il est vraiment malade?
Ou est-il allergique à l'école?

Le copain de Nicolas vient lui rendre visite après l'école. Alceste
adore les chocolats mais il n'aime pas partager.
— Tu n'es pas vraiment malade, hein?
— Non, et je ne suis pas allergique au chocolat non plus…

Goscinny/Sempé *Le petit Nicolas* © Editions Denoël, 1960, 2002

Déduisez et confirmez: en détail

Once you have a general idea of what the text is about, it is easier to infer the meaning of specific words and sentences.

4 Les mots. Using the context as your guide, can you find the French words that express the following ideas?

1. a day of rest
2. no chocolate!
3. after school
4. but he doesn't like to share

5 Le texte. Answer the following questions using sentences from the text.

1. Qu'est-ce que le médecin prescrit?
2. Le narrateur est sceptique *(skeptical).* Quelles sont les questions du narrateur?
3. Quel est le problème d'Alceste?
4. La visite d'Alceste: Est-ce que Nicolas est heureux?

Explorez

Have you ever skipped school? What excuse did you use? **(malade? fatigué(e)? une obligation familiale?)**

Structure **Asking yes/no questions** Grammar Podcasts, Grammar Tutorials

L'interrogation

Observez et déduisez

Nicolas est malade? Est-ce qu'il est *vraiment* malade?... Ou est-il allergique à l'école?

> Look at the questions above. What are three different ways to ask a question in French? How would you ask, "Is he allergic to chocolate?"

Vocabulaire actif

Est-ce que... ?
hein?
n'est-ce pas?

Confirmez

1. The simplest and most common way to ask a question is to use rising intonation with a declarative statement.

   Nicolas est malade.   Nicolas est malade?

2. **Est-ce que** (**Est-ce qu'** before a vowel) can also be added to the beginning of a statement to signal a question. This expression has no English equivalent.

   Est-ce que Nicolas est malade?
   Est-ce qu'il est vraiment malade?

3. If you seek a simple confirmation, a "tag" question such as **n'est-ce pas?** or **hein?** (familiar) can be added at the end of a declarative sentence.

   Il est malade, **n'est-ce pas**?   *He's sick, isn't he?*
   Tu es vraiment malade, **hein**?   *You're really sick, aren't you?*

4. A question can also be formed by inverting the subject pronoun and the verb, and placing a hyphen between them.

>   Est-il malade?
>   Sont-ils allergiques à l'école?

If the subject of the sentence is a noun, both the noun *and* a pronoun must be used, with the noun preceding the inverted pronoun and verb.

>   Nicolas est-il heureux?
>   Les étudiants sont-ils heureux?

Inversion is most often used in written and formal spoken French and occasionally in familiar speech for certain common questions such as **Comment vas-tu?** or **Comment t'appelles-tu?**

L'interrogation

intonation	Nicolas est amusant?
est-ce que	Est-ce qu'il est amusant?
tag question	Il est amusant, n'est-ce pas?
inversion	(Nicolas) est-il amusant?

Activités

Q **À mon avis (*In my opinion*).** Lisez les questions, puis écrivez **oui** ou **non** sur une feuille de papier pour indiquer votre avis.

1. Le cours est intéressant, n'est-ce pas?
2. Est-ce que le professeur est patient?
3. Est-ce que les étudiants sont amusants?
4. Les étudiants et le professeur sont intelligents?
5. Tes copains et toi, êtes-vous heureux?
6. Tes copains sont sympathiques?

Maintenant, interviewez un(e) camarade de classe. Vos opinions sont-elles similaires ou différentes?

R **Je suis…** Complétez la phrase avec cinq adjectifs qui décrivent votre personnalité. Ensuite, interviewez des camarades de classe pour trouver votre âme sœur (*soul mate*).

➡ *Je suis… (sympathique, sérieuse…)*
   Est-ce que tu es patiente? / Tu es sociable, n'est-ce pas?, etc.

Structure   Answering negatively   Grammar Podcasts, Grammar Tutorials

La négation *ne... pas*

Observez et déduisez

— Tu n'es pas vraiment malade, hein?
— Non, et je ne suis pas allergique au chocolat non plus!

- From the exchange above, can you infer how to answer a question negatively in French?
- Can you answer the following question negatively:
  Est-ce que Nicolas est allergique à l'école?

Confirmez

1. A sentence is made negative by placing **ne** before the verb and **pas** after it.

   Je **ne** suis **pas** malade.

2. **Ne** becomes **n'** before a vowel.

   Tu **n'**es **pas** vraiment malade, hein?

Activités

S   **C'est vrai? C'est faux?**   Décidez si les phrases sont vraies ou fausses. Corrigez les phrases fausses selon le modèle.

➡ La maman de Nicolas est désagréable.
C'est faux. Elle n'est pas désagréable.

1. Nicolas est allergique à l'école.
2. Il est allergique au chocolat.
3. Il est amusant.
4. Il est grand.
5. Il est triste.
6. Alceste est timide.
7. Le médecin est blond.
8. ?

T   **À la française.**   Les Français utilisent souvent des négations dans leurs descriptions. Transformez les descriptions «à l'américaine» (de style américain) en descriptions «à la française» selon le modèle.

➡ (style américain)   *Nicolas est sociable.*
   (style français)   *C'est vrai. Il n'est pas timide!*

1. Alceste est avare.
2. Louisette est sympathique.
3. Le professeur est intelligent.
4. Les étudiants de la classe sont actifs.
5. Mes copains sont sociables.

Continuez selon le modèle: *Bill Gates? Il n'est pas...*

Madame Mystère. Devinez l'identité de Madame Mystère. (Ou demandez au professeur!)

➡ — *Est-ce que Madame Mystère est journaliste?*
— *Non, elle n'est pas journaliste.*

Stratégie de communication | Responding to questions and comments

Observez et déduisez

In French, just as in English, you can respond noncommittally to questions and comments, or you can answer in the affirmative or the negative with various degrees of emphasis. Study these examples and find useful expressions to do the following:

- respond in the affirmative to a negative question
- to avoid a direct answer
- to say something is true (or not) for you also

— Comment est Nicolas? Il est amusant?
— Mais oui, bien sûr!

— Il n'est pas ennuyeux?
— Non, pas du tout!

— Louisette est sympathique, n'est-ce pas?
— Euh, ça dépend.

— Nicolas est allergique à l'école.
— Moi aussi!
— Mais il n'est pas allergique au chocolat.
— Moi non plus!

— Les copains de Nicolas ne sont pas actifs?
— Si, si! Ils sont très actifs!

Confirmez

	affirmative response	negative response
affirmative questions	Mais oui! Bien sûr!	Mais non! Pas du tout!
negative questions	Si, si. Mais si!	Non. Pas du tout! Mais non!
affirming comments	Moi aussi.	Moi non plus.
contradicting comments	Moi, oui!	Pas moi
remaining noncommittal		

Ben, je ne sais pas...
Peut-être...
Euh, ça dépend.

Activités

 V **Moi aussi! Moi non plus!** Écoutez. Indiquez si vous êtes semblable ou non selon le modèle.

Je suis actif.   — Moi aussi! / Pas moi!
Je ne suis pas timide.   — Moi non plus.

W **Des réactions personnelles.** Lisez les réponses suivantes. Imaginez et écrivez une affirmation ou une question appropriée à votre avis.

Mais non!   *Britney Spears et Lady Gaga sont des chanteuses conformistes.*
Moi aussi!   *Je suis de Dallas.*

1. Bien sûr!
2. Pas moi.
3. Euh, ça dépend.
4. Moi aussi.
5. Peut-être
6. Mais si!

 X **Opinions.** Écrivez cinq questions, puis interviewez deux partenaires. Comparez vos opinions. Répondez ensuite à leurs questions en employant les expressions de la page précédente (*preceding*).

➡ — *Stephen Colbert est amusant?*
   — *Mais oui! / — Non, pas du tout!*

 Complete the diagnostic tests to check your knowledge of the vocabulary and grammar structures presented in this chapter.

Jeu de rôle

With two classmates, role-play a scene between roommates who are just getting to know one another. Ask questions to find out what your new roommates are like. Use a variety of expressions to respond to your roommates' questions and to concur with their comments.

Littérature | L'accent grave

Lipnitzki/Roger Viollet/Getty Images

Jacques Prévert (1900–1977) was a popular French poet who chose to depict the modern world in its "ordinariness," with simplicity, understatement, and a delightful sense of humor. Several of his poems have been set to music. *L'accent grave* is a mini-play on words.

Pensez

1 One of the characters in the mini-play you are about to read is named Hamlet. When you think of Hamlet, what famous line comes to your mind? Can you predict which verb is likely to be a key word in this text?

2 An accent mark can make a big difference. Take the little word **ou:** without an accent, **ou** means *or;* with **un accent grave, où** means *where.* With a text entitled *L'accent grave* and a character named Hamlet, what do you anticipate?

Observez et déduisez: en général

Identifying the organization of a text can make comprehension easier. In this mini-play, who are the characters **(les personnages)**? What happens? Try to answer these questions as you read.

3 Look over the text, focusing on the characters. Who is talking to Hamlet? Using logic, can you infer the meaning of **l'élève**?

4 Now skim through the text, paying attention to the action **(l'action).** Using words that you recognize and the punctuation as anchors, put the sequence of events in the proper order (1–7).

_____ Hamlet is startled.

_____ Hamlet plays on the meaning of the words **ou / où.**

_____ The teacher wants Hamlet to conjugate a verb.

__1__ The teacher calls on Hamlet.

_____ The teacher is unhappy with Hamlet.

_____ The teacher is *extremely* unhappy with Hamlet.

_____ Hamlet conjugates his favorite verb in an untraditional fashion.

> **Vocabulaire actif**
>
> un(e) élève
> où
> ou

L'accent grave

LE PROFESSEUR: Élève Hamlet!

L'ÉLÈVE HAMLET: *(sursautant)* ... Hein... Quoi... Pardon... Qu'est-ce qui se passe... Qu'est-ce qu'il y a... Qu'est-ce que c'est?...

LE PROFESSEUR: *(mécontent)* Vous ne pouvez pas° répondre «présent» comme tout le monde°? Pas possible, vous êtes encore dans les nuages°.

L'ÉLÈVE HAMLET: Être ou ne pas être dans les nuages!

LE PROFESSEUR: Suffit. Pas tant de manières. Et conjuguez-moi le verbe être, comme tout le monde, c'est tout ce que je vous demande.

L'ÉLÈVE HAMLET: To be...

LE PROFESSEUR: En français, s'il vous plaît, comme tout le monde.

L'ÉLÈVE HAMLET: Bien, monsieur. *(Il conjugue:)*
Je suis ou je ne suis pas
Tu es ou tu n'es pas
Il est ou il n'est pas
Nous sommes ou nous ne sommes pas...

LE PROFESSEUR: *(excessivement mécontent)* Mais c'est vous qui n'y êtes pas°, mon pauvre ami!

L'ÉLÈVE HAMLET: C'est exact, monsieur le professeur,
Je suis «où» je ne suis pas
Et, dans le fond°, hein, à la réflexion,
Être «où» ne pas être
C'est peut-être° aussi la question.

Vous... Can't you
comme... like everyone else
encore... again in the clouds

Mais... But you are the one
who's out of it

dans... in the end

peut-être perhaps

Jacques Prévert, "L'accent grave" in *Paroles* © Éditions Gallimard
© Fatras, succession Jacques Prévert pour les droits audio, électroniques et internet.

Déduisez et confirmez: en détail

5 Expressions de surprise. Find in the text six ways to express surprise in French.

6 Comme tout le monde... What are the three things the teacher wants Hamlet to do "like everyone else"?

7 Deux mondes différents (*Two different worlds*). Where are the teacher and Hamlet? Check the answers in the grid below.

	le professeur		Hamlet	
	oui	non	oui	non
dans les nuages				
dans la réalité ordinaire				
dans le conformisme				
dans les réflexions philosophiques				

8 Être _où_ ne pas être... Complete the following sentences.

1. Physiquement, Hamlet est...
   a. dans la salle de classe   b. dans les nuages

2. Mentalement, Hamlet est...
   a. absent   b. présent

3. La situation est…
   a. tragique   b. comique   c. tragique et comique

Explorez

Do you ever feel like Hamlet? When do you feel like this? Why?

Par écrit Celebrities in town!

Avant d'écrire

A Strategy: Keeping purpose in mind. Each type of writing serves a purpose that influences what is included in the written text and what is not. If you were a newspaper reporter interviewing a celebrity, for example, you'd want to ask questions that would enable you to _inform_ your readers.

Application. Jot down some questions that would get you the information your readers would want to know about an international celebrity.

B Strategy: Avoiding repetition. Use **et** and **aussi** to introduce an additional point, and **mais** or **ou** to indicate contrast.

➡ Hamlet est amusant. Il est un peu paresseux. Il n'est pas bête.
Hamlet est amusant et un peu paresseux aussi, mais il n'est pas bête.

Vous êtes très raisonnable? Vous êtes un peu fou?
Vous êtes très raisonnable ou un peu fou?

Application. Use the following words to write a sentence that avoids repetition by using **et, mais,** or **ou.** You may use negation as well.

Pierre / amusant / sympathique / heureux

Écrivez

1. Imagine you are chief reporter for your local newspaper and are on assignment in Paris (or Washington D.C., or…?). You have the opportunity to interview two well-known public figures—a man and a woman you've always wanted to know. Make a list of questions you will ask the woman and a list of questions you will ask the man in order to inform your readers about who they are, where they're from, what they do professionally, and what they are like.

2. Imagine you have now interviewed the celebrities. Write captions that will appear in the paper under each photo stating name, profession, hometown, and character traits for each.

➡ _Voici Mme Roberts. C'est une Canadienne. Elle est de Montréal. Elle est musicienne et écrivain. Elle est grande, brune et très amusante, mais elle n'est pas sportive. Elle est un peu nerveuse._

Identité et image de soi

Pensez

Think of the many characteristics that comprise your identity: gender, nationality, profession, family role like son or daughter… Think about which are the most important to you as you watch the video where Gregory, Camille and Fatim talk about *les* **composantes principales** of their identity. As you watch, go to the corresponding section of your Student Activities Manual and complete the comprehension activities which will help you understand what you are hearing. Then do **Explorez** and **Bloguez!** below.

Selon vous, quelles sont les composantes principales de votre identité?

Greg: Je pense qu'il y a trois composantes principales de mon identité...

Camille: Je fais de la danse classique, je suis étudiante ... j'aime le chocolat, ça fait partie de mon identité.

© Heinle, Cengage Learning

Fatim: Pour moi, les composantes principales, c'est vraiment les origines, c'est les centres d'intérêt, c'est la formation qu'on a suivie, c'est aussi l'éducation et puis c'est aussi des fonctions, comme être maman, papa, fille de... tout, tout ce genre de choses en fait.

Explorez

Write down the components of your identity that you consider important, and show your list to several people who share your nationality. Ask them to choose the three items on the list that they think best represent their identity (or to add one of their own). Which components were chosen most frequently?

Bloguez! ⒾⓁⓇⓝ

How were the results of your survey similar to or different from what you heard in the video? Enhance your blog post by adding an item you think best represents your personal identity: link to a poem or song, a photo, an audio or video file, etc.

Vocabulaire actif

Les verbes / Les expressions verbales

être *to be*
Je suis de... *I'm from . . .*

Tu connais... ? *Do you know . . . ?*
Voici / Voilà *Here is / There is*

Les nationalités

africain(e) *African*
algérien(ne) *Algerian*
allemand(e) *German*
américain(e) *American*
anglais(e) *English*

belge *Belgian*
brésilien(ne) *Brazilian*
canadien(ne) *Canadian*
chinois(e) *Chinese*
espagnol(e) *Spanish*

français(e) *French*
italien(ne) *Italian*
japonais(e) *Japanese*
marocain(e) *Moroccan*
mexicain(e) *Mexican*

russe *Russian*
sénégalais(e) *Senegalese*
suisse *Swiss*

Les professions

acteur (actrice) *actor (actress)*
architecte *architect*
artiste *artist*
athlète *athlete*
avocat(e) *lawyer*

chanteur (chanteuse) *singer*
dentiste *dentist*
écrivain *writer*
informaticien(ne) *computer scientist*

ingénieur *engineer*
journaliste *journalist*
juge *judge*
mécanicien(ne) *mechanic*
médecin (docteur) *doctor*
musicien(ne) *musician*

peintre *painter*
politicien(ne) *politician*
président(e) *president*
secrétaire *secretary*

Les gens (People)

un copain / une copine *a friend, a pal*
une dame *a lady*

un(e) élève *a student (prior to university-level)*
un garçon / une fille *a boy / a girl*

Les adjectifs pour décrire les gens

actif (active) ≠ paresseux (paresseuse), passif (passive) *active, lazy, passive*
allergique *allergic*
blond(e) ≠ brun(e) *blond, brunette*
calme ≠ nerveux (nerveuse) *calm, nervous*
égoïste ≠ altruiste *selfish, altruistic*
fatigué(e) ≠ énergique *tired, energetic*
généreux (généreuse) ≠ avare *generous, stingy*
grand(e) ≠ petit(e) *tall (big), short (small)*
idéal(e) ≠ typique *ideal, typical*
idéaliste ≠ réaliste *idealistic, realistic*
individualiste ≠ conformiste *nonconformist, conformist*
intelligent(e) ≠ bête, stupide *intelligent, stupid (dumb)*

intéressant(e) ≠ ennuyeux (ennuyeuse) *interesting, boring*
malade *sick, ill*
mince ≠ fort(e), gros (grosse) *thin, heavyset*
optimiste ≠ pessimiste *optimistic, pessimistic*
patient(e) ≠ impatient(e) *patient, impatient*
raisonnable ≠ fou (folle) *reasonable, crazy*
riche ≠ pauvre *rich, poor*
sérieux (sérieuse) ≠ amusant(e) *serious, funny*
sportif (sportive) *athletic*
sympathique ≠ désagréable *nice, rude*
timide ≠ sociable *shy, friendly (outgoing)*
triste ≠ heureux (heureuse) *sad, happy*

Les adjectifs démonstratifs

ce, cet, cette... -ci / -là *this / that*

ces *these / those*

La négation

ne... pas

Les questions

Comment est-il/elle? *What is he/she like?*
D'où es-tu? / D'où êtes-vous? *Where are you from?*
Est-ce que... ?
N'est-ce pas? / Hein?

Les expressions pour répondre et réagir *(react)*

Ben, je ne sais pas. *Well, I don't know.*
Bien sûr! / Pas du tout! *Of course! / Not at all!*
Euh, ça dépend. *Well, it depends.*
Mais oui! / Mais non! *But of course (Well, yes)! / Of course not!*
Moi aussi. / Moi non plus. *Me too. / Me neither.*
Moi, oui! / Pas moi!
peut-être *maybe*
Si! / Mais si! *Yes! (after negative question) / Well, yes!*

Divers

aussi *also, too*
le chocolat *chocolate*
une école *a school*
et *and*
là-bas *over there*

mais *but*
ou *or*
où *where*
un peu *a little*
très *very*
vraiment *really*

EXPRESSIONS POUR LA CLASSE

absent(e) ≠ présent(e) *absent, present (here!)*
à mon avis *in my opinion*
apportez *bring*
au sujet de *about*
choisissez *choose*
ci-dessous *below*
comparez *compare*
continuez *continue*
corrigez *correct*
d'accord ≠ pas d'accord *agree ≠ disagree*
décidez *decide*
demandez *ask*
un dessin; dessinez *a drawing; to draw*
devinez *guess*
donnez *give*
en employant *using*
ensuite *then*
faites un sondage *take a poll*
une image *a picture*

indiquez *indicate*
interviewez *interview*
maintenant *now*
le (la) même *the same*
un mot apparenté *a cognate*
des mots nouveaux *new words*
notez *jot down*
parfois *sometimes*
poser des questions *to ask questions*
précédent(e) *preceding*
qui correspondent *that correspond*
répondez *answer*
selon *according to*
suivant(e) *following*
suivez *follow*
transformez *change*
trouver *to find*
vrai / faux *true / false*

La famille

© Goodshoot/Jupiter Images France/Alamy

This chapter will enable you to

- identify family members and their relationships

- ask about people's ages and physical characteristics

- talk about leisure activities

- understand native speakers talking about themselves and their families

- read a survey of leisure activities in France and a poem by an author from Cameroon

Qui sont les membres de cette famille? Quel âge ont-ils? Quelle est la couleur de leurs cheveux et de leurs yeux? Quelles sont leurs activités préférées? Et vous? Qui sont les membres de votre famille? Quelles sont vos activités préférées?

Chapter resources

- iLrn Heinle Learning Center
- Text Audio Program
- Video
- Premium Website

Première étape

As you listen to the audio segment, you will hear two people talking about a family picture. Do the following tasks one by one, focusing only on what you are asked to do for each task.

Pensez

1 Who is likely to be in a family picture? Look at the words below. Can you infer their meaning? Place them in the family tree.

le père (le papa)   la mère (la maman)
le frère   la sœur

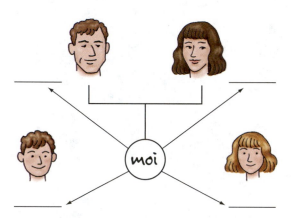

Observez et déduisez 🔊
CD 1-17

2 Listen to the conversation a first time to identify who is talking. Then, justify your answer.

a. two friends   b. a mother and her daughter   c. two sisters

3 Listen again, noting how many times the following words are mentioned: **une fois? deux fois? trois fois? quatre fois?**

père _____   frère _____   mère _____   sœur _____

4 Listen again to determine how the following people are related to Véronique (**père? frère? mère? sœur?**).

Paul _____   Fabien _____   Olivia _____

5 Now that you have heard the conversation several times, from the context, can you infer the meaning of the words in the left-hand column? Match them with items in the right-hand columns and justify your choices.

_____ 1. belle-sœur   a. *wife*   e. *children*
_____ 2. femme   b. *half-sister*   f. *nephews*
_____ 3. enfants   c. *sister-in-law*   g. *cousins*
_____ 4. neveux   d. *parents*

Vocabulaire actif

autre
une belle-sœur
combien
un(e) enfant
la famille
un frère
une mère
un neveu
une nièce
un père
ressembler (à)
une sœur

6 Now that you have listened to the conversation several times, answer the following questions.

Combien (*How many*) de personnes y a-t-il sur la photo? Qui sont ces personnes?

Que veut dire **autre**?   a. *first*   b. *other*   c. *same*

7 Listen one last time to note family resemblances (**Qui ressemble à qui?**).

1. Véronique ressemble à son/sa...
2. Paul ressemble à son/sa...
3. Fabien ressemble à son/sa...

Prononciation Le son [r]

The French [r] is very different from its English counterpart. There are three keys to pronouncing a French [r] correctly.

1. Keep the tip of your tongue against your lower front teeth.
2. Arch the back of your tongue toward the back of your mouth, as for the sounds [k] (c̲at) or [g] (g̲et).

   → Practice saying [go], then **gros** [gro], then [ro]; **gant** [gɑ̃], **grand** [grɑ̃], **rang** [rɑ̃].
3. Keep your lips from moving! Set your lips in position for the vowel that comes before or after the [r], and make sure they don't move for the [r].

   → Pronounce the following sound combinations, checking the corners of your mouth with your fingers to make sure your lips don't move.

   k [ka] → **car** [kar]   **qui** [ki] → **cri** [kri]

Observez et déduisez 🔊
CD 1-17,18

Listen again to **À l'écoute: Une photo de famille**, paying close attention to the pronunciation of the **r**'s occurring in the following expressions. Listen to the segment a second time if necessary.

1. Vé̲ronique
2. j'ado̲re
3. bien sû̲r
4. mè̲re
5. pè̲re
6. tu ̲ressembles à ta mè̲re
7. mon f̲rè̲re
8. mon aut̲re f̲rè̲re
9. Paul ̲ressemble à son pè̲re
10. Fabien ̲ressemble à sa mè̲re, je c̲rois
11. deux sœu̲rs
12. ma belle-sœu̲r
13. leu̲rs deux enfants
14. ado̲rables

Confirmez 🔊
CD 1-19

Now repeat the expressions above, as well as the following words containing one or several **r**'s, keeping in mind the three key directions for pronouncing the French [r]. Then listen again to verify your pronunciation.

1. Une famille d'origine russe
2. Des enfants américains
3. Des parents français
4. Ma mère (Catherine) est informaticienne.
5. Mon frère (Robert) est acteur.
6. Ma sœur (Marie-Christine) est architecte.
7. Mon autre sœur (Véronique) est ingénieur.
8. Mon père (René) est peintre.
9. Il est riche et généreux.
10. Ce sont des personnes intéressantes!

Observez et déduisez

Regardez la photo de famille.

— Combien de grands-parents est-ce qu'il y a?
— Qui sont les fils et les filles de ces grands-parents?
— Où sont les petites filles? Devinez!

Chantal Thompson

Complétez les phrases avec les mots ci-dessous. Pensez logiquement!

| **grand-père** (*m.*) | **oncle** (*m.*) | **fils** (*m.*) | **grands-parents** (*m.*) |
| **grand-mère** (*f.*) | **tante** (*f.*) | **fille** (*f.*) | **mari** (*m.*) |

1. Le père de mon père est mon _____.
2. La mère de mon père est ma _____.
3. Les parents de mes parents sont mes _____.
4. La sœur de ma mère est ma _____.
5. Le frère de ma mère est mon _____.
6. Un enfant du sexe féminin est une _____.
7. Un enfant du sexe masculin est un _____.
8. Mon père est le _____ de ma mère.

neveu (*m.*)	**demi-frère** (*m.*)	**cousin** (*m.*)	**beau-frère** (*m.*)	**petit-fils** (*m.*)
nièce (*f.*)	**demi-sœur** (*f.*)	**cousine** (*f.*)	**beau-père** (*m.*)	**belle-sœur** (*f.*)
petite-fille (*f.*)	**belle-mère** (*f.*)			

9. Le fils de mon oncle et de ma tante est mon _____.
10. La fille de mon oncle et de ma tante est ma _____.
11. La sœur de mon neveu est ma _____.
12. Le fils de mon fils est mon _____.
13. La fille de mon fils est ma _____.
14. Le mari de ma sœur est mon _____.

15. Le fils de mon père (mais pas de ma mère) est mon _____.

16. Le mari de ma mère n'est pas mon père; c'est mon _____.

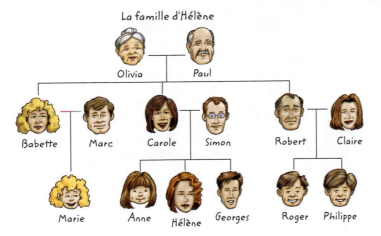

La famille d'Hélène

Olivia Paul

Babette Marc Carole Simon Robert Claire

Marie Anne Hélène Georges Roger Philippe

Activités

A **Combien de...?** Regardez l'arbre généalogique d'Hélène. Qui sont les sœurs? les mères? les oncles? les frères? Combien de tantes est-ce qu'il y a? Combien de pères? de fils? de maris? de belles-sœurs?

B **D'autres liens de parenté (relationships).** Parlez de tous les liens de parenté possibles pour les membres de la famille d'Hélène.

➡ *Anne est la sœur de Georges et d'Hélène, la fille de Carole et de Simon, la nièce..., la cousine..., la petite-fille...*

Structure Expressing ownership Grammar Podcasts, Grammar Tutorials

Les adjectifs possessifs

Observez et déduisez

Elaine Phillips

Ici, c'est Marie, la fille de mon oncle et de ma tante. C'est ma cousine.

Chantal Thompson

Et voici Olivia et Paul, les parents de ma mère. Ce sont mes grands-parents.

- In the captions above, how many ways do you find to say *my*? Review noun-adjective agreement on page 29. What conclusions can you draw about the various forms of the French word for *my*?

Confirmez

Les adjectifs possessifs

	masculin	féminin	pluriel
my	**mon** oncle	**ma** tante	**mes** parents
your	**ton** oncle	**ta** tante	**tes** parents
his/her/its	**son** oncle	**sa** tante	**ses** parents
our	**notre** oncle	**notre** tante	**nos** parents
your	**votre** oncle	**votre** tante	**vos** parents
their	**leur** oncle	**leur** tante	**leurs** parents

1. The possessive adjective agrees in number and gender with the noun following it:

   son oncle (masc./sing.)   **sa** tante (fém./sing.)
   ses oncles (masc./pl.)   **ses** tantes (fém./pl.)

   Notice that *it does not matter* whether the possessor is a male or a female. The adjective agrees with the noun that *follows* it (oncle/tante).

   son frère (*his/her* brother)   **sa** sœur (*his/her* sister)
   ses copains (*his/her* friends)

2. For singular words beginning with a vowel sound, always use the masculine adjective even if the noun is feminine.

   son <u>a</u>vocate   **mon** <u>é</u>tudiante

Activités

C **Famille.**   Expliquez les liens de parenté selon le point de vue de la (des) personne(s) indiquée(s) entre parenthèses. Référez-vous à l'arbre généalogique (page 55). Suivez le modèle.

➡ (Roger et Philippe) Olivia et Paul
   *Olivia et Paul sont **nos** grands-parents.*

1. (Roger et Philippe) Robert et Claire
2. (Roger et Philippe) Babette
3. (Roger et Philippe) Marie
4. (Roger et Philippe) Marc et Simon
5. (Marc) Anne et Hélène
6. (Marc) Roger et Philippe
7. (Marc) Babette
8. (Marc) Robert

D **Vrai ou faux?**   Lisez les phrases suivantes et indiquez si elles sont vraies ou fausses selon l'arbre généalogique d'Hélène (page 55). Corrigez les phrases fausses.

➡ (Hélène)   Roger est son frère.
   C'est faux. Roger est son cousin.

La famille d'Hélène

1. Olivia est sa belle-mère.
2. Roger et Philippe sont ses demi-frères.
3. Simon est son père.
4. Marc est sa tante.
5. Georges est son frère.

La famille d'Olivia et de Paul

6. Babette, Carole et Hélène sont leurs filles.
7. Marie est leur petite-fille.
8. Robert est leur fils.
9. Georges et Roger sont leurs fils aussi.
10. Babette est leur sœur.

E **Interview.** Posez les questions suivantes à un(e) partenaire et répondez à ses questions.

1. Il y a combien de personnes dans ta famille?
2. Qui sont les membres de ta famille?
3. Comment s'appelle ta mère? ton demi-frère?, etc.
4. Comment est ton oncle? (ta tante, etc.)
5. D'où est ton cousin? (ta cousine, etc.)

Stratégie de communication

Hesitating and stalling for time

Observez et déduisez

French uses expressions for hesitating and marking pauses similar to *so* and *well* and *like* in English. In the following paragraph, find the French expressions used to hesitate or fill pauses.

Mon parent préféré? Voyons... euh... mon oncle Paul est très amusant. Il est énergique et original. Et bon, ben... ma grand-mère est très sympathique aussi, vous savez. Et puis elle est intelligente, généreuse, toujours optimiste—c'est la grand-mère idéale, quoi!

Confirmez

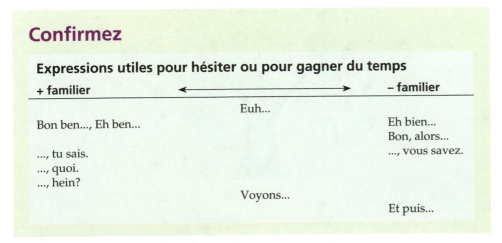

Expressions utiles pour hésiter ou pour gagner du temps

+ familier		– familier
	Euh...	
Bon ben..., Eh ben...		Eh bien...
		Bon, alors...
..., tu sais.		..., vous savez.
..., quoi.		
..., hein?		
	Voyons...	
		Et puis...

Activités

F **En termes évasifs.** Répondez aux questions suivantes, mais cette fois-ci, essayez de *ne pas* répondre aux questions personnelles de votre camarade de classe. Employez des expressions pour hésiter et pour gagner du temps.

1. Il y a combien de personnes dans ta famille?
2. Qui sont les membres de ta famille?
3. Comment s'appelle ta mère? ton demi-frère? …
4. Comment est ton oncle? ta tante? …
5. D'où est ton cousin? ta cousine? …
6. Tu ressembles à ta mère? à ton père?
7. Mon beau-père est très aimable. Comment est ton père?
8. Tes parents sont avocats? médecins?
9. Il y a combien d'enfants dans ta famille?

G **Descriptions.** Présentez une description de la famille de la photo à la page 51 à votre partenaire. Qui sont ces personnes? Comment sont-elles? Quels sont les liens de parenté? Ce n'est pas votre famille à vous, alors vous hésitez beaucoup pour gagner du temps. Ensuite, votre partenaire présente une description de la famille de la photo à la page 54.

Jeu de rôle

You've hired a genealogist (your partner) to research and develop your family tree. Give a brief description of your immediate family, including names and relationships. Your partner will ask follow-up questions about other relatives as he/she sketches your **arbre généalogique.** Make sure it is correct when you finish. Use some stalling devices as needed.

LanaN/Shutterstock.com

Deuxième étape

Lecture Les loisirs et la famille

Pensez

1 What leisure activities do you associate with family life? Infer the meaning of the expressions below, then indicate whether you and your family practice these activities every day **(tous les jours),** often **(souvent),** sometimes **(quelquefois),** or never **(jamais).**

activités de loisirs	tous les jours	souvent	quelquefois	jamais
regarder la télévision				
écouter de la musique (la radio, un CD, un iPod)				
surfer sur Internet				
bloguer				
manger au restaurant				
sortir ensemble: aller au cinéma, au spectacle (concert, théâtre, etc.)				
regarder un film sur DVD				
aller à des matchs de foot, de basket, etc.				
faire du sport (jouer au tennis, faire du jogging, etc.)				
faire des promenades (dans la nature, dans un parc, etc.)				
jouer à des jeux vidéo (au Nintendo, à la Wii, etc.)				
faire du shopping (acheter des vêtements, par exemple, un tee-shirt, un jean)				
téléphoner, envoyer des textos, des mails				
parler à des copains (converser)				

Observez et déduisez: en général

2 Look at the three charts that follow: Which of the activities anticipated in **Pensez** are actually mentioned? In which chart do you find each of those activities?

Les loisirs et la famille

I. Le point de vue des parents

Quelle activité pratiquez-vous avec vos enfants?

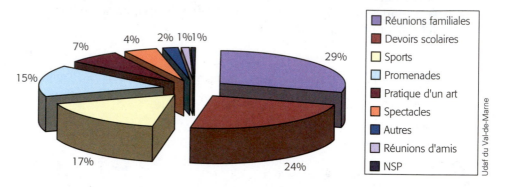

7% 4% 2% 1%1%

15%

29%

17%

24%

- Réunions familiales
- Devoirs scolaires
- Sports
- Promenades
- Pratique d'un art
- Spectacles
- Autres
- Réunions d'amis
- NSP

Udaf du Val-de-Marne

II. Le point de vue des jeunes Français (15–24 ans)

Activités favorites	Garçons %	Filles %	Ensemble %
Écouter de la musique	82	84	83
Passer une soirée entre amis	79	78	78
Être en famille	55	72	63
Voyager	57	70	63
Regarder la télévision ou aller au cinéma	51	59	55
Faire du sport	62	45	54
Lire (livres, journaux, magazines)	26	54	40
Jouer à des jeux vidéo, surfer sur Internet	39	32	35

Sources: Sondage Ifop – Ministère de la Jeunesse et des Sports; enquête de la JOC, *Les Pratiques culturelles et les loisirs des jeunes.* http://www.joc.asso.fr

III. Les usages d'Internet

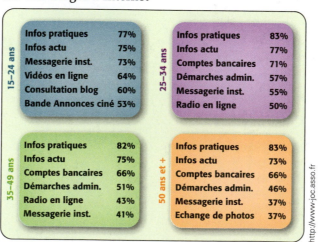

15–24 ans

Infos pratiques	77%
Infos actu	75%
Messagerie inst.	73%
Vidéos en ligne	64%
Consultation blog	60%
Bande Annonces ciné	53%

25–34 ans

Infos pratiques	83%
Infos actu	77%
Comptes bancaires	71%
Démarches admin.	57%
Messagerie inst.	55%
Radio en ligne	50%

35–49 ans

Infos pratiques	82%
Infos actu	75%
Comptes bancaires	66%
Démarches admin.	51%
Radio en ligne	43%
Messagerie inst.	41%

50 ans et +

Infos pratiques	83%
Infos actu	73%
Comptes bancaires	66%
Démarches admin.	46%
Messagerie inst.	37%
Echange de photos	37%

http://www.joc.asso.fr

Déduisez et confirmez: en détail

3 Les mots

Le sens. Using the context and logic, can you infer the meaning of the following words? Choose the correct answers from the right-hand column.

Le point de vue des parents

1. (les) devoirs scolaires

Les usages d'Internet

2. en ligne

3. (une) bande annonce ciné

4. (un) compte bancaire

a. *online*

b. *a movie trailer (preview)*

c. *homework*

d. *bank account*

Les abréviations. In the last chart, *Les usages d'Internet,* can you find the abbreviations for the following? Can you infer the meaning of the expressions that contain those abbreviations?

1. instantanée

2. les actualités *(current events)*

3. administratives

4 Les résultats

1. Comparez le point de vue des parents et le point de vue des jeunes: Quelles sont les activités les plus importantes pour les parents? Et pour les jeunes?

2. Dans les tableaux I et II, quelles sont les activités…
   a. qui impliquent l'usage des médias?
   b. qu'on peut faire en famille *(as a family)*?

3. Dans le tableau II, quelles activités indiquent une grande différence entre les garçons et les filles?

4. Dans le tableau III, les «infos pratiques» occupent la place numéro 1 pour les quatre catégories d'âge. Qu'est-ce que vous remarquez (observez) pour la place numéro 2 et numéro 3? Quels sont les usages spécifiques aux jeunes de 15 à 24 ans ?

Explorez

1. Imaginez que ces sondages sont des sondages américains sur les activités favorites des parents et des jeunes. Quelles différences imaginez-vous dans les activités (par exemple, regarder la télévision) et les pourcentages? Comment expliquez-vous ces différences? (Discutez de cette partie en anglais.)

Activités	% pour les parents	% pour les jeunes
1.		
2.		
3.		
4.		
5.		
6.		

2. Et vous? Quelles sont vos activités favorites quand vous avez du temps libre *(free time)*? Vos usages d'Internet sont-ils similaires aux usages des Français?

Vocabulaire actif

Activités
acheter (des vêtements, un tee-shirt, un jean)
aimer
aller* (au cinéma, à un match de foot ou de basket, au restaurant, au concert, au théâtre)
un(e) ami(e)
bloguer
écouter (de la musique, la radio, un CD, un iPod)
envoyer (un mail, un texto)
faire* (du jogging, du shopping, du sport, une promenade)
jouer (à des jeux vidéo, au tennis)
lire* (des livres, des journaux, des magazines)
manger
parler (à / avec des amis)
passer une soirée (entre amis, en famille)
regarder (la télévision, un DVD)
sortir* ensemble
surfer sur Internet
téléphoner
voyager
[*Infinitive form only]

Expressions adverbiales
jamais
quelquefois
souvent
tous les jours

Structure Talking about leisure activities

 Grammar Podcasts, Grammar Tutorials

Les verbes en *-er*

Observez et déduisez

SANDRINE: Ma sœur et moi, nous aimons beaucoup les médias. Nous adorons envoyer des textos et retrouver nos copains en ligne. Bien sûr que nous aimons regarder la télé et écouter de la musique aussi: le jazz, le rock, la musique classique. Nous aimons également aller au cinéma ou regarder des films sur DVD. Moi, je regarde toujours des films d'aventure et des comédies.

SOPHIE: Et moi, j'aime les films d'amour! Mes parents n'aiment pas beaucoup le cinéma. Ils préfèrent les sports—le tennis, le volley—et ils aiment aller à des matchs de foot le week-end. Notre grand-père, par contre, n'aime pas le sport, mais il aime beaucoup lire, surtout les romans historiques—rarement les romans policiers! Il écoute souvent la radio et il aime bloguer. Ce n'est pas un grand-père typique, n'est-ce pas?!

... Et vous? Qu'est-ce que vous aimez bien faire pendant votre temps libre? regarder la télé? bloguer? écouter votre iPod?

- The verb **aimer** is used to express preferences. How many different forms of the verb do you see in the preceding paragraph? How do you explain these differences? What kind of article follows the verb **aimer:** definite or indefinite?
- How would you say *I like movies*? How would you say *I don't like sports*?

Confirmez

Le verbe *aimer*

j' aim**e**	nous aim**ons**
tu aim**es**	vous aim**ez**
il/elle/on aim**e**	ils/elles aim**ent**

1. Many French verbs are formed like **aimer.** The written stem is found by dropping the **-er** from the infinitive: **aim-.** Add the endings to the stem, as shown above, to form the present tense of **-er** verbs.

2. Note that **je** becomes **j'** before a vowel,

   J'adore le français.   J'étudie la littérature.

   and although there are five written endings for **-er** verbs, only two are pronounced: those for **nous** and **vous.** All other endings are silent.

je regard~~e~~	nous regard**ons**
tu regard~~es~~	vous regard**ez**
il/elle/on regard~~e~~	ils/elles regard~~ent~~

Note also that liaison occurs when **nous, vous, ils,** and **elles** are followed by a verb beginning with a vowel.

nous_écoutons   vous_étudiez   elles_adorent
    [z]   [z]   [z]

3. A simple (one word) present tense is used in French to express actions *in progress*:

Nous **écoutons** la radio.   *We are listening to the radio.*

as well as habitual actions:

J'**écoute** toujours mon iPod.   *I always listen to my iPod.*

4. Common adverbs of frequency (like **toujours, quelquefois, rarement,** and **souvent**) and intensity (like **peu** and **beaucoup**) usually follow the verbs they modify:

Sandrine surfe **souvent** sur Internet.
Sophie aime **très peu** les films d'aventure.

5. Spelling changes occur in the stems of some **-er** verbs.

Some stem-changing verbs

é → è before a silent ending

| nous préférons | BUT | ils préfèrent |
| vous préférez | BUT | elle préfère |

mute e → è before a silent ending

| nous achetons | BUT | ils achètent |
| vous achetez | BUT | elle achète |

y → i before a silent ending

| nous envoyons | BUT | j'envoie |
| vous envoyez | BUT | ils envoient |

g → ge before -ons

| je mange | BUT | nous mangeons |

c → ç before -ons

| je commence | BUT | nous commençons |

6. Many **-er** verbs are used in the following contexts:

in directions in this textbook

compléter (la phrase)
comparer (les réponses)

to discuss pastimes and activities

chanter (bien / mal) *to sing well / badly*
danser (dans une discothèque)
dîner (au restaurant)
donner (un stylo à un copain) *to give*
étudier (l'histoire) *to study a subject*
habiter (à Toronto) *to live*
inviter (ses amis)
penser (à sa sœur / à Noël) *to think about*
retrouver (son camarade de chambre, ses copains) *to meet, to get together with*
travailler (pour un avocat) *to work, to study*

to discuss likes and dislikes

admirer (ses parents)   détester (la télévision)
adorer (les vacances)   préférer (la littérature française)

Vocabulaire actif

beaucoup
un(e) camarade de chambre
une comédie
une discothèque
en ligne
une fête
un film d'amour / d'aventure
le jazz
la littérature
la musique classique
peu
rarement
le rock
un roman historique / policier
surtout
toujours
Les verbes en *-er*
    aimer, chanter, etc.
une vidéo
le volley

7. Verbs of preference (**aimer, adorer, préférer, détester**) can be followed by a noun or by another verb. When followed by a noun, a definite article *must* be used.

   Mon frère aime **les** romans et il adore **les** films. Il déteste **le** sport.

   When followed by another verb, the second verb is always an *infinitive*.

   J'**aime aller** au cinéma, mais je **préfère faire** la fête avec mes copains.

8. In the negative, the *conjugated* verb is negated.

   Je **n'**aime **pas** lire des magazines.

Activités

  CD 1-20, 21

H **Les activités.** Écoutez le professeur. Est-ce que les phrases correspondent aux images ci-dessous? Indiquez **vrai** ou **faux**.

➡ (Elle travaille.) *faux*

a. _____

b. _____   c. _____   d. _____

e. _____   f. _____   g. _____

Écoutez encore et indiquez quelle image correspond à la phrase que vous entendez *(hear)*. Si la phrase ne correspond pas à une image, marquez un X.

➡ (Ils mangent.) *e*

1. _____   3. _____   5. _____   7. _____

2. _____   4. _____   6. _____

I **Préférences.** Regardez les images ci-dessous et parlez des activités et préférences de Paul et de Marie.

➡ *Paul aime aller au cinéma. Il aime regarder des films. Marie préfère écouter la radio. Elle adore la musique. Elle aime chanter aussi!*

1.

2.

3.

4.

5.

Maintenant, complétez les phrases en choisissant parmi les verbes du vocabulaire actif.

➡ *Moi, j'adore... mais je n'aime pas beaucoup...*
➡ *J'aime bien..., mais je préfère... / Je déteste...*

J **Habitudes.** À quelles activités participez-vous toujours? souvent? quelquefois? rarement? jamais? Numérotez de 1 à 12 sur une feuille de papier et notez vos réponses.

1. Je regarde des films français.
2. J'invite mes copains au café.
3. Je dîne au restaurant.
4. Je surfe sur Internet.
5. Je danse dans une discothèque.
6. Je joue à des jeux vidéo.

7. Je téléphone à mes profs.
8. Je pense à ma famille.
9. Je retrouve mes amis sur Facebook.
10. J'achète des DVD.
11. Je blogue.
12. Je voyage.

Maintenant, posez des questions à un(e) partenaire. Êtes-vous semblables ou différent(e)s? Comment est l'étudiant(e) typique de votre classe? Discutez et comparez.

➡ *Tu regardes des films français?* *Oui, quelquefois. / Non, jamais.*

L'impératif

Observez et déduisez

— Nous retrouvons Sarah au restaurant, n'est-ce pas? Invitons Émilie aussi.
— Non, ne mangeons pas au restaurant. Regardons un DVD. Et invitons Émilie!

> • What difference do you notice between the verb in the first sentence and the other verbs in the preceding exchange? Why do you think these other verbs have no subject pronouns?

Confirmez

1. The imperative is used to give commands. It is formed by omitting the subject pronoun.

   Vous surfez sur Internet? → **Surfez** sur Internet!

2. Use the **nous** form of the verb and/or **s'il vous plaît** to soften a command or to make a request or suggestion.

   Dînons (*Let's have dinner*) au restaurant!
   Ne chantez pas, s'il vous plaît. (*Please don't sing.*)

3. For the familiar **(tu)** form of the imperative, drop the **s** of **-er** verbs.

   Tu ne regard**es** pas la télé?! → Ne regard**e** pas la télé!

À comparer: Le présent et l'impératif

Présent	Impératif
Tu manges au restaurant.	Mange au restaurant!
Nous mangeons au restaurant.	Mangeons au restaurant!
Vous mangez au restaurant.	Mangez au restaurant!

Activités

K **En classe.** Qu'est-ce que le professeur dit aux étudiants? Complétez les phrases en employant les verbes suivants à l'impératif: **compléter, deviner, écouter, répéter, fermer, parler.**

1. _____ la porte, s'il vous plaît.
2. _____ le CD.
3. _____ vos devoirs.
4. _____ avec vos camarades de classe.
5. _____ la réponse au numéro 6.
6. _____ la phrase, s'il vous plaît.

L **Impatient.** Que dit un parent qui n'est pas content de son enfant? Écrivez des phrases en employant les verbes et les compléments suivants selon le modèle.

Verbes: parler, regarder, écouter, jouer, manger, retrouver
Compléments: à la Wii, au restaurant, (avec) tes copains, tes CD, la télévision, tes cousins, tes DVD, au tennis

➡ *Ne surfe pas sur Internet!*

M **Préférences.** Répondez aux questions selon vos préférences.

➡ *On regarde la télé?*
Oui, regardons American Idol! / *Non, ne regardons pas la télé!*

1. On achète des vêtements?
2. On regarde un match de foot?
3. On joue au Nintendo?
4. On mange au restaurant?

5. On écoute de la musique classique?
6. On parle avec le professeur?
7. On voyage?
8. On passe une soirée entre amis?

Structure **Asking about people and things** Grammar Podcasts, Grammar Tutorials

Les pronoms interrogatifs

Observez et déduisez

Elaine Phillips

— Selon les sondages, les hommes préfèrent les films d'aventure. Qu'est-ce que tu préfères, Marie, les films d'aventure ou les comédies?
— En fait, je préfère les films historiques.
— Et comme actrice, qui est-ce que tu préfères, Juliette Binoche ou Marion Cotillard?
— Bof, j'aime les deux *(both)*. Et toi?
— Moi? Ni l'une ni l'autre *(neither one)*.

<table>
<tr><td>**Vocabulaire actif**</td></tr>
<tr><td>les deux
ni l'un(e) ni l'autre
qu'est-ce que
qui est-ce que</td></tr>
</table>

- What interrogative expression is used to ask questions about people? What interrogative expression is used to ask questions about things? How would you ask these questions: *Whom do you like? What do you like?*

Confirmez

1. The interrogative pronoun **qu'est-ce que** (*what?*) refers to things and is followed by a subject noun or pronoun. Note that **que** becomes **qu'** before a word beginning with a vowel.

   Qu'est-ce que Marie aime?   Elle aime les vacances.
   Qu'est-ce qu'elle regarde?   Elle regarde la télé.

2. The interrogative pronoun **qui est-ce qu(e)** (*who / whom?*) refers to people and is followed by a subject noun or pronoun.

   Qui est-ce que Marie écoute?   Elle écoute ses parents.
   Qui est-ce qu'elle admire?   Elle admire le professeur, bien sûr!

3. You have already used **qui** with the verb **être** to ask for identification of people.

   Qui est-ce?   **Qui** est cette femme?   **Qui** sont vos copains?

   Qui can also be followed by any of the **-er** verbs presented in this **étape** to ask who does or is doing something.

   Qui joue au tennis?   **Qui danse** avec Rémi?

4. Remember that questions beginning with **est-ce que** have "yes" or "no" answers. Do not confuse **est-ce que** with **qu'est-ce que** (*what*) and **qui est-ce que** (*whom*).

   Est-ce que tu aimes le cinéma?   →   Oui.
   Qu'est-ce que tu aimes?   →   Le cinéma. (une chose)
   Qui est-ce que tu aimes?   →   Maman! (une personne)

Activités 🔊
CD 1-22

N   **Personne ou chose?**   Écoutez les réponses et choisissez la bonne question.

1. _____ Qu'est-ce que tu aimes?   *ou*   _____ Qui est-ce que tu aimes?

2. _____ Qu'est-ce que tu admires?   *ou*   _____ Qui est-ce que tu admires?

3. _____ Qu'est-ce que tu préfères?   *ou*   _____ Qui est-ce que tu préfères?

4. _____ Qu'est-ce que tu regardes?   *ou*   _____ Qui est-ce que tu regardes?

5. _____ Qu'est-ce que tu étudies?   *ou*   _____ Qui est-ce que tu étudies?

6. _____ Qu'est-ce que tu écoutes?   *ou*   _____ Qui est-ce que tu écoutes?

Nos préférences. D'abord regardez les choix suivants et notez vos préférences sur une feuille de papier.

1. _____ Picasso   *ou*   _____ Jackson Pollock
2. _____ Johnny Depp   *ou*   _____ Morgan Freeman
3. _____ Lady Gaga   *ou*   _____ Alicia Keys
4. _____ le petit Nicolas   *ou*   _____ Charlie Brown
5. _____ sortir avec des copains   *ou*   _____ faire du jogging
6. _____ les romans policiers   *ou*   _____ les romans historiques
7. _____ la télé   *ou*   _____ le cinéma
8. _____ surfer sur Internet   *ou*   _____ aller au restaurant
9. _____ faire une promenade   *ou*   _____ acheter des vêtements
10. _____ ?   *ou*   _____ ?

 Maintenant, posez des questions à un(e) partenaire et comparez vos réponses.

➡ — *Qui est-ce que tu préfères, Madonna ou Usher? / Qu'est-ce que tu préfères, lire un roman ou faire la fête avec tes copains?*
    — *Moi, je préfère... / J'aime les deux. / Ni l'un ni l'autre.*

P **Jeopardy!** Regardez les réponses ci-dessous. Quelles sont les questions? Employez les verbes suivants pour composer les questions: **admirer, écouter, retrouver, inviter au café, regarder, aimer.**

➡ (réponse)   (question)
    la télévision   *Qu'est-ce que tu regardes?*
    ma sœur   *Qui est-ce que tu admires?*

1. mes copains
2. mon iPod
3. Facebook
4. mes professeurs
5. mes CD
6. mon/ma camarade de chambre
7. mon grand-père
8. une vidéo sur YouTube

 Jeu de rôle

You and three classmates are each looking for a new roommate. First write down questions you feel are essential in helping you make a decision, then role-play a scene in which you each ask and answer questions to decide who is compatible with whom.

Vive les mariés!

David and Nathalie Chesnel

Soins médicaux gratuits pour les jeunes enfants

Sean Locke/iStockphoto.com

Observez et déduisez

What do you see in the photos on this page that looks familiar to you? What is *not* familiar? What do you *not* see that you might have expected in such photos?

Confirmez et explorez

• **Le mariage et la famille.** The number of marriages in France has decreased slightly in the last 20 years (4.3 marriages per 1000 inhabitants vs. 7.5 in the United States). One-third of the French population lives alone and 15% of France's couples practice **la cohabitation** or **l'union libre** (living together without marriage). Another institution, **le PACS (pacte civil de solidarité)** allows couples, including same-sex couples, to receive social benefits. Amidst these changes, 87% of French people recently surveyed said that family played a very important role in their life. What do these statistics tell you? Do they reflect a reality found in North America and other countries with which you may be familiar?

• **Les allocations familiales.** To help families with the high cost of raising children and to encourage demographic growth in a country where the fertility rate is 2.02 children per woman (vs. 2.06 in the United States), the French government offers subsidies to families. This assistance is part of the large program of **la Sécurité Sociale,** which is divided into four branches: illness, old age, family, and recovery. **La Sécu** is financed by the payments of French employees and their employers. Families with two children or more, regardless of their income, receive **des allocations familiales** through the eighteenth birthday of each child. This amounts to the equivalent of $150 per month for two children, $360 for three children, $560 for four, and $760 for five. Families are also helped financially when school resumes or when a child is handicapped. In Canada, the government allocates **des prestations fiscales pour enfants** (tax-free benefits for children) of up to $1,280 per month to low-income families. How do you feel about such programs?

• **Des enfants «bien élevés».** Americans often find French parents quite strict with their children about manners. By two and a half or three, French children shake hands with grown-ups and say **Bonjour, monsieur** or **Bonjour, madame.** By five or six, they are expected to sit with their families at restaurants for hours at a time. Should children be caught running wild through a restaurant or a store, the parents are expected to immediately inflict punishment, ranging from verbal reprimands to facial slaps or spanking in public. That's all part of being **bien élevé,** or well brought up. Proper behavior will often take precedence over a child's ego or "blossoming self-expression." How do you feel about disciplining children? Should a five-year-old be allowed to "run wild" in a public place or should he be expected to sit still for hours? What qualities and/or problems do the two types of upbringing foster?

Bloguez! iLrn

What do the **allocations familiales** say about French attitudes toward families and children? And what about the French style of discipline? Share an example illustrating the value *your* culture places on families and children—either the culture as a whole through government benefits, for example, or individual families in how they raise their children.

Troisième étape

À l'écoute **Quel âge avez-vous?**
CD 1-23

As you listen to the Text Audio track, you will hear six people giving their age **(âge)** and a brief description of themselves.

Pensez

1 If the people in the following pictures were talking about their age, what numbers would they be likely to mention? Match the approximate age with the letter of the correct picture.

A   B   C

D   E   F

Âge approximatif

_____ 4–6 ans (quatre à six ans)
_____ 15–16 ans
_____ 20–25 ans
_____ 30–35 ans
_____ 40–50 ans
_____ 60–65 ans

Observez et déduisez 🔊
CD 1-23

2 Listen first to identify which description corresponds to which picture in **Pensez.** Fill in the letter of the picture in the following chart, and add the name of each person (Renaud, Brigitte, Driss, Nathalie, Marguerite, or Léon).

description	image	nom
1		
2		
3		
4		
5		
6		

3 Listen again, paying attention to the people's descriptions of their hair and eyes **(les cheveux et les yeux).** Number the following words to show the order in which they are mentioned. If a word is mentioned several times, account for it the first time only.

a. les cheveux

_____ blonds

__1_ bruns

_____ roux

_____ noirs

_____ gris

_____ longs

_____ courts

b. les yeux

_____ bleus

_____ verts

__5_ bruns

Vocabulaire actif

l'âge: (avoir) _____ ans
la description physique
 (avoir) les cheveux blonds,
 bruns, roux, noirs, gris,
 (assez) longs, (très) courts
(avoir) les yeux bleus,
 verts, bruns
être de taille moyenne

4 From memory, or after an additional listening, recap the age and physical attributes of each person. Who is of average size **(de taille moyenne)**? Who doesn't have much hair **(pas beaucoup de cheveux)**? Whose birthday **(anniversaire)** is it today?

nom	âge	cheveux	yeux
Nathalie			
Brigitte			
Marguerite			
Renaud			
Driss			
Léon			

Prononciation   L'intonation

Intonation refers to the rising (⟋) and the falling (⟍) of the voice.

Observez et déduisez 🔊
CD 1-23

Look at the five sentences that follow. On the audio segment, listen again to **À l'écoute: Quel âge avez-vous?** Notice the intonation patterns for each sentence, and circle the letter of the option that best represents the pattern you hear. Then, turn off the audio.

1. a. Quel âge avez-vous?

   b. Quel âge avez-vous?

2. a. J'ai cinq ans.

   b. J'ai cinq ans.

3. a. J'ai les cheveux bruns et les yeux bleus, comme ma maman.

   b. J'ai les cheveux bruns et les yeux bleus, comme ma maman.

   c. J'ai les cheveux bruns et les yeux bleus, comme ma maman.

4. a. Mon âge?

   b. Mon âge?

5. a. Aujourd'hui, c'est mon anniversaire.

   b. Aujourd'hui, c'est mon anniversaire.

As you can hear, French intonation patterns are determined by the length of word groups (short sentences or single ideas within longer sentences) and by the type of utterance (question or declarative statement). Such patterns can be summarized as follows.

1. Short statements have a falling intonation.

   → Practice saying sentence 2b in **Observez et déduisez.**

2. In longer declarative sentences
   a. each word group before the last one has a rising intonation (indicates that the sentence is not over).
   b. the last word group has falling intonation (marks the end of the sentence).

   → Practice saying sentences 3c and 5a in **Observez et déduisez.**

Information questions (starting with an interrogative word, such as **quel, comment, qui, qu'est-ce que,** etc.) have a falling intonation.

   → Practice saying sentence 1b in **Observez et déduisez.**

Yes/no questions (those starting with **est-ce que** or anything but an interrogative word) have a rising intonation.

   → Practice saying sentence 4b in **Observez et déduisez.**

Confirmez

CD 1-24

Read the following sentences aloud with the proper intonation. Then listen to them on the audio segment to verify your pronunciation.

1. Tu connais Marguerite Folin?

2. Elle a les yeux bleus et les cheveux gris.

3. Comment est-elle?

4. Est-ce qu'elle est sympathique?

5. Elle aime beaucoup la musique.

6. Elle aime aussi le cinéma, les romans historiques et les sorties en famille.

7. Et vous? Comment êtes-vous? Quel âge avez-vous?

Structures Discussing age and appearance

Grammar Podcasts,
Grammar Tutorials

Le verbe *avoir* • L'adjectif interrogatif *quel*

Observez et déduisez

— Quel âge avez-vous?
— J'ai vingt et un ans.
— Et votre mère, quel âge a-t-elle?
— Ma mère a quarante-sept ans. Mon beau-père, lui, a cinquante-quatre ans, je crois.
— Et vos grands-parents? Quel âge ont-ils?
— Ben, mes grands-pères sont décédés, mais j'ai une grand-mère qui a soixante-quatorze ans et l'autre qui a quatre-vingts ans.

Owen Franken/Corbis

Quel âge ont-ils?

quel(le)(s)
Quel âge as-tu? / avez-vous?

• Based on the preceding dialogue, what verb is used in French to express age? What forms of the verb do you see? What new interrogative word do you notice? What type of word does it precede: a verb? a noun? a pronoun? What do you notice about the inversion form with **elle**? How would you say *My father is forty*?

Confirmez

Le verbe *avoir*

j' ai	nous avons
tu as	vous avez
il/elle/on a	ils/elles ont

1. Use the verb **avoir** *(to have)*, not **être**, to express age in French. **An(s)** must be stated after the number.

   Elle **a** treize **ans.**   Nous **avons** trente et un **ans.**

2. **Avoir** is also used with a definite article to state eye and hair color.

   Ils **ont les** cheveux noirs et **les** yeux bruns.

3. Use the verb **avoir** to express possession. To say you do *not* have something, the indefinite article **(un, une, des)** becomes **de/d'** in the negative.

   J'ai **une** sœur; je n'ai pas **de** frère.
   Tu as **un** fils? Non, je n'ai pas **d'**enfants.

4. Notice that in questions with inversion, **-t-** is inserted between any verb form ending with a vowel and the subject pronouns **il, elle,** or **on.**

   Quel âge a-**t**-il/elle/on?   Aime-**t**-il les enfants?

L'adjectif interrogatif *quel*

Quel means *which* or *what*. It is used to clarify or to ask for a choice. It is an interrogative adjective and agrees in number and gender with the noun it modifies.

A   B

A   B

Quel homme n'a pas beaucoup de cheveux?   **Quelle** femme a quarante ans?

A   B   C

Quels garçons ont les cheveux noirs?

A   B   C   D

Quelles filles ont les yeux bruns?

Activités 🔊
CD 1-25

Q **Quel âge ont-ils?** Écoutez et décidez si les phrases correspondent à la scène. Écrivez **possible** ou **pas possible.**

Maintenant, à votre avis, quel âge ont-ils?

➡ 1. *Il a peut-être 16 ans.*

R **Et vous?** Calculez l'âge des personnes suivantes... ensemble!

➡ *Ma sœur a 32 ans et moi, j'ai 24 ans. Ça fait* (That comes to) *56 ans.*

1. votre frère ou votre sœur
2. deux camarades de classe
3. le professeur
4. un grand-parent
5. un copain / une copine
6. votre père ou votre mère (ou votre fils / fille)

S **Descriptions.** Regardez les images à la page 70. Comment sont ces personnes? Imaginez leur taille. Quel âge ont-elles? De quelle couleur sont leurs yeux? leurs cheveux?

T **Et votre famille?** Décrivez deux membres de votre famille—ou d'une famille célèbre, si vous préférez—selon l'exemple.

➡ *Ma grand-mère a 82 ans. Elle a les cheveux courts et gris et les yeux verts. Elle est de taille moyenne. Je ressemble à ma grand-mère. Mamie a un demi-frère, mais elle n'a pas de sœur.*

U **Cherchez quelqu'un** *(Find someone).* Prenez une feuille de papier et numérotez de 1 à 8. Ensuite, posez les questions suivantes à des camarades de classe. La personne qui répond «oui» va signer.

➡ — *Tu as des cousins?*
— *Bien sûr! /* — *Non, je n'ai pas de cousins.*

1. Tu as un frère qui s'appelle Matt?
2. Tu ressembles à ton père?
3. Tu as des grands-parents?
4. Tu as les cheveux longs et (vraiment) blonds?
5. Tu as les yeux verts?
6. Tu as 24 ans?
7. Tu as trois sœurs?
8. ?

V **Précisons.** Interviewez votre partenaire au sujet des préférences de sa famille ou de ses copains, selon l'exemple. Répondez à ses questions.

➡ — *Ta famille aime les films? / Tes copains aiment les films?*
— *Quels films?*
— *Les films d'aventure?*
— *Non, nous préférons les comédies. / Oui, nous aimons beaucoup les films d'aventure.*

1. le sport (le tennis, le foot, le basket...)
2. la musique (le rap, le rock, la musique classique, la musique de Willie Nelson...)
3. les sorties (en ville, au restaurant, en famille...)
4. la cuisine (chinoise, française, américaine, italienne...)
5. les romans (d'amour, historiques, policiers, de Steven King...)

Jeu de rôle

Quelle coïncidence! As you and your classmate discuss your new boyfriends or girlfriends (physical appearance, personalities, age, family) and their favorite pastimes, you discover that they are remarkably similar. Is it possible you are dating the same person?! Role-play the scene with a partner.

iLrn *Complete the diagnostic tests to check your knowledge of the vocabulary and grammar structures presented in this chapter.*

Littérature L'homme qui te ressemble

Courtesy of Aija Bjornson

Many fine literary works come from the former French colonies. Writers from these countries choose to write in French for a variety of reasons: their countries have a multitude of languages, but French is still the official language of schools and administrations, the writers themselves have been educated in French schools, or they want to address a larger audience than would be possible in their native tongue. The poem you are about to read was written by a man who comes from Cameroon **(le Cameroun),** a country in Equatorial Africa that was colonized first by the Germans, then by the British and the French. It became an independent republic in 1960.

When René Philombe (1930–2001) took up writing in 1956 after a short career in the colonial police administration in Yaoundé, **le mouvement de la Négritude** was sending tremors throughout Black Africa. Begun by a group of African students in Paris in the 1930s (including Léopold Sédar Senghor, the future president of Senegal), this movement was an affirmation of the cultural heritage and values of the Black African civilization. It encompassed a sense of pride in one's race and background, a protest against being attributed second-class status, and a rebellious refusal to conform to the norms of colonial powers. Imprisoned on several occasions for his subversive writings, René Philombe published tales, short stories, plays, and poems. The following poem is a hymn to the human family.

Pensez

1 «L'homme qui te ressemble»—*The man who looks like you.* Within the human family, what are resemblances and differences based on? Check the factors that are most commonly used to compare people from different parts of the world, and add other ideas as needed.

_____ la race et la couleur de la peau *(skin)*

_____ les traits physiques: les cheveux, les yeux, le nez *(nose),* la bouche *(mouth)*

_____ les caractéristiques universelles (la nécessité d'aimer et d'être aimé, etc.)

_____ la taille (grand, petit)

_____ la langue

_____ la nationalité

_____ la religion

_____ le statut économique et social

_____ le caractère, le cœur *(heart)*

_____ ?

Observez et déduisez: en général

2 Skim the poem briefly to determine how the poet approaches his subject.

    a. as a prayer to God **(Dieu)**

    b. as a prayer to his fellow man

    c. as an accusation in a court of law

3 Among the categories of resemblances and differences listed in **Avant de lire,** which ones are actually mentioned in the poem?

L'homme qui te ressemble

J'ai frappé à ta porte
j'ai frappé à ton cœur
pour avoir bon lit°   bon... *good bedding*
pour avoir bon feu°   *fire*
pourquoi me repousser?
Ouvre-moi mon frère!...

Pourquoi me demander
si je suis d'Afrique
si je suis d'Amérique
si je suis d'Asie
si je suis d'Europe?
Ouvre-moi mon frère!...

Pourquoi me demander
la longueur° de mon nez   *length*
l'épaisseur° de ma bouche   *thickness*
la couleur de ma peau
et le nom de mes dieux?
Ouvre-moi mon frère!...

Je ne suis pas un noir
je ne suis pas un rouge
je ne suis pas un jaune
je ne suis pas un blanc
mais je ne suis qu'°un homme   ne... que *only*
Ouvre-moi mon frère!...

Ouvre-moi ta porte
Ouvre-moi ton cœur
car je suis un homme
L'homme de tous les temps°   de tous... *of all times*
L'homme de tous les cieux°   *all heavens*
L'homme qui te ressemble!...

René Philombe, *Petites gouttes de chant pour créer l'homme* © Éditions Nouvelles du Sud

---

Déduisez et confirmez: en détail

4 Les mots.   Using the context and logic, infer the meaning of the words in bold.

1. **J'ai frappé** à ta porte
   a. I closed
   b. I knocked on

2. **pour** avoir
   a. in order to
   b. even though

3. pourquoi **me repousser**
   a. push me away
   b. invite me in

4. pourquoi **me demander si**
   a. ask me if
   b. insist that

5. **car** je suis un homme
   a. for
   b. whereas

5 Le texte.   Vrai ou faux?

1. Le poète demande à son «frère» d'ouvrir sa porte et son cœur.
2. Le «frère» ouvre immédiatement sa porte.
3. Le poète pense que la nationalité n'est pas importante.
4. Il pense que les traits physiques ne sont pas importants.
5. Il pense que la religion justifie la discrimination.
6. Il pense que tous les hommes sont frères.

Explorez

1. **Un dialogue.**   Imaginez un dialogue entre le poète et son «frère».
   — *Bonjour, mon frère. Ouvre-moi ta porte...*
   — *Es-tu d'Afrique?*
   — *Pourquoi demandes-tu?*
   — *Es-tu noir?*, etc.
   Continuez!

2. Poetry is the music of literature, and to enjoy the full impact of a poem, it should be read aloud. With a partner, prepare a unique reading of Philombe's poem, then present it to the class.

Par écrit To be or not to be the same

Avant d'écrire

A **Strategy: Visualizing relationships.**
In order to compare two people, you need to describe them not only as individuals but also as they relate to each other. One way of visualizing this relationship is through the use of a Venn diagram, a pair of overlapping circles that can be used to compare and contrast characteristics.

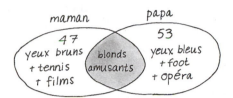

Application. Choose two people you know well and draw your own Venn diagram to help you organize your ideas. In the left circle, list traits and preferences exclusive to one of the people; in the right circle, the other. In the middle where the circles overlap, list traits and preferences shared by both people.

B **Strategy: Contrasting.** The following expressions may be useful when expressing a contrast: **mais** (*but*), **par contre** (*on the other hand*), **plutôt** (*instead, rather*), **alors que** (*whereas*).

> Maman aime les sports, **mais** tante Marie aime **plutôt** les livres.
> Paul est brun. Pierre, **par contre,** est blond.
> Paul ressemble à maman **alors que** Pierre ressemble **plutôt** à papa.

Application. Write three sentences contrasting the same two people you described in Activity A, using **mais, par contre, plutôt,** and **alors que.**

Vocabulaire actif

alors que
par contre
plutôt

Écrivez

1. Using the Venn diagram you constructed for the first strategy, write a paragraph comparing and contrasting the two people you selected. Tell about their physical characteristics, ages, professions, personality traits, and their likes and dislikes. Remember to use appropriate expressions to avoid repetition and to show contrast.

2. Review *L'accent grave,* page 46. Write a paragraph comparing and contrasting Hamlet and his teacher. Begin with a Venn diagram. Physical contrasts may be obvious (**grand / petit,** etc.), but what about personality traits? preferred activities? Use your imagination and appropriate expressions to enhance your writing style.

   ➡ *Le professeur aime étudier, mais Hamlet préfère jouer au foot…*

La famille

Pensez

The word "family" brings to mind a variety of different images based on our personal experiences. What images come to your mind when you hear the word? What experiences do you associate most closely with "family"? Keep those images in mind as you watch the video where Fatim, Camille, and Fatou describe their families. As you watch, go to the corresponding section of your Student Activities Manual and complete the comprehension activities which will help you understand what you are hearing. Then do **Explorez** and **Bloguez!** below.

Qu'est-ce qui constitue une «famille» pour vous? Quelles sont les composantes principales? Pourriez-vous nous faire un portrait de votre famille?

Camille: Je pense que dans une famille, il y a aussi, en tout cas pour moi, mes amis. C'est la famille que j'ai choisie, ma famille de cœur, et ils sont très importants pour moi.

Fatou: …je viens d'une culture où la notion de la famille est assez élargie.

Fatim: Je suis issue d'une famille nombreuse, j'ai quatre frères et deux sœurs, donc je suis le numéro sept dans la liste.

© Heinle, Cengage Learning

Bloguez! (iLrn)

List the most important facets of family for you, and explain why. How many of these aspects did you hear mentioned in the video? Enhance your blog post by uploading photos of your family or photos that represent "family" for you.

Explorez

Interview three people who share your culture about their families. Make a list of all the items/images they mention. Were there any aspects they mentioned that surprised you?

La famille

le beau-frère *brother-in-law*
le beau-père *father-in-law, stepfather*
la belle-mère *mother-in-law, stepmother*
la belle-sœur *sister-in-law*
le cousin / la cousine *cousin*
les enfants *children*
la fille *daughter*
le fils *son*
le frère, le demi-frère *brother, half-brother*
la grand-mère *grandmother*
le grand-père *grandfather*
les grands-parents *grandparents*

le mari *husband*
la mère *mother*
le neveu *nephew*
la nièce *niece*
l'oncle (m.) *uncle*
les parents (m.) *parents, relatives*
le père *father*
la petite-fille *granddaughter*
le petit-fils *grandson*
la sœur, la demi-sœur *sister, half-sister*
la tante *aunt*

Les amis

un ami / une amie *a friend*

un(e) camarade de chambre *a roommate*

La description physique

avoir... ans *to be . . . years old*
avoir les cheveux blonds / bruns / roux / noirs / gris *to have blond / brown / red / black / gray hair*
avoir les cheveux assez / très longs / courts *to have rather / very long / short hair*
avoir les yeux bleus / bruns / verts *to have blue / brown / green eyes*
pas beaucoup de cheveux *not much hair*
être de taille moyenne *to be of average size*

Les loisirs / Le temps libre *(Free time)*

un CD
le cinéma *movies*
une comédie *a comedy*
un concert *a concert*
une discothèque
un DVD
en ligne *on line*
une fête *a party*
un film d'amour *a romantic film*
un film d'aventure *an action film*
Internet (m.)
un iPod
un jeu vidéo (la Wii, la XBox)
le jogging
un journal *a newspaper*
la littérature: un roman (historique /
   policier) *literature: a novel (historical / detective)*

un magazine
un mail *an email*
un match de foot *a soccer game*
la musique: le jazz, la musique classique, le rock
une promenade *a walk*
la radio
un restaurant
du shopping
une soirée (entre amis, en famille) *an evening with
   friends / with family*
le sport: le basket, le base-ball, le foot(ball), le tennis,
   le volley
la télévision (la télé)
un texto *a text message*
le théâtre
des vêtements (m.) *clothing:* un jean, un tee-shirt
une vidéo

Les verbs

acheter *to buy*
admirer *to admire*
adorer *to adore*
aimer *to like, to love*
avoir (irrég.) *to have*
bloguer *to blog*
chanter *to sing*
danser *to dance*
détester *to detest, to hate*
dîner *to have dinner*
donner *to give*
écouter *to listen (to)*
envoyer *to send*
étudier *to study (a subject)*

habiter *to live (in, at)*
inviter *to invite*
jouer *to play*
manger *to eat*
parler *to speak, to talk*
passer (une soirée) *to spend an evening*
penser (à) *to think (about)*
préférer *to prefer*
regarder *to look at, to watch*
ressembler (à) *to look like, to resemble*
retrouver (des amis) *to meet (with friends)*

surfer sur Internet *to surf the Internet*
téléphoner
travailler *to work, to study*
voyager *to travel*

Infinitives only:
aller *(to go)*
faire *(to make / do)*
lire *(to read)*
sortir ensemble *(to go out together)*

il y a *there is, there are*

Les questions

Combien... ? *How much . . . / How many . . . ?*
Quel(s)/Quelle(s)... ? *Which . . . ?*
Quel âge avez-vous / as-tu? *How old are you?*

Qu'est-ce que... ? *What . . . ?*
Qui est-ce que... ? *Who . . . ?*

Les adjectifs possessifs

mon, ma, mes *my*
ton, ta, tes *your (familiar)*
son, sa, ses *his/her*

notre, nos *our*
votre, vos *your (formal, plural)*
leur, leurs *their*

Les adverbes de quantité et de qualité

beaucoup / pas beaucoup *much (many) / not much (not many)*

Les adverbes de fréquence

jamais *never*
peu *not much, not very*
quelquefois *sometimes*
rarement *rarely*

souvent *often*
toujours *always*
tous les jours *every day*

Les expressions pour nuancer la pensée

alors que *whereas*
par contre *on the other hand*

plutôt *rather*
surtout *especially*

Expressions pour hésiter

Bon, alors / Bon, ben / Eh bien... *Well . . .*
Et puis *And then*
quoi / hein *you know*

Tu sais / Vous savez *You know*
Voyons *Let's see*

EXPRESSIONS POUR LA CLASSE

un(e) autre *another*
cherchez quelqu'un *find someone*
un choix *a choice*
comparez
complétez
les deux *both*
employez *use*
entendez *hear*

essayez *try*
expliquez *explain*
ni l'un(e) ni l'autre *neither one*
participez *participate*
semblable *similar*
si *if*
du temps libre *free time*

La maison et la ville

This chapter will enable you to

- inquire about and discuss lodging options

- use the telephone in French and ask for, give, and receive street directions

- talk about what you are going to do

- understand native speakers having a phone conversation and asking for directions

- read a survey about housing in France and a humorous text about a young man from the Ivory Coast who discovers Paris

bobphillipsimages.com

Quel type de logement est-ce? Où se trouve ce logement? Imaginez les pièces. Et vous? Quel type de logement avez-vous? Comment est votre chambre?

À l'écoute Allô?

Vous allez écouter une conversation téléphonique entre une personne qui désire **louer** *(rent)* un appartement et **la propriétaire** *(landlady)* de cet appartement. Faites les Activités 1 et 2 avant d'écouter, puis écoutez en suivant les instructions données.

Vocabulaire actif

un(e) colocataire (coloc)
le centre-ville
les charges (comprises)
une douche
un euro
un lavabo
un logement
   un appartement
   une maison
   une résidence universitaire
   un studio
   meublé(e) / non meublé(e)
louer
une petite annonce
une pièce
   une chambre
   une cuisine
   une entrée
   une salle à manger
   une salle de bains
   un salon / un séjour
   les toilettes (f.) / les W.C. (m.)
un(e) propriétaire
un numéro de téléphone
une ville
voir (infinitif)

Pensez

1 Imaginez que vous êtes étudiant(e) à Aix-en-Provence, une ville située dans le sud *(south)* de la France. Bien sûr, il est nécessaire de trouver un logement. Quelle sorte de logement préférez-vous? Encerclez vos choix.

1. Le type de logement idéal pour un(e) étudiant(e):

   un appartement meublé / non meublé *(furnished / unfurnished)*
   un studio   une maison   une résidence universitaire

2. Les pièces que vous désirez dans votre logement:

   une chambre
   une cuisine
   une entrée
   une salle à manger
   un salon / un séjour
   une salle de bains
   les W.C.

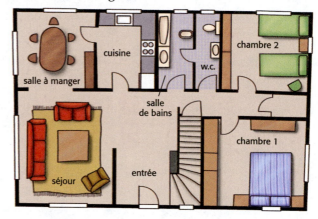

2 Maintenant regardez les petites annonces *(classified ads)* suivantes.

a. Aix centre. 2 pièces, cuisine, s.d.b., W.C. séparés, terrasse, garage, 800 €/mois + charges. Tél. 04.42.39.06.58	**c.** Avenue Victor Hugo. Studio meublé, idéal étudiant(e), 430 €/mois + charges. Tél. 06.42.20.11.65
b. Aix centre. Studio tout confort, cuisine, salle de bains, 490 €/mois charges comprises. Tél. 04.42.26.09.11.	**d.** Boulevard Carnot. Chambre meublée dans villa, entrée indépendante. 350 €/mois + électricité. Tél. 04.42.38.64.29

1. En utilisant le contexte et la logique, déduisez le sens des expressions et abréviations suivantes.

   s.d.b.   W.C. séparés   €/mois   charges comprises   Tél.

2. Qu'est-ce que vous remarquez sur les numéros de téléphone français? 06 est l'indicatif des téléphones portables, mais quels sont les deux premiers chiffres des autres numéros qui indiquent le code régional pour le sud de la France? Quel est le code pour la ville d'Aix-en-Provence?

3. Où préférez-vous habiter? Lequel des quatre logements décrits dans les petites annonces préférez-vous? Pourquoi?

4. Pour trouver un appartement... Maintenant, imaginez que vous téléphonez au propriétaire du logement que vous avez sélectionné. Formulez en français trois ou quatre questions que vous pouvez poser.

➡ *Est-ce que l'appartement est meublé?*

Notes culturelles

Les W.C. En France, dans la majorité des maisons et des appartements, les toilettes, ou les W.C. (prononcé les vécé ou les double vécé), sont dans une petite pièce séparée de la salle de bains. Comme synonyme de W.C., le mot «toilettes» est toujours pluriel en France, mais au Québec, on dit «la toilette».

Les logements étudiants. Beaucoup d'étudiants vont à l'université à proximité de chez eux et donc continuent à habiter dans la maison familiale. Si ce n'est pas le cas, ils peuvent habiter dans des résidences universitaires subventionnées (*subsidized*) par le gouvernement, mais les places sont limitées. L'option la plus commune est de louer une chambre chez un particulier (*in someone's*

house) ou de louer un petit studio. Mais les étudiants peuvent aussi partager un appartement avec des colocataires (ou «colocs»). Ce système de colocation, convivial et économique, est de plus en plus populaire. Et vous? Préférez-vous habiter avec des camarades de chambre, des colocataires ou seul(e) (*alone*)? Faites un petit sondage pour comparer les préférences de vos camarades de classe.

Bloguez! (iLrn)

Quels logements étudiants sont populaires chez vous? Expliquez l'option que vous préférez et pourquoi.

Observez et déduisez ◀))
CD 1-26

3 Écoutez une première (1ère) fois pour identifier la petite annonce (page 86) en question dans cette conversation téléphonique.

C'est l'annonce _____ pour les raisons suivantes:	
Ce n'est pas l'annonce...	parce que les éléments suivants sont différents:
_____	
_____	
_____	

4 Écoutez la conversation une dernière fois. En utilisant le contexte et la logique, déduisez le sens des quatre expressions suivantes. Choisissez la bonne réponse (a.–f.) et justifiez votre choix.

_____ 1. une douche   a. *downtown*   d. *a shower*
_____ 2. un lavabo   b. *a sink*   e. *to see*
_____ 3. le centre-ville   c. *a refrigerator*   f. *to walk*
_____ 4. voir

5 Dans la conversation, quelle expression est utilisée pour confirmer que c'est le bon numéro (*the right number*)?

a. C'est bien le...   b. Voilà...   c. Est-ce que j'ai...

Prononciation Les voyelles nasales

Nasal vowels are produced by diverting air into the nose. There are three nasal vowels in French, represented by the following phonetic symbols.

[ɑ̃] as in **étudi<u>an</u>t, par<u>en</u>ts**
[ɔ̃] as in **b<u>on</u>jour, n<u>om</u>**
[ɛ̃] as in **améric<u>ain</u>, bi<u>en</u>, m<u>in</u>ce, <u>un</u>**

Observez et déduisez 🔊
CD 1-27

Listen to the following words twice on the audio track. Pay close attention to the way they are pronounced, and in the chart check the nasal sounds you hear.

	[ɑ̃]	[ɔ̃]	[ɛ̃]
quar<u>an</u>te	✔		
v<u>in</u>gt-six			
<u>on</u>ze			
l'ann<u>on</u>ce			
n<u>on</u>			
comm<u>en</u>t			
ch<u>am</u>bre			
salle de b<u>ain</u>s			
s<u>on</u>t			
c<u>om</u>prises			
vraim<u>en</u>t			
c<u>en</u>tre			

Using the examples in the chart, can you complete the following summary of spellings that correspond to each nasal vowel?

[ɑ̃]   an, am, _____   [ɔ̃]   on, _____   [ɛ̃]   ain, ien, un, _____

Note that these spellings correspond to a nasal sound only when they are followed by a consonant or occur at the end of a word. If the **n** or the **m** is followed by a vowel or another **n** or **m**, the vowel is not nasal.

nasal: <u>un</u>   canad<u>ien</u>   ann<u>on</u>ce
not nasal: <u>un</u>e   c<u>an</u>ad<u>ien</u>ne   téléph<u>one</u>
Exception: <u>en</u>nuyeux *(nasal)*

Confirmez 🔊
CD 1-28

Underline the nasal vowels in the following expressions.

1. un appartement intéressant
2. une salle à manger française
3. un salon marocain
4. une famille marocaine
5. un politicien ennuyeux à la télévision
6. la salle de bains des enfants
7. la maison de mon oncle et de ma tante
8. les chambres de mes cousins et de mes cousines

Now practice saying each expression aloud, then listen to the expressions on the audio track to verify your pronunciation.

Telephone courtesy

Observez et déduisez

Certain expressions are routinely used to make phone calls. Study the following dialogues and find the words or expressions used in French to answer the phone, identify oneself, politely request to speak with someone or to leave a message.

Au téléphone (1)

— Allô?
— Allô, bonjour, madame. Je voudrais parler à Madame Cacharel, s'il vous plaît.
— Qui est à l'appareil?
— Sylvie Dupont. Je téléphone au sujet de l'annonce.
— Un moment, s'il vous plaît. Ne quittez pas.

Au téléphone (2)

— Allô?
— Allô, bonjour, madame. Ici Sylvie Dupont. Je téléphone au sujet de l'appartement. Est-ce que je pourrais parler à Monsieur Picard, s'il vous plaît?
— Je suis désolée. Monsieur Picard n'est pas là *(isn't in)*. Est-ce que vous pouvez téléphoner plus tard *(later)*?
— Oui, ou bien... Est-ce que je pourrais laisser un message?
— Bien sûr!

Confirmez

Des expressions utiles pour parler au téléphone

pour commencer

Allô?	Allô, bonjour...

pour demander qui c'est	**pour s'identifier**
Qui est à l'appareil, s'il vous plaît?	Ici Sylvie Dupont.
	C'est Sylvie Dupont.
C'est de la part de qui?	De Sylvie Dupont.

pour demander quelqu'un	**pour répondre**
Je voudrais parler à...	Un moment, s'il vous plaît. Ne quittez pas.
Est-ce que je pourrais parler à...	Je suis désolé(e). Il n'est pas là. Est-ce que vous pouvez téléphoner plus tard?

pour expliquer pourquoi vous téléphonez

Je téléphone au sujet de...

pour laisser un message

Est-ce que je pourrais laisser *(leave)* un message, s'il vous plaît?

Although **allô** is the equivalent of *hello*, it is used only when answering the phone, not when greeting people in person. The expressions **je voudrais** (*I would like*) and **est-ce que je pourrais** (*could I*) are the most common ways to make a polite request. Both are generally followed by infinitives.

> ***Est-ce que je pourrais*** *parler à Monsieur Picard?*
> ***Je voudrais*** *laisser un message.*

Notes culturelles

Les télécommunications*. Pour téléphoner d'une cabine téléphonique en France, il faut acheter une télécarte à la poste ou dans un bureau de tabac (où on achète des magazines et des cigarettes). À la maison, les Français utilisent des répondeurs ou des messageries et des téléphones sans fil (cordless), mais les téléphones portables sont omniprésents. Huit Français sur dix ont un portable; parmi les jeunes, c'est 9 sur 10 (99%) qui utilisent leur portable pour des textos (messages écrits, SMS), des photos et des jeux vidéo. Ceux qui ont un Smartphone (téléphone intelligent, intelliphone, BlackBerry®, iPhone®) peuvent surfer sur Internet et envoyer des mails (emails, courriels) aussi.

Les appareils électroniques. Selon un sondage récent, 96% des jeunes Français ont accès à un ordinateur connecté à Internet à la maison, 85% à un appareil photo numérique (digital) et 83% à une console de jeu. 80% ont leur propre (own) lecteur MP3 ou iPod® et 73% leur propre portable. À votre avis, est-ce que les réponses à un sondage des Américains et des Canadiens seraient pareilles (the same)? Quels appareils électroniques avez-vous? Faites un sondage parmi vos camarades de classe et comparez les résultats.

Elaine Phillips

*Due to rapid advances in technology, some new terms have not been definitively established in French, and the English equivalent is often used by French-speakers. Several terms you might hear are presented in the **Note culturelle.** Your book uses **mail** for *email*, **texto** for *text message*, and **portable** for *cell phone*.

Bloguez! iLrn ▶

Regardez la vidéo pour découvrir comment Camille préfère communiquer avec ses copains, puis expliquez comment vous préférez communiquer avec vos copains à vous. Est-ce que vous employez les mêmes (same) modes de communication que Camille? Lesquels? Ajoutez un lien (Add a link) vers votre page Facebook si vous en avez une.

Vocabulaire actif

un répondeur
une télécarte
un téléphone
    un portable

Activités

A **Dialogues.** Complétez le dialogue en choisissant parmi les expressions de la liste **Pour parler au téléphone,** à la page 89.

— Allô?

— _____. Je voudrais _____.

— C'est de la part de qui?

— _____. Je téléphone _____.

— Un moment, s'il vous plaît. _____.

Maintenant, inventez un dialogue original avec un(e) partenaire. À qui est-ce que vous téléphonez? (À votre colocataire? À votre professeur? À Madame Cacharel?) Au sujet de quoi téléphonez-vous? (D'un studio à louer? De votre classe de français? D'une fête?) Imaginez la situation.

B **Je voudrais...** Indiquez vos préférences en matière de logement. Écrivez huit phrases avec les mots et les expressions des colonnes ci-dessous.

➡ *Je voudrais... / Je ne voudrais pas...*

	une maison	avec une petite (grande) cuisine
		au centre-ville
avoir	un appartement	avec une entrée indépendante
louer	un studio	meublé(e) / non meublé(e)
habiter	une chambre	dans une résidence universitaire
		avec un(e) camarade de chambre
		avec des colocataires sympathiques
		?

Observez et déduisez

des étagères (*f.*)

des rideaux (*m.*)

des posters (*m.*)

un placard

une radio

un lit

une commode

une console vidéo

un ordinateur

un portable

Voici l'appartement de Marie. Dans sa chambre, il y a un lit, une commode et un ordinateur.

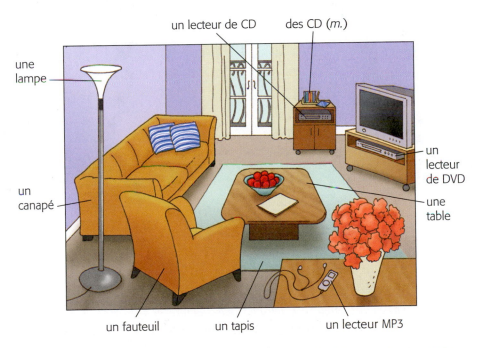

un lecteur de CD

des CD (*m.*)

une lampe

un canapé

un lecteur de DVD

une table

un fauteuil

un tapis

un lecteur MP3

Dans le salon, il y a un canapé, un fauteuil, un lecteur de CD et un lecteur MP3.

Quels autres objets est-ce qu'il y a dans son appartement? Trouvez au moins cinq autres choses dans la chambre et trouvez cinq autres choses dans le salon.

Activités

C   **Chambres d'étudiants.**   Trouvez les chambres ci-dessous qui correspondent aux cinq descriptions suivantes. Quelle description ne correspond pas à une image? Quels sont les objets qui sont communs à toutes *(all)* les chambres?

_____ Dans la chambre d'Anne, il y a un lit, des rideaux, un poster, une lampe, une chaise, un lecteur de CD et une radio.

_____ Dans la chambre de Babette, il y a un lit, un placard, une commode, un tapis, un fauteuil, un téléphone portable et des étagères.

_____ Dans la chambre de Robert, il y a un lit, un ordinateur portable, une table, un tapis et un lecteur de CD.

_____ Dans la chambre de Georges, il y a un lit, des rideaux, un poster, une lampe, une chaise, un ordinateur et un lecteur MP3

_____ Dans la chambre de Paul, il y a un lit, un placard, une lampe, un fauteuil, un poster, une console vidéo et une radio.

1.

2.
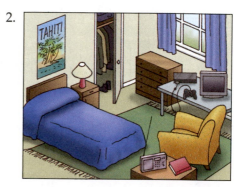

3.
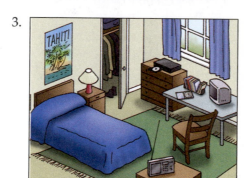

4.
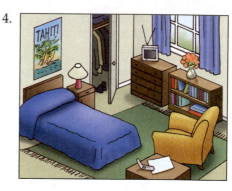

 D   **Dans ma chambre.**   Préparez une liste des objets personnels que vous avez dans votre chambre ou appartement. Ensuite, interviewez trois camarades de classe et comparez vos possessions.

➡ — J'ai un ordinateur portable dans ma chambre.
  — Moi, je n'ai pas d'ordinateur, mais j'ai un lecteur MP3.

Maintenant, notez des objets personnels que vous n'avez pas mais que vous voudriez avoir, puis comparez vos réponses avec la classe. Quels objets l'étudiant typique a-t-il? Qu'est-ce qu'il voudrait avoir? Êtes-vous «typique»?

➡ L'étudiant typique de la classe a un(e)...
  Il voudrait avoir...

E **Un logement à louer.**   Vous avez un logement à louer. (1) Écrivez une petite annonce pour ce logement «idéal». (Regardez les exemples à la page 86.) (2) Décrivez le logement à vos camarades de classe. (Quels sont les avantages? Combien de pièces est-ce qu'il y a? Quels meubles est-ce qu'il y a?, etc.) (3) Écoutez les descriptions de vos camarades de classe. Quel logement préférez-vous? Pourquoi?

➡ *Je préfère le logement de Matt. Il y a trois chambres; c'est idéal pour trois personnes.*

Structure Asking information questions Grammar Podcasts, Grammar Tutorials

Les adverbes interrogatifs

Observez et déduisez

— Pourquoi est-ce que tu regardes les petites annonces?
— Ben, je cherche un nouvel appartement.
— C'est vrai? Où est-ce que tu voudrais habiter?
— Dans un quartier animé.
— Moi aussi! Et combien de pièces est-ce que tu voudrais avoir?
— Deux pièces, salon et chambre, avec cuisine et salle de bains.
— Alors quand est-ce que tu penses déménager *(move)*?
— Très bientôt!

> • What are the question words used in the preceding dialogue? Which word refers to
> an amount?   A place?   A time?   A reason?

Vocabulaire actif

animé(e)
Comment... ?
   ... confortable
déménager
Où... ?
   un quartier
Pourquoi... ?
   ... parce que...
Quand... ?
   ... aujourd'hui
   ... demain
   ... plus tard
visiter

Confirmez

1. Information questions with interrogative adverbs like **où, quand, combien de..., comment,** and **pourquoi** usually follow this pattern:

   interrogative word + est-ce que + subject + verb
   Où est-ce que tu habites?
   Quand est-ce que tu déménages?
   Combien de chambres est-ce que tu as?

2. These adverbs can also be used with inversion.

   interrogative word + verb + subject pronoun
   Combien de CD as-tu?
   Pourquoi déménages-tu?

3. **Où** and **comment** can be followed directly by **être** + a noun subject.

   Où est ton appartement?   **Comment** est ton colocataire?

4. To answer a question with **pourquoi,** you will often begin with **parce que** or **pour.**

   — **Pourquoi** est-ce que tu n'as pas de DVD?
   — **Parce que** je n'ai pas de lecteur de DVD!

   — **Pourquoi** est-ce que tu regardes les petites annonces?
   — **Pour** trouver un studio au centre-ville.

5. To answer a question with **quand,** the following adverbs are useful: **aujourd'hui** *(today),* **demain** *(today),* **maintenant, plus tard.**

   — **Quand** est-ce que je pourrais visiter l'appartement?
   — **Maintenant...** ou **plus tard** si vous préférez.

Activités 🔊

CD 1-29

F **Je cherche un appartement.**   Voici des questions que vous posez au sujet d'une petite annonce. Écoutez les réponses et choisissez la bonne question.

➡ (1. Oui, il y a des lits, des tables, un canapé, des rideaux, etc.)

___1___ L'appartement est meublé?

_____ Combien de pièces est-ce qu'il y a?

_____ Où est l'appartement?

_____ Quand est-ce que je pourrais voir l'appartement?

_____ Est-ce que l'appartement est loué?

_____ Comment est l'appartement?

G **Curiosité.**   D'abord complétez les questions suivantes en employant les mots interrogatifs: **comment, où, quand, pourquoi, combien de.** Ensuite, reliez les questions et les réponses d'une façon logique.

_____ 1. _____ est-ce que tu habites maintenant?

_____ 2. _____ est-ce que tu cherches un appartement?

_____ 3. _____ colocataires as-tu?

_____ 4. _____ est-il?

_____ 5. Et _____ est l'appartement idéal?

_____ 6. _____ chambres est-ce que tu voudrais avoir?

_____ 7. _____ est-ce que tu préfères habiter?

_____ 8. _____ est-ce que tu pourrais aller voir l'appartement?

_____ 9. Et _____ est-ce que tu voudrais déménager?

a. Plus tard aujourd'hui. Ou demain, peut-être.

b. Dans un quartier animé avec beaucoup de restaurants.

c. C'est un coloc idéal: généreux et patient!

d. J'ai *un* colocataire pour le moment.

e. C'est parce que mon studio est trop petit.

f. Je voudrais deux grandes chambres.

g. Dans un tout petit studio loin du *(far from)* centre-ville.

h. Une fois que je trouve l'appartement idéal qui n'est pas trop cher!

i. Meublé. Pas trop cher!

David Young-Wolff/PhotoEdit

H **Curiosité.**   Est-ce qu'une chambre reflète la vie de la personne qui y habite? Posez des questions au sujet de la personne qui habite la chambre sur la photo.

➡ *Où est-ce qu'elle travaille (étudie)? Comment... Qui... Qu'est-ce que...*

Jeu de rôle

You've rented a room near the university, and you're discussing your ideas with the landlord. Tell him things you'd like to do and ask if you are allowed to do other things **(Je voudrais..., Est-ce que je pourrais... ?).** The landlord is very curious (or nosy!) and asks many questions **(Où... ? Quand... ? Qui... ?, etc.).**

Lecture — Ma maison, mon paradis

Pensez

1 Est-ce que votre maison est votre paradis? Votre logement actuel n'est peut-être pas paradisiaque, mais pensez à votre future maison. Quels sont les éléments nécessaires pour transformer votre maison en paradis? Cochez (✓) ce qui vous semble approprié et ajoutez d'autres éléments.

_____ un espace fermé *(closed)*, réservé à la famille

_____ un espace ouvert *(open)* aux copains et aux voisins *(neighbors)*

_____ un lieu *(place)* où la décoration reflète ma personnalité

_____ un appartement au centre-ville

_____ une maison dans la banlieue (une petite ville dans la périphérie d'une grande ville)

_____ une maison à la campagne (dans une zone rurale)

_____ une maison avec un jardin *(garden)* ou une terrasse

_____ une priorité dans mon budget

_____ une priorité dans mon temps *(time)*

_____ ?

Observez et déduisez: en général

Ce texte contient beaucoup de mots inconnus, mais ne vous inquiétez pas *(don't worry)*! Il n'est pas nécessaire de tout comprendre. Faites les activités pour comprendre ce qui est important.

2 Les idées principales

Le texte: Ma maison, mon paradis.
Quelle est l'idée principale de ce texte? Cochez la réponse correcte.

_____ a. l'évolution de la perspective des Français sur leur maison

_____ b. une description de la maison parfaite

_____ c. une comparaison entre les maisons et les appartements

Le tableau: Comment les Français s'investissent dans leur maison
Les pourcentages et les chiffres (les nombres)...

a. donnent des informations variées concernant les Français et leur maison.

b. comparent le budget-maison des Français et des autres Européens.

c. concernent exclusivement l'investissement financier impliqué dans une maison.

Ma maison, mon paradis

En 2009, une maison, un appartement ne peuvent plus se contenter d'offrir le gîte et le couvert°. Les Français en veulent plus, bien plus. On veut, dans un même espace, pouvoir travailler, faire de la gym, recevoir les copains des enfants pour un anniversaire, se dorloter° comme dans un spa ou cuisiner comme un chef.

food and shelter

pamper oneself

Nos maisons reflètent notre époque. Jusque dans les années 70, le domicile est un lieu fermé, réservé à la famille : les visiteurs sont accueillis dans des pièces «de réception», et montrer sa chambre est très indécent. Aujourd'hui, les portes sont grandes ouvertes : on reçoit dans la cuisine, on fait visiter sa chambre, mais on se réserve toujours des espaces privés pour se ressourcer°. À l'image de la famille, la maison se «recompose» en permanence.

to recharge one's batteries

Les Français placent désormais la maison parmi leurs priorités, à égalité avec leur santé° ou la réussite° de leurs enfants. Quand on demande aux Français sur quoi ils pensent investir dès que la situation économique s'améliore, ils placent leur intérieur en tête, devant les voyages ou une nouvelle voiture°. Plus que jamais, l'adage «montre-moi ta maison, je te dirai qui tu es» se vérifie.

health / le succès

automobile

Comment les Français s'investissent dans leur maison

80%
estiment, dans un sondage* : «Ma maison est un havre de paix pour moi et mes proches»

71% affirment : «Décorer ma maison est une façon d'exprimer ma personnalité»

81% des 35-49 ans déclarent que la déco est le pivot du bienêtre à la maison.

17h50 : c'est le temps que nous passons en moyenne chez nous chaque jour, ce qui nous place au-dessus de la moyenne européenne.

3 Français sur 4 déclarent disposer d'un jardin ou d'une terrasse.

63%
aiment passer de plus en plus de temps chez eux

42% des Français disent que le logement est avant tout «un lieu ouvert où toute

la famille, les amis, les gens du quartier sont toujours les bienvenus». Ils ne sont que 14% à estimer que c'est avant tout «un lieu qui met à l'abri des agressions extérieures».

59% des Français, interrogés sur leur poste de dépense principale, citent l'aménagement de la maison, sa décoration et le gros œuvre. Devant les vacances, les loisirs, la voiture.

43% des consommateurs comptent profiter de leurs congés d'été pour s'occuper de leur maison.

26,7% des Français envisagent de faire des travaux dans leur maison et 22,6% de réaménager leur intérieur.

91 m² : c'est la surface moyenne des logements français. Elle était de 77 m² il y a trente ans.

56% des Français sont propriétaires de leur logement, soit 14 millions de ménages. C'est beaucoup moins qu'en Espagne (85%) ou en Grande-Bretagne (74%).

47%
des locataires voudraient accéder à la propriété

31% du budget des Français est consacré à la maison (logement, éclairage, chauffage, équipement).

1 228 euros : c'est la somme que nous dépensons en moyenne par an en meubles et objets de décoration.

N° 1 : le salon. C'est la pièce préférée des Français, devant le jardin, puis la cuisine. A rapprocher de cette tendance, notée par Etienne Cochet, directeur, du Salon Maison et Objet : «Les dernières années ont entériné la disparition d'une pièce qui était essentielle dans la maison de nos parents : la salle à manger.»

Source: Adapted from Francoscopie.

91 m² = 980 square feet; 77 m² = 830 square feet.

Source: Adapted from Ça m'intéresse

Vocabulaire actif

la banlieue
la campagne
de plus en plus
les gens
un immeuble
un jardin
montrer
ouvert / fermé
recevoir (infinitif + on reçoit)
un(e) voisin(e)
vouloir (infinitif + on veut)

Déduisez et confirmez: en détail

3 Les mots. En utilisant le contexte et la logique, déduisez le sens des mots ou des expressions **en caractères gras.** Est-ce **a** ou **b**?

Le texte: Ma maison, mon paradis

1. Les français **veulent** plus […] On **veut,** dans un même espace,…
   a. to want
   b. to be able to

2. On veut […] **pouvoir** travailler…
   a. to want
   b. to be able to

3. **montrer** sa chambre est très indécent
   a. to clean
   b. to show

4. **recevoir** des copains / on **reçoit** dans la cuisine
   a. to receive
   b. to see

5. dès que la situation économique **s'améliore,** ils placent leur intérieur **en tête**

    a. to deteriorate / in their head   b. to improve / ahead (at the top)

Le tableau: Comment les Français s'investissent dans leur maison

1. Ma maison est **un havre de paix** pour moi et **mes proches.**

    a. haven of peace / my loved ones   b. a meeting place / my colleagues

2. La déco (décoration) est le pivot (facteur essentiel) du **bien-être.**

    a. well-being   b. welcome

3. le temps que nous passons **en moyenne / la moyenne** européenne

    a. minimum   b. average

4. [ils] aiment passer **de plus en plus** de temps chez eux (à la maison)

    a. more and more   b. less and less

5. **les gens du quartier** sont toujours **les bienvenus**

    a. people in the neighborhood / welcome   b. strangers / tolerated

4 Les textes

Ma maison, mon paradis

Qu'est-ce que les Français veulent? Cochez les réponses correctes selon le texte.

La maison française
traditionnelle (1979)

    ____ un espace ouvert aux gens du quartier
    ____ un espace fermé, réservé à la famille
    ____ des pièces séparées pour recevoir les visiteurs
    ____ on montre facilement la cuisine et les chambres

La maison
d'aujourd'hui

    ____ un espace pour toutes les activités
    (travailler, jouer, faire de la gym, cuisiner
    comme un chef, etc.)
    ____ un espace ouvert aux copains et aux voisins
    (des portes grandes ouvertes)
    ____ un espace qui ne change pas
    ____ montrer sa chambre est indécent
    ____ une priorité, comme la santé *(health)* et la
    réussite / le succès des enfants

Le tableau: Comment les Français s'investissent dans leur maison

1. **Les pourcentages.** Répondez selon le modèle.

Quel est le pourcentage des Français qui pensent que la maison est un refuge pour la famille et les amis?

➡ *80% («un havre de paix pour moi et mes proches»)*

Quel est le pourcentage des Français…

    a. qui pensent que la maison est un espace ouvert à la famille, aux amis et aux voisins?
    b. qui aiment passer plus de temps à la maison?
    c. qui pensent que la décoration détermine le bien-être dans la maison?
    d. qui disent que la maison représente l'investissement financier principal?
    e. qui veulent utiliser leurs congés / vacances *(vacation)* pour améliorer leur maison?
    f. qui sont propriétaires de leur logement?
    g. qui veulent devenir *(become)* propriétaires?
    h. qui ont un jardin ou une terrasse?

2. **Répondez!**
    a. Quelles sont les 3 «pièces» préférées des Français d'aujourd'hui?
    b. Quelle est la pièce qui disparaît *(disappears)* dans les maisons françaises?

Explorez

1. Est-ce qu'il y a une différence entre la maison américaine traditionnelle et la maison américaine d'aujourd'hui? En utilisant le vocabulaire des questions à la page précédente, faites une comparaison.

2. Les Français «placent la maison parmi leurs priorités, à égalité avec leur santé ou la réussite de leurs enfants […] devant l'alimentation (manger)». Et vous, dans quel ordre mettez-vous ces priorités: la maison, la santé, la réussite, l'alimentation (manger)?

3. Beaucoup de Français pensent que la décoration est très importante: c'est «une façon d'exprimer sa personnalité» et c'est «le pivot du bien-être». Êtes-vous d'accord? Comment exprimez-vous votre personnalité dans votre logement?

4. Comparez les pièces préférées des Français et vos pièces préférées. Pourquoi aimez-vous ces pièces?

5. Comment expliquez-vous la disparition de la salle à manger formelle? Qu'est-ce qui remplace cette pièce?

6. Imaginez que vous faites un sondage dans votre pays d'origine. Choisissez 4 catégories (comme «les gens qui pensent que la maison est un havre de paix» ou «1 228 euros par an en meubles et objets de décoration»): Les résultats sont-ils différents? Imaginez! Avec un(e) partenaire, préparez un tableau de 4 pourcentages ou chiffres, puis présentez votre tableau à la classe.

7. Décrivez votre «paradis»: Est-ce une maison ou un appartement? Est-ce au centre-ville, à la campagne, en banlieue? Y a-t-il un jardin? Quelles sont les pièces? Est-ce un espace ouvert ou fermé? Expliquez!

Notes culturelles

Le logement et la ville. Plus de trois Français sur quatre habitent dans une zone urbaine. Les jeunes quittent souvent les villages pour faire leurs études ou chercher du travail dans les villes, mais de plus en plus d'adultes cherchent à déménager à la campagne pour avoir un style de vie plus calme et ne pas avoir à supporter le bruit *(noise)*, la pollution et la délinquance. La hausse des prix de l'immobilier contribue aussi à ce changement. Les Français essayent d'habiter près de leur lieu de travail, mais ils veulent aussi un «éco-logis», c'est-à-dire un logement qui respecte le plus possible l'environnement.

Les banlieues. Beaucoup de banlieues consistent principalement de maisons individuelles avec un petit jardin. D'autres banlieues, surtout dans les grandes agglomérations, incluent des HLM (habitations à loyer modéré), c'est-à-dire des logements sociaux subventionnés *(subsidized)* par le gouvernement, dans de grands immeubles collectifs.

Les résidences secondaires. La France détient le record du monde avec plus de 3 millions de résidences secondaires, c'est-à-dire que 10% des ménages français possèdent une deuxième maison, à la campagne ou au bord de la mer. Certains

Des HLM (Habitations à Loyer Modéré)

préfèrent louer leur résidence principale et acheter leur petit paradis secondaire, avec l'espoir d'en faire leur seule résidence un jour.

Et chez vous? Quelles sont les tendances actuelles: on déménage vers les villes ou, au contraire, on quitte les villes pour habiter à la campagne? Comment sont les banlieues des grandes villes?

Bloguez! iLrn

Expliquez pourquoi vous préférez la ville, la banlieue ou la campagne. Téléchargez des photos du quartier où vous habitez.

La place des adjectifs • Quelques adjectifs irréguliers

Observez et déduisez

Nous sommes propriétaires d'une belle maison à la campagne. Notre maison, c'est notre petit paradis. C'est un endroit calme et agréable, pas trop loin d'une grande ville touristique. Pour nous, c'est un logement idéal.

- You were introduced to the notion of adjective agreement in **Chapitre 2.** Here you encounter more adjectives and learn about their placement in a sentence. First, find several noun-adjective combinations in the preceding paragraph, e.g., **un logement idéal.** Based on the examples that you find, what can you infer about the placement of adjectives in relationship to the nouns they modify? You have already seen that some adjectives are irregular, for example, **fou/folle.** Based on what you know about adjective agreement, can you complete the chart of irregular adjectives below?

Masculin singulier	Masculin pluriel	Féminin singulier	Féminin pluriel
beau	beaux	belle	belles
nouveau			
	bons	bonne	
vieux			vieilles

Confirmez

1. In general, adjectives follow the nouns they modify.

   un endroit agréable   des rideaux rouges

2. However, a few adjectives *precede* the nouns they modify.

   beau *(good-looking; lovely)*   un beau quartier
   joli *(pretty)*   une jolie maison
   jeune *(young)*   un jeune voisin
   vieux *(old)*   un vieux propriétaire
   nouveau *(new)*   un nouveau studio
   mauvais *(bad)*   une mauvaise banlieue
   bon *(good)*   un bon prix *(price)*
   petit   un petit appartement
   grand   un grand immeuble
   autre *(other)*   un autre logement

3. In careful speech, the indefinite article **des** becomes **de** before a plural adjective *preceding* a noun.

   des maisons **confortables**   BUT   **de** (or **des**) **belles** maisons

   This change is mandatory with **autres.**

   d'autres maisons

4. The same noun can be preceded *and* followed by adjectives.

   une **petite** maison **blanche***   un **vieux** tapis **jaune**

Vocabulaire actif

agréable
autre
beau (belle)
blanc (blanche)
bon(ne)
un endroit
jaune
jeune
joli(e)
mauvais(e)
nouveau (nouvelle)
un prix
rouge
vieux (vieille)

---

* **Blanc** is the masculine form: **un tapis blanc.**

5. In addition to the patterns you identified earlier, three adjectives have special forms for the masculine singular. These forms are used before words beginning with a vowel or a silent **h**:

un **bel** immeuble   un **vieil** hôtel   un **nouvel** appartement

The plural form of these adjectives is regular.

de **beaux** appartements   les **vieux** hôtels   de **nouveaux** immeubles

Activités

I   **Une description.**   Regardez la forme des adjectifs suivants et choisissez le mot auquel ils se réfèrent.

1. nouvel: la maison *ou* l'appartement?
2. mauvais: le quartier *ou* la salle de bains?
3. grands et vieux: les chambres *ou* les fauteuils?
4. petite mais agréable: le salon *ou* la cuisine?
5. jolies: les pièces *ou* les endroits?
6. jeune et beau: la voisine *ou* le propriétaire?
7. nouveaux: propriétaire *ou* colocataires?
8. vieil: étagère *ou* ordinateur?

J   **Des préférences différentes.**   Complétez les phrases avec les adjectifs suivants. Attention à l'accord et au placement!

calme	vieux	nouvel	vieilles
sympathique	grande	confortable	intéressante
petite	beaux	jeune	joli
chinois	agréables	agréable	

1. Moi, je préfère les _____ maisons _____.
2. J'habite une _____ banlieue _____ au Québec.
3. Je préfère un endroit _____ et _____.
4. Ma copine, par contre, a un _____ appartement dans une _____ ville.
5. Dans l'appartement, elle a de _____ meubles et un _____ tapis _____.
6. Elle a un _____ propriétaire _____ aussi.

K   **Comparaisons.**   Prenez une feuille de papier et notez les adjectifs qui décrivent votre logement—ou ajoutez-en un autre si vous préférez.

1. ma maison: blanche, vieille, idéale, belle, ?
2. mon fauteuil: bleu, bon, vieux, confortable, ?
3. mon salon: meublé, typique, agréable, grand, ?
4. ma chambre: petite, bonne, belle, intéressante, ?
5. mes voisins: jeunes, patients, beaux, optimistes, ?

Maintenant, interviewez un(e) camarade de classe et répondez à ses questions en notant les adjectifs qui décrivent son logement.

➡ — *Comment est ta maison?*
    — *Elle est <u>belle</u>. C'est une maison <u>idéale</u>.*

Finalement, écrivez deux ou trois phrases où vous comparez vos logements.

➡ *J'ai une vieille maison blanche, mais Jason a... Sa maison est plutôt grande alors que ma maison est...*

L **Où habite la famille Arnaud?** Aidez les Arnaud à décrire leur domicile en employant la bonne forme des adjectifs indiqués—*s'ils sont logiques!*

➡ *C'est une jolie maison / une maison agréable. Il y a des jeunes voisins / des voisins agréables.*

Comment est...

1. la maison? (beau, vieux, intéressant, idéaliste)
2. le quartier? (idéal, jaune, grand, calme)
3. l'hôtel? (agréable, beau, petit, typique)

Comment sont...

4. les appartements? (nouveau, petit, sociable, confortable)
5. les voisins? (vieux, meublé, intéressant, bon)

M **Imaginons.** Décrivez un logement idéal pour les personnes suivantes, selon leur personnalité.

les gens qui aiment le calme   votre professeur
Picasso   le président des États-Unis

Vocabulaire   Les nombres

Observez et déduisez

Combien coûtent *(cost)* ces logements?

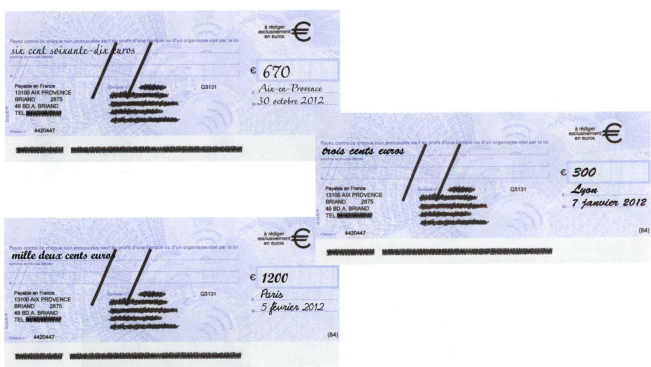

Other than when writing checks, one seldom writes out large numbers. Still, there are certain writing conventions that you should notice. Study the checks above, then formulate a rule for forming the plural of **vingt** and **cent**.

Notice that a space or a period may be used to separate groups of thousands: **1 000** *or* **1.000.**

Numbers above 100 follow a simple pattern.

100	cent	200	deux cents
101	cent un	301	trois cent un
102	cent deux	402	quatre cent deux
1 000*	mille	1 500	mille cinq cents
1 001	mille un	1 515	mille cinq cent quinze
2 000*	deux mille	3 625	trois mille six cent vingt-cinq
10 000	dix mille	100 000	cent mille
1 000 000	un million	1 000 000 000	un milliard

*Notez que mille est invariable (jamais d's), mais million et milliard prennent un s: deux millions, 3 milliards.

Activités

CD 1-30

Quel logement? Écoutez et identifiez les villas ci-dessous selon le prix. Numérotez-les dans l'ordre que vous entendez.

_____ villa en Auvergne _____ maison en Normandie

_____ ferme en Midi-Pyrénées _____ maison en Savoie

_____ maison dans le Poitou

CHÂTEAU DANS LE NORD
D'une superficie de 1500m² composé de 52 pièces,
Construit sur un terrain de 9717 m², arboré avec un plan d'eau.
Prévoir gros travaux au 2ème étage ainsi que sur la toiture.
Tél: 03-20-74-07-63
780 000 €

VILLA DANS L'EST
VILLA DE 300 M²
Villa de 300 m², salon salle à manger 60 m²,
5 chambres, salle d'eau, w.c., petit salon, grenier, salle
de musculation, garage, w.c., douche, chauffage central.
Parc clos et arboré 4200m²,
piscine 10 x 5m. *Tél: 03-29-25-47-86*
1 200 000 €

MAISON EN SAVOIE
MAISON DE STANDING 250 M²
Sur 750 m² de terrain plat, clos et arboré
Sur 2 niveaux. Cheminée, cuisine équipée.
Terrasse 100m². Chauffage central.
Vue exceptionnelle. Proche toutes commodités.
Calme et tranquillité assurés. *Tél: 06-79-38-14-02*
485 000 €

MAISON EN MIDI-PYRÉNÉES
PROPRIÉTÉ EXPLOITÉE
EN GÎTES DE 560 M²
Dans région touristique Exploitation de 4 gîtes
sur 560 m² habitables, 320 m² supplémentaires Plan
d'eau à proximité (pêche, canoë, baignade surveillée).
Sur 1200 m² environ de terrain. *Tél: 05-61-11-87-94*
703 000 €

VILLA EN AUVERGNE
VILLA DE 305 M² HABITABLES
Sur 1913 m² de terrain plat clos et arboré,
Comprenant: 3 chambres, grand salon séjour de 42 M²,
cuisine équipée. Terrasse couverte de 15 M². Environnement
calme, nature, avec vue sur montagnes. *Tél: 04-73-36-52-45*
168 000 €

MAISON DANS LE POITOU
GRANDE MAISON DE 160 M² HABITABLES
Sur 800 m² de terrain. Salon salle à manger
avec cheminée, cuisine américaine équipée,
w/c douche, 3 chambres avec placard, bureau avec
placard, 2 salles d'eau avec douche et baignoire.
Un wc à l'étage, garage, cave. *Tél: 06-46-16-98-63*
545 000 €

MAISON DANS LA DRÔME
MAISON DE 145 M² HABITABLES
avec piscine, sous-sol : studio loué 360 € par mois,
garage, buanderie et cave. Étage : hall,
cuisine équipée, salle à manger, 2 chambres,
salle de bains. *Tél: 06-75-19-84-27*
310 000 €

CHAUMIÈRE EN NORMANDIE
BELLE CHAUMIÈRE AUTHENTIQUE FIN 19ÈME
Sur 2000 m² de terrain arboré. Entrée, cuisine équipée et aménagée,
petit cellier, salle à manger, séjour avec cheminée d'époque, salle de bains,
3 chambres, garage, grenier et cave, petite terrasse.
Excellent état. Au calme. Dans un site champêtre. *Tél: 02-33-51-64-08*
293 500 €

On déménage? Vous abandonnez votre ville pour habiter à la campagne. (1) Choisissez le logement que vous préférez parmi les petites annonces à la page précédente. (2) Dites à votre partenaire combien coûte le logement en euros et quel est le numéro de téléphone. (3) Votre partenaire écrit les nombres et identifie votre choix.

➡ — *Ça coûte... Je téléphone au numéro...*
— *Ah bon. C'est le logement (en Savoie, etc.)...*

Maintenant, changez de rôles et répétez.

Les prix. Vous voudriez des meubles pour votre nouvelle maison à la campagne. Regardez les objets du catalogue ci-dessous. Combien coûtent les objets que vous voudriez acheter? En tout *(For everything)*, ça coûte combien?

➡ *Je voudrais avoir _____ et _____. _____ coûte _____ euros et _____ coûte _____ euros. En tout, ça coûte _____ euros.*

© Atlas

Courtesy of Conforama

Q **Une maison de vacances.** D'abord imaginez que vous habitez à Paris et que vous voudriez passer vos vacances «en province». (1) Trouvez les villes mentionnées ci-dessous sur la carte de France, (2) puis calculez les distances entre ces villes et Paris en employant le tableau suivant.

➡ *Montpellier est à 766 kilomètres de Paris.*

Dijon	Grenoble	La Rochelle	Marseille	Montpellier	Nice	Paris	Rouen	Strasbourg
Dijon								
293	**Grenoble**							
578	668	**La Rochelle**						
249	317	839	**Marseille**					
493	302	683	156	**Montpellier**				
661	336	992	190	309	**Nice**			
310	566	468	771	766	934	**Paris**		
450	711	467	910	905	1073	139	**Rouen**	
312	507	875	756	741	909	455	576	**Strasbourg**

 Maintenant, décidez dans quelle ville vous voudriez passer vos vacances et cherchez des camarades de classe qui désirent passer leurs vacances dans la même ville.

Jeu de rôle

You are an interior decorator helping your client (your partner) with a new home. Ask questions to understand his or her needs (family, pastimes), personality, and color preferences. Your client is also interested in the cost! Offer decorating suggestions until your client is satisfied.

Culture et réflexion

La vie privée, c'est sacré!

John Ferro Sims / Alamy

Observez et déduisez

Regardez cette maison typiquement française avec ses volets[1] aux fenêtres et son mur autour du jardin. Qu'est-ce que cela révèle sur l'attitude traditionnelle des Français vis-à-vis de la vie privée[2]?

Confirmez et explorez

• **Fenêtres, portes et murs.** Pour préserver la vie privée, les fenêtres des maisons et des appartements en France sont généralement garnies de volets que l'on ferme le soir. Un Français qui se trouve dans une maison sans volets le soir a l'impression d'être comme un poisson[3] dans un aquarium, exposé au public, sans protection! À l'intérieur de la maison, comme vous l'avez lu dans le texte *Ma maison, mon paradis*, les attitudes commencent à changer et la tendance est aux portes «grandes ouvertes», mais certaines portes restent fermées, surtout[4] la porte du «petit coin» (les W.C.) qui n'est jamais en position ouverte, même[5] pour

indiquer que ce n'est pas occupé. À l'extérieur de la maison, des murs entourent la propriété, marquant une séparation bien distincte avec les voisins et la rue. Quelle est votre conception de l'espace privé: Est-ce qu'il y a des volets aux fenêtres des maisons et des murs autour des jardins là où vous habitez? Est-ce que vous fermez généralement vos rideaux le soir? Est-ce que vous fermez régulièrement la porte de certaines pièces dans votre maison ou appartement? Lesquelles?

• **Communauté et vie privée au Sénégal.**
La vie traditionnelle africaine est une vie communautaire: Les familles élargies[6] habitent ensemble dans des concessions, c'est-à-dire un groupe de cases (des petites maisons) séparées, mais avec des espaces communs pour cuisiner, pour manger, pour faire sa toilette, pour discuter, etc. Si les concessions existent toujours dans les campagnes, les villes reflètent les tendances modernes, avec des immeubles et des maisons individuelles, mais aussi des «keur gou mag», une expression en langue wolof qui veut dire «une grande maison»: Les familles élargies partagent une cour[7], parfois les toilettes, mais le reste est privé, et chaque famille a son autonomie. Cette évolution est-elle une bonne chose, selon vous? Quels sont les avantages et les désavantages de la vie communautaire?

Des maisons urbaines au Sénégal

Ariadne Van Zandbergen/Lonely Planet/Getty Images

Bloguez! iLrn

Pensez à la conception de l'espace privé dans votre culture. Comment est-ce que les habitudes des Français ou des Sénégalais sont semblables ou différentes de chez vous? Donnez un exemple.

---

1. *shutters*   2. *private life*   3. *fish*   4. *especially*   5. *even*
6. *extended*   7. *courtyard*

À l'écoute Je cherche la rue...

Pour survivre dans un pays étranger *(a foreign country)*, il est absolument nécessaire de savoir demander et donner des renseignements pour trouver son chemin.

Pensez

1 Imaginez que vous arrivez par le train à Aix-en-Provence. Vous êtes à la gare SNCF (là où arrivent les trains) et vous cherchez un endroit spécifique. D'abord, regardez le plan de la ville, page 107. Que veut dire le mot **rue**? Quelles sont les abréviations pour **boulevard, avenue** et **place**?

2 Quand vous demandez votre chemin, vous dites **Je cherche...** Quelles expressions est-ce que vous anticipez quand on *indique* le chemin? En utilisant le contexte et la logique, identifiez l'expression appropriée pour chaque image.

1.

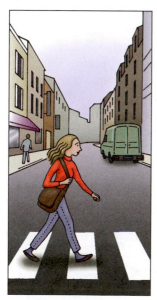

2.

3.

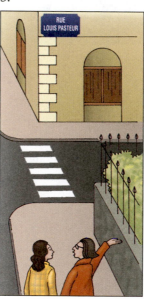

4.

a. Allez tout droit.
b. Traversez la rue.
c. Tournez à droite dans la rue Louis Pasteur.
d. Tournez à gauche dans la rue Espariat.

Observez et déduisez

CD 1-31

3 Écoutez la conversation une première fois et identifiez sur le plan de la ville les rues ou les lieux mentionnés. Écoutez encore et suivez avec votre doigt *(finger)* le trajet (la route) de la dame. Le point de départ est la gare SNCF. Quel est le point d'arrivée?

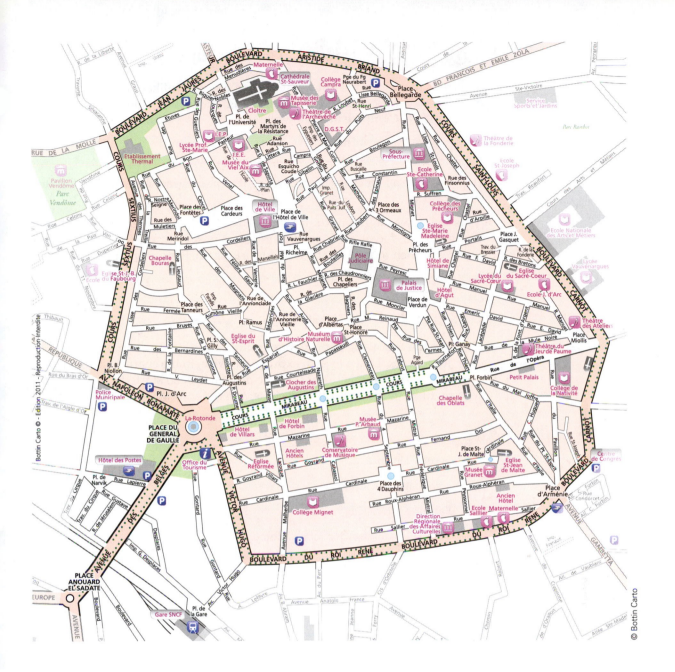

4 Écoutez la conversation une dernière fois en faisant attention aux deux mots suivants. Selon le contexte et le plan de la ville, qu'est-ce que ces mots veulent dire? Choisissez la bonne réponse.

1. devant   a. *to, until*   c. *behind*
2. jusqu'à   b. *from*   d. *in front of*

5 Selon le plan de la ville, est-ce **la troisième** ou **la quatrième** rue que la dame cherche? Pouvez-vous déduire comment former un nombre ordinal? Complétez le tableau suivant. (Les formes irrégulières sont déjà données.)

un →	premier/première	six →	
deux →		sept →	
trois →		huit →	
quatre →		neuf →	neuvième
cinq →	cinquième	dix →	

Vocabulaire actif

aller
chercher
devant
les directions
  à droite
  à gauche
  tout droit
  jusqu'à
les nombres ordinaux
  premier, deuxième, etc.
tourner
traverser
la ville
  une avenue
  un boulevard
  la gare
  une place
  un plan de la ville
  une rue

[u] is the vowel sound in **vous**. It is spelled **ou**, and unlike its English counterpart, it is never pronounced as a diphthong, that is, two vowel sounds in the same syllable. Compare the following:

English:	new [nuʷ]	*French:*	nous [nu]
	two [tuʷ]		tout [tu]

To pronounce a French [u] correctly, say it as a single sound, with your mouth almost closed.

[y] is the vowel sound in **tu**. It is spelled u and has no equivalent sound in English. To produce it, say [i] with your tongue pressed firmly against your lower front teeth, then round your lips like for [u]. Again, there is no diphthong.

tu   sal**u**t

Observez et déduisez 🔊
CD 1-32

Listen to the following expressions from **À l'écoute: Je cherche la rue...** on your audio track. Listen to each expression twice. In the chart, write the words that contain the sounds [u] or [y]. The chart has been started for you. If you need to, turn off the audio after each item in order to write your answers.

		[u]	[y]
1.	la rue Clémenceau		
2.	comment vous expliquer		
3.	l'avenue Victor Hugo		
4.	vous allez tout droit jusqu'à La Rotonde	v<u>ou</u>s, t<u>ou</u>t	j<u>u</u>squ'à
5.	une grande avenue qui s'appelle le cours Mirabeau		
6.	vous tournez à droite sur le cours Mirabeau		
7.	c'est la troisième ou quatrième rue à gauche		

Confirmez 🔊
CD 1-33

1. **Prononcez.**   Practice saying the expressions in the **Observez et déduisez** section aloud. Then listen to the expressions on the audio track to verify your pronunciation.

2. **[u] et [y].**   For additional practice, say the following pairs of words aloud. Then listen to the words on the audio track to verify your pronunciation.

   a. vous / vu
   b. tout / tu
   c. nous / nu
   d. roux / rue
   e. rousse / russe
   f. cours / cure
   g. rouge / mur
   h. beaucoup / bureau

Structures   Getting around town   Grammar Podcasts, Grammar Tutorials

Le verbe *aller* et les contractions

La Rotonde (la place du Général Gaulle)

Observez et déduisez

— Pardon, monsieur, pourriez-vous me dire où se trouve (où est) le boulevard de la République?

— Euh, voyons, vous allez tout droit dans l'avenue Victor Hugo jusqu'à la place du Général de Gaulle. Tournez à gauche sur la place. Le boulevard de la République est la deuxième rue à gauche.

— Alors, je vais tout droit jusqu'au coin, puis je tourne à gauche sur la place du Général de Gaulle?

— C'est ça!

- Find a polite expression in the dialogue for asking directions. Can you identify two forms of the verb **aller**? The dialogue also shows two forms of **jusque: jusqu'à** and **jusqu'au**. What do you think accounts for the difference in these two forms?

Vocabulaire actif

continuer
dans
une église
un magasin
un musée
un parc
Pardon, monsieur…
la poste
Pourriez-vous me dire… ?
prenez
près de
se trouver
sur

Confirmez

Le verbe *aller*

je vais	nous allons
tu vas	vous allez
il/elle/on va	ils/elles vont

1. The verb **aller** *(to go)* is irregular. You have seen it used to say or ask how someone is doing.

    Comment allez-vous?   Ça va bien.

2. Note the following imperative forms for **aller.**

    Nous **allons** à la Rotonde.   >   **Allons** à la Rotonde!
    Vous **allez** tout droit.   >   **Allez** tout droit!
    Tu **vas** à la maison?   >   **Va** à la maison!

3. **Aller** is frequently followed by the preposition **à** to indicate movement toward a place.

    Vous **allez à** la Rotonde et vous tournez à gauche.

    Use the preposition **dans** with **avenue** and **rue**. Use **sur** with **place** and **boulevard.**

    Vous allez **dans** l'avenue des Belges (**dans** la rue d'Italie).
    Vous allez **sur** le boulevard du Roi René (**sur** la place Jeanne d'Arc).

Les contractions

4. The prepositions **à** and **de** contract with **le** and **les** as follows:

    Elles vont **au** musée *(museum)* près **du** théâtre et **du** parc.
    Nous allons **aux** magasins *(shops)* près **des** restaurants.

    There is no contraction with **la** or **l'.**

    Les étudiants sont **à l'**hôtel près **de la** poste.

Les contractions

à + le = **au**	de + le = **du**
à + les = **aux**	de + les = **des**

Activités

R **Vrai ou faux?** Décidez si les phrases suivantes sont vraies ou fausses selon le plan d'Aix, page 107.

1. Le Palais de Justice est sur la place de Verdun.
2. Vous êtes à la Rotonde. Pour aller à la chapelle des Oblats, vous allez dans l'avenue Victor Hugo.
3. Vous êtes au musée Granet. Pour aller à la place des Quatre-Dauphins, vous tournez à droite dans la rue Cardinale.
4. Si vous êtes à la gare, le cours Mirabeau est tout droit devant vous.
5. La Cathédrale St.-Sauveur se trouve sur la place de l'Université.
6. Si vous allez de l'Office de Tourisme à la place Jeanne d'Arc, vous traversez la place de Verdun.
7. Vous êtes à la Rotonde et vous prenez le cours Mirabeau. La rue Fabrot est la quatrième rue à droite.

La Cathédrale St.-Sauveur

S **Où va-t-on?** Vous êtes à Aix avec votre professeur et vos camarades de classe. Où allez-vous? Choisissez les endroits appropriés dans la liste ci-dessous.

➡ Je cherche l'Institut d'Études Politiques (IEP).
Je vais sur la place de l'Université.

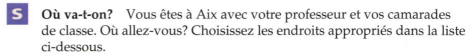

l'avenue Victor Hugo	la place de l'Hôtel de Ville	la place de l'Université
la rue Espariat	la Rotonde	la place de Verdun
la rue de l'Opéra		la rue Cabassol

1. Le professeur aime beaucoup les sciences naturelles.
2. Deux étudiantes s'intéressent au système judiciaire.
3. Vous cherchez des renseignements touristiques.
4. Une copine et moi, nous aimons bien les édifices religieux.
5. Je voudrais voyager en train.
6. Tu voudrais poster une lettre.
7. Les étudiants voudraient prendre des leçons de musique.
8. Nous aimons les pièces de Molière.

T **Projets.** Aujourd'hui vous faites du tourisme à Aix. Choisissez six endroits que vous voudriez visiter. Ensuite, trouvez un(e) partenaire parmi vos camarades de classe pour aller avec vous à chaque endroit.

➡ — *Tu vas à l'Hôtel de Ville?*
— *Oui, je vais à l'Hôtel de Ville. /* — *Non, mais je vais au musée Granet. Et toi?*

l'église (f.) de la Madeleine	le Palais de Justice
la chapelle des Oblats	le musée Vieil Aix
l'Hôtel de Ville	le Théâtre du Jeu de Paume
la Rotonde	le muséum d'Histoire naturelle
la gare SNCF	l'Office (m.) de Tourisme
le musée des Tapisseries	le Conservatoire National de Musique

U **Comment y aller?** Complétez les phrases pour expliquer comment aller d'un endroit à l'autre en employant la banque de mots.

Le musée Granet

Banque de mots	
prenez	à gauche
rue	troisième
tout droit	traversez
premier	cours
allez	à droite
boulevard	dans
jusqu'à	continuez
deuxième	place
tournez	près de
avenue	sur

1. Gare → Clocher des Augustins

   _____ dans l'avenue Victor Hugo _____ boulevard du Roi René. Tournez _____ et allez jusqu'à _____ Malherbe, puis _____ à _____. Continuez _____ dans la rue Laroque, _____ le _____ Mirabeau et le Clocher est à droite _____ la rue de la Masse.

2. Théâtre du Jeu de Paume → Musée Granet

   _____ la _____ de l'Opéra _____ la _____ Forbin, puis tournez à gauche à la _____ rue, la rue d'Italie. _____ jusqu'à la rue Cardinale où vous _____ à droite. Allez _____. Vous allez voir l'église St.-Jean de Malte. Le musée Granet est _____ l'église _____ la place St.-Jean de Malte.

3. Muséum d'Histoire Naturelle → Église de la Madeleine

   D'abord _____ la place Albertas, puis _____ la _____ M. Reinaud jusqu'au bout *(end)*. Tournez à _____ et traversez _____ de Verdun. _____ tout droit et vous allez voir l'église de la Madeleine qui est _____ la place des Prêcheurs.

V **Devinez!** Choisissez un endroit sur le plan d'Aix à la page 107. Indiquez le chemin pour aller à cet endroit à un(e) camarade de classe. Il/Elle va deviner le nom de l'endroit. Commencez à la Rotonde!

Vocabulaire   La ville et les prépositions de lieu

Observez et déduisez

Hélène est sur la place Bonaparte devant l'église. Elle cherche le cinéma qui est au coin de la rue Victor Hugo et de la rue Mazarin, à côté du restaurant La Bonne Cuisine. La banque est en face du musée, entre le café et l'hôtel Crécy. Hélène est près de l'école mais loin de l'université. Plus tard, elle va aller au parc derrière la pharmacie.

Based on the clues in the paragraph and the map, first match the prepositions on the left with the terms on the right. Then identify the following buildings **(bâtiments)** on the map: **le supermarché, le bureau de tabac, l'hôpital, le magasin, la poste,** and **la gare.**

_____ 1. entre	a. *in front of*
_____ 2. derrière	b. *beside*
_____ 3. en face de	c. *far from*
_____ 4. loin de	d. *facing*
_____ 5. devant	e. *at the corner of*
_____ 6. près de	f. *behind*
_____ 7. à côté de	g. *near*
_____ 8. au coin de	h. *between*

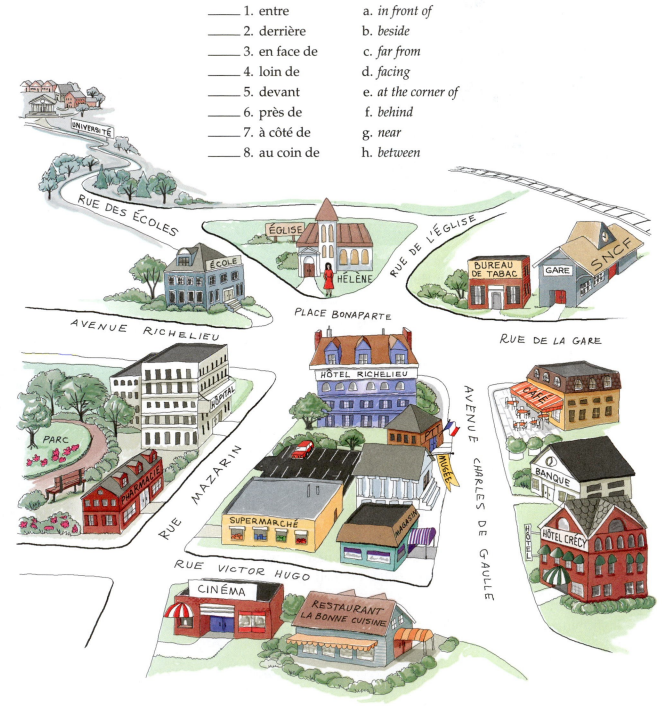

Activités 🔊

CD 1-34

W **Bâtiments.** Écoutez le professeur expliquer où il/elle est. Numérotez les bâtiments dans l'ordre où vous les entendez.

➡ (1. Je suis derrière le magasin. Où suis-je?)

_____ au restaurant

_____ à la pharmacie

_____ à l'école

_____ au bureau de tabac

_____ à l'hôpital

_____ au musée

_____ à l'université

_____ au supermarché

X **Les endroits.** Situez cinq bâtiments de la liste de l'Activité W d'après le plan de la page 112.

➡ *Le supermarché? Il est au coin de... / près de (du)... / loin de (du)...*

Structure Saying what you're going to do

Grammar Podcasts, Grammar Tutorials

Le futur proche

Observez et déduisez

Je vais traverser la Rotonde pour aller à la poste dans l'avenue des Belges. Ensuite, je vais aller aux magasins du cours Mirabeau pour acheter des DVD et des livres. Finalement, je vais manger au café près du cinéma.

> • What do you notice about the form of the verbs that immediately follow **vais** in the preceding paragraph?

Confirmez

1. The verb **aller** is frequently followed by an infinitive to say what one is *going to do.* This is called the **futur proche,** the *near* future.

   Le professeur **va chercher** des renseignements touristiques.
   Les étudiants **vont visiter** le musée Granet.
   Après, nous **allons manger** à la terrasse d'un café sur le cours Mirabeau.
   Et moi, je **vais acheter** des calissons, une spécialité d'Aix.

2. In the negative, place **ne... pas** around the conjugated form of **aller.** The infinitive follows.

   Nous **n'allons pas visiter** l'Hôtel de Ville.
   Je **ne vais pas voir** le Palais de Justice, non plus.
   Tu **ne vas pas aller** au cinéma sans moi, n'est-ce pas?

© 2013 Cengage Learning. All Rights Reserved. May not be scanned, copied or duplicated, or posted to a publicly accessible website, in whole or in part.

Troisième étape • *cent treize* **113**

Activités

 Une famille aixoise (d'Aix). Les membres de la famille ont des destinations différentes. Qu'est-ce qu'ils vont y faire, à votre avis? Employez la banque de mots pour compléter vos réponses.

➡ Maman / poste
Maman va aller à la poste. Elle va acheter une télécarte...

 Complete the diagnostic tests to check your knowledge of the vocabulary and grammar structures presented in this chapter.

1. Maman / parc
2. Papa et moi, nous / restaurant
3. Moi, je /centre-ville
4. Mes sœurs / cinéma
5. Mon frère / discothèque
6. Mes grands-parents / gare

 Le week-end. Est-ce que vos camarades de classe ont des projets pour le week-end? Travaillez en groupes et demandez ce que vos camarades de classe vont faire et ne pas faire. Où vont-ils aller pour ces activités? Quelles activités sont les plus populaires? Les moins populaires?

➡ — *Vous allez voir un film?*
— *Non, mais je vais retrouver mes copains au café.*

Banque de mots

travailler
manger
dîner
acheter
voir (un film)
lire (un livre)
danser
visiter
téléphoner à...
retrouver des copains
jouer (au tennis)
voyager
aller à...
?

La semaine prochaine. Qu'est-ce que les personnes suivantes vont faire la semaine prochaine? Qu'est-ce qu'elles ne vont pas faire? Si vous n'êtes pas sûr(e), imaginez!

Bill Gates	le président
votre (vos) chanteur(s) / chanteuse(s) préféré(e)(s)	vos professeurs

 ## Jeu de rôle

You and your classmates are bragging about your hometowns. Mention the various places of interest and their locations relative to one another. Ask your partners where various sites are located in their hometowns.

Le marché d'Aix-en-Provence. Y a-t-il un marché dans votre ville natale?

Chantal Thompson

Quatrième étape: Intégration

Littérature   Un Nègre à Paris

Imagine you have grown up in a French colony in West Africa. You have been educated in the French school system; you know more about France than about your own country. All of your life you have dreamed of seeing Paris, and all of a sudden someone gives you a plane ticket **(un billet d'avion)** to Paris and your dream comes true! Filled with wonder, you discover **la Ville Lumière,** and your seemingly naive observations shed some slightly ironic light on both the French world and your native Ivory Coast. This is the story of *Un Nègre à Paris,* written by Bernard Dadié in 1959 in the last year of French colonial rule in Africa, when over twenty countries on that continent were still French colonies.

Born in 1916 in the Ivory Coast **(la Côte d'Ivoire),** Dadié has been a prominent political figure in his country. Imprisoned for sixteen months for his involvement in a nationalist demonstration in 1949, Dadié then went on to serve for over twenty-five years in the Ministry of Education and the Ministry of Culture and Information of the Ivory Coast. Concurrent with his political activity, he has been a prolific writer. He is the author of six volumes of poetry, collections of tales and short stories, five major novels, and several award-winning plays. Bernard Dadié is known for his satirical tone, exemplified in *Un Nègre à Paris.*

Pensez

1 Imaginez que vous allez visiter Paris pour la première fois! Qu'est-ce que vous désirez voir? Cochez vos choix et ajoutez d'autres possibilités.

_____ les monuments (la Tour Eiffel, l'Arc de Triomphe, Notre-Dame de Paris, le Châtelet, etc.)

_____ les musées, comme le Louvre, le musée d'Orsay, etc.

_____ les grands boulevards et les petites rues

_____ les parcs et les squares avec leurs arbres *(trees),* leurs fleurs *(flowers)* et leurs bancs *(benches)*

_____ les quartiers chics (élégants), comme le 16e arrondissement, et les quartiers populaires, comme Pigalle

_____ le métro avec ses grands escaliers *(staircases),* ses escaliers roulants *(escalators)* et ses longs couloirs *(hallways)*

_____ les magasins et les restaurants

_____ les Parisiens!

2 Maintenant imaginez «un Nègre à Paris» dans les années 50. Qu'est-ce qui va l'impressionner dans cette grande ville européenne? Cochez les possibilités qui semblent appropriées.

    _____ l'architecture et le travail de la pierre (*stone*)

    _____ les piétons (les gens qui marchent dans les rues)

    _____ les voitures (les automobiles)

    _____ le rythme rapide de la vie: les gens qui marchent vite (*fast*), qui courent (*run*) et qui semblent toujours pressés (*in a hurry*)

    _____ le climat: la grisaille (*grayness*), le soleil

    _____ l'ordre et la discipline

    _____ le désordre (le chaos)

    _____ le contraste entre l'ancien et le moderne

    _____ les contradictions

Observez et déduisez: en général

3 Parcourez le texte une première fois pour confirmer si ce que vous aviez anticipé dans **Pensez** est véritablement mentionné. Cochez ces possibilités une deuxième fois dans les Activités 1 et 2.

4 Parcourez le texte une deuxième fois et choisissez un titre (*title*) pour chacune des cinq parties du texte. Remarquez qu'il y a un titre supplémentaire qui n'est pas approprié.

Paragraphe	Titre
1. «La bonne nouvelle (*news*)... »	a. Le métro
2. «Voilà, je suis... »	b. L'attitude des Français vis-à-vis des touristes
3. «Me voici... »	c. L'anticipation
4. «Je vais faire rire les touristes (*make the tourists laugh*)... »	d. La difficulté de découvrir Paris
5. «Visiter Paris... »	e. Les automobilistes et les piétons
	f. Une évidence paradoxale de la patience des Français

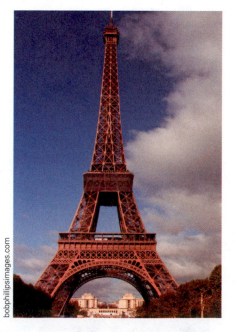

Un Nègre à Paris

1 La bonne nouvelle, mon ami! La bonne nouvelle! J'ai un billet pour Paris, oui, Paris! Je vais voir Paris, moi aussi, avec mes yeux. Je vais toucher les murs, les arbres, croiser les hommes. Le Châtelet, l'Arc de Triomphe... Je vais voir le Paris vivant, le Paris qui parle, chante, danse, gronde°, s'amuse° et pense.
[...] — rumbles / has fun

2 Voilà, je suis à Paris! Je regarde... Des autos passent qui semblent glisser, tant elles vont vite, et pas un seul coup de klaxon°. C'est défendu. Chacun obéit à la règle.° C'est bien défendu chez nous aussi, mais c'est un plaisir pour chacun de violer la règle, de klaxonner. L'animation augmente à mesure qu'on approche du centre-ville. Du monde° dans les rues, les cafés, les restaurants. On se croirait un jour de fête° chez nous. Une circulation intense, disciplinée. Les piétons sont les plus pressés. Il faut° les voir se faufiler à travers° les voitures et s'arrêter tout d'un coup°. N'auraient-ils pas des ressorts dans les jambes, ressorts remontés chaque matin?° La grisaille des murs aurait dû° influer sur le caractère des habitants. Erreur! Ils ont du soleil en réserve. Un peuple consultant la montre° à tout instant. Une ville prodigieuse qui vous prend, vous capte, vous emporte° malgré vous dans son courant impétueux. Ici il faut marcher vite, suivre.
[...]

pas un... not a single horn sound / Chacun... Each one obeys the rule.

Des gens

jour... holiday

Il faut... Il est nécessaire de / se... slip through / s'arrêter... stop suddenly / N'auraient... Don't they have springs in their legs, wound up each morning? / should have / their watch / vous... carries you along

3 Me voici à Notre-Dame, un lieu où les Parisiens se réunissent pour prier° Dieu. C'est la plus grande de leurs églises. Une merveille d'architecture. Les hommes ont dans la pierre gravé leur foi°. Pour te faire une idée de la majesté de l'édifice, figure-toi qu'ils ont mis° deux cents ans pour l'achever. Des êtres incompréhensibles, pleins de contradictions! Tiens les voilà qui regardent la montre, courent, sautent° du bus, dégringolent° l'escalier du métro, s'arrêtent à peine pour saluer un ami, et ces mêmes hommes, avec une patience diabolique, mettent deux cents ans pour bâtir une maison à leur dieu.
[...]

pray

ont gravé... have engraved their faith / have taken

jump / run down

4 Je vais faire rire les nombreux touristes hissés sur° la Tour Eiffel ou l'Arc de Triomphe, mais de toutes les clartés de Paris, c'est le métro qui m'a ébloui° le plus. Ce réseau° fait de couloirs, d'escaliers roulants, de stations, est un enchevêtrement de lignes menant° à tous les coins de Paris. [Si vous vous perdez° dans] cette toile d'araignée coloriée°, un conseil: regardez bien le plan, puis résolument, vous rangez° votre amour-propre et au premier employé venu, vous demandez: «Pardon, pour aller à... Pigalle... » L'employé va vous regarder avec un petit sourire dans les yeux. Soyez digne° en serrant votre amour-propre à la gorge° et attendez la réponse. Elle suit toujours le sourire et le regard: «vous prenez Charenton des Écoles et vous changez à Madeleine». Ce n'est pas toujours l'itinéraire le plus court°, mais c'est toujours le chemin le plus sûr°.
[...]

hissés... atop

m'a... has dazzled me / network / un... a tangle of lines leading to / vous... you get lost / toile... colored cobweb / tuck away

Soyez... Conservez votre dignité / à... in your throat

the shortest / le chemin... the surest way

5 Visiter Paris n'est pas une petite besogne°. Rues, avenues, boulevards, quartiers, chacun a un visage°, ses habitudes, une histoire. Des hommes depuis des siècles s'y relaient en laissant° des traces. Combien de rêves° sont nés° sur les bancs des squares? Tout cela ne se revit° pas en quelques jours...

travail

face

s'y... have been taking turns leaving / dreams / were born / ne se... can't be relived

Bernard Dadié, *Un Nègre à Paris* © Éditions Présence Africaine

Déduisez et confirmez: en détail

5 Les mots. En utilisant le contexte et la logique, déduisez le sens des mots en caractères gras. Choisissez **a** ou **b**.

Paragraphe 2

[Les autos] semblent **glisser**...	a. glide	b. move in slow motion
C'est **défendu**...	a. allowed	b. forbidden
... **malgré vous**...	a. thanks to you	b. against your will
... [il faut] **suivre**...	a. stay behind	b. follow along

Paragraphe 3

... les Parisiens **se réunissent**...	a. meet, gather	b. reminisce
... deux cents ans pour **l'achever**...	a. complete it	b. achieve it
... deux cents ans pour **bâtir**...	a. build	b. tear down

Paragraphe 4

... rangez votre **amour-propre**...	a. pride, self-respect	b. love
... un petit **sourire**...	a. mouse	b. smile

Paragraphe 5

... **depuis des siècles**...	a. for centuries	b. since recently

6 Le texte. Vrai ou faux? Si c'est faux, corrigez.

1. Le vrai Paris est le Paris des livres et des films.
2. Les automobilistes parisiens klaxonnent constamment.
3. Les Africains aiment klaxonner pour le plaisir de violer les règles.
4. Dadié implique que les Français sont plus disciplinés que les Africains.
5. On a l'impression que les piétons ont des ressorts dans les jambes.
6. Les Français ont le caractère gris comme les murs.
7. Le rythme de Paris est contagieux.
8. Notre-Dame de Paris est un symbole de foi et de patience.
9. Les Parisiens sont contradictoires parce qu'ils sont toujours pressés mais ils mettent deux cents ans à bâtir une cathédrale.
10. La chose que le narrateur préfère à Paris est la Tour Eiffel.
11. Le plan du métro est comme une toile d'araignée.
12. Pour demander son chemin, il faut avoir beaucoup d'amour-propre.
13. Chaque quartier de Paris a des caractéristiques différentes.

Explorez

1. **La bonne nouvelle!** Vous avez un billet pour... votre ville natale! C'est votre première visite dans cette ville, alors vous la regardez avec des yeux naïfs. À la manière de Dadié, décrivez la ville.

   ➡ *Je regarde... Il y a un petit / grand centre-ville. Je vais tout droit dans la rue principale et voilà une grande église... Je regarde les gens: Ils sont... Je regarde les autos: Elles (ne) vont (pas) vite...*

2. **Le métro.** Regardez le plan du métro de Paris (page 120). C'est comme une toile d'araignée, n'est-ce pas? Imaginez que vous êtes au Châtelet, au centre de Paris. Vous désirez aller à la place de l'Étoile, où se trouve l'Arc de Triomphe. C'est très facile! Vous cherchez la ligne jaune, qui va de Château de Vincennes à Grande Arche de La Défense. Vous prenez la direction La Défense, jusqu'à la station Charles de Gaulle-Étoile et voilà: Vous êtes à l'Arc de Triomphe. Maintenant, imaginez que vous êtes à Pigalle et vous désirez aller à la Tour Eiffel. Vous avez deux options: Vous prenez la ligne bleue, direction Porte Dauphine, vous changez à Charles de Gaulle-Étoile, vous prenez la ligne vert clair *(light green)*, direction Nation, et vous allez jusqu'à la station Champ de Mars-Tour Eiffel. Ou bien vous prenez la ligne vert foncé *(dark green)*, direction Mairie d'Issy, jusqu'à Montparnasse-Bienvenüe; là, vous prenez la ligne vert clair, direction Charles de Gaulle-Étoile, jusqu'à la station Champ de Mars-Tour Eiffel.

Do not confuse subway lines with the thicker RER lines for trains that run between Paris and its suburbs.

Ljupco Smokovski/Shutterstock.com

kosam/Shutterstock

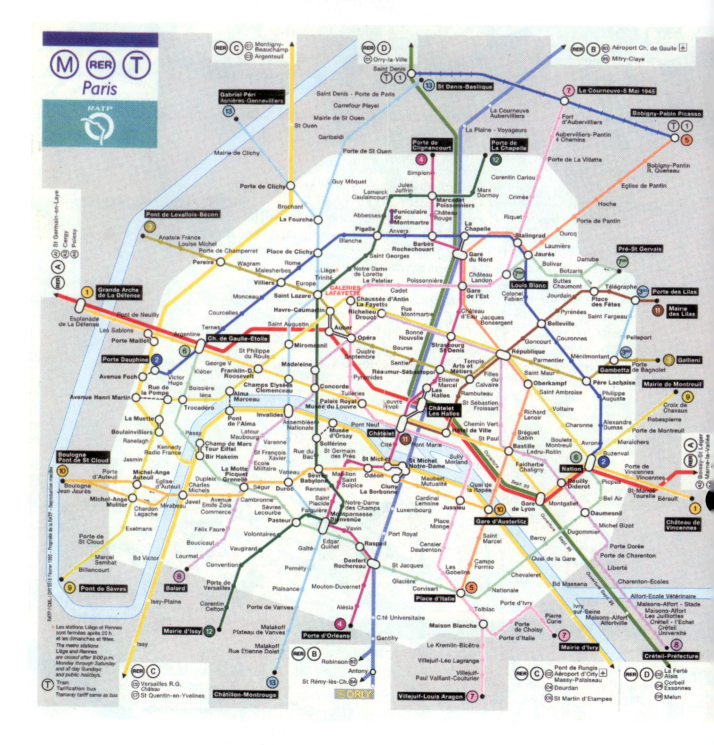

À vous de pratiquer!

a. Vous êtes au musée du Louvre; vous désirez aller à la Gare de l'Est. Quelle ligne allez-vous prendre? Quelle direction? Combien de stations y a-t-il entre votre point de départ et votre destination?

b. Vous êtes à Notre-Dame de Paris; vous désirez aller à l'Opéra. Donnez les lignes, les directions et le nombre de stations.

Par écrit   Well worth the money!

Avant d'écrire

A Strategy: Listing.   Listing is a common prewriting activity. If you wanted to describe your house, for example, you might first make a list of the rooms and then add some descriptive words beside each one. However, your writing may become predictable if your lists are always sequential or "logical." Developing lists in unexpected ways may lead you to surprising or provocative ideas.

Application.   Prepare to write a description of your home by developing a list in a unique way: Group rooms by adjective, by mood, by activity. Or think of each room as a painting or a musical composition—who is the artist or composer? Or develop your own method for bringing out the uniqueness of your house or apartment.

B Strategy: Adding variety.   Improve a choppy writing style by varying sentence construction. For example, use adjectives or a sentence with **qui** to describe.

➡ J'ai une maison. La maison est confortable et belle.
  J'ai une maison qui est confortable et belle. / J'ai une belle maison confortable.

  Je voudrais un appartement qui est grand. J'aime les quartiers animés.
  Je voudrais un grand appartement dans un quartier animé.

Application.   Write two sentences describing your house or room. Use an adjective in one and a clause with **qui** in the other.

Écrivez

1. Would you like to exchange lodging for the summer with a person in southern France? In Martinique? Send an email describing your house / apartment / studio that would entice someone to make the exchange. Provide as many details as possible to convince the other party your place is ideal. Begin the email with **Bonjour Monsieur/Madame, Je vous écris au sujet de...** Conclude with **Cordialement,...**

2. You have an apartment in Montreal that you want to exchange or rent out for the semester. Using the ads to the right as a model, write an ad for the local newspaper to try to rent your apartment.

CANNES/SUQUET, bordure mer : living, 2 chambres, 2 sdb, grande terrasse/jardinet, cuisine, téléphone, TV. Août-sept. 1.530/ 1.060 quinzaine. 4/6 personnes. 33 (0)1 46.28.23.13 soir.

ECHANGE JUILLET ou août, appt. 120 m², très grand standing, Avenue Montaigne, 1 chambre, 1 très grand salon, 1 bureau, grande cuisine complètement équipée, contre maison avec piscine à Los Angeles, de Beverly Hills à Malibu. 04.47.23.41.28.

JH FRANÇAIS, 23, cherche à partager studio avec jeune Américaine à Los Angeles ou Miami pour apprendre anglais et visite à partir du mois d'août et pour plusieurs mois. Sérieux, merci. FUSAC réf : 4405.

ARTISTE peintre cherche à louer pour 6 mois atelier avec appt à New York, loyer raisonnable, possibilité échange en France. Tél Strasbourg : 33 (0)3 88.36.60.30/Fax 33 (0)3 88.36.70.24.

Chez moi

Pensez

Qu'est-ce que votre logement représente pour vous? Est-ce simplement l'endroit *(place)* où vous habitez, ou est-ce un refuge? Est-ce l'endroit où vous êtes le plus à l'aise *(at ease)*? Où vous travaillez dur? Où vous invitez vos copains? Pensez-y en regardant la vidéo. Les exercices se rapportant à la synthèse culturelle du Chapitre 3 dans votre manuel vont vous aider à comprendre ce que vous entendez. Ensuite, faites **Explorez** et **Bloguez!** ci-dessous.

Pourriez-vous décrire votre logement? Comment est-ce que votre logement reflète votre personnalité, votre style?

Camille: C'est très rangé et bien organisé en apparence parce que ça, c'est ma personnalité. Mais quand on regarde à l'intérieur des placards et à l'intérieur des tiroirs, c'est plutôt... le désordre. Et donc ça reflète bien ce que je suis: rangée à l'extérieur et en désordre à l'intérieur.

Fatim: (Il) y a beaucoup de lumière qui entre dans l'appartement. Et, c'est assez spacieux, donc ça c'était important pour nous.

Greg: Si je dois me concentrer sur mon travail, j'aime bien avoir un endroit où je peux m'isoler.

© Heinle, Cengage Learning

Explorez

En décrivant leurs logements, Camille, Fatim et Gregory mentionnent plusieurs qualités, comme l'ordre et le désordre, le confort et le côté pratique, la décoration simple et pas frou-frou, etc. Faites une liste des qualités mentionnées, puis sondez vos camarades de classe pour savoir quelles caractéristiques sont les plus importantes pour eux.

Bloguez! (iLrn)

Est-ce que votre logement ressemble le plus au logement de Camille, de Fatim ou de Gregory? Expliquez comment votre logement reflète votre personnalité, votre style. Téléchargez des photos pour montrer votre style.

Le logement

une petite annonce *a classified ad*
un appartement
une banlieue *a suburb*
un bâtiment *a building*
la campagne, à la campagne *the countryside, in the countryside*
les charges (f.) *utilities*
un(e) colocataire / un(e) coloc *appartment mate*
un endroit *a place, location*
un euro

les gens *people*
un immeuble *an apartment building*
un jardin *a garden / a yard*
une maison *a house*
le prix *the price*
un(e) propriétaire *a landlord, landlady*
un quartier *a neighborhood, community*
une résidence universitaire *a dorm*
un studio
un voisin / une voisine *a neighbor*

Les pièces (f.) et les meubles (m.)

une chambre *a bedroom*
la cuisine *the kitchen*
la douche *the shower*
l'entrée (f.) *the entry*
le lavabo *the bathroom sink*
la salle à manger *the dining room*
la salle de bains *the bathroom*
le salon / le séjour *the living room*
les toilettes (f.) / les W.C. (m.) *the restroom*

un canapé *a couch, sofa*
une commode *a chest of drawers*
des étagères (f.) *(book)shelves*
un fauteuil *an armchair*
une lampe *a lamp*
un lit *a bed*
un placard *a closet*
des rideaux (m.) *curtains, drapes*
un tapis *a rug*

Les objets (m.) personnels

une console vidéo *a video game console*
un lecteur de CD / de DVD *a CD / DVD player*
un lecteur MP3 *an MP3 player*
un portable *a cell phone*

un poster
un répondeur *an answering machine*
une télécarte *a phone card*
un téléphone

La ville

une avenue
une banque *a bank*
un boulevard
un bureau de tabac *a tobacco / magazine shop*
un café
le centre-ville *downtown*
une église *a church*
la gare *the train station*
un hôpital (des hôpitaux) *a hospital*
un hôtel

un magasin *a store*
un musée *a museum*
un parc *a park*
une pharmacie *a pharmacy / drugstore*
une place *a city square*
un plan (de la ville) *a city map*
la poste *the post office*
une rue *a street*
un supermarché *a supermarket*

Les directions (f.)

à côté de *next to*
à droite *to (on) the right*
à gauche *to (on) the left*
au coin de *at the corner of*
dans *in (on)*
derrière *behind*
devant *in front of*

en face de *across from*
entre *between*
jusqu'à *to, until*
loin de *far from*
près de *close to*
sur *on (in)*
tout droit *straight ahead*

Pour demander des renseignements ou pour trouver son chemin

Pardon, monsieur/madame... *Excuse me, sir/ma'am . . .*
Je cherche... *I'm looking for . . .*

Pourriez-vous me dire... ? *Could you tell me . . . ?*
Où se trouve... ? / Où est... ? *Where is . . . ?*

Au téléphone

Allô? *Hello?*
Qui est à l'appareil? / C'est de la part de qui? *May I ask who's calling?*
Ici... *This is . . .*
Je voudrais... *I would like . . .*
Est-ce que je pourrais... ? *Could I . . . ?*
Je téléphone au sujet de... *I'm calling about . . .*

Un moment, s'il vous plaît. / Ne quittez pas. *Just a minute, please. / Hold on.*
Je suis désolé(e). *I'm sorry.*
Il (Elle) est là / n'est pas là. *He (She) is in / isn't in.*
Est-ce que vous pouvez téléphoner plus tard? *Can you call later?*
un numéro de téléphone *telephone number*

Questions

comment? *how?*
où? *where?*

parce que *because*
pourquoi? *why?*

quand? *when?*

Adjectifs

agréable *nice*
animé *lively*
beau (bel, belle, beaux, belles) *beautiful*
blanc (blanche) *white*
bon(ne) *good*
compris(e) *included*
confortable *comfortable*
jaune *yellow*
jeune *young*

joli(e) *pretty*
mauvais(e) *bad*
meublé(e) / non meublé(e) *furnished / unfurnished*
nouveau (nouvel, nouvelle, nouveaux, nouvelles) *new*
ouvert / fermé *open / closed*
rouge *red*
vieux (vieil, vieille, vieux, vieilles) *old*

Verbes

aller *to go*
chercher *to look for*
continuer *to continue*
coûter *to cost*
déménager *to move*
laisser un message *to leave a message*

louer *to rent*
montrer *to show*
prendre (prenez) *to take*
recevoir (inf. + on reçoit) *to receive*
tourner *to turn*
traverser *to cross*

se trouver *to be located*
visiter *to visit (a place)*
voir (infinitif) *to see*
vouloir (infinitif + on veut) *to want*

Adverbes

aujourd'hui *today*
demain *tomorrow*

de plus en plus *more and more*
plus tard *later*

Les nombres de 101 à un milliard (See p. 102.)

101 → un milliard *(a billion)*

Les nombres ordinaux: premier, deuxième, etc. *(first, second, etc.)*

EXPRESSIONS POUR LA CLASSE

ajoutez *add*
au moins *at least*
la bonne réponse *the right answer*
cochez *check*
une colonne *a column*
dites *say*

en matière de *regarding*
imaginez *imagine*
inventez *invent, make up*
moins *less*
numérotez *number*
parcourez *skim*

plus *more*
reliez *link, connect*
remarquez *note, notice*
Voici / Voilà *Here are / There are*

L'école

Stevens Frederic/Sipa

This chapter will enable you to

- talk about studies, schedules, and activities you enjoy

- express your personal reactions

- understand French students speaking about their school program

- read an article about the school week in France and a well-known literary text about a little boy who learns to read

À quel genre d'école vont ces jeunes gens? Quel diplôme est-ce qu'ils préparent? Et après, qu'est-ce qu'ils vont faire? Et vous? Qu'est-ce que vous étudiez? Comment sont vos cours?

Chapter resources

- iLrn Heinle Learning Center
- Text Audio Program
- Video
- Premium Website

À l'écoute

Un emploi du temps chargé

Vous allez entendre une conversation avec une étudiante française, Marina, qui parle de l'emploi du temps *(schedule)* dans les classes préparatoires pour les grandes écoles. Comme vous allez voir, c'est un emploi du temps très chargé *(busy)*. Les activités suivantes vont vous aider à comprendre la conversation.

Marina parle de son emploi du temps.

Chantal Thompson

Note culturelle

Les grandes écoles. L'enseignement supérieur en France est plus diversifié qu'aux États-Unis. L'université est une option, bien sûr, mais l'option la plus prestigieuse est ce qu'on appelle les grandes écoles. Ce sont des institutions réservées à l'élite intellectuelle, où l'on prépare des diplômes d'ingénieurs, d'administrateurs, etc. Pour préparer l'entrée à ces grandes écoles, après l'école secondaire, on fait deux ans de classes préparatoires (les «prépas»), puis on passe des concours (des examens compétitifs) très difficiles. Chaque grande école accepte un nombre très limité d'étudiants (par exemple, 50 étudiants par an, pour 800 candidats). Les études dans les grandes écoles durent *(last)* trois ans et garantissent un très bon placement professionnel. L'École polytechnique, HEC (École des hautes études commerciales) et l'ÉNA (École normale d'administration) sont trois des grandes écoles les plus réputées. Que pensez-vous du concept des grandes écoles?

Bloguez! 🔴iLrn

Est-ce que le système des grandes écoles existe dans votre pays? Sous quelle forme? Ajoutez un lien vers la page d'accueil d'une de ces «grandes écoles».

Pensez

1 Dans une conversation sur l'emploi du temps des étudiants, de quoi va-t-on parler? Cochez les catégories que vous anticipez.

_____ les matières qu'on étudie: les maths, l'histoire, etc.

_____ le nombre de cours *(classes)* par jour

_____ la durée des cours (50 minutes? une heure?)

_____ l'heure des cours (Quand est-ce que ça commence?)

_____ le nombre d'heures de cours par semaine *(per week)*

_____ les devoirs

_____ les professeurs (Comment sont-ils?)

_____ la vie sociale

Observez et déduisez 🔊
CD 2-2

2 Écoute globale. Écoutez la conversation une première fois pour confirmer les sujets discutés.

1. **Sujets anticipés.** Dans l'Activité 1, page 126, cochez une deuxième fois les sujets qui sont mentionnés.

2. **Sujets supplémentaires.** Parmi les sujets suivants, lesquels sont mentionnés?

_____ les pauses (pour manger, etc.)

_____ les colles (interrogations orales)

_____ le logement des étudiants

_____ les matières au programme dans les écoles d'ingénieurs

3 Les heures. Écoutez une deuxième fois en faisant attention aux heures mentionnées.

1. À quelle heure commencent les cours?

huit heures

huit heures et quart

huit heures et demie

2. À quelle heure finit la session du matin *(morning)*?

midi

midi moins le quart

midi et quart

3. À quelle heure commencent les cours de l'après-midi *(afternoon)*?

une heure vingt

deux heures moins dix

deux heures

4. À quelle heure finissent les cours de l'après-midi?

six heures   cinq heures et demie   quatre heures

5. Combien de temps les cours durent-ils?

    50 minutes   une heure   deux heures ou plus

6. Combien de temps la première pause dure-t-elle?

    10 minutes   un quart d'heure   une demi-heure

7. Combien de temps les colles durent-elles?

    une demi-heure   une heure   une heure et demie

8. Jusqu'à quelle heure Marina travaille-t-elle le soir (evening)?

10h / 10h30   11h / 11h30   minuit / minuit et demi

4 Les matières.   Écoutez une troisième fois. Cochez les matières mentionnées et indiquez le nombre d'heures par semaine pour chaque matière: 1h, 2h, etc.

_____ les maths (mathématiques)
_____ le français
_____ l'anglais
_____ l'espagnol
_____ l'histoire
_____ la physique
_____ la sociologie
_____ les sciences économiques
_____ l'informatique (computer science)
_____ l'art / la peinture

_____ la biologie
_____ la philo (philosophie)
_____ l'allemand
_____ une autre langue étrangère
_____ la géographie
_____ la chimie (chemistry)
_____ la psychologie
_____ les sciences politiques (sciences po)
_____ la littérature
_____ l'éducation physique / la gymnastique

5 Les colles.   D'après cette conversation, qu'est-ce que c'est qu'une colle? Cochez toutes les réponses appropriées.

_____ une préparation pour les concours

_____ un tête-à-tête (face-to-face conversation) entre un(e) étudiant(e) et deux ou trois professeurs

_____ un tête-à-tête entre deux ou trois étudiants et un professeur

_____ une présentation orale préparée à l'avance

_____ une présentation orale impromptue

6 Comparaison culturelle. Comparez cet emploi du temps avec un emploi du temps typique de première année (*first year*) dans une université américaine. Est-ce plus ou moins chargé? Qu'est-ce qui est différent?

Prononciation Les sons [e] et [ɛ]

- **[e]** is the sound in <u>e</u>t or <u>é</u>tud<u>i</u>er; it is pronounced with your mouth almost closed and your lips stretched like for an [i].

- **[ɛ]** is the sound in <u>e</u>lle or <u>ai</u>me; it is a more open sound, similar to the vowel in the English word *bet*.

Observez et déduisez ◀))
CD 2-3

Listen to the following excerpts from **À l'écoute: Un emploi du temps chargé** on the Text Audio Track, and in the chart, write the words that contain the sounds [e] or [ɛ]. You will hear each excerpt twice. The first excerpt has been done for you. If you need to, turn off the audio after each item in order to write your answers.

	[e]	[ɛ]
Quel est l'emploi du temps des étudiants?	d<u>es</u>, <u>é</u>tudiants	Qu<u>e</u>l, <u>es</u>t
... un emploi du temps très chargé, plus chargé même que dans les écoles d'ingénieurs...		
C'est un tête-à-tête avec un professeur et deux ou trois étudiants.		
On doit faire une présentation orale sur le sujet.		
... deux heures d'anglais l'après-midi...		
Et quelles sont les matières au programme?		
... deux heures de géographie par semaine...		

Confirmez ◀))
CD 2-4

1. **Prononcez.** Practice saying the following words aloud, paying particular attention to the highlighted sounds. Then listen to them on the Text Audio Track to verify your pronunciation.

   a. [e] **répétez**, **enchanté**, à côté, **café**, **musée**, **téléphoner**, **désolé**
      allez, **ouvrez**, **fermez**, **lisez**, **écoutez**, **écrivez**
      trouver, **habiter**, **donner**, **papier**
      les, **mes**, **tes**, **ces**

b. [ɛ] mère, père, frère, derrière, deuxième, très, être, fenêtre, fête
   mais, s'il vous plaît, chaise, craie, anglais, japonaise, propriétaire
   merci, serviette, professeur, hôtel, canadienne, cher, un poster

2. [e] ou [ɛ]?   In the following sentences, underline the [e] sounds with one
   line, and the [ɛ] sounds with two lines.

   a. La belle Hélène préfère regarder la télévision.
   b. La secrétaire de l'architecte est américaine.
   c. Je vais faire des études de sciences économiques, mais ma matière préférée
      est le français!

Now practice saying the sentences aloud, then listen to them on the Text Audio
Track to verify your pronunciation.

Structure   **Talking about course schedules**

L'heure

Observez et déduisez

— Ça te plaît, tes cours?
— Ben, oui, ça me plaît beaucoup. Pourtant, mon emploi du temps n'est pas
facile. Je suis occupée de 8h du matin jusqu'à 8h du soir. Donc, je quitte la
maison tôt le matin, et le soir, je rentre assez tard, vers 9h.

Vocabulaire actif

après
avant
ça me plaît
ça te plaît
occupé(e)
Quelle heure est-il?
  de l'après-midi
  du matin
  du soir
quitter
rentrer
tard
tôt
vers

• Examine the preceding dialogue and the clocks on pages 127–128,
then infer the correct way to state the following times. How do you
distinguish between A.M. and P.M.?

Quelle heure est-il? Il est...

6h30 (A.M.)	6h30 (P.M.)	7h25 (A.M.)
12h15 (A.M.)	9h50 (P.M.)	3h35 (P.M.)
10h45 (A.M.)	8h20 (P.M.)	12h (A.M.)

Confirmez

1. Use **Quelle heure est-il?** to ask the current time and **À quelle heure... ?** to ask when something will happen in the future.

   > **À quelle heure** est-ce que tu rentres *(come home)*?
   > Tu quittes *(leave)* la maison **à quelle heure**, d'habitude?

2. Use **de** and **à** to indicate the time frame *(from . . . to . . .)*.

   > J'ai mon cours de biologie **de** neuf heures **à** dix heures et demie.
   > Aujourd'hui, j'ai un examen **de** onze heures **à** midi.

3. When necessary to distinguish A.M. from P.M., use **du matin, de l'après-midi,** and **du soir** to denote *morning, afternoon,* and *evening*.

   > Marina est occupée de sept heures **du matin** à huit heures **du soir.**

4. Several expressions can be used to add nuance when referring to time: **tôt / tard** *(early / late)*, **avant / après** *(before / after)* and **vers** to express approximation.

   > Je quitte la maison très **tôt, vers** 7h20, 7h30.
   > J'ai deux cours **avant** midi et j'ai trois cours **après.**

5. If you want to say something occurs regularly in the morning / afternoon / evening, use the definite article with the appropriate expression.

   > J'ai mon cours de maths **le matin** et mon cours de français tard **l'après-midi** vers 4h. **Le soir,** je travaille jusqu'à minuit.

6. In addition to the way one refers to time conventionally, **l'heure officielle** is routinely used in public transportation and event schedules (bus, train, movies, museums, sporting events, etc). It eliminates the need to distinguish A.M. from P.M. To express official time (military time in the U.S.) from noon to midnight, simply add 12 hours so that, for example, **2h30 de l'après-midi** becomes **14h30.** Do *not* use the expressions **et demie, et quart, moins le quart, moins dix,** etc. with official time.

8h30 du matin	→	8h30	→	(huit heures trente)
8h30 du soir	→	20h30	→	(vingt heures trente)
5 h moins 10 de l'après midi	→	16h50	→	(seize heures cinquante)

Activités

A **Catégories.** Classez les matières mentionnées à la page 128 en trois catégories de votre invention: les cours qu'on aime ou n'aime pas, qui sont faciles ou difficiles, etc.

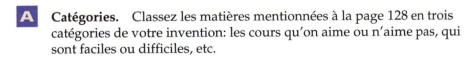

B **Ça me plaît. Ça te plaît?** Posez des questions à votre partenaire sur les matières qu'il/elle préfère.

➡ — *La chimie, ça te plaît?*
   — *Mais oui, ça me plaît (un peu / beaucoup). / Non, ça ne me plaît pas (beaucoup / du tout).*

CD 2-5

C **Qui est-ce?** Regardez les emplois du temps qui suivent. Prenez une feuille de papier et numérotez de 1 à 8, puis écoutez et notez de qui on parle: (a) Catherine, (b) Malick, (c) ni l'un ni l'autre.

Catherine	
8	8h30 maths
9	
10	histoire
11	11h45 géo
12	12h45 café avec Hélène
13	13h45 français
14	
15	pause café
16	16h15 gymnastique
17	

Malick	
8	
9	histoire
10	10h30 géo
11	
12	Resto-U avec Mariama
13	
14	14h45 français
15	
16	maths
17	17h30 gymnastique

 Maintenant, parlez de l'emploi du temps de Catherine en mélangeant *(mixing)* des phrases vraies et des phrases fausses. Votre partenaire va corriger vos «erreurs».

➡ — *Catherine a son cours de... à... h.*
— *Oui, c'est vrai. / Mais non. Son cours de... est à... h.*

Finalement, changez de rôle et répétez l'activité avec l'emploi du temps de Malick.

D **Quelle heure est-ce?** Indiquez l'heure selon le modèle, puis dites où vous êtes, d'habitude, à cette heure-là.

(21h30) *Vingt et une heures trente, c'est neuf heures et demie du soir. Je rentre de la bibliothèque.*

1. 10h45   5. 19h30
2. 13h20   6. 22h15
3. 01h05   7. 12h
4. 17h00   8. 00h00

 E **Cherchez quelqu'un.** Consultez la banque de mots, puis choisissez six activités et indiquez sur une feuille de papier quand vous faites ces activités: le matin? l'après-midi? tous les jours? le soir vers... heures? avant / après mon cours de... ?, etc. Ensuite, trouvez un(e) camarade de classe qui participe à ces activités au même moment que vous.

➡ — *D'habitude je retrouve mes copains l'après-midi après mes cours. Et toi?*
— *Moi aussi! / Moi, je retrouve mes copains le soir au café.*

Banque de mots

surfer sur Internet
arriver en classe
manger
parler au téléphone
quitter la maison
envoyer des mails
préparer ses cours
aller à la bibliothèque
regarder (la télé, un DVD)
jouer (au tennis, à des jeux vidéo)
retrouver ses copains
écouter son iPod
aller au cinéma
acheter des vêtements
rentrer

F Imaginez. Décrivez une journée idéale pour vous. Qu'est-ce que vous allez faire? Qu'est-ce que vous n'allez pas faire? Parlez-en avec un(e) partenaire. Quelles activités avez-vous en commun?

➡ *Aujourd'hui, je n'ai pas cours. Ma journée commence vers 11h...*

Stratégie de communication

Reacting to news and information

Observez et déduisez

People often react in different ways to the same news. These students found a note on the door indicating that their class had been canceled and their test postponed until next week. Study the examples. What expressions can be used to express surprise? Indifference? Pleasure? Irritation?

Formidable! Quelle chance! Maintenant je vais aller au cinéma.

C'est incroyable! Mme Lafarge n'annule jamais la classe!

Zut, alors! C'est embêtant! J'ai déjà deux autres examens à préparer pour la semaine prochaine.

Je m'en fiche, moi. Je ne fais pas mes devoirs de toute façon *(anyway)*.

Confirm your answers in the chart on page 134. What can you say about the attitude of these students toward the test, the teacher, or the class, based on their reactions?

Confirmez

La gamme d'émotions

l'intérêt	l'indifférence	la surprise
Ah bon?	Et alors?	C'est pas vrai!
Vraiment?	Tant pis!	Tu plaisantes!
Ah oui?	Bof!	Tu rigoles?
C'est vrai?	Je m'en fiche!	Sérieux?

l'irritation	l'enthousiasme
Mince!	C'est génial!
J'en ai marre!*	Super!
C'est pas possible!	C'est énorme!
C'est nul!	Quelle chance!
Ça m'énerve!	

*__J'en ai marre__ is the equivalent of *I've had it!*

Practice using these expressions in classroom activities and interactions with classmates as appropriate.

Activités

 Quoi de neuf? *(What's happening?)* Vous avez un compte *Twitter* et un copain qui envoie des messages tous les jours. Lisez les «tweets» de la colonne de gauche et choisissez une expression convenable de la colonne de droite pour réagir.

1. Je suis en train d'acheter un nouveau Smartphone.
2. Je regarde un documentaire fascinant sur les écoles françaises.
3. Trois examens à préparer pour demain.
4. Cours de science po est ennuyeux.
5. Grand-père a 96 ans aujourd'hui.
6. Je suis dans un restaurant chinois avec des copains.
7. Surfé Internet jusqu'à 3h du matin. Super fatigué!
8. Famille voyage bientôt en Afrique.
9. Cherche appartement confortable dans un bel immeuble.
10. Colocataire est un peu fou.

a. Tant pis!
b. Bof!
c. Tu rigoles!
d. Sérieux?
e. Vraiment?
f. Ça m'énerve.
g. C'est génial!
h. Et alors?
i. Quelle chance!
j. C'est pas vrai!
k. C'est vrai?
l. Super!
m. ?

L'art de la conversation.   Selon Raymonde Carroll, dans son livre *Évidences invisibles*, la conversation américaine typique «ressemble... à une séance de jazz» tandis qu'une conversation française peut ressembler plutôt—pour l'observateur américain—à «un feu d'artifice *(fireworks)*». Carroll explique que dans une conversation à la française, les interjections et les expressions pour réagir sont «une preuve de spontanéité, d'enthousiasme et de chaleur. [...] Pour un Américain non averti *(unsuspecting)*, la rapidité de l'échange peut être interprétée comme une série d'interruptions et donc une expression d'agressivité [ou même] de colère *(anger)*», mais en fait, il faut se rappeler que pour les Français, «les conversations très animées... sont une source de plaisir et de vitalité». Est-ce que vos conversations avec vos amis ou avec les membres de votre famille sont plutôt comme des «séances de jazz» (c'est-à-dire une série de solos) ou plutôt comme un feu d'artifice?

Bloguez! (iLrn)
Quelles sont les expressions que vous utilisez le plus souvent pour exprimer l'intérêt, l'enthousiasme et la surprise? Est-ce que ces expressions changent selon l'interlocuteur? Comment?

H   **Les réactions.**   Employez la gamme d'émotions à la page 134 pour réagir aux situations suivantes.

1. Votre professeur de français dit:
   a. La classe est annulée demain.
   b. Vous allez avoir un examen la semaine prochaine.
   c. Aujourd'hui nous étudions les matières et l'heure.
   d. Tous les étudiants ont un A à l'examen.

2. Une camarade de classe qui n'aime pas travailler dit:
   a. Moi, j'adore travailler.
   b. Nous n'avons pas d'exercices à préparer aujourd'hui.
   c. Moi, j'ai beaucoup de cours difficiles.
   d. Je déteste mes cours.

3. Votre nouveau (nouvelle) camarade de chambre dit:
   a. Ce semestre, j'ai cours à huit heures du matin tous les jours.
   b. Je ne vais pas en cours aujourd'hui.
   c. J'ai un nouvel iPod.
   d. Je préfère écouter de la musique classique.

Jeu de rôle

You and two friends discuss your busy schedules, exaggerating quite a bit! Say when you have classes, study, work, etc. Use expressions for reacting to your classmates' comments.

Lecture Aménager le temps scolaire

Pensez

1 Le calendrier

1. **C'est différent?** Voici le calendrier pour l'année scolaire 2011–2012. En quoi ce calendrier est-il différent d'un calendrier américain?

2011

SEPTEMBRE — 07 h 07 à 20 h 34

1	J	Gilles
2	V	Ingrid
3	S	Grégoire
4	D	Rosalie ☽
5	L	Raïssa 36
6	M	Bertrand
7	M	Reine
8	J	Nativité Notre-Dame
9	V	Alain
10	S	Inès
11	D	Adelphe
12	L	Apollinaire ○
13	M	Aimé 37
14	M	Croix Glorieuse
15	J	Roland
16	V	Edith
17	S	Renaud
18	D	Nadège
19	L	Emilie 38
20	M	Davy ☾
21	M	Matthieu
22	J	Maurice
23	V	AUTOMNE
24	S	Thècle
25	D	Hermann
26	L	Côme, Damien 39
27	M	Vincent de Paul ●
28	M	Venceslas
29	J	Michel
30	V	Jérôme

OCTOBRE — 07 h 49 à 19 h 31

1	S	Thérèse de l'E.-J.
2	D	Léger
3	L	Gérard 40
4	M	Fr. d'Assise ☽
5	M	Fleur
6	J	Bruno
7	V	Serge
8	S	Pélagie
9	D	Denis
10	L	Ghislain 41
11	M	Firmin
12	M	Wilfried ○
13	J	Géraud
14	V	Juste
15	S	Thérèse d'Avila
16	D	Edwige
17	L	Baudouin 42
18	M	Luc
19	M	René
20	J	Adeline ☾
21	V	Céline
22	S	Elodie
23	D	Jean de Capistran
24	L	Florentin 43
25	M	Enguerran
26	M	Dimitri
27	J	Emeline
28	V	Simon, Jude
29	S	Narcisse
30	D	Bienvenu
31	L	Quentin 44

NOVEMBRE — 07 h 37 à 17 h 31

1	M	TOUSSAINT
2	M	Défunts ☽
3	J	Hubert
4	V	Charles
5	S	Sylvie
6	D	Léonard
7	L	Carine 45
8	M	Geoffroy
9	M	Théodore
10	J	Léon ○
11	V	ARMISTICE 1918
12	S	Christian
13	D	Brice
14	L	Sidoine 46
15	M	Albert
16	M	Marguerite
17	J	Elisabeth
18	V	Aude ☾
19	S	Tanguy
20	D	Christ Roi
21	L	Prés. de Marie 47
22	M	Cécile
23	M	Clément
24	J	Flora
25	V	Catherine ●
26	S	Delphine
27	D	Avent
28	L	J. de la Marche 48
29	M	Saturnin
30	M	André

DÉCEMBRE — 08 h 22 à 16 h 57

1	J	Florence
2	V	Viviane ☽
3	S	Xavier
4	D	Odilon
5	L	Gérald 49
6	M	Nicolas
7	M	Ambroise
8	J	Imm. Conception
9	V	Pierre Fourier
10	S	Romaric ○
11	D	Daniel
12	L	Corentin 50
13	M	Lucie
14	M	Odile
15	J	Ninon
16	V	Alice
17	S	Judicaël, Gaël
18	D	Gatien ☾
19	L	Urbain 51
20	M	Théophile
21	M	Pierre Canisius
22	J	HIVER
23	V	Armand
24	S	Adèle ●
25	D	NOËL
26	L	Etienne 52
27	M	Jean
28	M	Innocents
29	J	David
30	V	Sainte Famille
31	S	Sylvestre

2012

JANVIER — 08 h 44 à 17 h 04

1	D	NOUVEL AN ☽
2	L	Basile 1
3	M	Geneviève
4	M	Odilon
5	J	Edouard
6	V	Mélaine
7	S	Raymond
8	D	Epiphanie
9	L	Alix 2
10	M	Guillaume ○
11	M	Paulin
12	J	Tatiana
13	V	Yvette
14	S	Nina
15	D	Rémi
16	L	Marcel ☾
17	M	Roseline 3
18	M	Prisca
19	J	Marius
20	V	Sébastien
21	S	Agnès
22	D	Vincent
23	L	Barnard ●
24	M	Fr. de Sales 4
25	M	Conversion S. Paul
26	J	Paule
27	V	Angèle
28	S	Thomas d'Aquin
29	D	Gildas
30	L	Martine 5
31	M	Marcelle

FÉVRIER — 08 h 21 à 17 h 47 — 2012

1	M	Ella
2	J	Prés. du Seigneur
3	V	Blaise
4	S	Véronique
5	D	Agathe
6	L	Gaston 6
7	M	Eugénie ○
8	M	Jacqueline
9	J	Apolline
10	V	Arnaud
11	S	N.-D. de Lourdes
12	D	Félix
13	L	Béatrice 7
14	M	Valentin ☾
15	M	Claude
16	J	Julienne
17	V	Alexis
18	S	Bernadette
19	D	Gabin
20	L	Aimée 8
21	M	Mardi-Gras ●
22	M	Cendres
23	J	Lazare
24	V	Modeste
25	S	Roméo
26	D	1er Dim. de Carême
27	L	Honorine 9
28	M	Romain
29	M	Auguste

2012

MARS — 07 h 32 à 18 h 35

1	J	Aubin ☽
2	V	Charles le Bon
3	S	Guénolé
4	D	E des Grands-Mères
5	L	Olivia 10
6	M	Colette
7	M	Félicité
8	J	Jean de Dieu ○
9	V	Françoise
10	S	Vivien
11	D	Rosine
12	L	Justine 11
13	M	Rodrigue
14	M	Mathilde
15	J	Mi-Carême ☾
16	V	Bénédicte
17	S	Patrice
18	D	Cyrille
19	L	Joseph 12
20	M	PRINTEMPS
21	M	Clémence
22	J	Léa ●
23	V	Victorien
24	S	Catherine de Suède
25	D	Humbert
26	L	Annonciation 13
27	M	Habib
28	M	Gontran
29	J	Gwladys
30	V	Amédée ☽
31	S	Benjamin

AVRIL — 07 h 28 à 20 h 22

1	D	Rameaux
2	L	Sandrine 14
3	M	Richard
4	M	Isidore
5	J	Irène
6	V	Vendredi Saint
7	S	J.-B. de la Salle
8	D	PÂQUES ○
9	L	DE PÂQUES 15
10	M	Fulbert
11	M	Stanislas
12	J	Jules
13	V	Ida ☾
14	S	Maxime
15	D	Paterne
16	L	Benoît-Joseph 16
17	M	Anicet
18	M	Parfait
19	J	Emma
20	V	Odette
21	S	Anselme ●
22	D	Alexandre
23	L	Georges 17
24	M	Fidèle
25	M	Marc
26	J	Alida
27	V	Zita
28	S	Valérie
29	D	Souv. Déportés ☽
30	L	Robert 18

MAI — 06 h 30 à 21 h 07

1	M	FÊTE DU TRAVAIL
2	M	Boris
3	J	Philippe, Jacques
4	V	Sylvain
5	S	Judith
6	D	Prudence ○
7	L	Gisèle 19
8	M	VICTOIRE 1945
9	M	Pacôme
10	J	Solange
11	V	Estelle
12	S	Achille ☾
13	D	Rolande
14	L	Matthias 20
15	M	Denise
16	M	Honoré
17	J	ASCENSION
18	V	Eric
19	S	Yves
20	D	Bernardin ●
21	L	Constantin 21
22	M	Emile
23	M	Didier
24	J	Donatien
25	V	Sophie
26	S	Bérenger
27	D	PENTECÔTE
28	L	DE PENTECÔTE
29	M	Aymard 22
30	M	Ferdinand
31	J	Visitation

JUIN — 05 h 51 à 21 h 46

1	V	Justin
2	S	Blandine
3	D	Trinité F. des Mères
4	L	Clotilde ○
5	M	Igor 23
6	M	Norbert
7	J	Gilbert
8	V	Médard
9	S	Diane
10	D	F. du St Sacrement
11	L	Barnabé ☾
12	M	Guy 24
13	M	Antoine de Padoue
14	J	Elisée
15	V	Germaine
16	S	J.-François Régis
17	D	Fête des Pères
18	L	Léonce 25
19	M	Romuald ●
20	M	ÉTÉ
21	J	Rodolphe
22	V	Alban
23	S	Audrey
24	D	Jean-Baptiste
25	L	Eléonore 26
26	M	Anthelme
27	M	Fernand ☽
28	J	Irénée
29	V	Pierre, Paul
30	S	Martial

JUILLET — 05 h 51 à 21 h 58

1	D	Thierry
2	L	Martinien 27
3	M	Thomas ○
4	M	Florent
5	J	Antoine
6	V	Mariette
7	S	Raoul
8	D	Thibaut
9	L	Amandine 28
10	M	Ulrich
11	M	Benoît ☾
12	J	Olivier
13	V	Henri, Joël
14	S	FÊTE NATIONALE
15	D	Donald
16	L	N.-D. du Mt-Carmel
17	M	Charlotte 29
18	M	Frédéric
19	J	Arsène ●
20	V	Marina
21	S	Victor
22	D	Marie-Madeleine
23	L	Brigitte 30
24	M	Christine
25	M	Jacques
26	J	Anne, Joachim ☽
27	V	Nathalie
28	S	Samson
29	D	Marthe
30	L	Juliette 31
31	M	Ignace de Loyola

AOÛT — 06 h 24 à 21 h 29 — 2012

1	M	Alphonse
2	J	Julien Eymard ○
3	V	Lydie
4	S	Jean-Marie Vianney
5	D	Abel
6	L	Transfiguration 32
7	M	Gaétan
8	M	Dominique
9	J	Amour ☾
10	V	Laurent
11	S	Claire
12	D	J.-F de Chantal
13	L	Hippolyte 33
14	M	Evrard
15	M	ASSOMPTION
16	J	Armel
17	V	Hyacinthe ●
18	S	Hélène
19	D	Jean-Eudes
20	L	Bernard 34
21	M	Christophe
22	M	Fabrice
23	J	Rose de Lima
24	V	Barthélemy ☽
25	S	Louis
26	D	Natacha
27	L	Monique 35
28	M	Augustin
29	M	Sabine
30	J	Fiacre
31	V	Aristide ○

2. **La fête.**   Chaque date du calendrier français est la fête d'un saint ou d'une sainte. Le 19 septembre, par exemple, est la Sainte Émilie, et donc, si vous vous appelez Émilie, le 19 septembre est une occasion de faire la fête. Quelles sont les fêtes pour les dates suivantes?

→ Le 6 décembre? *Le 6 décembre est la Saint Nicolas.*

a. le 29 septembre
b. le 18 octobre
c. le 17 novembre
d. le 13 janvier
e. le 25 février

f. le 5 mars
g. le 8 avril
h. le 15 mai
i. le 20 juillet

Est-ce que vous trouvez votre nom ou le nom d'un membre de votre famille dans ce calendrier? Quel jour?

3. **Les jours, les semaines, les mois et les années**

le 14	juillet	2012
↑	↑	↑
le jour	le mois	l'année

a. Répétez les mois de l'année après votre professeur ou écoutez l'audio, puis répondez.
   1. Quel est le troisième mois de l'année? Quels sont les mois de l'année qui ont 31 jours?
   2. Combien de semaines complètes y a-t-il au mois de février?
   3. Quel est votre mois préféré? Pourquoi?

b. Quelle est la date de votre anniversaire *(birthday)*?

2 Anticipation.   Le texte que vous allez lire examine l'aménagement (l'organisation) du temps scolaire en France, du point de vue d'un psychologue spécialiste en chronobiologie (l'étude des rythmes biologiques humains). Sachant que le Ministère de l'Éducation nationale permet aux écoles primaires de fonctionner sur quatre *ou* cinq jours, et que la grande majorité des écoles françaises a choisi de fonctionner sur quatre jours, quelles observations et recommandations anticipez-vous de la part de ce psychologue? Va-t-il être pour ou contre la semaine de quatre jours? À votre avis, est-ce une bonne idée d'avoir des semaines de quatre jours dans les écoles?

Observez et déduisez: en général

3 Parcourez rapidement le texte pour identifier les idées principales. Cochez celles qui sont mentionnées.

_____ Rôle des adultes dans la formulation des emplois du temps scolaires.

_____ Influence de Jules Ferry, fondateur de l'école publique en France, sur les calendriers scolaires actuels.

_____ Les différentes formules pour l'emploi du temps scolaire en France.

_____ Les questions qui se posent aux enseignants (professeurs) et autres responsables des calendriers scolaires.

_____ Rapport sur le travail de coopération entre le Ministère de l'Éducation nationale et les experts en chronobiologie.

_____ Attitude des parents vis-à-vis des rythmes journaliers (de chaque jour) de leurs enfants.

_____ Définition par la chronobiologie des bons moments et des mauvais moments de la journée scolaire.

_____ Recommandations du Ministère de l'Éducation nationale sur les différentes formules.

_____ Recommandations des experts en chronobiologie et chronopsychologie.

Aménager le temps scolaire—pour qui?

François Testu, Psychologue

Si nous étudions les emplois du temps et calendriers scolaires français, nous constatons qu'ils ont été conçus par et pour les adultes. La mise en place de la coupure du mercredi, des vacances d'été, des vacances de février et de la semaine de quatre jours illustre bien l'incidence des facteurs politiques et économiques sur le fonctionnement de l'école. Trois principaux emplois du temps hebdomadaires se sont succédés en fonction de l'évolution du contexte sociopolitique:

- La semaine traditionnelle a permis de libérer le mercredi pour que les enfants puissent aller au catéchisme.
- Le second emploi du temps autorisé permet de déplacer les trois heures de classe du samedi matin au mercredi matin. Les vingt-six heures d'enseignement par semaine sont ainsi distribuées sur quatre jours et demi, mais le week-end dure deux jours.
- Enfin, dans la semaine de quatre jours, l'enseignement est concentré sur les lundi, mardi, jeudi et vendredi. Douze jours doivent être «récupérés» sur les vacances.

Deux questions se posent aux enseignants, aux parents et aux décideurs:

- Vaut-il mieux° aller à l'école primaire le samedi matin ou le mercredi matin?
- Peut-on opter pour° la semaine de quatre jours sans porter préjudice° à l'enfant?

Vaut-il... *Is it better . . .*
opter... *choose* / porter... causer des problèmes

Respecter les rythmes journaliers

L'aménagement du temps scolaire (pour les petits comme pour les grands) ne peut être modifié sans tenir compte des travaux de chronobiologie et de chronopsychologie qui montrent qu'au cours de la journée scolaire, il existe de bons moments et de mauvais moments. Aux bons moments, l'organisme résiste mieux aux agressions de l'environnement, la fatigue est moindre°, l'attention est plus élevée, la compréhension est plus rapide—alors qu'aux mauvais moments, c'est l'inverse°. Aujourd'hui, nous savons scientifiquement que le début de la matinée et l'après-déjeuner sont de mauvais moments, tandis que° le milieu et la fin de la matinée (de 9h à 11h30) sont de bons moments.

lessened

l'opposé

whereas

Janine Wiedel Photolibrary/Alamy

Classe le samedi matin ou le mercredi matin?

Nous préconisons° la classe le mercredi matin plutôt que le samedi matin, avec une rentrée plus tardive vers neuf heures ou dix heures pour leur offrir la possibilité de dormir un peu plus dans la nuit du mardi au mercredi. C'est l'emploi du temps qui est le plus adapté aux rythmes de vie des enfants et qui permet aux parents, dont le week-end dure deux jours, d'être plus présents auprès de leurs enfants.

recommandons

La semaine de quatre jours: un choix contestable

La mise en place de la semaine de quatre jours, non seulement ne respecte pas les rythmes biologiques et psychologiques de l'élève, mais surtout, elle contribue à l'inadaptation° à l'école. Les effets perturbateurs du week-end sont encore plus marqués et se manifestent du vendredi après-midi au mardi matin. Il ne reste aux enseignants, dans ce cas, que° deux jours complets pour profiter de la pleine attention des élèves, et par là même, les surcharger des disciplines dites fondamentales.

difficulty in adjusting

ne... que only

Source: www.cairn.info/article/2006

Déduisez et confirmez: en détail

4 **Les jours de la semaine**

1. Selon la première formule, dans la semaine traditionnelle, quel est le jour de la semaine qui a été libéré *(freed up)* pour permettre aux enfants d'aller au catéchisme?

2. Selon la deuxième formule, quel jour de la semaine commençant par un **s** est un demi-jour d'école qui a la possibilité d'être déplacé?

3. Maintenant, étudiez la troisième formule. En utilisant le contexte des trois formules, la logique et les abréviations du calendrier, complétez la liste des jours de la semaine.

L = _____   J = _____   S = _____

M = _____   V = _____   D = dimanche

M = _____

5 **Le texte**

1. **Vrai ou faux?** Si c'est faux, corrigez.
   a. Les calendriers scolaires français sont conçus (formulés) par des adultes mais avec le bien des enfants comme première priorité.
   b. Il y a plusieurs formules pour distribuer les heures d'enseignement obligatoires *(mandatory):* quatre jours + samedi matin; quatre jours + mercredi matin; ou quatre jours par semaine mais douze jours de vacances de moins.
   c. Les experts en chronobiologie et chronopsychologie préconisent d'étudier les rythmes biologiques avant de modifier les calendriers scolaires.
   d. Selon les experts, les «bons moments» de la journée sont le début (le commencement) de la matinée (tôt le matin) et le début de l'après-midi.
   e. Selon les psychologues, le mercredi matin est préférable au samedi matin, principalement pour permettre plus d'interaction entre les parents et les enfants.
   f. Le week-end a des effets perturbateurs sur le lundi et le vendredi.

2. **Le calendrier scolaire.** Répondez selon le texte.

    a. Comment voit-on que les calendriers scolaires sont formulés par et pour les adultes?

    b. Quelle est la définition des «bons moments» de la journée scolaire?

    c. «Peut-on opter pour la semaine de quatre jours sans porter préjudice aux enfants?» Expliquez comment le texte répond à cette question.

Explorez

1. Que pensez-vous de la semaine de quatre jours pour les écoles publiques? Pour les universités? Pour le monde professionnel? Justifiez vos réponses.

2. Quels sont les bons moments et les mauvais moments de votre journée scolaire? Expliquez.

3. Est-ce vrai que le week-end a des effets perturbateurs sur certains jours de la semaine? Quels sont les autres facteurs qui «perturbent» votre semaine? Quels sont les jours qui ont le maximum de «bons moments», selon vous? Quel emploi du temps recommandez-vous à l'administration de votre école?

Note culturelle

L'école en France. L'école en France commence par l'école maternelle, qui est facultative *(optional)* pour les enfants de deux à six ans. L'école devient obligatoire à l'âge de six ans, quand les enfants entrent à l'école primaire, pour cinq ans. À l'âge de onze ans, on entre au collège, pour quatre ans, puis on va au lycée pour trois ans. On peut choisir le lycée général (académique), le lycée technique ou le lycée professionnel. À l'école primaire, au collège et au lycée, les apprenants *(learners)* s'appellent des «élèves». Le terme «étudiant» est réservé à l'enseignement supérieur (l'université). Il n'y a pas d'étudiants au niveau primaire ou secondaire! Les enseignants de l'école primaire s'appellent des instituteurs / institutrices ou des professeurs des écoles; au collège, au lycée et à l'université, ce sont des professeurs. Imaginez maintenant que vous faites une petite présentation à des Français sur le système scolaire (primaire et secondaire) dans votre pays (ou un autre pays que vous connaissez bien). Qu'allez-vous leur dire?

Till Jacket/Photononstop/Photolibrary

Bloguez! 🄸🄻🅁🄽 ▶

Regardez la vidéo pour découvrir le système scolaire belge selon Gregory, puis décrivez le système scolaire (primaire et secondaire) dans votre pays. Ressemble-t-il au système scolaire en Belgique? Par exemple: Comment s'appellent les différentes écoles? À quel âge est-ce qu'on entre à chaque école?...

Structure Talking about days and dates

Articles et prépositions avec le jour et la date

Vocabulaire actif

un cadeau
des projets (m.)
la rentrée

Observez et déduisez

Dans mon collège, on a la semaine de quatre jours. Ça me plaît beaucoup parce que le mercredi est libre pour nos passe-temps préférés et le samedi on fait des choses en famille. Voici mes projets pour la semaine: mercredi je vais au gymnase avec mes copines et samedi je vais acheter un cadeau pour l'anniversaire de maman—le 14 novembre. Mon anniversaire est en novembre aussi—le 29.

Robert Fried/Alamy

> • Which of the preceding sentences refers to a specific Wednesday and Saturday? Which one refers to Wednesdays and Saturdays in general? In which case is the day preceded by the definite article? What preposition is used to express *in* with the name of a month?

Confirmez

1. Use an article with a weekday to talk about what you do *every* week on that day, e.g., **le samedi** (*Saturdays, on Saturdays*).

    Le dimanche est consacré à la vie de famille, mais **le samedi,** je travaille.

    Do *not* use an article with a weekday if it refers to one specific day.

    Nous avons des projets pour **samedi** après-midi. (*this coming Saturday*)

2. To say in what month (e.g., in January), use **en** or **au mois de.**

    Le début de l'année scolaire (la rentrée) est **en septembre (au mois de septembre).**

    Notice that in French the names of months and days are not capitalized.

3. To express dates, use **le premier** for the first day of the month, but use cardinal numbers for all other dates.

    le premier avril   le **23** (vingt-trois) avril

Attention!   When expressing the date numerically in French, place the day before the month, and do not use the preposition **de.**

    02/07 → le 2 juillet

4. The year can be expressed as follows:

    1999 → mille neuf cent quatre-vingt-dix-neuf *or*
            dix-neuf cent quatre-vingt-dix-neuf
    2012 → l'an deux mille douze

5. Express the complete date as follows:

    05/09/2012 → le cinq septembre deux mille douze

Activités

 CD 2-7

I L'année scolaire.   Regardez le calendrier de l'année scolaire 2012–2013 pour la Zone B (une grande partie de la France) indiquant la date de la rentrée scolaire—le premier jour de classe—et les dates des différentes vacances. Écoutez et indiquez la date qui correspond à l'occasion mentionnée.

➡ *— Le début des vacances de Noël?   C'est le 22 décembre 2012.*

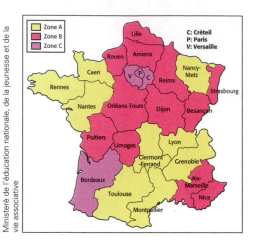

Ministère de l'éducation nationale, de la jeunesse et de la vie associative

ZONE B

Aix-Marseille–Amiens–Besançon–Dijon–Lille–Limoges– Nice–Orléans-Tours–Poitiers–Reims–Rouen–Strasbourg

Rentrée scolaire des enseignants	Rentrée scolaire des élèves	Toussaint	Noël	Hiver	Printemps	Début des vacances d'été
Lundi 3 septembre 2012	Mardi 4 septembre 2012	Du samedi 27 octobre 2012 au jeudi 8 novembre 2012	Du samedi 22 décembre 2012 au lundi 7 janvier 2013	Du samedi 16 février 2013 au lundi 4 mars 2013	du samedi 13 avril 2013 au lundi 29 avril 2013	Jeudi 4 juillet 2013

Toussaint *All Saints Day*   hiver *winter*   printemps *spring*   été *summer*

Et vos vacances? Indiquez les dates suivantes: la rentrée chez vous, le début et la fin des vacances de Noël, le début et la fin des vacances de printemps, le début des vacances d'été.

 J Une date importante.   Quelle est la date de votre anniversaire? Et l'anniversaire de votre camarade de classe?

➡ *— Mon anniversaire est le 5 septembre. Et toi?*

K 2000 ans d'histoire.   Connaissez-vous l'histoire de la France et de l'Europe? Choisissez les dates que vous associez aux événements suivants, puis comparez avec vos camarades de classe. Qui est le plus fort en histoire?

1. Jeanne d'Arc délivre Orléans.
2. Les colonies françaises en Afrique noire deviennent indépendantes.
3. Prise de la Bastille marquant le commencement de la Révolution.
4. Début de la Première Guerre mondiale.
5. Signature du traité de Maastricht instituant l'Union européenne.
6. Mise en circulation de la monnaie en euros.
7. Conquête de la Gaule par les Romains.
8. Répression de la Commune de Paris (sujet du spectacle *Les Misérables*).

a. 51 av. J-C
b. 1429
c. 1789
d. 1871
e. 1914
f. 1960
g. 2002
h. 1992

 L La semaine de quatre jours.   Vous participez à la semaine scolaire de quatre jours. Avec vos camarades de classe, imaginez comment vous allez passer votre temps libre. Décrivez les bons moments de la semaine.

➡ *Samedi matin, nous allons...*

Le verbe *faire*

Observez et déduisez

Quels sont les bons moments pour ces gens?
Qu'est-ce qu'ils font quand ils ont du temps libre?

D'habitude Kofi fait de la natation.

Nathalie et Érica font souvent de la marche.

Quelquefois Hang fait la cuisine.

Geneviève fait toujours ses devoirs.

— Et vous? Qu'est-ce que vous faites quand vous avez du temps libre?
— Nous? Nous ne faisons jamais nos devoirs pendant les bons moments!

> • In **Chapitre 2** you learned some expressions with the infinitive form of the verb **faire: faire du shopping, du jogging.** What different forms of the verb **faire** do you find in the preceding examples?

Confirmez

Le verbe *faire*

je fais	nous faisons
tu fais	vous faites
il/elle/on fait	ils/elles font

Vocabulaire actif

les expressions avec *faire*
d'habitude
du temps libre
ne... jamais

1. The verb **faire** *(to make, to do)* is used idiomatically with many different activities.

    Le dimanche, il **fait** toujours ses devoirs.
    Ils ne **font** jamais leur lit.
    Ils **font** la sieste ou ils **font** la grasse matinée *(sleep in)*.
    Il **fait** souvent du sport.
    Elle **fait** quelquefois du ski (du golf, du vélo, du foot, de la gymnastique, de l'exercice).*
    Elles **font** de la musique* (des courses, un voyage, la cuisine).
    Faisons une promenade!

2. Notice that questions with **faire** do not necessarily require an answer with **faire.**

    — Qu'est-ce que vous **faites** quand il fait beau?   — Je **joue** au golf.
    — Qu'est-ce que vous **allez faire** demain?   — Je **vais travailler.**

---

* The verb **jouer à** can also be used with games: Je **joue au** tennis et mon frère **joue au** basket. BUT: Je joue **du** piano, **de la** guitare, **d'**un instrument.

Activités

  Que font-ils? Écoutez et notez qui fait les sept activités mentionnées:
CD 2-8 *Nora* ou *Thomas*.

1. Qui fait la grasse matinée?
2. Qui fait toujours ses devoirs?
3. Qui fait de la natation?
4. Qui fait de la marche?

5. Qui fait du foot?
6. Qui fait la cuisine?
7. Qui fait des courses?

Maintenant, dites si vous faites les mêmes activités. Qui est le plus actif parmi vos camarades de classe? Le plus paresseux?

 Activités. Dites ce que les personnes suivantes font et ne font pas en employant les expressions données.

➡ *Mon frère fait souvent du jogging, mais il fait rarement du vélo.*

Justin Bieber et Avril Lavigne		grasse matinée
Tony Parker		musique
Rachael Ray et Emeril Lagasse		courses
Michael Phelps	faire	lit
Mon/Ma colocataire et moi, nous	ne pas faire	basket
Moi, je...		exercice
Mes camarades de classe		natation
Ma sœur / Mon frère		cuisine
		vélo
		devoirs
		jogging
		promenade
		?

 Réponses personnelles. Lisez les phrases suivantes et indiquez si vous faites ces activités **toujours, souvent, quelquefois** ou **jamais,** selon vos habitudes personnelles.

1. Le matin, je fais mon lit.
2. Le mardi, je fais de la musique.
3. Le samedi, je fais des courses.
4. Le mercredi, mes amis font du vélo.

5. Le week-end, nous faisons une promenade.
6. Le soir, nous faisons nos devoirs.
7. Le..., je...

 Maintenant, comparez vos réponses avec celles d'un(e) partenaire. Prenez des notes sur ses réponses et écrivez un paragraphe au sujet de ses habitudes.

➡ — *Tu fais ton lit le matin?*
— *Jamais! Je n'ai pas le temps. J'ai un cours à huit heures.*

Jeu de rôle

You and a prospective roommate have different interests and abilities. Discuss your pastime preferences using expressions with **faire** to talk about what you like or do not like to do. You may discover that the rooming arrangement would not work out!

Culture et réflexion

Une des épreuves du bac

Observez et déduisez

Dans la province de Québec, on doit faire deux années de formation dans un Collège d'enseignement général et professionnel avant de pouvoir entrer à l'université. En France, il faut passer le bac, un examen national très rigoureux. Quels sont les avantages et les désavantages de critères aussi rigoureux pour déterminer l'accès aux études supérieures?

Confirmez et explorez

• **Le bac.** À la fin de leur dernière année de lycée, les jeunes Français passent[1] un grand examen national qui s'appelle le baccalauréat, ou le bac. Il y a plusieurs sortes de bacs: la série littéraire; la série scientifique; et le bac sciences économiques et sociales. Il existe aussi le bac technologique et le bac professionnel. L'examen dure plusieurs jours et comprend des épreuves (parties) écrites et orales. Les résultats au bac déterminent la possibilité de faire des études supérieures. Approximativement 80% des élèves qui passent le bac réussissent[2]. Les élèves qui ratent[3] l'examen peuvent refaire la dernière année de lycée et repasser le bac l'année suivante. Que pensez-vous de ce système? Préférez-vous un système de contrôle continu comme dans les lycées américains? À votre avis, quels sont les effets d'un grand examen national à la fin des études secondaires sur (a) la qualité des programmes scolaires, (b) l'attitude des élèves et des professeurs vis-à-vis de l'éducation?

• **Le cégep.** Au Québec, si on désire poursuivre des études universitaires, il faut avoir complété 13 années d'études pré-universitaires: six années de primaire, cinq années de secondaire et deux années d'études collégiales dans un collège d'enseignement général et professionnel (cégep). C'est une année de plus que dans les autres provinces canadiennes. Que pensez-vous de l'idée de faire votre formation «générale» (arts et lettres, sciences humaines, etc.) au niveau pré-universitaire, et après, de faire votre «baccalauréat» (l'équivalent anglo-saxon du bachelor's degree) dans votre domaine de spécialisation en trois ans?

• **Éducation et sacrifices.** Dans la majorité des pays africains francophones, le système scolaire est basé sur le modèle français. L'instruction est en français, qui est une deuxième ou troisième langue pour les élèves. Les ressources sont aussi très limitées. Imaginez une petite école dans un village du Sénégal, avec, dans une seule salle de classe, 60 à 70 enfants qui doivent se partager une douzaine[4] de livres! Environ 60% des enfants vont à l'école primaire, mais ce pourcentage varie en fonction des pays. Les collèges et les lycées sont peu nombreux et situés exclusivement dans les villes, ce qui défavorise les enfants qui n'habitent pas dans une zone urbaine. De plus en plus de jeunes vont à l'université, mais il n'y a pas assez de place pour tout le monde. L'éducation vient donc au prix de grands sacrifices. À votre avis, est-il justifié de demander à un enfant de quitter sa famille pour continuer ses études en ville? Est-ce que des sacrifices, financiers et autres, sont nécessaires pour obtenir une formation universitaire chez vous? Quels sacrifices faites-vous pour votre éducation?

Une école primaire au Sénégal

Bloquez! iLrn

Quel système de contrôle y a-t-il dans vos cours à la fac? Le contrôle continu? Un grand examen ou une dissertation *(term paper)* à la fin du semestre? Un autre système? Indiquez vos préférences et dites pourquoi.

---

1. *take* 2. *pass* 3. *fail* 4. *approx. 12*

À l'écoute La fac

Décisions, décisions! La conversation que vous allez entendre illustre les décisions que les jeunes Français doivent prendre *(must make)* pour leurs études. Lisez **Pensez,** puis écoutez selon les instructions données.

Ulrike Welsch / PhotoEdit

Pensez

Vocabulaire actif

l'architecture
avoir peur (de)
la bibliothèque
une bourse
le campus
la comptabilité
le droit
une entreprise
la fac
gratuit(e)
la médecine
passer un examen
rater
le restaurant universitaire
réussir *(infinitive only)*
un stage

1 On dit qu'en France il n'y a «pas de fac sans bac». Comme l'explique la page culturelle (p. 145), il est nécessaire d'avoir le baccalauréat, ou le bac, pour entrer à l'université ou dans une école supérieure.

La fac est un autre terme pour l'université, qui se divise en facultés (facs).

Exemples de facs	*Pour les études de/d'*
la fac des lettres et sciences humaines	histoire, géographie, littérature, philosophie, langues étrangères, sociologie, psychologie
la fac des sciences	biologie, chimie, géologie, maths, physique
la fac de droit et sciences économiques	droit *(law)*, relations internationales, sciences politiques, économie, gestion *(business)*, commerce

Observez et déduisez 🔊
CD 2-9

2 Écoutez une première fois. Est-ce que Stéphane est...

a. au lycée?   b. à la fac?

3 Écoutez encore et répondez aux questions suivantes.

1. **Passer, réussir** ou **rater:** Quel verbe est-ce que la dame utilise quand elle pose sa question à Stéphane sur le bac?
2. Quelles sont les intentions de Stéphane? Il va faire des études de _____ à la fac _____.
3. Stéphane **a peur** du bac, «parce que c'est un examen **vachement** important». En utilisant le contexte et la logique, déduisez le sens de **avoir peur** (**être nerveux** ou **calme**?) et **vachement** (**très** ou **un peu**?).

4 Quels diplômes est-ce que Stéphane va préparer? Écoutez encore et reliez les adverbes et les diplômes.

le master   d'abord
la licence   peut-être
le doctorat   sans doute

Déduisez: Quel est le terme français pour l'équivalent du *bachelor's degree*? Du *master's degree*? Du *Ph.D.*? Comment dit-on *first*? *Probably*?

5 Écoutez une dernière fois en faisant attention au contexte de **on peut pas** et **tu veux.** Quel verbe signifie *to want*? Quel verbe signifie *can / to be able to*?

Note culturelle

L'enseignement supérieur. Après le bac, l'enseignement supérieur offre bien sûr d'autres options que les grandes écoles.

• Les universités, avec 55% des étudiants, sont la filière la plus commune. On peut obtenir une licence en 6 semestres, un master en 4 semestres et un doctorat en 3 ans. C'est ce qu'on appelle en Europe le système LMD (licence / master / doctorat).

• Les instituts universitaires de technologie (IUT), avec 5% des étudiants, permettent de préparer en deux ans des diplômes de comptabilité *(accounting)*, d'informatique, etc. Ils offrent parfois des études en alternance, qui permettent d'alterner entre les cours et des stages en entreprises *(internships)*.

• Les instituts universitaires de formation des maîtres (IUFM), avec 3% des étudiants, préparent les professeurs d'écoles primaires.

L'enseignement supérieur public est gratuit. Les étudiants de licence paient environ 170 euros par an de frais administratifs et c'est tout! Les restaurants universitaires sont subventionnés *(subsidized)* par le gouvernement et offrent aux étudiants deux repas par jour pour un prix très modique. Les étudiants dont les parents ont des ressources insuffisantes peuvent bénéficier d'une bourse d'études qui paie une partie de leur logement.

En comparant les options ou conditions de l'enseignement supérieur en France et dans votre pays, quelles sont les différences que vous trouvez les plus intéressantes? Expliquez.

Bloguez! (iLrn)

Pourquoi avez-vous choisi votre université ou école? Expliquez quels sont les facteurs qui ont influencé votre décision. L'aspect financier? La proximité de votre famille? La qualité de l'instruction? Ajoutez un lien vers le site Web de votre école.

Prononciation   Les sons [ø] et [œ]

• **[ø]** is the sound in **euh** and **deux.** To pronounce this vowel sound, say [e], then round your lips like for an [o], without moving your tongue or the opening of your mouth.

• **[œ]** is the sound in **heure** and **neuf.** To pronounce it, say [ɛ], then round your lips, again without moving your tongue or changing the opening of your mouth.

Observez et déduisez 🔊
CD 2-10

Listen to the following phrases from **À l'écoute: La fac** on the Text Audio Track, and in the chart, check the sounds you hear. Listen to each phrase twice.

	[ø]	[œ]
1. Tu as p**eu**r?		
2. un p**eu**		
3. tu v**eu**x		
4. on p**eu**t pas		
5. des études supéri**eu**res		
6. p**eu**t-être		

Now practice saying the phrases aloud. Then listen to the phrases again to verify your pronunciation.

Confirmez 🔊
CD 2-11

1. **Prononcez.** Practice saying the following words aloud, paying particular attention to the highlighted sounds. Then listen to the words on the Text Audio Track to verify your pronunciation.

   a. [ø] monsi**eu**r, paress**eu**x, paress**eu**se, séri**eu**x, séri**eu**se, ennuy**eu**x, ennuy**eu**se, h**eu**reux, h**eu**reuse, vi**eu**x, les chev**eu**x, les y**eu**x, bl**eu**

   b. [œ] un profess**eu**r, un act**eu**r, un ingéni**eu**r, une f**eu**ille, un faut**eu**il, un ordinat**eu**r, les m**eu**bles, j**eu**ne, l**eu**r, s**œu**r

2. [ø] **et** [œ]. Now practice saying aloud the following sentences that contain both [ø] and [œ]. Then listen to them on the Text Audio Track to verify your pronunciation.

   a. C'est un monsieur paresseux aux yeux vraiment bleus qui a très peu de cheveux et n'est jamais heureux.

   b. C'est la sœur d'un acteur qui n'a pas peur d'être un jeune professeur qui n'est jamais à l'heure.

   c. Il est neuf heures moins deux: Les étudiants peuvent prendre une feuille et passer aux choses sérieuses.

Structure   Saying what you can and want to do

Grammar Podcasts, Grammar Tutorials

Les verbes *pouvoir* et *vouloir*

Observez et déduisez

— Tu vas passer ton bac cette année, n'est-ce pas?
— Bien sûr! Sans le bac, on ne peut pas entrer à la fac.
— Tu sais ce que tu veux faire après?
— Ben, je pense que je voudrais faire des études supérieures de chimie l'année prochaine.
— Ah, bon. Tu veux préparer la licence?
— Oui. Et le master et le doctorat si je peux.

Vocabulaire actif

avoir de l'argent
avoir le temps
entrer à la fac
prochain(e)
pouvoir
vouloir

• You learned to use the polite expressions **je voudrais** and **pourriez-vous** in **Chapitre 3.** What other forms of the verbs **vouloir** and **pouvoir** do you see in the dialogue above?

Confirmez

Les verbes *vouloir* et *pouvoir*

je veux	nous voulons
tu veux	vous voulez
il/elle/on veut	ils/elles veulent
je peux	nous pouvons
tu peux	vous pouvez
il/elle/on peut	ils/elles peuvent

1. The verb **vouloir** is used to express desire. It is often followed directly by another verb in the infinitive.

   Je ne **veux** pas **rater** le bac.   Je **veux faire** des études supérieures.

2. The expression **vouloir bien** is used to accept an invitation or to express willingness.

   — Tu veux regarder un DVD avec moi?
   — Oui, je **veux bien.**

3. The verb **pouvoir** is used to express ability or permission and is commonly followed by an infinitive.

   Le prof est gentil. Nous **pouvons** toujours **poser** des questions.
   Claire et Lise ne **peuvent** pas **faire** leurs devoirs. Elles n'ont pas le temps *(time)*.
   Je ne **peux** pas **faire** de courses. Je n'ai pas d'argent *(money)*.

Activités

P **L'enseignement en France.**   Complétez les phrases de la colonne de gauche avec une expression logique de la colonne de droite.

1. Alain n'a pas son bac. Il ne peut pas...
2. Tu veux aller dans une grande école? Tu vas...
3. Nous voulons être avocats. Nous allons...
4. Mes copains veulent étudier la physique. Ils vont...
5. J'étudie la littérature. Je suis...
6. Vous étudiez dans un IUT. Vous pouvez...

a. à la faculté des lettres.
b. faire un stage dans une entreprise.
c. faire la série scientifique.
d. entrer à la fac.
e. à la faculté de droit.
f. faire des classes préparatoires pendant deux ans.

Q **Possibilités.**   Étant donné *(Given)* les conditions ci-dessous, quelles sont les options possibles? Choisissez parmi les possibilités à droite ou inventez-en d'autres!

➡ — *J'aime les maths et je veux travailler dans le domaine des finances.*
  — *Alors, tu peux préparer un diplôme de comptabilité.*

Conditions

1. Jérôme veut aller à la fac, mais il n'a pas l'argent pour payer son logement.
2. Mes cousins veulent un très bon travail et ils sont très intelligents.
3. Votre copain et vous voulez aller à la fac et vous aimez surtout les langues et la littérature.
4. Les cours du matin finissent et j'ai très faim, mais je n'ai pas beaucoup d'argent.
5. Emma veut aller à la fac et après, elle veut travailler avec des enfants.
6. Nous ne voulons pas faire d'études supérieures; nous voulons travailler dans un bureau.
7. Je veux trouver une profession où je peux aider les gens.

Possibilités

a. aller au restaurant universitaire
b. aller dans une école paramédicale
c. bénéficier d'une bourse
d. être professeur des écoles
e. aller à la fac des lettres
f. faire des classes préparatoires
g. aller au lycée professionnel
h. préparer un diplôme
i. ?

R **Obligations / Préférences.** Qu'est-ce que ces gens ne veulent pas faire? Qu'est-ce qu'ils préfèrent faire?

➡ *Il ne veut pas... ; il veut...*

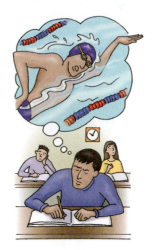   

S **La permission.** C'est le premier jour de votre cours de français. Jouez le rôle du professeur. Dites aux étudiants ce qu'ils peuvent faire en classe et ce qu'ils ne peuvent pas faire.

➡ manger? *Ah non, vous ne pouvez pas manger en classe.*

1. regarder un DVD? 4. écouter votre iPod? 7. travailler en groupes?
2. parler espagnol? 5. poser des questions? 8. faire la sieste
3. faire des exercices? 6. envoyer des textos? 9. ?

Maintenant, expliquez au professeur ce que vous **voulez** et **ne voulez pas** faire en classe.

➡ *Nous voulons écouter de la musique française!*

T **Invitations.** Qu'est-ce que vous aimez faire quand vous avez du temps libre? Sur une feuille de papier, notez les activités qui vous intéressent et ajoutez trois autres activités.

_____ faire des courses _____ faire du jogging _____ jouer au tennis
_____ écouter un _____ regarder _____ dîner au
     nouveau CD   un DVD   restaurant

_____ _____ _____

 Maintenant, invitez votre partenaire à faire les activités qui vous intéressent. Il/Elle va accepter ou refuser.

➡ — *Tu veux faire des courses?*
   — *Oui, je veux bien!* ou *Non, je ne peux pas.*

U **Ni le temps ni l'argent?** Qu'est-ce que vos amis et vous voulez faire ce week-end? Est-ce possible? Si ce n'est pas possible, dites pourquoi.

➡ *Mes amis et moi, nous voulons jouer au foot, mais nous ne pouvons pas parce que nous n'avons pas le temps.*

Discussing your classes

Les verbes *prendre, apprendre* et *comprendre*

Observez et déduisez

Ces étudiants **prennent** des notes en classe.

Ces étudiants **apprennent** à parler français.

Cet étudiant ne **comprend** pas l'exercice.

Et vous? Vous apprenez le français aussi, n'est-ce pas? Est-ce que vous comprenez les exercices? Est-ce que vous prenez des notes en classe? Est-ce que vous prenez le temps de faire vos devoirs?

- **Apprendre** and **comprendre** are both compounds of **prendre.** You have seen some expressions with these verbs in previous chapters: **je ne comprends pas, prenez la rue Victor Hugo.** Using what you already know and the examples you have seen, can you infer the **tu** and **nous** forms of these verbs?

Vocabulaire actif

apprendre
comprendre
prendre...
   le temps de...
   une décision

Confirmez

Le verbe *prendre*

je prend**s**	nous pren**ons**
tu prend**s**	vous pren**ez**
il/elle/on prend	ils/elles pren**nent**

1. The verb **prendre** can be used in a variety of contexts:

   Les étudiants **prennent** des notes en classe.
   Jean-Michel **prend** son vélo pour aller en classe.
   Pour aller à la fac, **prenez** la rue de l'Université.

   Note, however, that English and French usage do *not* always correspond.

   Stéphane **prend** une décision importante. (*makes* a decision)
   Nous **passons** un examen important demain. (*take* a test)

2. **Prendre un cours** is used for extracurricular or private lessons. To talk about taking classes at school, use **avoir un cours.**

   Hugo **prend un cours** de gymnastique.   Il **a un cours** de maths.

3. **Prendre le temps de** + infinitive means *to take the time to* do something.

Je **prends le temps de** faire du sport tous les jours.
Je ne **prends** pas **le temps de** faire mes devoirs.

4. The verb **apprendre** may be followed by a noun or by the preposition **à** and an infinitive to say one is learning to do something:

Nous **apprenons** *le vocabulaire.*   Nous **apprenons à** *parler français.*

5. **Comprendre** may be followed by a direct object or may stand alone:

Manon **comprend** *la grammaire.*
Vous **comprenez**?

Les étudiants **comprennent** *le professeur.*
Oui, je **comprends.**

Activités

V **Logique.**   À quelles personnes associez-vous logiquement les expressions ci-dessous: **Le professeur? Vos grands-parents? Vos camarades de classe et vous?** Composez des phrases selon le modèle.

➡ (apprendre l'espagnol) *Mes grands-parents apprennent l'espagnol.*

1. prendre des notes en classe
2. comprendre comment surfer sur Internet
3. prendre un cours de gymnastique
4. prendre le temps de faire ses devoirs
5. apprendre à jouer de la guitare
6. prendre souvent son vélo
7. comprendre ses problèmes
8. apprendre le français

 W **Interview.**   Interviewez un(e) partenaire en vous posant (*asking each other*) les questions suivantes.

1. Tu comprends toujours le professeur de français?
2. Les étudiants dans la classe comprennent les chansons françaises?
3. Est-ce qu'ils prennent des notes en classe?
4. Tes copains apprennent l'espagnol?
5. Tes copains et toi, vous prenez des leçons de tennis?
6. Tu apprends la chimie?
7. Tu prends ton vélo pour aller en cours?

 Banque de mots

étudier
parler
écouter
apprendre
comprendre
prendre le temps de
poser des questions
faire ses devoirs
préparer / passer des examens
la grammaire
le vocabulaire
le professeur
des notes
le cahier
des CD
la vidéo

X **Pour réussir en français, on...**   Employez la banque de mots pour dire ce qui est nécessaire pour réussir en français.

➡ *Pour réussir en français… on apprend le vocabulaire.*

Jeu de rôle

An acquaintance with an annoying personality (your partner) is forever inviting you out. Prepare a skit in which he/she continues to insist—even though you refuse—and uses any pretext to get together. Offer several excuses because you have no desire to go anywhere with this person!

iLrn *Complete the diagnostic tests to check your knowledge of the vocabulary and grammar structures presented in this chapter.*

Littérature «Ils vont lui faire éclater le cerveau...»

Marcel Pagnol (1895–1974) is the author of *Jean de Florette* and *Manon des sources,* made famous in the late 1980s through the award-winning movies with Yves Montand. Born and raised in the south of France, Marcel Pagnol has immortalized both in print and on film the charm of the sun-drenched hills of Provence and the singing accent of its people. First a playwright with acclaimed plays such as *Topaze* (1928), *Marius* (1929), and *Fanny* (1931), Pagnol turned to the screen as early as 1936, when he wrote and directed *César,* which has become a classic in the world of film. Pagnol then devoted much of his life to filmmaking. In 1957, he published the first volume of his autobiography, *La Gloire de mon père,* followed in 1958 by *Le Château de ma mère,* which were both made into movies in 1990. Son of Joseph, a schoolteacher, and Augustine, a sweet-natured woman, Marcel recounts with much humor and tenderness the early days of a magical childhood in Provence. The following piece is an excerpt from *La Gloire de mon père.*

Louis MONIER/Gamma-Rapho via Getty Images

Pensez

1 Dans le texte, la concierge dit, «Ils vont lui faire éclater le cerveau...» *(They are going to make his brain burst . . .).* Quelle horreur! «Ils», ce sont les instituteurs d'une petite école primaire. La victime: le petit Marcel. À votre avis, quelles sont les causes possibles d'une «explosion cérébrale»? Cochez la réponse qui vous semble la plus probable.

_____ une expérience scientifique sur le cerveau des enfants

_____ une expérience psychologique sur les capacités cérébrales des enfants

_____ un enfant très intelligent encouragé à apprendre trop de choses *(too much)* trop vite *(too fast)*

_____ un enfant paresseux forcé d'étudier

_____ la punition d'un enfant qui n'est pas sage *(quiet, good)*

_____ une réaction causée par une grande peur *(fear)*

Observez et déduisez: en général

2 Parcourez le texte une première fois. Parmi *(Among)* les possibilités proposées dans **Pensez,** quelle est la réponse correcte?

3 Parcourez le texte une deuxième fois pour identifier les paragraphes qui correspondent aux titres suivants. Attention, il y a un titre supplémentaire qu'on ne peut pas utiliser!

Paragraphe

1 «Quand ma mère va faire...»
2 «Un beau matin...»
3 «Mon père se retourne...»
4 «Alors il va prendre...»
5 «Quand ma mère arrive...»
6 «Sur la porte de la classe...»
7 «À la maison...»
8 «Non je n'ai pas mal...»

Titre

a. Le papa comprend que Marcel sait lire.
b. Le papa confirme avec un livre que Marcel sait lire.
c. La maman appelle un docteur.
d. Marcel va souvent dans la classe de son père.
e. Le papa écrit une phrase sur un petit garçon qui a été puni.
f. La maman observe la condition physique de Marcel.
g. Marcel de quatre à six ans.
h. La réaction immédiate de la maman.
i. La réaction de la concierge.

Mary Evans/Ronald Grant/Everett Collection

«Ils vont lui faire éclater le cerveau...»

1 Quand ma mère va faire ses courses, elle me laisse° souvent dans la classe   *me... leaves me*
de mon père, qui apprend à lire à des enfants de six ou sept ans. Je reste
assis°, bien sage, au premier rang° et j'admire mon père qui, avec une   *seated / row*
baguette° de bambou, montre les lettres et les mots qu'il écrit au tableau noir.   *stick*

5   Un beau matin—j'ai à peine quatre ans à l'époque—ma mère me
dépose à ma place pendant que mon père écrit magnifiquement sur le
tableau: «La maman a puni° son petit garçon qui n'était pas sage.» Et moi   *punished*
de crier: «Non! Ce n'est pas vrai!»

    Mon père se retourne soudain, me regarde stupéfait, et demande:

10 «Qu'est-ce que tu dis?»

    — Maman ne m'a pas puni! Ce n'est pas vrai!

    Il s'avance vers moi:

    — Qui dit qu'on t'a puni?

    — C'est écrit.

15   Sa surprise est totale.

    — Mais... mais... est-ce que tu sais lire?

    — Oui.

    — Voyons°, voyons...   *Let's see*

    Et puis il dirige° son bambou vers le tableau noir.   *points*

20   — Eh bien, lis°.   *du verbe* **lire** *(lisez)*

    Et je lis la phrase à haute voix.

    Alors il va prendre un livre, et je lis sans difficulté plusieurs° pages...   *several*
La surprise initiale de mon père est vite remplacée par une grande joie et
une grande fierté.

25   Quand ma mère arrive, elle me trouve au milieu de° quatre insti-   *avec*
tuteurs, qui ont envoyé° leurs élèves dans la cour de récréation, et qui   *sent*
m'écoutent lire lentement° l'histoire du Petit Poucet°... Mais au lieu   *slowly / Tom Thumb*
d'admirer cet exploit, elle pâlit°, ferme brusquement le livre, et me prend   *turns pale*
dans ses bras, en disant: «Mon Dieu°! mon Dieu!... »   *God*

30   Sur la porte de la classe, il y a la concierge, une vieille femme corse°,   *from Corsica*
qui répète avec effroi°: «Ils vont lui faire éclater le cerveau.... Mon Dieu, ils   *peur*
vont lui faire éclater le cerveau...» C'est elle qui est allée chercher ma mère.

    À la maison, mon père affirme que ce sont des superstitions ridicules,
mais ma mère n'est pas convaincue, et de temps en temps elle pose sa main°   *hand*
35 sur mon front° et me demande: «Tu n'as pas mal à la tête°?»   *forehead / mal... a headache*

    Non, je n'ai pas mal à la tête, mais jusqu'à l'âge de six ans, je n'ai plus°   *ne... plus: no longer*
la permission d'entrer dans une classe, ni d'ouvrir un livre, par crainte°   *peur*
d'une explosion cérébrale. Elle va être rassurée quand, à la fin de mon
premier trimestre à l'école, mon institutrice va déclarer que j'ai une
40 mémoire exceptionnelle, mais que j'ai la maturité d'un bébé.

Extrait de *La Gloire de mon père* (Marcel Pagnol).

Observez et déduisez: en détail

4 Les mots. D'après le contexte, quel est le sens des mots suivants? Choisissez **a** ou **b**.

l. 2 apprendre (ici)	a. to learn	b. to teach
l. 5 à peine	a. painfully	b. barely
l. 21 à haute voix	a. quietly	b. aloud
l. 24 fierté	a. fear	b. pride
l. 26 cour de récréation	a. playground	b. principal's office
l. 34 convaincue	a. convinced	b. convalescent
l. 38 rassurée	a. worried	b. reassured

5 Le texte

1. **Vrai ou faux?** Indiquez si la phrase est vraie (V) ou fausse (F). Corrigez les phrases fausses.

   a. Marcel va généralement faire les courses avec sa mère.
   b. Quand Monsieur Pagnol écrit que «la maman a puni son petit garçon qui n'était pas sage», Marcel se sent visé.
   c. Monsieur Pagnol veut des preuves (*evidence*) supplémentaires que son fils sait lire.
   d. Après la surprise initiale, Monsieur Pagnol téléphone à sa femme.
   e. Les autres instituteurs veulent que leurs élèves écoutent Marcel lire.
   f. La vieille concierge est superstitieuse.
   g. Madame Pagnol a peur pour son fils.

2. **Pourquoi?** Pourquoi Madame Pagnol est-elle «rassurée» quand elle apprend que son fils, à l'âge de six ans, a la maturité d'un bébé?

Explorez

1. Imaginez que Marcel est votre fils de quatre ans. Vous apprenez avec surprise qu'il sait lire! Qu'est-ce que vous allez faire? Est-ce que vous allez être content(e), comme le père de Marcel, ou est-ce que vous allez avoir peur, comme sa mère? Est-ce que vous allez encourager Marcel à lire?

2. Est-ce que vous avez parfois l'impression que votre cerveau va éclater? Dans quelles circonstances? Avec un(e) partenaire, faites une liste de ces circonstances.

Par écrit I like school but I'm so busy!

Avant d'écrire

A **Strategy: Brainstorming.** To prepare a writing assignment, begin brainstorming by jotting down lists of ideas and vocabulary related to the proposed task. For instance, what ideas would you be likely to use in a letter discussing your weekly activities? What would you tell a prospective student about your university?

Application. To prepare for the writing assignments that follow, develop two lists: (1) your activities and classes in an average week, and (2) opportunities for students at your university.

B **Strategy: Writing to a friend.** Begin a friendly letter with a salutation such as:

   Cher Pierre,   Chère Nathalie,   Salut les amis!

Close letters to friends with an expression like:

   Bien amicalement,   Amitiés,

More familiar expressions (similar to "hugs and kisses") used with family and close friends include:

   Grosses bises!   Je t'embrasse, / Je vous embrasse,

Écrivez

1. En vous basant sur les listes 1 et 2 dans **Avant d'écrire A,** écrivez une lettre à votre ami(e) suisse au sujet de votre vie à l'université. Parlez d'une semaine typique—vos cours, votre emploi du temps, vos activités. Qu'est-ce que vous faites pendant la semaine? Et le week-end?, etc.

   ➡ *Cher/Chère...*
      La vie à l'université est très fatigante mais aussi très intéressante...

2. Vous aidez votre université à préparer de la publicité destinée aux étudiants francophones. Écrivez un paragraphe où vous décrivez les avantages d'être étudiant(e) dans votre institution. Parlez des cours et des emplois du temps, des professeurs, des activités et du campus.

Souvenirs

Pensez

Quelles sont vos matières préférées: les sciences? la littérature? l'économie? Avez-vous toujours aimé ces matières, ou est-ce que vos préférences ont changé au fil des années? Est-ce que quelqu'un (un parent? un ami?) vous a influencé, ou s'agit-il simplement d'une aptitude naturelle? Pensez-y en regardant la vidéo. Les exercices se rapportant à la synthèse culturelle du Chapitre 4 dans votre manuel vont vous aider à comprendre ce que vous entendez. Ensuite, faites **Explorez** et **Bloguez!** ci-dessous.

Dans le système scolaire français, il faut choisir son domaine de spécialisation avant d'entrer dans l'enseignement supérieur. Quel domaine de spécialisation avez-vous choisi et pourquoi?

Camille: Quand j'étais au lycée, je ne savais pas exactement ce que je voulais faire…

Fatou: J'adore les mathématiques et j'adore surtout l'influence, ou bien disons «l'impact», que les mathématiques ont dans notre vie de tous les jours. Et c'est la raison pour laquelle j'ai choisi cette matière.

Fatim: Personne ne m'a jamais vraiment influencée dans mon choix, c'était vraiment personnel.

Bloguez! iLrn

Ressemblez-vous plutôt à Camille, qui a eu des difficultés à choisir une spécialisation, ou à Fatou et Fatim, pour qui la décision a été facile? Avez-vous déjà choisi votre domaine de spécialisation? Si oui, ajoutez un lien vers la section pertinente du site web de vorte école. Sinon, créez un tableau des avantages et des inconvénients des spécialisations que vous envisagez et téléchargez-le.

Explorez

Faites un sondage des étudiants de votre entourage. Demandez quand et comment ces étudiants ont sélectionné leur domaine d'études.

Le temps

un an, une année *a year*	un emploi du temps *a schedule*
le calendrier *the calendar*	la fin *the end*
la date	le milieu *the middle*
le début *the beginning*	du temps libre *free time*

Les mois (m.)

janvier	mai	septembre
février	juin	octobre
mars	juillet	novembre
avril	août	décembre

Les jours (m.) et la semaine

lundi *Monday*	par jour *per day, daily*
mardi *Tuesday*	une journée *a day*
mercredi *Wednesday*	par semaine *per week, weekly*
jeudi *Thursday*	le matin *morning*
vendredi *Friday*	l'après-midi (m.) *afternoon*
samedi *Saturday*	le soir *evening*
dimanche *Sunday*	le week-end

L'heure (f.)

Quelle heure est-il? *What time is it?*	... moins le quart *a quarter to*
À quelle heure? *At what time?*	... et demie *-thirty, half past*
neuf heures du matin *9:00 A.M. / 9:00 in the morning*	midi *noon*
	minuit *midnight*
deux heures de l'après-midi *2:00 P.M. / 2:00 in the afternoon*	une minute
	un quart d'heure *fifteen minutes*
du soir *P.M. / in the evening*	une demi-heure *a half hour*
... et quart *a quarter after*	

Les matières (f.) / Les études (f.)

l'allemand (m.) *German*	l'informatique (f.) *computer science*
l'anglais (m.)	les langues (f.) étrangères *foreign languages*
l'architecture (f.)	la littérature *literature*
l'art (m.)	les maths (f.)
la biologie	la médecine *medicine*
la chimie *chemistry*	la peinture *painting*
la comptabilité *accounting*	la philosophie
le droit *law*	la physique *physics*
l'espagnol (m.) *Spanish*	la psychologie
le français	les sciences (f.) (économiques)
la géographie	les sciences politiques (sciences po) *political science*
la gymnastique / l'éducation physique (f.) *physical education, gym*	la sociologie
l'histoire (f.) *history*	

Les écoles (f.)

l'école maternelle *kindergarten*
l'école primaire *elementary school*
le collège *junior high / middle school*
le lycée *high school*
la fac / l'université *college / university*
la bibliothèque *the library*
une bourse *a scholarship*
un campus
un cours *a class*

un diplôme *a diploma, degree*
un examen *an exam, a test*
passer un examen *to take an exam*
rater un examen *to fail an exam*
la rentrée *back to school*
le restaurant universitaire *the university cafeteria*
réussir à un examen *(infinitive only) to pass an exam*
un stage *an internship*

Verbes

apprendre *to learn*
commencer *to begin*
comprendre *to understand*
entrer (à la fac) *to enter*
faire *to do, to make*
finir *(infinitive only) to finish*

pouvoir *to be able to, can*
prendre *to take*
préparer *to prepare*
quitter *to leave*
rentrer *to return home*
vouloir *to want*

Expressions avec *faire*

faire des courses *to go shopping*
faire la cuisine *to cook*
faire ses devoirs *to do homework*
faire la grasse matinée *to sleep in*
faire de la gymnastique / de l'exercice *to exercise*
faire son lit *to make one's bed*

faire de la marche / une promenade *to go for a walk*
faire de la musique *to practice music*
faire de la natation *to swim*
faire la sieste *to take a nap*
faire du sport (du vélo, du ski, etc.) *to play sports (to bike, ski, etc.)*
faire un voyage *to go on a trip*

Expressions verbales

avoir le temps (de) *to have the time (to)*
avoir peur (de) *to be afraid (of)*
Ça me plaît. *I like it.*

Ça te plaît? *Do you like it?*
prendre une décision *to make a decision*
prendre le temps (de) *to take the time (to)*

Expressions pour réagir

Ah bon? Vraiment? *Oh really?*
Bof... *Well . . .*
Ça m'énerve! *That's annoying!*
C'est génial / énorme! *That's cool!*
C'est nul! *That's too bad!*
C'est pas possible! *Impossible!*
C'est pas vrai! *No! / I can't believe it!*
C'est vrai? *Is that right?*
Et alors? *So what?*

J'en ai marre! *I'm fed up!*
Je m'en fiche! *I don't give a darn!*
Mince! *Darn it!*
Quelle chance! *How lucky!*
Sérieux? *Seriously?*
Super! *Great!*
Tant pis! *Too bad!*
Tu plaisantes! / Tu rigoles! *You're kidding!*

Adverbes de temps

après *after*
avant *before*
d'habitude *usually*
ne... jamais *never*

tard *late*
tôt *early*
vers *about, around*

Adjectifs

chargé(e) *busy*
facultatif(-ve) *optional*
gratuit(e) *free (no charge)*

obligatoire *required*
occupé(e) *busy*
prochain(e) *next*

Divers

un anniversaire *birthday*
l'argent (m.) *money*
un cadeau *a gift*

une entreprise *a company, a business*
des projets (m.) *plans*

EXPRESSIONS POUR LA CLASSE

aider *to help*
associer *to associate*
classer *classify*

en vous posant *asking each other*
étant donné(e) *given*
Quel est le sens de... ? *What is the meaning of . . . ?*

À table!

bobphillipsimages.com

This chapter will enable you to

- say what you like to eat or drink and order in a restaurant

- compare people and things and ask for and give explanations

- talk about what happened

- understand conversations about food, an article about eating habits in France, and an excerpt from an African play

Les Français achètent souvent une baguette toute chaude pour le petit déjeuner. Et vous? Préférez-vous du pain grillé? Un croissant? Qu'est-ce qui est meilleur à votre avis?

Vous désirez?

La conversation de cette étape a lieu *(takes place)* dans un café-snack-bar à Aix-en-Provence. Faites d'abord l'Activité 1, **Pensez,** puis écoutez en suivant les instructions données.

Pensez

 1 Voici une page du menu (ou de la carte) de La Belle Époque. Avec un(e) partenaire, examinez les photos et les descriptions, puis déduisez le sens des mots suivants.

SNACKS
spécialités chaudes

La Niçoise
salade, tomates, thon, œuf
6,50 €

Hamburger
Œuf à cheval
6,50 €

La Louisiane
salade, tomates, maïs, jambon
6,50 €

Coppacabana
Saucisse, Tomate, Avocat
4,80 €

Sandwich
Brochette viande
4,10 €

de la salade

une tomate

un œuf

du maïs

du jambon

une saucisse

un avocat

de la viande (bœuf, porc, etc.)

Observez et déduisez

CD 2-12

2 Écoutez une première fois pour déterminer qui parle.

a. deux clients et une serveuse *(waitress)*
b. deux clients et un serveur *(waiter)*
c. trois clients

3 Écoutez une deuxième fois en regardant le menu et notez sur une feuille:

les plats *(dishes)* mentionnés

les plats commandés *(ordered)*

4 Qu'est-ce que le jeune homme commande en supplément?

a. une salade
b. des frites
c. de la soupe

5 Quel est le sens de **j'ai faim** et **j'ai soif**? Complétez les phrases de gauche avec les explications à droite.

1. Quand on a faim...   a. on prend une boisson.
2. Quand on a soif...   b. on mange.

6 Écoutez encore une fois et identifiez les boissons commandées.

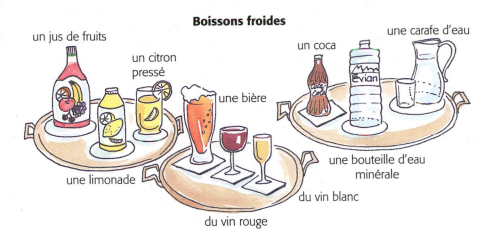

Boissons froides

un jus de fruits
un citron pressé
un coca
une carafe d'eau
une bière
une limonade
une bouteille d'eau minérale
du vin blanc
du vin rouge

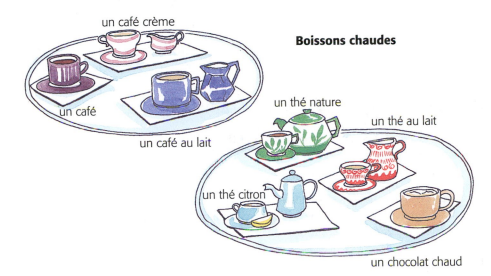

un café crème
Boissons chaudes
un café
un café au lait
un thé nature
un thé au lait
un thé citron
un chocolat chaud

Vocabulaire actif

les aliments (m.)
  une baguette
  le bœuf
  la confiture
  un croissant
  des frites (f.)
  le fromage
  une glace
  du jambon
  du jus d'orange
  un légume
  du maïs
  la mousse au chocolat
  un œuf
  le pain (grillé)
  une pizza
  le porc
  une quiche
  un sandwich
  une saucisse
  le sucre
  le thon
  une tomate
  la viande
  un yaourt
avoir faim / soif
les boissons (f.)
  froides: un jus de fruits, etc.
  chaudes: un café, etc.
la carte / le menu
un(e) client(e)
commander
le fast-food
frais (fraîche)
léger (légère)
ordinaire
les plats (m.)
  le dessert
  un hors-d'œuvre
  le plat garni
  une salade
  la soupe
les repas (m.)
  le petit déjeuner
  le déjeuner
  le dîner
  le souper
un serveur / une serveuse

Notes culturelles

Les boissons. Dans la majorité des cafés et des restaurants, si vous commandez de l'eau, on va vous apporter une bouteille d'eau minérale. Si vous voulez de l'eau du robinet gratuite (*free tap water*), il faut demander une carafe d'eau ou de l'eau ordinaire. Un citron pressé est un mélange d'eau, de jus de citron frais (*fresh lemon juice*) et de sucre (*sugar*). Une limonade est une boisson gazeuse (*carbonated*) très semblable au 7-Up.

Les repas (*meals*). Le matin, le petit déjeuner comprend généralement du café au lait, du thé ou du chocolat chaud avec du pain (une baguette toute chaude), du beurre et de la confiture (*jam*), du pain grillé (*toast*) ou un croissant. La plupart des adultes mangent cette version «continentale» du petit déjeuner, tandis que les jeunes et les enfants préfèrent la version «anglaise» avec du jus de fruit et des céréales. Ceux qui sont pressés se contentent d'une boisson (café ou jus d'orange) et d'un yaourt.

Entre midi et 14 heures, le déjeuner traditionnel est un repas complet avec un hors-d'œuvre ou une entrée (par exemple, une salade de tomates), puis un plat garni ou plat principal (*main dish*) avec de la viande et des légumes (*vegetables*), du fromage (du camembert, du roquefort, etc.) et un dessert (de la mousse au chocolat, de la glace à la vanille…). Cependant, comme vous le verrez dans la lecture p. 175, les habitudes des Français en ce qui concerne le repas de midi sont en train de changer.

Vers la fin de l'après-midi, les enfants mangent le goûter, c'est-à-dire des gâteaux ou du pain avec une boisson, afin de pouvoir patienter jusqu'au dîner, qui n'est pas avant 19 ou 20 heures. Le dîner est un autre repas complet mais plus léger, avec de la soupe, un plat garni (par exemple une quiche avec un légume), de la salade verte avec de la vinaigrette, du fromage et, comme dessert, un fruit ou un yaourt. Le dîner est le moment privilégié pour se retrouver en famille, et deux tiers des familles regardent la télévision pendant le dîner. Au Québec, le repas du soir s'appelle le souper.

En quoi consistent vos repas? Est-ce qu'il vous arrive souvent de manger «sur le pouce» (*on the run*)? Quand? Que mangez-vous quand vous êtes pressé(e) (*in a hurry*)? **Culture et réflexion** à la page 184 va vous faire réfléchir davantage au rôle des repas dans la vie.

Bloguez!

Indiquez quel repas est le plus important de la journée pour vous et expliquez pourquoi. Téléchargez quelques images des aliments que vous mangez souvent à ce repas.

Prononciation   Le *e* caduc

- An unaccented **e** is not pronounced at the end of words. This type of **e** is called **le *e* muet,** or mute **e.**

  un∉ serveus∉   cett∉ bièr∉   ell∉ mang∉

- But in monosyllables such as **je, que, le, ne,** and other words in which the unaccented **e** is not in final position (**demain, samedi**), the **e** is called **le *e* caduc,** or unstable **e,** because sometimes it is pronounced, and sometimes not.

Observez et déduisez 🔊
CD 2-13

Listen to the following excerpts from **À l'écoute: Vous désirez?** on the Text Audio Track, paying close attention to the *e* caducs in bold. How are these expressions pronounced by native speakers? Indicate which pronunciation you hear, a or b. An underlined **e** represents a pronounced **e;** an **e** with a slash through it represents a silent **e.** You will hear each item twice.

1. a. Qu'est-c∉ qu**e** tu vas prendre?
   b. Qu'est-c∉ qu∉ tu vas prendre?

2. a. il n'y a pas d**e** frites avec…
   b. il n'y a pas d∉ frites avec…

3. a. Ben moi, j**e** vais prendre une salade niçoise.
   b. Ben moi, j∉ vais prendre une salade niçoise.

4. a. mais j**e** voudrais aussi des frites.
   b. mais j∉ voudrais aussi des frites.

5. a. et pour mad**e**moiselle?
   b. et pour mad∉moiselle?

The *e* **caduc** is usually not pronounced if you can drop it without bringing too many consonant sounds together.

  j∉ vais prendre…   mad∉moiselle   sam∉di

When there are two *e caducs* in a row, usually the second one is dropped, except in the case of **que,** which is normally retained.

Je n¢ comprends pas.
Qu'est-c¢ qu<u>e</u> tu veux?

The *e caduc* is pronounced when it is preceded by two or more consonant sounds.

vendr<u>e</u>di (d, r)   une brochette d<u>e</u> bœuf (t, d)

Confirmez 🔊
CD 2-14

1. **Prononcez.** Practice saying the following sentences aloud, dropping the **e** when it is crossed out and retaining it when it is underlined. Then listen to the sentences on the Text Audio Track to verify your pronunciation.

   a. Qu'est-c¢ qu<u>e</u> tu r¢gardes?
   b. J¢ n'aime pas l¢ coca; j¢ préfère les jus d¢ fruits.
   c. Nous n¢ pr<u>e</u>nons pas d¢ café cette s<u>e</u>maine.
   d. Elle d<u>e</u>mande d<u>e</u> l'eau minérale; moi, j¢ vais d¢mander d¢ l'eau ordinaire.

2. **Le *e* caduc.** In the following sentences, cross out the *e caducs* that would normally be dropped, and underline the ones that must be pronounced.

   a. Vous êtes de Paris?
   b. Je ne suis pas de Paris, mais je viens d'une petite ville à côté de Paris.
   c. Il y a de bons petits restaurants près de chez moi.

   Now practice saying the sentences aloud. Then listen to them on the Text Audio Track to verify your pronunciation.

Vocabulaire   Pour commander au restaurant

Travel Shots/Photolibrary

— Monsieur, s'il vous plaît.
— Oui, madame. Vous désirez?
— Je voudrais un sandwich au jambon et un citron pressé.
— Moi, je vais prendre* une pizza et un coca.
— Et pour moi, un steak-frites et une bière, s'il vous plaît.

Plus tard...

— Monsieur, l'addition, s'il vous plaît.

Si vous voulez parler au serveur ou à la serveuse, qu'est-ce que vous dites? Quelles sont les expressions pour commander? Pour demander de payer? Qu'est-ce que vous allez commander?

---

*The verb **prendre** is often used to express the idea of having something to eat or drink. **Prendre** (not **manger**) is used with meals, e.g., **Quand je *prends* le petit déjeuner, je *prends* du pain et du café.**

L'alimentation: ce qu'on achète au magasin

Fruits et légumes

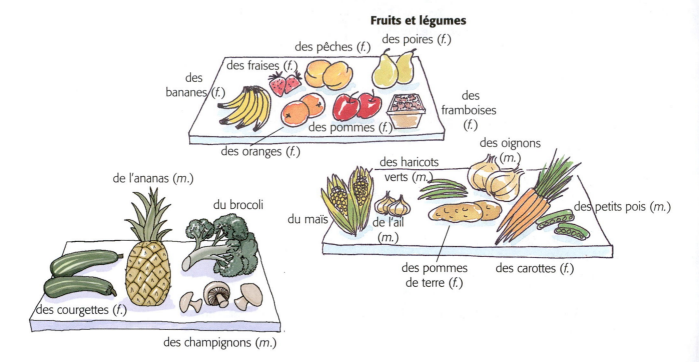

des pêches (f.)

des poires (f.)

des fraises (f.)

des bananes (f.)

des framboises (f.)

des pommes (f.)

des oranges (f.)

de l'ananas (m.)

du brocoli

des haricots verts (m.)

des oignons (m.)

du maïs

de l'ail (m.)

des petits pois (m.)

des pommes de terre (f.)

des carottes (f.)

des courgettes (f.)

des champignons (m.)

Charcuterie

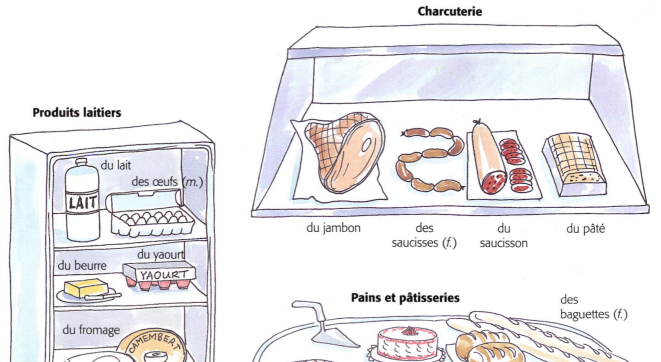

Produits laitiers

du lait

des œufs (m.)

LAIT

du beurre

du yaourt

YAOURT

du fromage

CAMEMBERT

BRIE

ROQUEFORT

du jambon

des saucisses (f.)

du saucisson

du pâté

Pains et pâtisseries

des baguettes (f.)

une tarte aux pommes

des gâteaux (m.)

des pains (m.)

des croissants (m.)

Produits énergétiques

des pâtes (f.)

des biscuits (m.)

du riz

des céréales (f.)

Poissons et fruits de mer

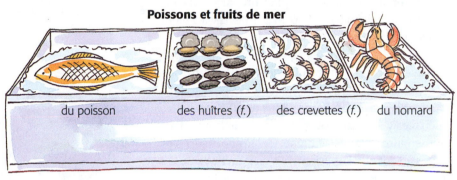

du poisson   des huîtres (f.)   des crevettes (f.)   du homard

Viandes

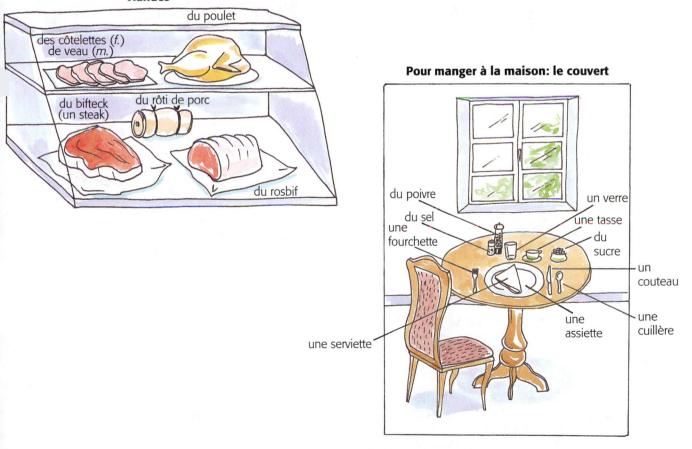

du poulet

des côtelettes (f.)
de veau (m.)

du bifteck
(un steak)

du rôti de porc

du rosbif

Pour manger à la maison: le couvert

du poivre

du sel
une
fourchette

un verre

une tasse

du
sucre

un
couteau

une
assiette

une
cuillère

une serviette

Pour chaque catégorie d'aliments, indiquez: le produit que vous aimez beaucoup,
que vous n'aimez pas du tout, que vous mangez très souvent et que vous mangez
rarement. Qu'est-ce que vous allez acheter pour préparer votre sandwich favori?

Les magasins d'alimentation. Les Français aiment manger frais et les petits magasins du quartier garantissent la fraîcheur de leurs produits. Le pain et les gâteaux sont plus frais à la boulangerie-pâtisserie du coin et la viande est coupée devant vous à la boucherie du quartier. Les autres petits magasins sont la poissonnerie pour le poisson et les fruits de mer, la charcuterie pour les salamis, les saucissons et une multitude de plats préparés frais. La proximité de l'épicerie du coin permet d'y acheter deux ou trois articles (du lait, de la salade) et de passer quelques minutes agréables à bavarder (parler) avec le propriétaire et les voisins. Pourtant, faire ses achats dans les supermarchés et hypermarchés devient la norme en France. Plus de 80% des ménages y font au moins une partie de leurs achats alimentaires chaque semaine. Ces grandes surfaces ressemblent aux supermarchés en Amérique du Nord, avec une variété de rayons (rayon boucherie, rayon boulangerie, rayon fruits et légumes...), mais il y a quelques différences: le rayon fromages est beaucoup plus grand; le rayon de produits surgelés *(frozen foods)* est un peu plus petit et il y a un plus grand choix de vins et d'eaux minérales.

Le marché en plein air. Beaucoup de Français font toujours leurs courses, surtout le samedi, au marché en plein air. Les agriculteurs de la région viennent vendre *(sell)* leurs produits sur les places de la ville. Ces marchés sont généralement très colorés et très animés; on y trouve des fruits, des légumes, des fromages, de la charcuterie, des fleurs *(flowers)*, des produits artisanaux—et beaucoup de conversation! Au Sénégal, ancienne colonie française en Afrique de l'Ouest, les marchés en plein air sont permanents et remplacent les magasins.

Vocabulaire actif

les grandes surfaces
les petits magasins
   la boucherie du coin...
les produits surgelés
le rayon...   fromages, etc.
le supermarché

Une boutique pour les gourmands

Des saucissons de premier choix

Bloguez! iLrn ▶

Regardez la vidéo pour découvrir où Fatou fait ses courses généralement. Est-ce que vous faites vos courses dans les mêmes endroits qu'elle? Expliquez où vous préférez faire les courses, puis ajoutez des liens vers les sites Web de vos magasins préférés.

Le marché Sandaga à Dakar

Activités

A **Quel magasin?** Écoutez et dites dans quels magasins on trouve les produits mentionnés: à la boucherie, la boulangerie-pâtisserie, la charcuterie, la poissonnerie, l'épicerie?

B **Traditions culinaires.** Est-ce que les habitudes suivantes caractérisent plutôt les Français ou les Nord-Américains?

1. Ils prennent des œufs, du bacon et du pain grillé au petit déjeuner.

2. En général, à midi, ils prennent un repas complet avec une entrée, un plat principal, du fromage et un dessert.

3. Ils achètent du pain tous les jours.

4. Ils commencent le repas par une salade verte.

5. En général, ils vont faire leurs courses uniquement au supermarché.

6. Ils mangent fréquemment dans un fast-food.

7. Ils achètent peu de produits surgelés.

8. Ils terminent souvent le repas par du fromage.

9. Ils boivent du lait au déjeuner.

10. Ils préfèrent les petits magasins du coin.

11. Ils vont souvent au marché en plein air.

C **Chassez l'intrus.** Dans chaque groupe, trouvez le mot qui ne va pas et expliquez pourquoi.

➡ du homard, du brie, du thon, des crevettes
Du brie, parce que ce n'est pas un poisson et ce n'est pas un fruit de mer, non plus.

1. du maïs, des haricots verts, des pommes, des petits pois

2. de la glace, de la mousse au chocolat, de la tarte, de la quiche

3. du bifteck, du veau, du poulet, des poires

4. de l'eau minérale, de la bière, du poivre, du café

5. des saucisses, du jambon, du pâté, du beurre

6. des tomates, des céréales, du riz, des pâtes

D **Au supermarché.** Indiquez ce que vous allez acheter pour les occasions suivantes: un pique-nique, une fête d'anniversaire, un petit déjeuner, un dîner en famille.

➡ *Pour un pique-nique, je vais acheter...*

E **Devinez!** Nommez les ingrédients principaux d'un de vos plats préférés. Vos camarades de classe vont deviner ce que c'est.

Le verbe *boire* • Les articles partitifs

Observez et déduisez

Quand j'ai soif et que je veux boire quelque chose, je bois généralement de l'eau minérale ou de la limonade. Mon copain boit du coca, mais il ne boit pas d'eau. Et vous, qu'est-ce que vous buvez le plus souvent? Du jus de fruits? Du café? De la bière?

4€96
soit Le pack
1€24
La bouteille

ORANGINA
Classique ou light,
4 x 1,5 L dont 1 L gratuit.
Soit le L : 0,83 €.

5€10
Le pack

COCA-COLA
Light, standard ou zero, 15 x 33 cl.
Soit le L : 1,03 €.

3€
soit Le pack
0€75
La brique

Jus à base de concentré CARREFOUR
Orange ou ananas, 4 x 1 L.
Soit le L : 0,75 €.

6€95
soit Le pack
1€74
La bouteille

100% pur jus d'orange TROPICANA
Jus d'orange sans pulpe
ou avec pulpe, 4 x 1 L.
Soit le L : 1,74 €.

Carrefour, France

- What forms of the verb **boire** do you see in the preceding paragraph? What do you think the verb means? Calling to mind other irregular verbs you know, infer the following forms of **boire:**

- tu _____; nous _____

- In the paragraph, there are four different ways of expressing an indefinite quantity (the idea of *some, any*). What are they?

Confirmez

1. The verb **boire** *(to drink)* is irregular.

Le verbe *boire*

je bois	nous buvons
tu bois	vous buvez
il/elle/on boit	ils/elles boivent

Les articles partitifs

2. A partitive article is used before mass (uncountable) nouns to refer to an unspecified amount, a part or portion of the whole *(some, any)*. It agrees in number and gender with the noun.

Je prends du café
... de la tarte
... de l'eau
} *(some* coffee / pie / water; an unspecified amount)

3. Note that the partitive article is often used after verbs such as **manger, boire, prendre, vouloir,** and **avoir,** since one frequently uses these verbs to refer to portions or unspecified amounts.

— Tu veux **du** chocolat? — Do you want *any* chocolate?
— Non, je prends **de la** tarte au citron. — No, I'll have *some* lemon pie.

4. The partitive article is always expressed in French, even though at times no article at all is used in English, as in "Mineral water for me, please." (You do not need to say "some" mineral water.)

Pour moi, **de l'**eau minérale, Water for me, please.
s'il vous plaît.

5. After a negative expression, the partitive article is **de/d'.**

Paul boit du café, mais il **ne** boit **pas d'**eau minérale ni *(nor)* **de** thé.

Les articles

	masculin	féminin	m./f. pluriel	après un verbe négatif
article défini	le, l'	la, l'	les	le, la, les, l'
article indéfini	un	une	des	de, d'
article partitif	du, de l'	de la, de l'	—	de, d'

L'usage des articles

partitive article du, de la, de l'	de	definite article le, la, l', les	indefinite article un, une, des
manger, boire, prendre, etc. in *affirmative* form with non-countable items	• **manger, boire, prendre**, etc. in *negative* form, and • after expressions of quantity*	• **aimer, préférer, détester** in affirmative *or* negative, and • to refer to specific objects or persons *(the)*	**manger, boire, prendre**, etc., with items you can count

———
* These expressions are introduced on page 179.

© 2013 Cengage Learning. All Rights Reserved. May not be scanned, copied or duplicated, or posted to a publicly accessible website, in whole or in part.

Vocabulaire actif

les articles partitifs
  du, de la, etc.
boire
ni

Activités

F **Logique? Pas logique?** Complétez les phrases suivantes avec la forme convenable du verbe **boire**, puis dites si la phrase est logique ou pas logique.

1. Mes copains et moi, nous... du lait quand nous allons au café le week-end.
2. Je vais travailler tard ce soir, alors je... du café cet après-midi.
3. Ton colocataire et toi, vous... du chocolat chaud en hiver *(winter)*.
4. Tu... de la bière au petit déjeuner, n'est-ce pas?
5. Mes camarades de classe... du vin quand ils vont au restaurant français.
6. Quand elle a très soif, ma petite sœur... de la limonade.
7. Parce que j'aime beaucoup les fruits, je... beaucoup de thé.
8. Maman n'aime pas la caféine, alors elle ne... pas de café.

Banque de mots

jus d'orange
citron pressé
eau minérale
chocolat chaud
thé nature
vin rouge
bière
café crème
?

G **Les boissons.** Complétez les phrases avec des boissons logiques de la banque de mots et l'article convenable.

1. Mon frère ne prend pas de caféine, alors il ne boit pas... ni ...
2. Mes parents n'aiment pas les boissons alcoolisées, alors ils ne boivent pas... ni ...
3. Je préfère les boissons froides et je bois souvent... et ...
4. Dans ma famille, nous détestons les fruits; nous ne buvons pas... ni ...
5. Mes sœurs sont allergiques au lait, alors elles boivent... et ...
6. Vous aimez bien les boissons chaudes, alors vous buvez souvent... et ...

H **Des goûts différents.** Nathalie est allergique aux produits laitiers, Papa est au régime, Maman est végétarienne et Nicolas a vraiment faim! Identifiez leurs plats (ci-dessous) et décrivez ce qu'ils mangent et boivent au déjeuner.

➡ *Maman prend..*   *Nicolas prend...*
    Papa mange...   *Nathalie boit...*

1.

2.

3.

4.

Maintenant, nommez trois choses que chaque personne ne mange pas.

➡ *Maman est végétarienne, alors elle ne mange pas de...*

Et vos camarades de classe et vous, qu'est-ce que vous mangez et ne mangez pas?

On mange ce qu'on aime. Indiquez les préférences des personnes mentionnées, selon les indications (+ / −). Ensuite, dites ce qu'elles vont ou ne
vont pas prendre en employant des articles définis et partitifs.

➡ Roger / viande +
   Roger aime la viande, alors il mange... du porc.
   Roger / boissons alcoolisées −
   Roger n'aime pas les boissons alcoolisées, alors il ne boit pas... de vin.

1. Philippe / desserts +   5. Claire / légumes −
2. Babette / caféine −   6. Olivia / œufs +
3. Simon / boissons froides +   7. Marc / fruits −
4. Paul / viande −   8. Et vous? + / −

Chez vous? Expliquez à un(e) camarade de classe ce que vous prenez en
général pour les occasions suivantes.

1. au petit déjeuner, à boire et à manger
2. quand vous dînez dans un restaurant italien, à boire et à manger
3. l'après-midi quand vous avez soif ou faim
4. au dîner à la maison, à manger comme dessert
5. à boire quand vous retrouvez vos copains le week-end
6. à boire dans un restaurant chinois
7. à manger quand il fait très froid *(when it's really cold)*
8. à manger pour un grand repas de fête

(Toutes nos pizzas sont garnies d'herbes et d'olives.) **NOS PIZZAS** Huile pimentée offerte sur demande

	Ø 30cm		Ø 30cm
REINE tomate, jambon, champignons, fromage	**7,50**	**MARINIERE** crème, thon, poivrons, fromage	**7,50**
4 SAISONS tomate, cœurs d'artichauts, maïs, champignons, fromage	**7,50**	**CHICKEN** crème, poulet, champignons, fromage	**7,60**
4 FROMAGES tomate, cantal, chèvre, roquefort, fromage	**7,50**	**NORVEGIENNE** crème, saumon, fromage, citron	**8,40**
PARISIENNE tomate, champignons, fromage	**6,90**	**NORMANDE** crème, jambon, champignons, fromage	**7,50**
NAPOLITAINE tomate, anchois, fromage	**6,90**	**EXTRA** crème fraîche, oignons, fromage	**6,90**
ROYALE tomate, poivrons, chorizo, fromage	**7,50**	**ALSACIENNE** crème, lardons, oignons, fromage	**7,90**
NEPTUNE tomate, thon, champignons, fromage	**7,50**	**CANNIBALE** tomate, steack haché, oignons, fromage	**7,90**
MARGUERITE tomate, fromage	**6,20**	**SICILIENNE** tomate, anchois, câpres	**6,20**
ORIENTALE tomate, merguez, champignons, fromage	**7,50**	**HAWAIENNE** tomate, jambon, ananas, fromage	**7,50**
PROVENÇALE tomate, aubergines, ail, persil, lardons, fromage	**7,90**	**CAMPAGNARDE** tomate, lardons, poivrons, fromage	**7,50**
Tout Supplément	**1,00**	**SUPER** tomate, steack haché, poivrons, fromage	**7,90**

NOS BOISSONS

**Coca, Fanta, Ice Tea, Oasis,
Orangina, Bière (33cl)** **1,50**
Vin Pays du Var Rouge-Rosé (75cl) **4,00**

La livraison d'une pizza offerte devra être accompagnée
d'une autre pizza. Minimum de commande en livraison 6 €

*Tickets restaurant
acceptés*

Pizza Jean-Jean

Jeu de rôle

You and some friends are having lunch at Pizza Jean-Jean. Prepare a skit in
which you consider the various pizzas and their ingredients, then use the
menu to order. Vary the polite expressions for ordering and asking for the bill.
(See p. 165.)

Lecture Snacking ou néorestauration?

Pensez

1 Les Français ont la réputation de «vivre pour manger» et non de «manger pour vivre», mais le fait que les termes «snacking» et «fast-food» se sont déjà introduits dans la langue française, indique une évolution dans les habitudes (ou comportements) culinaires des Français. On parle aussi de «néorestauration». Qu'est-ce que ce terme évoque pour vous? Cochez les réponses qui vous semblent appropriées et ajoutez-en d'autres.

_____ des produits plus naturels (organiques, biologiques)

_____ plus de produits surgelés

_____ plus de produits en boîte *(canned, boxed)*

_____ des produits traiteurs *(deli)*

_____ une restauration rapide

_____ des repas pris (mangés) hors domicile (à l'extérieur de la maison)

_____ une cuisine de haute (très bonne) qualité

_____ une cuisine plus saine *(healthy)*

_____ une cuisine adaptée aux régimes amincissants (pour être plus mince)

_____ des repas moins chers

_____ ?

Observez et déduisez: en général

2 Les idées principales.   Le texte que vous allez lire est en fait un éditorial d'un grand chef français, Yves Thuriès, auteur d'une *Encyclopédie de la gastronomie française* en 12 volumes, qui est considérée comme «la Bible des professionnels». Il est aussi propriétaire de plusieurs hôtels-restaurants, dont Le Grand Écuyer, un restaurant gastronomique à 4 étoiles. Son magazine, *Thuriès Gastronomie Magazine*, propose chaque mois des recettes *(recipes)* de haute cuisine et commence par un éditorial. Ici, il parle donc de «Snacking ou néorestauration». Parcourez le texte pour identifier les idées principales et cochez celles qui sont mentionnées.

Un restaurant haute cuisine

Dave Bartruff/DanitaDelimont.com

_____ a. définition de la nouvelle restauration commerciale

_____ b. exemples de produits populaires

_____ c. recettes de quelques produits traiteurs

_____ d. explication sociologique des nouvelles habitudes culinaires

_____ e. origine de la loi des 35 heures (la semaine de travail en France)

_____ f. durée (longueur) moyenne du repas de midi

_____ g. durée moyenne du repas du soir

_____ h. catégories de prix

_____ i. la nouvelle mentalité française

Snacking ou néorestauration?

Sous ces termes-là, on englobe toute la nouvelle restauration commerciale: cafétéria, pizzeria, saladerie, tartinerie, crêperie, croissanterie et autres fast-foods ou restauration à thème…

La néorestauration?

Le développement des repas pris hors domicile a, depuis une vingtaine d'années, favorisé ce marché qui tous les ans se développe de 5%. Au bureau, dans l'entreprise, au lycée ou dans la rue, le snacking prend de plus en plus d'importance; gain de temps, changements de modes de vie et temps consacré aux repas de plus en plus court.

Le traditionnel jambon-beurre remporte toujours beaucoup de succès, mais avec les soupes, les salades et tous les produits traiteurs que l'on trouve en frais ou congelé°, la gamme des snackings est devenue aujourd'hui très attractive sur ce marché en constant développement.

surgelé

Les sociologues nous expliquent ce phénomène par l'importance que prend le travail de la femme dans notre société, ainsi pour les familles où la femme travaille, la part budgétaire des repas pris à l'extérieur peut dépasser les 20%, contre 10% au plus dans les familles où la femme ne travaille pas. L'augmentation du temps libre, la part des loisirs ou la généralisation de la journée continue constituent d'autres causes de ce développement. À la réduction du temps de travail s'est superposée la réduction du temps passé à table, une tendance qui s'est amorcée avec l'avènement° des fast-foods et s'est accentuée depuis les 35 heures. Il y a 30 ans, le repas de midi prenait en moyenne 1h30; aujourd'hui, il prend moins de 30 minutes, d'où la nécessité d'adapter la restauration à ces nouvelles tendances. En 1980, c'étaient 10% des personnes qui prenaient leur repas de midi à l'extérieur, et aujourd'hui, ce sont plus de 20%. [C'est donc] un marché en constant développement, où le consommateur peut trouver des formules de restauration qui lui coûteront souvent moins cher que les repas pris au foyer.

s'est… a commencé avec l'arrivée

Manger à moins de 10 € boisson comprise, c'est ce que nous appelons le snacking, qui représente plus de 50% des repas pris le midi. Entre 10 à 15 euros, les formules sont qualifiées de petite restauration; on y recherche, là, le bon rapport qualité-prix. De 15 à 25 euros, une bonne restauration où le client aura déjà ses exigences°. De 25 à 50 euros, le client fait le choix d'une «grande table» et il est en droit d'attendre° une certaine qualité. Au-delà de 50 euros, nous sommes dans une cuisine qui se veut gastronomique et qui ne peut décevoir°, c'est une formule généralement destinée aux repas d'affaires.

expectations

est… *has the right to expect*

to disappoint

Oui, les nouveaux comportements culinaires sont à l'image de la mentalité française; on voudrait avoir tout facilement et pour pas cher:

- Faire du sport pour se maintenir en forme, mais sans se fatiguer;
- Faire un régime pour maigrir, mais sans se priver;
- Bien manger en peu de temps, et pour un petit prix.

Aujourd'hui, manger au restaurant est à la portée d'un très grand nombre; il y a 25 ans, c'était un privilège qui était réservé aux plus riches!

Editorial par Yves Thuriès, *Thuriès Gastronomie Magazine*.

Une formule facile: des poulets rôtis tout chauds

Déduisez et confirmez: en détail

3 Les mots. En utilisant le contexte et la logique, trouvez les termes qui ont le sens suivant.

1. un restaurant qui sert des sandwichs sur des tranches *(slices)* de pain ou des tartines
2. un restaurant qui sert des crêpes
3. une journée de travail qui ne permet pas de rentrer à la maison pour le déjeuner
4. un repas (généralement de bonne qualité) payé par l'employeur
5. une expression idiomatique qui veut dire «être accessible»

4 Le texte. Selon M. Thuriès…

1. Qu'est-ce que la néorestauration englobe (inclut)?
2. Où est-ce que le snacking devient de plus en plus commun?
3. Quel est le sandwich traditionnel français qui garde sa popularité? Quels sont les autres produits qui sont populaires?
4. Quels sont les facteurs qui expliquent l'évolution des habitudes culinaires des Français?
5. Quel est le pourcentage a) du développement annuel du marché de la néorestauration? et b) des personnes qui prennent le repas de midi à l'extérieur aujourd'hui?
6. Quels sont les types de restauration auxquels chaque catégorie de prix correspond?
7. Quelles sont les choses contradictoires que la nouvelle mentalité française veut?

Explorez

Vocabulaire actif

biologique (bio)
cher (chère)
en boîte
grignoter, le grignotage
une habitude
naturel(le)
une recette
sain(e)

1. Imaginez que cet éditorial est écrit par un grand chef américain au sujet de l'évolution des habitudes américaines. À votre avis, quelles différences et similarités va-t-il y avoir? Pouvez-vous expliquer les différences?
2. La néorestauration et vous: Combien de repas par semaine prenez-vous en dehors (à l'extérieur) de chez vous? Qualifiez-vous ces repas de «snacking», «petite restauration» ou «bonne restauration»? Qu'est-ce que c'est que «la bonne restauration» pour vous? Interviewez trois ou quatre camarades de classe et comparez vos réponses.
3. Comment imaginez-vous l'évolution de la restauration et des habitudes culinaires dans 20 ans? Qu'est-ce qui va être semblable ou différent? Est-ce que le risque d'être en surpoids *(overweight)* va augmenter ou diminuer? Expliquez.

Note culturelle

Le grignotage. Le snacking, dans le sens où M. Thuriès l'utilise, est un repas rapide et pas cher. Le grignotage, ou la tendance à manger *entre* les repas, est une autre pratique qui devient de plus en plus commune. Que ce soit devant la télévision, chez des amis, au travail, dans la rue, dans les transports ou ailleurs, 92% des Français sont concernés (impliqués). Ici encore, les mentalités changent: on mange où on veut, quand on veut et l'alimentation devient nomade. Au total, le nombre quotidien de prises alimentaires *(daily food intakes)* des Français est aujourd'hui de 6, ce qui reste inférieur à celui mesuré aux États-Unis: 13.

Bloguez! (iLrn)
Et vous? Est-ce que vous grignotez? Quand? Où? Quoi? Est-ce que l'alimentation nomade est une bonne chose?

Les expressions *ne... plus; ne... jamais; ne... que*

Observez et déduisez

DU 16 AU 24 AOÛT

PROMOLIBRE
sur le rayon fruits et légumes

Choisissez
librement
vos 3 produits
on vous en
rembourse 1*
le moins cher des 3

6 produits de votre choix achetés = les 2 moins chers remboursés*
9 produits de votre choix achetés = les 3 moins chers remboursés*
...30 produits de votre choix achetés = les 10 moins chers remboursés*

*Crédités sur votre Compte Fidélité

PÊCHES, FRAISES, POMMES, POIRES, TOMATES, COURGETTES, SALADES, CONCOMBRES, RADIS, POMMES DE TERRE, CAROTTES...

Pour tout savoir sur Promolibre rendez-vous sur **carrefour.fr**

Carrefour, France

Des produits naturels en promotion

Tiens! On dit que les Français ne mangent plus comme avant. C'est vrai dans ma famille aussi. Nous pensons à notre santé *(health)*. Nous ne mangeons plus de porc ou de glace et nous ne mangeons jamais de produits surgelés ou en boîte. Nous n'achetons que des produits naturels qui sont délicieux!

> • Where are **ne... plus, ne... jamais** and **ne... que** placed in relation to the verbs? What article follows the first two expressions? Why do you think **ne... que** is different? How would you say *I never eat fish*? *I only eat fish*?

Vocabulaire actif

délicieux / délicieuse
être au régime
ne... jamais
ne... plus
ne... que
la santé

Confirmez

1. In **Chapitre 1,** you learned to make a statement negative using **ne... pas.** The negative expressions **ne... plus** *(no longer, not . . . anymore)* and **ne... jamais** *(never)* are treated similarly; that is, **ne** precedes the verb and **plus** or **jamais** follows the verb.

   Nous sommes au régime, alors nous **ne** mangeons **plus** de porc et nous **ne** mangeons **jamais** de dessert.

2. To talk about the future, place the negative expression around **aller.**

   Demain je commence mon régime. Je **ne** vais **plus** grignoter.

3. Remember that the partitive article following a negative expression— including **ne... plus** and **ne... jamais**—is **de/d'** (see page 171).

   Les bébés ne boivent **jamais de** vin.
   Moi, je ne bois **plus de** lait!

4. The expression **ne... que** (*only*) is restrictive rather than negative, but it is formed in the same way as **ne... plus** and **ne... jamais** in the present tense.

> Je suis végétarien; je **ne** mange **que** des légumes.

In the **futur proche, que** precedes the item referred to.

> Pour mon dîner je **ne** vais prendre **que** des légumes.

Because it is not truly a negative expression, the partitive and indefinite articles that follow **ne... que** do *not* become **de.**

> Je ne mange jamais **de** légumes. BUT: Je ne mange que **des** légumes.

Activités

K **Jamais!** Donnez des conseils (*advice*) aux personnes suivantes selon le modèle.

➡ une personne qui déteste les fruits de mer...
Ne mangez jamais de crevettes ni de homard. Mangez du poulet.

1. un(e) végétarien(ne)
2. une personne qui n'aime pas le bœuf
3. un enfant de quatre ans
4. une personne qui est allergique au sucre
5. une personne qui ne veut manger que des produits naturels

Maintenant, jouez le rôle de la personne mentionnée. Dites ce que vous mangez selon le modèle.

➡ *Je déteste la viande rouge. Je ne mange que du poulet ou du poisson.*

L **De mauvaises habitudes.** Dites ce que vous n'allez plus manger *ni* boire dans les circonstances suivantes.

➡ Vous voulez participer au Tour de France.
Je ne vais plus boire de vin ou de café et je ne vais plus manger de gâteaux ou de glace. Je ne vais manger que des produits naturels.

1. Vous voulez être en très bonne santé.
2. Vous êtes au régime.
3. Vous êtes très nerveux (nerveuse).
4. Vous apprenez que votre cholestérol est trop élevé (*high*).
5. Vous apprenez que vous êtes diabétique.
6. Vous voulez modifier vos habitudes alimentaires.

 M **Des goûts incompatibles.** Votre copain (copine) et vous allez manger ensemble, mais vous avez des goûts différents. Chaque fois que vous proposez quelque chose, votre partenaire refuse et vice versa. Expliquez pourquoi vous refusez.

➡ — *On peut manger un hamburger?*
— *Non, je ne mange plus de hamburgers. Je n'aime pas les sandwichs. /*
— *Non, je ne mange jamais de viande. Je ne mange que des légumes.*

Observez et déduisez

The majority of French-speaking countries around the world use the metric system of weights and measures. When grocery shopping, it is useful to understand some equivalents with the imperial system used in the U.S.

➡ 28,5 grammes   *1 ounce*
   1 kilogramme (1 000 grammes)   *2.2 pounds*
   ½ kilogramme (500 grammes, une livre)   *1.1 pound*
   1 litre   *1.057 quart*
   4 litres   *1.057 gallons*

Questions about quantity **(Combien de...)** can be answered with numbers or more general expressions such as **beaucoup de** or **un peu de.** Note that the article following any expression of quantity is always **de/d'.**

➡ Les Français mangent **beaucoup de** pain.

Use the following expressions of quantity to make statements based on the illustration:

trop de *(too much)*	trop peu de *(too little, too few)*	beaucoup de
un peu de	pas du tout de	(ne... pas) assez *(enough)* de

Tout ce que nous mangeons dans une vie

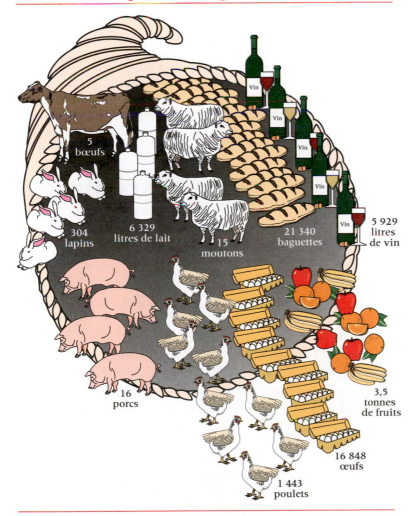

5 bœufs
304 lapins
6 329 litres de lait
15 moutons
21 340 baguettes
5 929 litres de vin
16 porcs
3,5 tonnes de fruits
16 848 œufs
1 443 poulets

What kinds of food items do you associate with the following quantities?

➡ un bol *(bowl)* de.. *céréales, riz, glace, etc.*

une assiette de...   une bouteille de...   100 grammes de...
une tasse de...   une carafe de...   un litre de...
un verre de...   une douzaine de...   une livre de...
une boîte *(box / can)* de... un kilo de...   une tranche *(slice)* de...
un morceau *(piece)* de...

Activités

 Un repas délicieux. Lola invite six amis à dîner chez elle. Regardez sa liste d'achats et dites si elle a assez (trop, trop peu, etc.) pour sept personnes.

➡ *Elle achète trop peu de pâté pour sept personnes.*

baguettes, 3
tranche de pâté, 1
crevettes, ½ kg
côtelettes de veau, 7
pommes de terre, 1 kg
brie, 1
pêches, douzaine
biscuits, 1 boîte
vin, 2 bouteilles

Maintenant, préparez votre propre liste d'achats. Qu'est-ce que vous allez acheter pour un dîner entre amis?

➡ *Je vais acheter trois tranches de pâté...*

O **Le frigo parfait.** Qu'est-ce qu'il y a dans le frigo (réfrigérateur) parfait selon vous?

➡ *Il y a un litre de..., un morceau de..., beaucoup de..., etc.*

P **Votre recette favorite.** Vous préparez votre recette favorite pour votre famille. D'abord préparez une liste des ingrédients, puis calculez les quantités nécessaires.

➡ *Je vais préparer un beau rosbif avec des pommes de terre et des carottes. Il y a sept personnes dans ma famille, alors je vais acheter un kilo de rosbif...*

Le comparatif

Observez et déduisez

Selon le tableau ci-dessous qui mange plus de fruits et de légumes? Qui prend probablement moins de soda et de desserts? Qui pense moins à sa santé? Qui pense plus aux aliments traditionnels? Est-ce que les femmes mangent autant de steaks que les hommes, à votre avis?

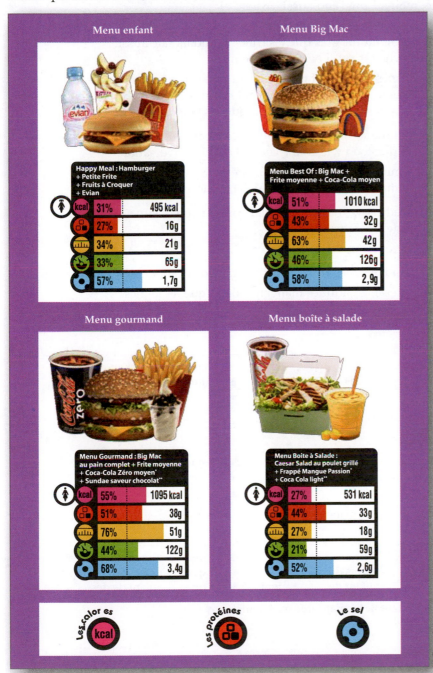

Que signifie «bien manger»?

Pour les jeunes:
se rassasier, sodas, se régaler, pâtes, desserts…

Pour les personnes âgées:
sans excès, traditionnel, bon pour la santé, poisson…

Pour les femmes:
vitamines, varié, légumes, fruits, équilibré, eau, kilos…

Pour les hommes:
steak, bon, convivialité, charcuterie, qualité, vin…

What expression is used above to make a comparison of superiority (more)? What expression is used to make a comparison of inferiority (less)? How would you say *I eat more fruit; I eat less cheese*?

Confirmez

1. When comparing with *nouns*, use **plus de... que** to indicate superiority, **moins de... que** to indicate inferiority, and **autant de... que** to indicate equivalency.

> Les jeunes boivent **plus de** soda **que** les personnes âgées.
> Les femmes mangent **moins de** steak **que** les hommes.
> Les hommes mangent **autant de** desserts **que** les femmes.

2. When comparing with *adjectives* or *adverbs*, use the expressions **plus... que, moins... que,** and **aussi... que.**

> Les fruits sont **plus** sucrés **que** les légumes.
> Le riz est **moins** gras **que** les frites. Et moins salé aussi!
> La quiche est **aussi** bonne **que** la pizza.

> Les jeunes grignotent **plus** souvent **que** les personnes âgées.
> Quelquefois les hommes mangent **moins** bien **que** les femmes.
> Les femmes mangent **aussi** sain **que** les personnes âgées.

Note that the second element of the comparison is not always expressed if it is understood within the context of the conversation.

> Les femmes grignotent plus (... que les hommes).
> Les hommes mangent moins bien (... que les femmes).

3. **Bon,** an adjective, has an irregular comparison of superiority: **meilleur(e)(s)** *(better)*.

> Le poulet est **meilleur que** le bœuf.

4. **Bien,** an adverb, has an irregular comparison of superiority: **mieux** *(better)*.

> En général, les adultes mangent **mieux que** les jeunes.

Vocabulaire actif

aussi... que
moins... que
plus... que
autant de... que
moins de... que
plus de... que
gras(se)
meilleur(e)
mieux
salé(e)
sucré(e)

Les comparaisons

Adjectifs

+ supériorité:	**plus**	+	**adj**	+	**que**	plus cher que
– infériorité:	**moins**	+	**adj**	+	**que**	moins sucré que
= égalité:	**aussi**	+	**adj**	+	**que**	aussi gras que

Le homard est **moins** gras **que** le saucisson.

Adverbes

+ supériorité:	**plus**	+	**adv**	+	**que**	plus souvent que
– infériorité:	**moins**	+	**adv**	+	**que**	moins bien que
= égalité:	**aussi**	+	**adv**	+	**que**	aussi rarement que

Les personnes âgées mangent **plus** sain **que** les jeunes.

Noms

+ supériorité:	**plus de**	+	**nom**	+	**que**	plus de riz que
– infériorité:	**moins de**	+	**nom**	+	**que**	moins de bœuf que
= égalité:	**autant de**	+	**nom**	+	**que**	autant de desserts que

Je mange **autant de** fromage **que** ma copine.

Activités

Q **Comparons.** Employez la publicité de McDonald's à la page 181 pour faire des comparaisons.

1. Le Menu enfant a… de calories que…
2. Le Menu gourmand a… de protéines que…
3. Le Menu Big Mac a… de… que le menu Boîte-à-Salade.
4. Le Menu boîte à salade a… de… que le menu Enfant
5. ?

R **Selon moi.** Choisissez parmi les éléments ci-dessous pour comparer les aliments des deux groupes.

➡ *Les haricots verts sont plus sains que les frites.*

Aliments Groupe 1: la viande, les gâteaux, le rosbif, les haricots verts, le poisson, le pain, le yaourt, le fast-food, la pizza

Aliments Groupe 2: la glace, les pâtes, les carottes, les saucisses, les tartes aux pommes, les crevettes, les frites, le brie, la mousse au chocolat

pour comparer: plus, moins, aussi

adjectifs: salé, bon, cher, gras, sain, sucré, délicieux, léger

S **Habitudes.** Dites à votre partenaire si les phrases suivantes sont vraies ou fausses pour vous et expliquez pourquoi.

➡ Je mange moins de viande que mes parents.
  C'est vrai. Mes parents aiment beaucoup le bœuf, et moi, je suis végétarien. / Non. Moi, je mange plus de viande que mes parents. Ils préfèrent le poisson.

1. Je mange mieux que mes copains.
2. Je grignote moins que mes copines.
3. Je prends plus de produits bio que ma sœur (mon frère).
4. Je mange aussi souvent que mon/ma camarade de chambre.
5. Mes camarades de chambre boivent autant de coca que moi.
6. Les légumes sont meilleurs que les fruits.
7. Le riz est moins bon que les pâtes.

Banque de mots		
grignoter	un plat garni	plats préparés
avoir faim / soif	le souper	pain
commander	manger	beaucoup
être au régime	prendre	en boîte
être pressé(e)	boire	la santé
le fast-food	ne... pas	trop
sain	ne... jamais	assez
léger (légère)	plus de... que	ne... plus
meilleur(e) / mieux	autant de... que	peu
sucré(e)	moins de... que	?
gras(se)	naturel(le)	

Maintenant, faites une liste des habitudes que vous avez en commun et parlez-en avec vos camarades de classe.

T **Bien manger.** Que signifie «bien manger» pour vous? Employez la banque de mots pour décrire vos préférences et vos habitudes alimentaires.

➡ *Pour moi, «bien manger» signifie manger sain. Je ne grignote plus et je ne prends jamais de fast-food. Je mange moins de sucre et plus de légumes…*

Jeu de rôle

You and a couple of friends are preparing a dinner. One of you is a vegetarian; another is on a diet; another is allergic to dairy products. Discuss what you want and don't want to eat and why. Compare your preferences and come to a consensus about what you're going to prepare.

La présentation, c'est la moitié du goût.

Observez et déduisez

Qu'est-ce qui est «typiquement français» dans la présentation de l'assiette ci-dessus? Trouvez au moins trois traits caractéristiques.

Confirmez et explorez

• **L'art de manger.** Un proverbe français dit que «la présentation, c'est la moitié du goût» *(presentation is half the taste).* La disposition des aliments sur les plats est donc un art où les mélanges[1] de couleurs et de goûts ont une valeur esthétique autant que nutritive. C'est pourquoi on ne sert qu'une ou deux choses à la fois[2] et on ne mélange jamais les hors-d'œuvre et le plat principal! Est-ce qu'il vous arrive de mettre la salade et le plat principal en même temps sur votre assiette? La présentation des plats est-elle importante pour vous?

• **Les repas.** Un autre proverbe français dit qu'«il faut manger pour vivre et non vivre pour manger» mais pour les Français, les repas sont très importants! Malgré les habitudes qui changent, ils passent encore environ deux heures par jour à table et la grande majorité des repas sont pris «accompagnés», c'est-à-dire avec la famille, des amis ou des collègues. Les repas sont-ils importants pour vous? Combien de temps dure[3] un repas typique dans votre famille? Y a-t-il une relation entre la durée des repas et l'attitude des gens vis-à-vis de la famille ou de la vie en général?

• **Les boulettes *(balls).*** «Le plaisir de la main accroît le plaisir du palais» *(The pleasure of the hand increases the pleasure of the palate),* disent les Africains qui mangent avec les doigts[4]. Dans beaucoup de pays francophones d'Afrique, en effet, le repas traditionnel est un grand bol de riz ou de couscous avec du bouillon de viande et des légumes. Les membres de la famille sont assis par terre[5] autour de ce bol commun et chacun fait des «boulettes» avec sa portion. Parfois les hommes mangent séparément des femmes et des enfants, mais l'acte de manger est considéré comme un acte de communion avec la nature et avec ceux qui partagent[6] le repas. À votre avis, quels sont les avantages et les désavantages de manger de cette façon?

• **Des révélations...** «Dis-moi ce que tu manges et je te dirai qui tu es» *(Tell me what you eat and I'll tell you who you are).* Est-ce vrai? Trouvez des exemples pour illustrer votre opinion.

Le couscous se mange avec la main droite.

Bloguez! iLrn

Qu'est-ce qui caractérise un «bon» repas selon vous? Manger avec la famille ou les copains? Dîner dans un restaurant élégant? Manger des produits régionaux?...

---

1. *mixtures*   2. *at a time*   3. *lasts*   4. *fingers*
5. *on the ground*   6. *share*

À l'écoute Les courses

Vous allez écouter une conversation entre un mari et une femme qui font l'inventaire de leurs courses. Faites d'abord l'Activité 1, **Pensez,** puis écoutez en suivant les instructions données.

Chantal Thompson

Pensez

1 Où est-ce que vous faites vos courses, dans un supermarché ou dans des petits magasins? Préférez-vous les supermarchés ou les petits magasins spécialisés quand vous êtes pressé(e)? Et quand vous cherchez un produit exotique?

Observez et déduisez

CD 2-16

2 Écoutez d'abord en fonction des questions suivantes.

1. Où est-ce que le monsieur a fait ses courses? Dans un supermarché ou dans des petits magasins?

2. Il a «oublié» quelque chose. D'après le contexte, que veut dire **oublier**?

   a. prendre   b. ne pas prendre

3. Qu'est-ce qu'il a oublié?

   a. le lait   b. le pain   c. une spécialité mexicaine

4. Qu'est-ce qui est exotique, selon la dame?

3 Écoutez encore en faisant particulièrement attention aux magasins mentionnés. Qu'est-ce que le monsieur a acheté dans chaque magasin?

magasins	produits
la boulangerie	
l'épicerie	
la boucherie	
la charcuterie	

> **Vocabulaire actif**
>
> faire les courses
> oublier
> pressé(e)

4 Écoutez encore en faisant attention aux expressions communicatives.

1. Quels sont les mots utilisés dans la conversation pour...
   - demander une explication:
     a. Quelle chose?
     b. Qu'est-ce que c'est que ça?
     c. Quelque chose?
   - donner une explication:
     a. C'est ça.
     b. C'est quelque chose que...
     c. Ça me semble...

2. Selon la conversation, qu'est-ce que c'est que des tacos? Et comment s'appelle la sauce mexicaine à la tomate et au piment?

5 Le passé. Écoutez une dernière fois en faisant attention aux verbes. Encerclez les formes que vous entendez. Quel est l'infinitif de **pris**?

j'ai fait	j'ai acheté	j'ai trouvé
tu as fait	tu as acheté	tu as trouvé
j'ai pris	j'ai oublié	je n'ai pas oublié
tu as pris	tu as oublié	tu n'as pas oublié

L'infinitif de pris est _____.

Prononciation Les articles et l'articulation

Because it is so common in English to reduce unstressed vowels to an *uh* sound (for example, VISt<u>a</u>, pr<u>o</u>FESs<u>or</u>, CAp<u>i</u>tal), Anglophones often have the tendency to reduce the vowels in French articles to a brief **e**, thus making **le** and **la**, or **du** and **de** sound alike. It is important to remember that in French, only the *e caduc* can be reduced or dropped; all other vowels must be pronounced distinctly, with equal stress.

Observez et déduisez
CD 2-17

Listen to the following sentences from **À l'écoute: Les courses** on the Text Audio Track, and fill in the articles you hear. Then cross out the *e caducs* that are not pronounced in the articles or in boldface in other words. You will hear each sentence twice.

1. Il n'y a plus _____ lait?
2. Mince! J'ai fait _____ courses mais j'ai compl**è**t**e**ment oublié _____ lait!
3. Tu as pris _____ pain?
4. Oui, oui, j'ai pris deux baguettes à _____ boulang**e**rie, et puis à _____ épic**e**rie j'ai ach**e**té _____ légumes, _____ fruits, _____ pâtes, _____ fromage et _____ beurre.
5. Et _____ viande, tu n'as pas oublié _____ viande?
6. Non, non, j'ai ach**e**té du bifteck à _____ bouch**e**rie, et puis j'ai pris _____ jambon et _____ pâté à _____ charcut**e**rie.

Confirmez
CD 2-18

Practice saying the sentences in **Observez et déduisez** at fluent speed, making sure you drop the *e caducs* where necessary, and pronounce all other vowels distinctly. Then listen to the sentences to verify your pronunciation.

Le passé composé

Observez et déduisez

— Mince! J'ai fait les courses mais j'ai oublié le lait.
— Et la viande, tu n'as pas oublié la viande?
— Non, j'ai acheté du bifteck à la boucherie.

> Based on the examples, can you infer how to form the past tense in French? How would you say "*We forgot the ice cream*"?

Vocabulaire actif

déjà
dernier / dernière
hier
payer
récemment

Confirmez

1. This common past tense is used in French for narrating—telling what happened. It has several English equivalents.

   — Tu as déjà mangé? (*Did you already eat? / Have you already eaten?*)
   — Oui, j'ai mangé dans un restaurant récemment. (*Yes, I ate / I've eaten in a restaurant recently.*)

2. The **passé composé** is called a compound tense because it is composed of two parts—an auxiliary (helping) verb and a past participle. The auxiliary verb (**avoir** usually) is conjugated in the present. To form the past participle of **-er** verbs, drop the final **r (aimer)** and add an **accent aigu** to the **e (aimé)**.

   Tu **as** déjà (*already, ever*) **dîné** dans un restaurant français?
   Bien, sûr. Mes parents **ont payé** mon dîner!

3. Note that many adverbs (including negative expressions) come between the auxiliary verb and the past participle.

   Nous avons **bien** mangé dans ce restaurant.
   Claude **n'a pas** oublié les baguettes.
   Ses enfants ont **déjà** mangé des chips et de la salsita.

4. Irregular verbs have irregular past participles that must be learned as they are introduced.

   Elle n'**a** pas **pris** de pain hier (*yesterday*).
   J'**ai fait** les courses la semaine dernière (*last week*).

Le passé composé avec *avoir*

manger

j'ai mangé	nous avons mangé
tu as mangé	vous avez mangé
il/elle/on a mangé	ils/elles ont mangé

prendre

j'ai pris	nous avons pris
tu as pris	vous avez pris
il/elle/on a pris	ils/elles ont pris

regular participles: acheté, oublié, payé, cherché, voyagé, étudié, travaillé, etc.
irregular participles: fait (faire), pris (prendre), appris, compris, bu (boire)

Activités

U **Une histoire.** Numérotez les phrases suivantes dans l'ordre chronologique selon **À l'écoute: Les courses.**

_____ Le monsieur a acheté du jambon à la charcuterie.

_____ Il dit qu'il a fait les courses.

_____ Il a expliqué ce que c'est que la salsita et les tacos à sa femme.

_____ Il a acheté du pain à la boulangerie.

_____ Il a acheté du bifteck.

_____ Il a pris des fruits et des légumes à l'épicerie.

_____ Il a oublié le lait.

_____ Il a trouvé des tacos aussi.

V **Hier.** Notez si vous avez fait les activités suivantes hier: **oui** ou **non**?

1. J'ai dîné au restaurant universitaire.
2. J'ai acheté des baguettes.
3. J'ai oublié quelque chose.
4. J'ai envoyé des mails.
5. J'ai travaillé à la bibliothèque.
6. J'ai écouté mon iPod.

 Maintenant, sondez vos camarades de classe. À quelles activités est-ce que tout le monde a participé?

➡ *Tu as envoyé des mails hier?*

W **La semaine dernière?** Qu'est-ce que vous avez fait la semaine dernière avec vos copains ou votre camarade de chambre? Complétez les phrases suivantes selon vos expériences personnelles.

➡ *Nous avons fait la grasse matinée, mais nous n'avons pas fait la cuisine.*
  Nous avons / Nous n'avons pas...

acheté	a. des (de) produits bio	b. des (de) tacos	c. ?
fait	a. les courses	b. la cuisine	c. ?
bu	a. de l' (d') eau minérale	b. du (de) lait	c. ?
mangé	a. au restaurant	b. au café	c. ?
pris	a. du (de) vin	b. une (de) décision importante	c. ?

 Maintenant, comparez vos réponses avec celles d'un(e) partenaire. Dites si vous avez fait les mêmes choses la semaine dernière.

➡ *Nous avons fait les courses, Sandra et moi.*
  Moi, j'ai acheté des produits bio, mais Sandra a acheté du fromage...

X **Une journée chargée.** Éva, étudiante à la fac, a fait beaucoup de choses hier. Regardez les images ci-dessous et à la page 189 et parlez de ses activités.

1.

2.

3.

4.    **5.**   **6.**

 Y   **Et le prof?**   En groupes de 3 ou 4, imaginez ce que votre professeur a fait récemment. Écrivez au moins cinq phrases, puis posez-lui des questions pour vérifier vos suppositions.

Z   **La semaine dernière?**   Qu'est-ce que les personnes suivantes ont fait la semaine dernière? Qu'est-ce qu'elles n'ont pas fait? Si vous n'êtes pas sûr(e), imaginez!

➡ *Ma camarade de chambre a envoyé des textos, mais elle n'a pas surfé sur Internet. Elle a mangé au restaurant et elle a pris du bifteck.*

mon/ma colocataire	ma mère / mon père
mes copains	le président des États-Unis

Stratégie de communication

Asking for clarification and explaining

Observez et déduisez

As you learn a language and explore other cultures, you will undoubtedly find yourself asking what something is or inquiring about unfamiliar words. Study the dialogues below and answer the following questions.

What expressions are used to ask what something is?

What expressions are used to give explanations about things, people, or places (**endroits**)?

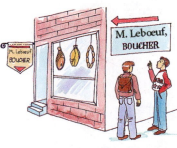

— **Qu'est-ce que c'est que ça?**
— **C'est quelque chose que** j'ai trouvé à l'épicerie: **ça s'appelle** des tacos. **Ce sont** des chips de maïs. **C'est** une spécialité mexicaine qu'on mange avec de la salsita.
— **De la quoi?**
— De la salsita. **C'est une espèce de** sauce mexicaine à la tomate et au piment.

— **Qu'est-ce que c'est qu'**un boucher?
— **C'est quelqu'un qui** travaille dans une boucherie.
— **Une quoi?**
— Une boucherie. **C'est là où** on achète de la viande.

Confirm your answers in the chart that follows.

Confirmez

Des expressions utiles

pour demander une explication	pour donner des explications sur
Qu'est-ce que c'est qu'un (qu'une)... ?	*une personne*
Qu'est-ce que c'est que ça?	C'est quelqu'un qui...
Qui est-ce?	C'est une personne qui...
Un quoi? Une quoi?	
De la quoi? Du quoi? Des quoi?	*un endroit*
	C'est là où...
	une chose
	C'est... / Ce sont...
	C'est quelque chose que...
	C'est une espèce de...
	Ça s'appelle...

Activités

 Les Martiens sont arrivés! Vous discutez de la vie terrestre *(life on earth)* avec des Martiens. Selon votre expérience ou les photos ci-dessous, expliquez ce que sont ces endroits et ces aliments à vos amis de Mars! (où on le mange, où on l'achète, ses ingrédients, ce qu'on peut y acheter, etc.)

➡ un hamburger
   — *Qu'est-ce que c'est que ça?*
   — *Ça s'appelle un hamburger. C'est quelque chose qu'on peut manger vite, et c'est meilleur qu'une pizza et moins gras. C'est un sandwich avec de la viande, de la tomate et de la salade. C'est une spécialité américaine.*

1. une poissonnerie
2. une quiche
3. une pizza
4. un dessert

5. une boulangerie
6. des légumes sautés
7. une salade du chef

8. le taboulé
9. un sandwich club
10. des lasagnes

des lasagnes

un sandwich club

des légumes sautés

le taboulé

une salade du chef

B₂ Les humains. Maintenant expliquez ce que sont ces personnes à vos nouveaux amis extraterrestres.

→ un(e) étudiant(e)
— Qu'est-ce que c'est qu'un étudiant ou une étudiante?
— C'est une personne qui va à l'université pour étudier. Elle a des cours de maths, de science et de philosophie, par exemple.

1. une mère
2. un(e) colocataire
3. un(e) ami(e)
4. un cuisinier
5. une actrice
6. un professeur

C₂ Devinez! Choisissez 5 mots du vocabulaire actif du Chapitre 5, et écrivez-les sur une feuille de papier. Décrivez un de vos mots à votre partenaire qui va essayer de deviner le mot. Ensuite, changez de rôle et répétez.

→ C'est une boisson chaude pour le petit déjeuner; ce n'est pas le café et ce n'est pas le thé.

Menu Méditerranée

Entrée + Plat ou **Plat + Dessert**
18,20 €

Entrée au choix

Salade de haricots verts et volaille aux champignons confits
Émincé de blanc de poulet mariné, mozzarella, haricots verts, tomates et champignons des bois confits, salades mélangées aux herbes fraîches

Noix de Saint Jacques marinées à l'aneth et au citron
Noix de Saint Jacques marinées, frittata aux fines herbes et méli-mélo de salade aux herbes fraîches

Tomates mozzarella à la vinaigrette balsamique
Tomates, mozzarella parfumées à l'huile d'olive extra vierge, vinaigre balsamique et basilic

Plat au choix

Penne à la sicilienne
Des pâtes cuisinées comme en Sicile avec du thon, des tomates confites, des olives noires, et basilic frais

Carpaccio de bœuf au basilic servi à volonté
Fines tranches de bœuf cru au basilic et à l'huile d'olive

Magret de canard au jus de sauge
Accompagné de frites fraîches ou haricots verts

Dessert au choix

Crème brûlée à la Catalane
Fromage blanc et sa crème fraîche à volonté
Fondant au chocolat maison

 ## Jeu de rôle

You've just returned from a vacation spot where you ate in several wonderful restaurants. Using the **Menu Méditerranée,** tell your partner about the unusual dishes you had to eat. He or she will ask you questions about the foods that you mention. Do your best to describe them, using the expressions in the **Stratégies de communication.**

Littérature   Du camembert, chéri...

Sergii Korshun/Shutterstock

The literary excerpt you are about to read comes from Cameroon **(le Cameroun),** West Africa. Although Cameroon has been an independent republic since 1960, its colonial past, first German, then both British and French, has left an indelible mark. The language of most of Cameroon is French; French culture and French products are present everywhere. Caught between ancestral traditions and the commercial and social appeal of foreign modernism, small countries such as Cameroon have struggled over the years to define their national identity. Writer Guillaume Oyônô Mbia has portrayed this struggle.

Born in 1939 in Cameroon, Guillaume Oyônô Mbia studied in England and France before becoming a professor at the University of Yaoundé, the capital of Cameroon. He is known for his tales, his plays, and his sense of humor.

The following scene, taken from *Notre fille ne se mariera pas (Our daughter won't get married)*, a play first performed on the French radio network in 1971, portrays a "modern" family in Yaoundé. Colette Atangana is trying to educate her ten-year-old son, Jean-Pierre, but experiences a few frustrations, which she expresses to a friend, Charlotte.

Pensez

1 Qu'est-ce qu'on fait au nom des bonnes manières à table? Cochez toutes les réponses qui vous semblent appropriées.

_____ On accepte de manger des choses qu'on n'aime pas.

_____ On mange avec le couteau dans la main droite et la fourchette dans la main gauche.

_____ On ne parle pas quand on mange.

_____ On refuse de manger des produits qui sont nouveaux ou exotiques.

_____ ?

Observez et déduisez: en général

2 Parcourez le texte une première fois en fonction des questions suivantes.

1. *Du camembert, chéri...* c'est l'histoire d'une mère qui
   a. demande à son fils d'aller chercher du camembert.
   b. demande à son fils de manger moins de camembert parce que ça coûte cher.
   c. veut forcer son fils à manger du camembert.
   d. ne veut pas que son fils mange du camembert parce que c'est réservé aux adultes.
2. Parmi les bonnes manières mentionnées dans **Pensez,** laquelle/lesquelles Colette veut-elle apprendre à son fils?

Du camembert, chéri...

COLETTE: C'est vrai que tu refuses de manger ton camembert, chéri?

JEAN-PIERRE: Je n'aime pas le camembert!

COLETTE: La question n'est pas là! Il ne s'agit pas° d'aimer le camembert: il s'agit de le manger comme un bon petit garçon! (*L'entraînant° de force vers la table*) Viens!
  Il... Ce n'est pas une question
  Dragging him

JEAN-PIERRE: (*qui commence à pleurer*) J'aime pas le camembert!

COLETTE: (*tendre mais ferme*) Il faut° le manger, chéri! Apprends à manger le camembert pendant que° tu es encore jeune! C'est comme ça qu'on acquiert° du goût°! Onambelé!
  Il est nécessaire de
  quand
  développe / taste

ONAMBELÉ: Madame?

COLETTE: Apporte-nous un couvert! Apporte-nous aussi la bouteille de Châteauneuf-du-Pape° que nous avons commencée! (*Onambelé apporte le couvert et le vin.*)
  vin français

JEAN-PIERRE: (*pleurant toujours*) J'veux pas de camembert!

COLETTE: (*toujours tendre et ferme*) Il faut vouloir le manger, chéri! C'est la culture!

JEAN-PIERRE: (*obstiné*) J'veux pas manger de culture! (*Tous les adultes éclatent de rire°.*)
  burst out laughing

COLETTE: Dis donc, Charlotte, pourquoi est-ce qu'il n'a pas de goût, cet enfant? Je fais pourtant tout ce que je peux pour lui apprendre à vivre°! Le chauffeur va le déposer° à l'école urbaine chaque matin pour éviter° que les autres enfants ne lui parlent une langue vernaculaire. J'ai déjà renvoyé trois ou quatre maîtres d'hôtel parce qu'ils servaient des mangues, des ananas et d'autres fruits du pays au lieu de lui donner des produits importés d'Europe, ou, à la rigueur, des fruits africains mis en conserve en Europe, et réimportés. Je ne l'autorise presque° jamais à aller rendre visite à la famille de son père, parce que les gens de la brousse° boivent de l'eau non filtrée. Enfin, je fais tout ce qu'une Africaine moderne peut faire pour éduquer son enfant, et il refuse de manger du camembert! Écoute, mon chéri! Tu vas manger ton camembert!
  to live / drop him off
  avoid
  almost
  bush country

JEAN-PIERRE: (*criant*) Mais puisque je te dis que j'aime pas le camembert!

COLETTE: (*doucement°*) Je te répète qu'on ne te demande pas de l'aimer. On te demande de le manger!... Comme ceci, regarde! (*Elle prend un peu de camembert et de pain, et commence à le manger.*) Je le mange! Je le... (*Elle s'étrangle° un peu.*) Zut!... Donne-moi un verre de vin, Onambelé! (*Colette boit le vin et tousse°.*) Tu as vu? Tu crois que j'aime le camembert, moi?
  softly
  chokes
  coughs

JEAN-PIERRE: (*naïvement*) Pourquoi tu le manges, alors?

Extrait de *Notre fille ne se mariera pas* (Guillaume Oyônô Mbia).

Observez et confirmez: en détail

3 Les mots. Pouvez-vous déduire le sens des mots en caractères gras dans le contexte suivant?

> J'ai déjà **renvoyé** trois ou quatre **maîtres d'hôtel** parce qu'ils servaient des **mangues,** des ananas et d'autres fruits du pays **au lieu de** lui donner des produits importés d'Europe, ou, **à la rigueur,** des fruits africains **mis en conserve** en Europe, et réimportés.

1. renvoyé
2. un maître d'hôtel
3. une mangue
4. au lieu de
5. à la rigueur
6. mis en conserve

a. canned, processed
b. instead of
c. if need be
d. mango
e. type of servant
f. fired, dismissed

4 Le texte

1. **Vrai ou faux?** Si c'est faux, corrigez.
   a. Colette veut que son fils *aime* le camembert.
   b. Selon Colette, c'est plus facile d'acquérir du goût quand on est jeune.
   c. Jean-Pierre pense que la culture, c'est quelque chose à manger.
   d. Jean-Pierre a l'occasion de parler en langue africaine avec les autres enfants quand il va à l'école.
   e. Selon Colette, les produits importés d'Europe sont meilleurs que les produits africains.
   f. Jean-Pierre va souvent rendre visite à la famille de son père.
   g. Colette a besoin d'un verre de vin pour cacher (*hide*) le goût du camembert.
   h. Jean-Pierre ne comprend pas sa mère.

2. **L'éducation de Jean-Pierre.** Qu'est-ce qu'il faut ou ne faut pas faire, selon Colette? Complétez le tableau.

Il faut	Il ne faut pas
manger du camembert	*manger des mangues fraîches*

3. **Le symbolisme.** Qu'est-ce que le camembert symbolise dans ce texte? Et les produits africains?

Explorez

1. Quel est le message de ce texte pour vous? Est-ce un message positif? Négatif?
2. Est-ce que Colette Atangana existe dans la société américaine? Décrivez-la.
3. Avec un(e) partenaire, préparez un petit sketch où une maman veut forcer son enfant à manger quelque chose. Déterminez d'abord le produit alimentaire que vous allez utiliser et les raisons de la mère (c'est bon pour la santé, c'est la culture, tout le monde le fait [*everybody does it*], quand on a de bonnes manières..., etc.). Ensuite, en imitant le style de Guillaume Oyônô Mbia, écrivez votre sketch, puis jouez-le devant la classe!

Par écrit   Eat, drink, and be merry!

Avant d'écrire

A   **Strategy: Anticipating readers' questions.**   Written communication is more difficult than oral communication because the other party is not present to ask for clarification or elaboration. You must anticipate the questions that your reader will likely have about the topic you are discussing. Try jotting down possible questions before you begin writing to help you better organize your thoughts.

Application.   First, examine carefully the menu from Al Fassia, below. Write down several questions your family might have about your dining experience if you sent the menu to them.

Menu Gastronomique 190 dhs

Assortiment de Salades Marocaines

Sélection de Briouates

Tagine de Poulet M'charmal

Salade d'Oranges à la Cannelle

Thé à la Menthe

Menu Gastronomique 230 dhs

Assortiment de Salades Marocaines

Pastilla aux Fruits de Mer

Couscous au choix

Corbeille Fruits de Saison

Pâtisseries Marocaines

Thé à la Menthe

Menu Dégustation 360 dhs (par personne)

Harira Traditionnelle aux Dattes et Citron

Assortiment de Salades Marocaines

Sélection de Briouates

Pastilla aux Pigeons et Amandes

Tagine de Loup de Mer farci au Riz et aux Dattes

Couscous au choix

Corbeille Fruits de saison

Pâtisseries Marocaines

Thé à la Menthe

B **Strategy: Organizing a narrative.** Use transitional words when describing a sequence of events to avoid a choppy writing style.

to introduce a sequence:	premièrement, d'abord
to connect the events:	puis, ensuite, après
to show contrast:	mais, par contre
to conclude:	enfin, finalement

Application. Use the first set of questions you prepared in **A** to help you imagine how you might describe your dinner at Al Fassia. Write four sentences that you could use in your letter, beginning each sentence with a transitional word from among those listed above.

Écrivez

1. Vous avez mangé hier soir au restaurant Al Fassia avec vos amis marocains. Le repas? Magnifique! Écrivez une lettre à votre famille en vous inspirant des menus de 190 dhs (*dirhams* = la monnaie marocaine), 230 dhs ou 360 dhs, selon votre préférence et votre situation financière! Parlez de ce que vous avez mangé et bu. Décrivez les plats à l'aide de circonlocutions—et d'imagination! Rappelez-vous les questions que votre famille va avoir en lisant le menu. N'oubliez pas d'employer des expressions de transition.

   ➡ *Chers tous,*
   Hier soir, j'ai mangé un repas magnifique au restaurant Al Fassia... J'ai pris...
   Le couscous, c'est un plat typiquement marocain avec... Les salades marocaines
   ressemblent à... J'ai appris qu'un tagine, c'est un plat...

2. Votre camarade de chambre et vous invitez des amis à dîner ce soir. Vous allez préparer le repas, et votre camarade va faire les courses. Écrivez-lui un message en anticipant ses questions et en expliquant ce qu'il/elle a besoin (*needs*) d'acheter et où. (Structure utile: l'impératif, **Chapitre 2,** page 66.)

Des épices marocaines

Habitudes alimentaires

Pensez

Quelles sont vos habitudes se rapportant au manger? Prenez-vous le temps de vous asseoir *(sit down)* autour de la table avec votre famille ou des amis? Est-ce que vous mangez toujours des produits locaux, bio ou en saison? Et au restaurant, est-ce que l'ambiance est aussi importante que la nourriture? Pensez-y en regardant la vidéo. Les exercices se rapportant à la synthèse culturelle du Chapitre 5 dans votre manuel vont vous aider à comprendre ce que vous entendez. Ensuite, faites **Explorez** et **Bloguez!** ci-dessous.

Avez-vous des habitudes alimentaires qui sont importantes pour vous? Quels sont les facteurs qui influencent votre choix de restaurant, par exemple? Pour vous, qu'est-ce que c'est qu'un bon repas?

Camille: Quand je vais au restaurant, je regarde bien sûr la qualité et la fraîcheur des aliments, si c'est un type de nourriture que j'aime ou pas, mais j'aime bien aussi porter attention au cadre: Est-ce que c'est calme? Est-ce qu'on s'entend parler?

Fatou: Au Sénégal, nous mangeons du riz presque tous les jours.

Fatim: Vraiment mon repas préféré, c'est le couscous car, faut pas oublier, je suis d'origine marocaine.

© Heinle, Cengage Learning

Explorez

Demandez à plusieurs ami(e)s et camarades de classe quels facteurs influencent leur choix d'un restaurant, puis demandez quels sont leurs trois restaurants favoris. Préparez un petit résumé: facteurs importants / restaurants préférés.

Bloguez! ᶦLrn

Camille décrit les facteurs qui influencent son choix d'un restaurant. Est-ce que vos ami(e)s et camarades de classe sont d'accord avec elle? Présentez leurs restaurants préférés à des amis francophones. Ajoutez un lien vers le site Web de deux ou trois restaurants populaires dans votre ville ou région.

Au restaurant / au café

un client / une cliente *a customer*
le fast-food

le menu / la carte *the menu*
un serveur / une serveuse *a waiter / a waitress*

Pour commander

Monsieur / Mademoiselle, s'il vous plaît?
   Sir / Miss, please?
Vous désirez? *Are you ready to order?*
Je voudrais... *I would like . . .*

Je vais prendre... *I'm going to have . . .*
Et pour moi... *For me . . .*
L'addition, s'il vous plaît. *The check, please.*

Les boissons froides

une bière *a beer*
une bouteille d'eau minérale *a bottle of*
   mineral water
une carafe d'eau *a pitcher of water*
un citron pressé *fresh lemonade*

un coca *a Coke*
un jus de fruits *fruit juice*
du jus d'orange *orange juice*
une limonade *lemon soda*
du vin rouge / blanc *red / white wine*

Les boissons chaudes

un café *coffee*
un café crème *coffee with cream*
du café au lait *coffee with milk*
un chocolat chaud *hot chocolate*

un thé nature *tea*
un thé au lait *tea with milk*
un thé citron *tea with lemon*

Les repas (m.)

le petit déjeuner *breakfast*
le déjeuner *lunch*
le dîner *dinner*

le grignotage *snacking*
le souper *dinner*

Les plats (m.)

un hors-d'œuvre *starter, hors d'oeuvre*
la soupe *soup*
un plat garni *main dish, entrée*

la salade *salad*
le dessert *dessert*

Les aliments (m.)

Les fruits (m.)

de l'ananas (m.) *pineapple*
une banane *a banana*
une fraise *a strawberry*
une framboise *a raspberry*

une orange *an orange*
une pêche *a peach*
une poire *a pear*
une pomme *an apple*

Les légumes (m.)

de l'ail (m.) *garlic*
du brocoli
une carotte *a carrot*
des champignons (m.) *mushrooms*
des courgettes (f.) *squash*
des haricots (m.) verts *green beans*

du maïs *corn*
un oignon *an onion*
des petits pois (m.) *peas*
une pomme de terre *a potato*
une tomate *a tomato*

La viande

un bifteck / un steak *a steak*
du bœuf *beef*
une côtelette de veau *a veal chop*
du jambon *ham*

du porc *pork*
du poulet *chicken*
du rosbif *roast beef*
du rôti de porc *pork roast*

Le poisson et les fruits de mer

des crevettes (f.) *shrimp*
du homard *lobster*

des huîtres (f.) *oysters*
du thon *tuna*

Les plats préparés

des frites (f.) *French fries*
du pâté
une pizza
un produit surgelé *frozen food*

une quiche
un sandwich
une saucisse *a sausage*
du saucisson *hard salami*

Les fromages (m.)

le brie
le camembert
le roquefort

Les desserts (m.)

un gâteau *a cake*
une glace (à la vanille, au chocolat) *ice cream*
la mousse au chocolat *chocolate mousse*

une tarte (aux pommes, aux fraises) *a tart / pie*
un yaourt *a yogurt*

Divers

une baguette
du beurre *butter*
des biscuits (m.) *cookies*
des céréales (f.) *cereal*
la confiture *jam*
un croissant
du lait *milk*
un œuf *an egg*
le pain *bread*

du pain grillé *toast*
des pâtes *pasta*
du poivre *pepper*
une recette *a recipe*
du riz *rice*
la santé *health*
du sel *salt*
du sucre *sugar*
les habitudes (f.) *habits*

Les rayons (m.) et les magasins (m.)

la boucherie (du coin)
   the (neighborhood) butcher shop
la boulangerie *the bakery*
la charcuterie *the deli*
l'épicerie *the grocery store*

les grandes surfaces (f.) *super stores*
la pâtisserie *the pastry shop*
la poissonnerie *the fish market*
le rayon (fromages, etc.) *the (cheese) section*
le supermarché *the supermarket*

Le couvert

une assiette *a plate*
un couteau *a knife*
une cuillère *a spoon*
une fourchette *a fork*

une serviette *a napkin*
une tasse *a cup*
un verre *a glass*

Adjectifs

biologique (bio) *organic*
cher (chère) *expensive*
délicieux (délicieuse) *delicious*
en boîte *canned*
frais (fraîche) *fresh*
gras (grasse) *fatty, greasy*

léger (légère) *light*
naturel(le) *natural*
ordinaire *ordinary*
sain(e) *healthy*
salé(e) *salty*
sucré(e) *sweet*

Verbes et expressions verbales

avoir faim *to be hungry*
avoir soif *to be thirsty*
boire *to drink*
commander *to order*
être au régime (m.) *to be on a diet*

être pressé(e) *to be in a hurry*
faire les courses *to go grocery shopping*
grignoter *to snack*
oublier *to forget*
payer *to pay*

Expressions négatives / restrictives

ne... jamais *never*
ne... ni *neither . . . nor*

ne... plus *not . . . anymore, no longer*
ne... que *only*

Expressions de quantité

assez (de) *enough*
une boîte (de) *a can, a box*
une douzaine (de) *a dozen*
100 grammes (de)
un kilo (de) *a kilo (2.2 lbs)*
un litre (de) *a liter*
une livre (de) *a pound*

un morceau (de) *a piece*
pas du tout (de) *not at all*
un peu (de) *a little*
une tranche (de) *a slice*
trop (de) *too much*
trop peu (de) *too little*

Expressions de comparaison

aussi... que *as . . . as*
moins... que *less . . . than*
plus... que *more . . . than*
meilleur(e) *better (adj.)*

mieux *better (adv.)*
autant de... que *as much / as many (+ noun) as*
moins de... que *less (+ noun) than*
plus de... que *more (+ noun) than*

Pour demander ou donner une explication

Qu'est-ce que c'est que ça? *What's that?*
Qu'est-ce que c'est que... ? *What is . . . ?*
C'est quelque chose que... *It's something that . . .*
C'est quelqu'un qui... *It's someone who . . .*
C'est une espèce de... *It's a kind of . . .*

C'est là où... *It's where . . .*
De la (Du) quoi? *Some what?*
Un(e) quoi? *A what?*
Ça s'appelle... *It's called . . .*

Mots de transition / Adverbes de temps

d'abord, premièrement *first*
déjà *already, ever*
enfin, finalement *finally*

hier *yesterday*
récemment *recently*
la semaine dernière *last week*

Le temps et les passe-temps

This chapter will enable you to

- describe the weather and your favorite seasonal pastimes

- extend, accept, and decline invitations

- avoid repetition through the use of pronouns

- understand a weather report and a conversation about climate and sports

- read humorous texts about people's reactions to television and to the weather

Henry Georgi/Comstock

Où le patinage sur glace est-il un passe-temps favori?
Et vous: Quels sont vos passe-temps préférés aux différentes saisons? Est-ce que vous aimez lire? Regarder la télévision?

Chapter resources

- iLrn Heinle Learning Center
- Text Audio Program
- Video
- Premium Website

À l'écoute   Le bulletin météo

Les passe-temps dépendent souvent du temps, n'est-ce pas? S'il fait beau, on peut sortir; s'il fait mauvais, il est peut-être préférable de rester à l'intérieur. Imaginez que vous écoutez la radio, et voici le bulletin météorologique! Pour bien le comprendre, faites les Activités 1 et 2 avant d'écouter, puis écoutez en suivant les instructions données.

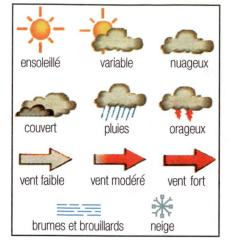

ensoleillé   variable   nuageux

couvert   pluies   orageux

vent faible   vent modéré   vent fort

brumes et brouillards   neige

Pensez

1 Quel temps fait-il?   Voici les possibilités utilisées dans le langage des bulletins météo.

En langage ordinaire, les expressions suivantes sont plus communes. Avec quels symboles peut-on les associer?

Il fait du vent → *vent faible, vent modéré ou vent fort*
Il fait du soleil.   Il pleut.
Le ciel est couvert.   Il neige.
Il fait du brouillard.   Il fait beau.
Il y a des nuages. /   Il fait mauvais.
     Le temps est nuageux.

En matière de températures, c'est une question de degrés, n'est-ce pas? Dans le monde francophone, les températures sont en degrés Celsius ou centigrades. 0° Celsius = 32° Fahrenheit; 10° C = 50° F; 20° C = 68° F; 30° C = 86° F; 37° C = 98° F (température du corps humain); 40° C = 104° F. En regardant les températures, pouvez-vous déduire la signification des expressions suivantes?

1. 35°C   Il fait chaud.   3. 10°C   Il fait frais.
2. 20°C   Il fait bon.   4. 0°C   Il fait froid.

2 Vous allez entendre un bulletin météo du mois de juillet. En regardant la carte ci-dessous, qu'est-ce que vous anticipez pour la plus grande partie de l'Europe? Où est-ce qu'il pleut? Où est-ce qu'il fait du soleil? Où y a-t-il des orages? Où y a-t-il une période de canicule (plus chaude que la normale)?

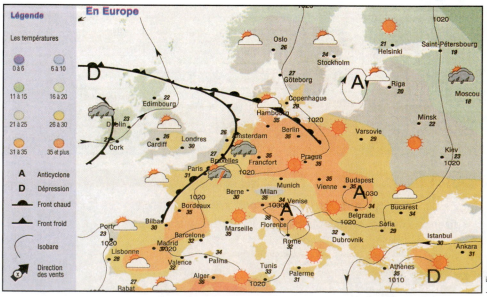

Observez et déduisez
CD 2-18

3 Écoutez une ou deux fois en regardant les possibilités météorologiques données dans **Pensez.** Lesquelles sont mentionnées dans ce bulletin météo?

4 Quelles sont les températures mentionnées dans ce bulletin météo pour la plus grande partie de l'Europe? Est-ce que ce sont des températures normales pour la saison? Qu'est-ce qui va rafraîchir certaines régions? Quelles sont les prévisions pour demain?

5 L'Europe. Écoutez encore pour identifier les pays, villes ou régions qui sont mentionnés. Encerclez les pays ou régions concernés.

Les pays: l'Allemagne (Berlin, Hambourg)

l'Autriche (Vienne)

la Belgique (Bruxelles)

l'Espagne (Madrid)

la France (Paris)

la Grèce (Athènes)

les Îles Britanniques (Londres)

l'Italie (Rome, Florence)

les Pays-Bas (Amsterdam)

la Pologne (Varsovie)

la Scandinavie (Stockholm, etc.)

la Suisse (Genève)

Les régions de France: l'Alsace

la Bourgogne

la Bretagne

l'Île-de-France (région parisienne)

la Normandie

la Provence

> **Vocabulaire actif**
>
> le temps
> Le ciel est couvert
> Il fait beau, mauvais...
> Il fait du brouillard
> Il fait du soleil
> Il fait du vent
> Il neige (la neige)
> Il pleut (la pluie)
> la température
> Le temps est
>   ensoleillé, variable, nuageux
>   (un nuage), orageux (un
>   orage)...
> nord, sud, est, ouest
> un pays

6 Écoutez une dernière fois pour identifier les points cardinaux qui sont mentionnés.

«Une zone de perturbation s'étirant de l'Atlantique au _____ de la Scandinavie va rafraîchir _____ et _____ de la France.»

Quel est le point cardinal qui n'est pas mentionné?

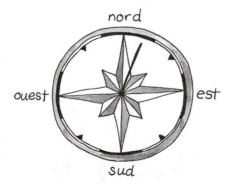

[o] is the closed *o* sound in **météo** and **beau**.

[ɔ] is the open *o* sound in **alors** and **comme**.

Observez et déduisez 🔊
CD 2-19

Listen to the following expressions from **À l'écoute: Le bulletin météo** on the Text Audio Track, and in the chart, indicate the *o* sounds you hear. You will hear each expression twice. The first expression has been done for you.

	[o]	[ɔ]
1. une grande partie de l'Europe		✓
2. le nord de l'Allemagne		
3. il fait aussi chaud		
4. une zone de perturbation		
5. des orages		
6. en Normandie		
7. le soleil		
8. la forte chaleur		

Now practice saying the expressions aloud. Then listen to the expressions again to verify your pronunciation.

As you can tell, the open [ɔ] is more common in French. The closed [o] occurs only in the following cases:

as the final sound in a word	mot, stylo
when followed by a [z] sound	chose, poser
when spelled **ô**	hôtel, diplôme
when spelled **au** or **eau***	chaud, beaucoup
in a few isolated words	zone

*Exception: **au** + [r] = [ɔ] restaurant, **au** revoir

Confirmez 🔊
CD 2-20

Practice saying and contrasting the following pairs of *o* sounds. Then listen to them on the Text Audio Track to verify your pronunciation.

1. Prononcez.

[o]	[ɔ]
nos	notre
vos	votre
allô	alors
beau	bonne
faux	folle

2. **[o] ou [ɔ]?** In the following sentences, underline the [o] sounds with one line, and the [ɔ] sounds with two lines.

a. Zut alors! Il fait si chaud que mon chocolat a fondu *(melted)* sur les côtelettes de veau et sur mon morceau de roquefort!
b. Nicole et Claude écoutent le bulletin météo à la radio.
c. Il ne fait pas trop chaud en octobre.
d. Le climat de la Normandie favorise la production des pommes et des fromages.
e. Quand il fait beau, on joue au golf ou on fait du vélo.

Now practice saying the sentences aloud, then listen to them on the Text Audio Track to verify your pronunciation.

Vocabulaire Le temps et les saisons

Observez et déduisez

Comment est le climat au Québec?

En hiver, il fait très froid (entre –10°C et –30°C), et le temps est souvent nuageux.

Au printemps, il fait bon, mais le temps est variable.

En été, les températures varient entre 20°C et 35°C.

En automne, les arbres sont magnifiques avec leurs feuilles jaunes et rouges.

À quelle phrase correspond la photo?

PAUL NEVIN/Photolibrary

Note culturelle

Carnaval de Québec.

Festivals québécois. Les Québécois fêtent la beauté et les plaisirs de l'hiver chaque année en février avec un festival

dominé par des activités culturelles, sportives et artistiques, y compris des courses de traîneaux à chiens *(dogsled races)*, des courses en canot *(canoe)*, des défilés *(parades)* et des bals. La vedette *(star)* de la fête? L'ambassadeur du Carnaval: Bonhomme Carnaval. Le Carnaval de Québec est le plus grand carnaval d'hiver du monde.

En été, la ville vous offre le Festival international d'été de Québec, le plus grand événement culturel francophone en Amérique du Nord. Le festival comprend des centaines de spectacles en salle et à ciel ouvert, y compris des cirques, de la musique et du théâtre.

Bloguez! (iLrn) ▶

Regardez la vidéo pour découvrir la fête nationale belge, selon Gregory. Expliquez comment elle ressemble —ou ne ressemble pas —à la fête nationale de votre pays. Décrivez la fête chez vous ou un autre festival qui a lieu *(takes place)* dans votre région. Téléchargez *(upload)* des photos que vous avez prises au festival ou un vidéoclip des festivités.

Activités

A **Le temps au Canada.** Regardez la carte météorologique ci-dessous, puis complétez les phrases avec le nom d'une ville logique.

1. Le ciel est couvert à _____.
2. Il neige à _____.
3. À _____ il fait du soleil, mais il ne fait pas chaud.
4. Il pleut à _____.
5. Le temps est variable à _____.
6. Il fait assez frais à _____.
7. Il fait beau à _____.
8. La température est de –18 degrés Celsius à _____.

Maintenant, choisissez deux villes et parlez du temps qu'il y fait.

➡ *À Whitehorse il fait très froid, mais le temps est variable avec un peu de soleil. La température est de –10 degrés.*

Environnement Canada Environment Canada

www.meteo.ec.gc.ca

Le Figaro

B **Le climat chez vous.** Expliquez à votre partenaire le temps qu'il fait chez vous selon les indications.

➡ Au mois d'avril... *il fait du soleil et il fait très bon. Il ne pleut pas souvent.*

1. aujourd'hui
2. au printemps
3. en été
4. en automne
5. en hiver
6. le jour de votre anniversaire

C **Et demain?** Regardez les images et dites quel temps il *va* faire cette semaine.

➡ *Aujourd'hui le temps est variable mais il va faire bon.*

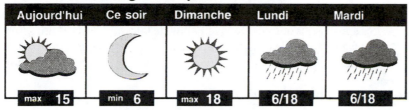

Prévisions à long terme pour Québec

Aujourd'hui	Ce soir	Dimanche	Lundi	Mardi
max 15	min 6	max 18	6/18	6/18

D **Un bulletin météorologique.** Préparez un bulletin météorologique pour votre ville d'origine. Parlez du temps qu'il fait aujourd'hui et du temps qu'il va faire demain chez vous, puis donnez vos prédictions pour le reste de la semaine.

Structure Narrating past actions

Le passé composé avec *être*

Observez et déduisez

Anne et sa famille sont allées à Québec pour participer au Carnaval d'hiver. La famille est arrivée sous un ciel ensoleillé, et tout le monde est allé voir le célèbre défilé avec l'ambassadeur de la fête, Bonhomme Carnaval. Après, Anne et sa sœur sont entrées dans le Palais de Glace de Bonhomme pour voir le spectacle multimédia. Ses frères sont allés regarder la course en canot et ses parents sont montés dans un traîneau à chiens pour faire une promenade. Vers minuit, la famille est retournée à l'hôtel—très fatiguée après une belle journée à Québec.

Carnaval de Québec

- In **Chapitre 5,** you learned how to form the **passé composé** of certain verbs to say what happened in the past. How does the past tense of verbs in the paragraph above differ from those previously studied?
- Look at the past participles of the verbs in the preceding paragraph: **allées, arrivée, allé, entrées, allés, montés, retournée.** Can you formulate a rule that would explain the differences in the endings of these participles?

Vocabulaire actif

arriver
entrer dans
monter dans
passer par / à
rester
retourner
tomber

Confirmez

1. A few common verbs like **aller** use **être** as the auxiliary in the **passé composé.**

    — Il est allé à Montréal?
        — Did he go to Montreal?
        — Has he gone to Montreal?

    — Non, il est allé à Québec.
        — No, he went to Quebec.
        — No, he's gone to Quebec.

2. Some other verbs requiring **être** in the **passé composé** include **arriver, entrer dans, monter dans** *(to go up, get on or in)*, **passer par / à, rentrer, rester** *(to stay)*, **retourner,** and **tomber** *(to fall)*.

3. The past participles of verbs conjugated with **être** agree in number and gender with the *subject* of the verb.

    La famille est arriv**ée** sous un ciel ensoleillé.   (féminin, singulier)
    Les sœurs sont entr**ées** dans le Palais de Glace.   (féminin, pluriel)
    Les frères sont all**és** à la course en canot.   (masculin, pluriel)
    Papa est tomb**é** dans la neige!   (masculin, singulier)

Le passé composé avec *être*

je suis allé(e)	nous sommes allé(e)s
tu es allé(e)	vous êtes allé(e)(s)
il est allé	ils sont allés
elle est allée	elles sont allées

Activités

CD 2-21

E   **Voyages.**   La famille Napesh fait beaucoup de voyages en été. Préparez 6 lignes sur une feuille de papier, numérotées de 1 à 6, puis écoutez et écrivez la bonne destination pour chaque personne. Ensuite, indiquez si le voyage est **présent, passé** ou **futur.**

Destinations: Halifax, Whitehorse, Québec, Iqaluit, Montréal, Winnipeg
Personnes: (1) Siméon, (2) Marie + Élisabeth, (3) Maman, (4) Joseph, (5) Papa + Angélique, (6) les garçons

Maintenant, parlez du temps qu'il fait à chaque destination selon la carte météorologique à la page 206.

F   **Pas de voyage pour Zoë!**   Zoë n'a pas voyagé. Mais elle a passé une journée agréable quand même! Qu'est-ce qu'elle a fait? Complétez les phrases de la colonne de gauche avec une expression qui convient de la colonne de droite. Ensuite, organisez les phrases d'une manière logique en vous inspirant des images à la page 209.

1. Il a fait si beau,...
2. Vers 3h elle est rentrée à la maison...
3. Zoë n'a pas de voiture alors...
4. Les trois copains sont entrés dans le musée...
5. Puis, Zoë est retournée au café...
6. Zoë n'a pas remarqué...
7. Après le café, Zoë et Lola sont allées à l'épicerie...
8. Elle est arrivée au musée vers 10h...
9. Après, ils sont passés par le café...

a. où elle a retrouvé ses copains Lola et Yanis.
b. pour voir une nouvelle exposition.
c. où elles ont fait les courses.
d. que son portable est tombé par terre.
e. où elle a préparé le dîner.
f. elle est montée dans l'autobus pour aller en ville.
g. pour prendre une boisson.
h. qu'ils sont restés à la terrasse pendant une heure.
i. pour chercher son portable.

G **Et moi.** Jouez le rôle de Lola ou Yanis. En vous inspirant encore des images ci-dessus, décrivez ce que vos copains et vous avez fait—ou n'avez pas fait—hier.

➡ **Verbes:** arriver, entrer, monter, passer, rentrer, rester, retourner, tomber

➡ **Copains:** Zoë... Lola (Yanis) et moi, nous... Lola et Zoë... Zoë et moi...
Je ne suis pas... Nous sommes arrivés... Elles sont allées...

H *Être* **ou** *avoir*. Employez le passé composé (avec **être** *ou* **avoir** selon le cas) pour décrire la journée de Lola et sa cousine. Faites attention à l'accord du participe passé.

Hier Lola (aller) en ville où elle (retrouver) sa cousine, Léa. Léa (arriver) un peu en retard, alors les cousines (entrer) tout de suite dans un café où elles (prendre) le déjeuner. Elles (rester) au café pendant une heure, puis elles (faire) des courses. Lola (acheter) un nouvel iPod et Léa (trouver) un jean en solde *(on sale)*. Les deux filles (rentrer) vers 6h30.

Maintenant, imaginez ce qu'elles ont fait ce soir-là. Écrivez au moins trois phrases.

Devinez. Est-ce que vous connaissez bien vos camarades de classe? Lisez les questions suivantes, puis écrivez sur une feuille de papier le nom de l'étudiant(e) qui, selon vous, va répondre **oui** à chaque question. Ensuite, sondez vos camarades pour vérifier vos suppositions—ou pour trouver un(e) autre étudiant(e) qui répond **oui.**

➡ *Est-ce que tu es... ?   Oui, je suis... / Non, je ne suis pas...*

1. Qui est allé(e) à la bibliothèque hier?
2. Qui est arrivé(e) tôt en classe aujourd'hui?
3. Qui est resté(e) à la maison ce matin?
4. Qui est allé(e) au cinéma la semaine dernière?
5. Qui est rentré(e) après minuit samedi?
6. Qui est monté(e) dans un taxi récemment?
7. Qui est déjà tombé(e) de son lit?

Maintenant, imaginez comment le professeur va répondre aux questions. Posez-lui des questions pour vérifier vos suppositions.

➡ *Madame / Monsieur, est-ce que vous êtes...*

Vocabulaire

Pour parler du passé, du futur et de la ponctualité

Observez et déduisez

The following adverbial expressions may be used with the **passé composé** or the **futur proche** to add nuance when sequencing events in time. They generally appear at the beginning or end of the sentence. Complete the chart by studying the expression used in the opposite column and indicating its counterpart for expressing the past or future as required.

hier lundi le 8	aujourd'hui mardi le 9 ⟵⟶	demain mercredi le 10
		demain matin
hier après-midi		
		demain soir
vendredi (dernier)		vendredi (prochain)
		la semaine (prochaine)
le mois dernier		
l'année dernière		

Read the following paragraph and examine the time line. Then, using context and cognates, infer the meaning of the words in boldface type.

Anne a un rendez-vous à 9h30 ce matin, alors elle a pris le train **il y a** une heure et demie (à 8h). Si elle arrive au bureau à 9h30, elle est **à l'heure.** Si elle arrive à 10h, elle est **en retard.** Si elle arrive à 9h, elle est **en avance.**

8h	9h	9h30	10h
(il y a une heure et demie)	(en avance)	(à l'heure)	(en retard)

Match the expressions in the two lines.

1. il y a	2. à l'heure	3. en retard	4. en avance
a. on time	b. early	c. ago	d. late

Activités

J **Il y a longtemps?**   Dites la dernière fois *(time)* que vous avez fait les activités suivantes.

➡ (aller en vacances)
Je suis allé(e) en vacances il y a 7 mois. (le mois dernier, etc.)

aller à un carnaval	rester au lit jusqu'à midi
arriver en classe en avance	envoyer des textos
rentrer à 9h un samedi soir	manger au restaurant
surfer sur Internet	passer à la poste

Maintenant, mentionnez trois choses que vous **allez** faire et expliquez quand.

➡ *Demain soir, je vais jouer à la Wii avec mes copains. (Mardi..., etc.)*

K **Calendrier.**   Nous sommes aujourd'hui le 8 juin... Dites ce que Charles a fait récemment et ce qu'il **va** faire en employant le calendrier ci-dessous.

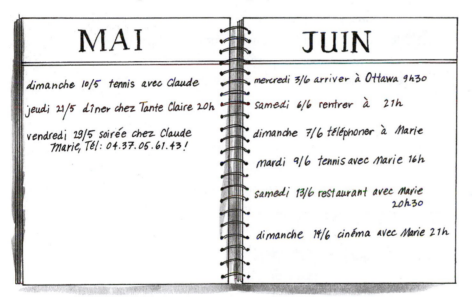

MAI

dimanche 10/5 tennis avec Claude

jeudi 21/5 dîner chez Tante Claire 20h

vendredi 29/5 soirée chez Claude
   Marie, Tél: 04.37.05.61.43!

JUIN

mercredi 3/6 arriver à Ottawa 9h30

samedi 6/6 rentrer à   21h

dimanche 7/6 téléphoner à Marie

mardi 9/6 tennis avec Marie 16h

samedi 13/6 restaurant avec Marie
                20h30

dimanche 14/6 cinéma avec Marie 21h

 L **Discussion.**   Discutez, avec un(e) partenaire, d'un voyage mémorable que vous avez fait. Où est-ce que vous êtes allé(e)? Est-ce qu'il a fait beau? Mauvais? Combien de temps est-ce que vous êtes resté(e) là-bas? Qu'est-ce que vous avez fait?, etc.

➡ *L'été dernier, je suis allé(e) au Festival international d'été à Québec...*

Jeu de rôle

With two classmates, play the roles of three friends who have different preferences (sports? movies? museums?). Discuss what you each did last weekend, then agree on a common activity for this weekend. Make two sets of plans: What will you do if the weather's nice? What will you do if it rains?

Lecture La télévision

Pensez

1 On ne peut pas parler de passe-temps sans parler de télévision, n'est-ce pas? Est-ce que vous regardez plus ou moins de télévision les jours où il fait beau? Quelles sortes d'émissions aimez-vous regarder à la télévision? Numérotez les émissions suivantes dans l'ordre de vos préférences (de 1 à 9).

_____ les films

_____ les jeux télévisés (comme *La Roue de la Fortune*)

_____ le journal télévisé (les informations)

_____ les magazines et documentaires

_____ les sports

_____ la téléréalité

_____ les divertissements (musique, comédie, etc.)

_____ les dessins animés (comme *Dora l'exploratrice*)

_____ les feuilletons (les séries en épisodes, comme *Glee*)

2 Chez vous, qui contrôle la télécommande *(remote control)*? Êtes-vous un «zappeur» (une «zappeuse»)? Quand changez-vous de chaîne *(channel)*? Cochez les réponses appropriées et ajoutez d'autres possibilités.

_____ quand il y a des pubs (publicités)

_____ quand il y a deux émissions intéressantes en même temps

_____ quand il n'y a rien *(nothing)* d'intéressant à voir

_____ quand les nouvelles sont trop déprimantes *(depressing)*

_____ quand vous êtes morose (triste)

_____ ?

Observez et déduisez: en général

3 Le texte que vous allez lire est une bande dessinée. Parcourez la bande dessinée une première fois pour identifier l'idée principale. *Les zappeurs,* c'est l'histoire d'une famille qui...

a. achète une nouvelle télévision et la regarde pour la première fois.

b. n'est pas contente parce que la nouvelle télé ne fonctionne pas bien.

c. regarde une nouvelle chaîne de télé et ne l'aime pas.

d. aime beaucoup la chaîne «anti-morosité».

LES ZAPPEURS

Album ZAPPEURS No 5, planche no 213, p. 20

Observez et confirmez: en détail

4 Les images et le texte. Les paraphrases suivantes sont-elles vraies ou fausses selon les images? Corrigez les phrases fausses, puis indiquez à quelle(s) image(s) elles correspondent.

image(s)

1. Le programme de télé annonce une nouvelle chaîne. _____
2. La réaction à l'idée d'une chaîne «anti-morosité» est très positive chez les enfants et très négative chez les parents. _____
3. La nouvelle chaîne donne seulement de mauvaises nouvelles. _____
4. Le père veut «zapper» mais le fils ne veut pas. _____
5. Les nouvelles traditionnelles sont plus intéressantes! _____

Vocabulaire actif

une bande dessinée
une chaîne
changer de chaîne
un dessin animé
le divertissement
une émission
un feuilleton
un jeu télévisé
le journal télévisé (les informations)
un programme
une pub
la télécommande
la téléréalité
zapper
un zappeur

5 Les mots. D'après le contexte, quel est le sens des mots suivants? Choisissez **a** ou **b**.

1. génial!	a. cool!	b. too bad!
2. je me réjouis	a. I rejoice, I'm happy	b. I fear, I'm afraid
3. manquer	a. to watch	b. to miss
4. Bienvenue	a. Welcome	b. Hello again
5. aucun (embouteillage)	a. no (traffic jams)	b. many (traffic jams)
6. se porte bien	a. is being carried	b. is doing well
7. un biberon	a. a glass	b. a baby bottle
8. nul!	a. no good!	b. none!

6 L'histoire. Résumez en trois ou quatre phrases l'histoire des zappeurs.

Explorez

1. **Qu'en pensez-vous?** Discutez avec deux ou trois camarades de classe.

    a. Les médias semblent nous bombarder de mauvaises nouvelles. À votre avis, pourquoi les mauvaises nouvelles sont-elles plus populaires que les bonnes nouvelles? Qu'est-ce que cela indique au sujet de notre société?

    b. Les bonnes nouvelles peuvent-elles être intéressantes? Préparez un journal télévisé «anti-morosité» avec au moins quatre bonnes nouvelles se rapportant à l'actualité locale, nationale ou internationale. Comment allez-vous présenter ces nouvelles pour garder l'intérêt de votre public? Essayez vos techniques devant la classe!

2. **La télé en France.** Regardez l'extrait d'un programme de télé à la page 215.

    a. Que remarquez-vous de différent dans la programmation de la télévision en France?

    b. Avec un(e) partenaire, cherchez dans ce programme de télé les renseignements nécessaires pour compléter le tableau.

TF1	1	FRANCE 2	2	FRANCE 3	3	M6	6	CANAL+	4

TF1

6.30 ⚄ TFou. 11.10 ⚄ Beverly Hills, 90210. La victoire. ♥ 12.00 ⚄ Attention à la marche ! Spécial parents/ados. ■ 13.00 ⚄ Journal. 13.55 ⚄ Julie Lescaut. Téléfilm. Ecart de conduite. 15.35 ⚄ Le cœur chocolat. Téléfilm. Une femme hérite d'une maison à Bruges et se rend sur place pour la vendre au plus vite. Mais elle découvre que la ville flamande est pleine de surprises. 17.35 ⚄ Monk. Monk se cache. 18.30 ⚄ A prendre ou à laisser. 19.05 ⚄ Le juste prix. ■ 20.00 ⚄ Journal.

20.45

♥ **New York, section criminelle**
Série policière. Ambition dévorante (Saison 8, 10/16). Avec Jeff Goldblum, Eric Bogosian, Julianne Nicholson. ⚄
La compagne d'un célèbre chef cuisinier meurt assassinée. *21.30 Autopsie d'un meurtre (14/16).* Nichols reçoit l'aide de Eames dans son enquête sur la mort d'une jeune adolescente droguée. *22.15 Une révolution en marche (16/16).* Le directeur d'une banque est assassiné. Le responsable est un vieux révolutionnaire allemand qui entend prendre pour cible le système bancaire.

FRANCE 2

6.30 Télématin. 9.05 ⚄ Des jours et des vies. 9.30 ⚄ Amour, gloire et beauté. 9.55 C'est au programme. 11.00 ⚄ Motus. 11.30 ⚄ Les Z'amours. ♥ 12.00 ⚄ Tout le monde veut prendre sa place. ■ 13.00 ⚄ Journal. 13.50 ⚄ Consomag. Sel et substituts au sel. ♥ 14.00 ⚄ Toute une histoire. 15.10 ⚄ Comment ça va bien ! 16.15 ⚄ Le Renard. 17.25 ⚄ Rex. Un ange à quatre pattes. 18.15 ⚄ En toutes lettres. 19.00 ⚄ N'oubliez pas les paroles. ■ 20.00 ⚄ Journal.

20.35

♥ **Chateaubriand**
Téléfilm français de Pierre Aknine (2009). Avec Frédéric Diefenthal, Armelle Deutsch, Aurélia Petit. ⚄
François-René de Chateaubriand est à Saint-Malo, pour décider de ce que sera sa future sépulture. Il se penche sur son passé, sa jeunesse à Combourg, sa rencontre avec le Paris de la Révolution, son voyage en Amérique. Plus tard, après l'armée des Princes viendra l'interminable exil à Londres. De retour en France, sous le Consulat, l'exécution du duc d'Enghien le brouille avec Bonaparte. **LIRE NOTRE ARTICLE.**

FRANCE 3

■ 6.00 ⚄ EuroNews. 6.45 ⚄ Ludo. 11.10 ⚄ Plus belle la vie. ■ 11.40 ⚄ Le 12/13. 13.00 ⚄ Nous nous sommes tant aimés. 13.30 ⚄ En course sur France 3. EN DIRECT d'Agen. 13.45 ⚄ Inspecteur Derrick. 15.00 ⚄ Questions au gouvernement. ♥ 16.05 ⚄ C'est pas sorcier. Rencontre avec les gorilles. 16.40 ⚄ Slam. 17.15 ⚄ Des chiffres et des lettres. ♥ 17.50 ⚄ Questions pour un champion. 18.30 ⚄ 18:30 aujourd'hui. ■ 18.45 ⚄ Le 19/20. 20.00 ⚄ Tout le sport. 20.10 ⚄ Plus belle la vie.

20.35

♥♥ **Des racines et des ailes**
Magazine. Présenté par Louis Laforge. Spécial Tunisie. ⚄
A l'occasion du 265ᵉ numéro de l'émission, Louis Laforge installe son plateau au musée du Bardo, à Tunis, puis dans le palais du baron d'Erlanger à Sidi Bou Saïd. Au sommaire : «L'héritage de Carthage». Fethi Bejaoui, directeur du site archéologique de Carthage, fait revivre cette grande cité antique. - «Au cœur de la Médina». - «Tunis, Art Nouveau». - «Entre oasis et désert». **LIRE NOTRE ARTICLE.**
■ 22.25 ⚄ Soir 3.

M6

6.00 ⚄ M6 Music. ♥ 6.35 ⚄ M6 Kid. 7.30 ⚄ Disney Kid Club. 9.05 M6 boutique. 10.00 ⚄ Absolument stars. ♥ 11.10 ⚄ Un gars, une fille. 11.40 ⚄ Charmed. Le pacte. - Le triangle maléfique. 13.45 ⚄ Vol 714 : au bout de l'enfer. Téléfilm de Thomas Jauch (2009). 15.45 ⚄ Maman à 16 ans. Téléfilm dramatique de Didier Bivel (2001). 17.20 ⚄ Malcolm. La jambe de grandmère. 17.50 ⚄ Un dîner presque parfait. ♥ 18.50 ⚄ 100 % Mag. ■ 19.45 ⚄ Le 19.45. ♥ 20.05 ⚄ Un gars, une fille.

20.40

Nouvelle star
Divertissement. Présenté par Virginie Guilhaume. ⚄
Les neuf candidats encore en lice espèrent bien être celui ou celle qui succédera à Soan, vainqueur de l'édition 2009. Pour cela, tous ont continué à travailler au cours d'une semaine bien remplie. Comme pour chaque prime, ils ne devront pas se tromper dans le choix du titre qu'ils interpréteront devant les mille personnes présentes au Pavillon Baltard, sans compter que les téléspectateurs ne manqueront pas de faire connaître leur approbation pour tel ou tel artiste.

CANAL+

10.40 NBA Time. 12.10 Les Guignols. ▢ 12.20 L'édition spéciale. 14.05 Bienvenue chez les Robinson. De Stephen Anderson (2007). 15.40 ⚄ Les petits explorateurs à travers l'Afrique. 16.25 Confessions d'une accro du shopping. De PJ Hogan (2008). ▢ 18.10 Album de la semaine. ▢ 18.20 ⚄ Les Simpson. ▢ 18.45 Le JT. ▢ 19.05 Le grand journal. ▢ 19.55 Les Guignols. ▢ 20.10 Le grand journal, la suite. ▢ 20.30 La grande soirée Champions League.

LE CHOIX DE TÉLÉOBS

♥♥ **20.45 Football**
FC Barcelone (Esp)/Inter Milan (Ita). Ligue des champions. Demi-finale retour. EN DIRECT.
L'Inter Milan de Wesley Sneijder a assuré l'essentiel en quart de finale, en s'imposant petitement face au CSKA Moscou, l'équipe surprise de cette phase finale. Mais c'est un tout autre défi qui attend les hommes de José Mourinho, confrontés au redoutable FC Barcelone, dont le jeu basé sur la vitesse d'exécution et la maîtrise technique a fait tourner bien des têtes au sein des défenses adverses.
♥ **22.45 Jour de foot.**

type d'émission ou titre	chaîne	heure
Film, Chateaubriand	France 2	20.35
Journal		20.00
	Canal+	20.45
Nouvelle Star		
Série policière		20.45
Magazine sur la Tunisie		
	Canal+	18.20
		17.15

c. Maintenant imaginez qu'on est le mercredi 28 avril. Qu'est-ce que vous allez regarder à la télé? Avec un(e) partenaire, discutez de ce qui vous intéresse et faites une liste des émissions que vous considérez pour (1) l'après-midi et (2) le soir.

Note culturelle

La télévision en France. 98% des Français déclarent avoir un téléviseur et la moitié des ménages déclarent en avoir au moins deux. L'équipement des foyers se poursuit car de plus en plus de personnes achètent des écrans plats (LCD ou plasma) et des systèmes de home cinéma. Les téléspectateurs ont maintenant accès à des centaines de chaînes grâce au câble, au satellite et à Internet.

Les Français de 4 ans et plus passent en moyenne 3h24 par jour devant la télévision. Les programmes les plus populaires sont les émissions de fiction, puis les magazines et documentaires et les journaux télévisés. Les émissions de téléréalité, très regardées par les jeunes, touchent à tous les domaines de la vie: il y a par exemple *Nouvelle Star**, une émission musicale, et *Koh Lanta**, une émission d'aventures avec des épreuves pour les participants. Les pubs interrompent généralement moins les émissions en France qu'aux États-Unis— elles apparaissent plus souvent avant et après. Que pensez-vous des interruptions publicitaires? Combien de temps passez-vous devant la télé pendant l'année scolaire et pendant les vacances? Quelles sont vos chaînes préférées? Pour quelles raisons?

_____
version française: American Idol; *version française:* Survivor

Bloguez! (iLrn)

Préférez-vous regarder des émissions à la télé ou sur votre ordinateur? Ajoutez des liens vers les sites Web de vos émissions préférées et dites pourquoi vous les aimez bien.

Structure — Talking about favorite pastimes

Les verbes *lire, dire, voir* et *écrire*

Observez et déduisez

D'habitude je passe mon temps libre à lire et à regarder des films. Hier, par exemple, j'ai lu des bandes dessinées le matin, et l'après-midi je suis allée au cinéma avec mes copains. Nous avons vu *Inception* avec Marion Cotillard. Patrick a dit que c'est un excellent film, et moi, je suis d'accord. J'aime les drames et les films de science-fiction, mais pas les films d'épouvante.

Et vous? Comment passez-vous votre temps? Complétez mon sondage:

Vocabulaire actif

des bêtises
un blog
un clip vidéo
dire
un drame
écrire
un film
  d'épouvante
  de science-fiction
le genre
une histoire
une lettre
lire
un mensonge
une page perso
un rapport
la vérité

Quand j'ai du temps libre, j'aime lire:

_____ un blog
_____ des magazines
_____ des bandes dessinées
_____ des journaux
_____ des romans d'amour

J'écris souvent:

_____ des lettres
_____ des mails
_____ des rapports pour mes cours
_____ sur ma page perso
_____ des tweets

Chantal Thompson

Pour m'amuser, j'aime voir:

_____ des divertissements musicaux

_____ des documentaires à la télé

_____ des films étrangers en version originale

_____ des films d'aventure

_____ *Nouvelle Star*

Je dis souvent / toujours / ne... jamais

_____ «merci» et «s'il vous plaît»

_____ la vérité

_____ des bêtises

_____ des mensonges

_____ «Jamais!»

- From the context, what do you think the verbs **lire**, **écrire**, **dire**, and **voir** mean? What are the past participles of **voir**, **lire**, and **dire**? How would you say: *Twilight Chapitre 3* and *Madame Bovary*?

Confirmez

You have already learned several verbs that have irregular past participles in the **passé composé** (see p. 187). **Lire, dire, voir,** and **écrire** all have irregular past participles and all are conjugated in the **passé composé** with **avoir.**

— Tu **as vu** *Inception*?
— Non, mais Claire **a dit** que c'est bien et elle dit toujours la vérité.

— Tu **as lu** les histoires (*stories*) de Pierre?
— Il **a écrit** des histoires?!

Les verbes *lire, écrire, dire, voir*

je lis	j' écris
tu lis	tu écris
il/elle/on lit	il/elle/on écrit
nous lisons	nous écrivons
vous lisez	vous écrivez
ils/elles lisent	ils/elles écrivent
je dis	je vois
tu dis	tu vois
il/elle/on dit	il/elle/on voit
nous disons	nous voyons
vous dites*	vous voyez
ils/elles disent	ils/elles voient

Participes passés: lu, écrit, dit, vu

*Note irregular form.

Note culturelle

Passe-temps contemporains. De plus en plus, les nouvelles technologies transforment les loisirs à travers le monde francophone, surtout parmi les jeunes internautes qui aiment surfer sur Internet, créer leur propre site Internet (une page perso), monter leurs propres vidéos et albums photos, télécharger des vidéos et de la musique, etc. Un nombre croissant de Français sont actifs sur des réseaux sociaux comme *Facebook* où ils jouent régulièrement à des jeux comme *Paf le chien* ou communiquent «mur à mur», échangent des photos et participent aux forums. Au Québec, les activités Internet les plus populaires sont le visionnement de vidéos et de la télévision suivi de jeux auxquels participent 30% des internautes québécois. D'autres outils de communication populaires parmi les jeunes Francophones sont le micro-blogging à la *Twitter* et les messageries instantanées comme *Skype* ou *AIM*. En plus, les jeunes passent du temps à regarder et à partager des vidéo-clips sur *YouTube*, par exemple, et à consulter et à monter des billets de blog.

Bloguez! ⓘLrn

Expliquez le rôle que la technologie joue dans votre vie. Combien de temps est-ce que vous passez à surfer sur Internet? Pour quelles raisons? Pour faire de la recherche? Pour communiquer avec la famille et les copains? Pour vous informer? Pour faire des achats?, etc.

Activités

M **Associations.** Quels verbes (**lire, dire, écrire** ou **voir**) associez-vous aux mots qui suivent?

un clip vidéo	des bêtises	un spectacle	un roman
un film d'épouvante	la vérité	des mensonges	un documentaire
un magazine	un blog	un mail	une page perso

N **Logique.** Complétez les phrases suivantes avec le verbe logique.

1. Les étudiants _____ (écrire / lire) des bandes dessinées.
2. Je/J' _____ (écrire / dire) quelquefois des histoires.
3. La classe _____ (lire / voir) le professeur trois jours par semaine.
4. Hier, nous _____ (écrire / voir) une lettre à nos copains.
5. Et toi, tu _____ (voir / dire) toujours la vérité?
6. Mon frère _____ (lire / dire) souvent des bêtises.

Banque de mots

un film d'épouvante
un rapport
«Faites vos devoirs»
des B.D.
le professeur au parc
des romans historiques
«bonjour» aux étudiants
des magazines
des choses intéressantes
une lettre
la téléréalité
un match de foot
des bêtises
des mensonges

O **Préférences.** Complétez les phrases de façon originale. Inspirez-vous de la banque de mots.

➡ *Mes parents lisent des magazines. Ils ne lisent pas mon blog.*

Mes parents lisent souvent / ne lisent pas...

Mon ami(e) écrit quelquefois... / Une fois, il/elle a écrit...

Hier, mes camarades de chambre ont vu...

Le professeur dit toujours / ne dit jamais...

 P **Pour s'amuser.** Écrivez vos préférences pour les catégories suivantes sur une feuille de papier: **genre de films, genre d'émissions, genre de lectures, ce que j'aime écrire.**

Ensuite, sondez vos camarades de classe et notez les préférences du groupe.

➡ *Moi, j'aime les films policiers. Quel genre de films est-ce que tu aimes voir? / Moi, je n'aime pas lire. Et toi? Qu'est-ce que tu lis le plus souvent?*

Maintenant, identifiez les genres les plus populaires parmi les étudiants, puis posez des questions au professeur. Ses réponses, ressemblent-elles aux réponses des étudiants? Parlez-en avec vos camarades de classe. Finalement, comparez vos réponses avec les réponses des Français dans le tableau ci-dessous.

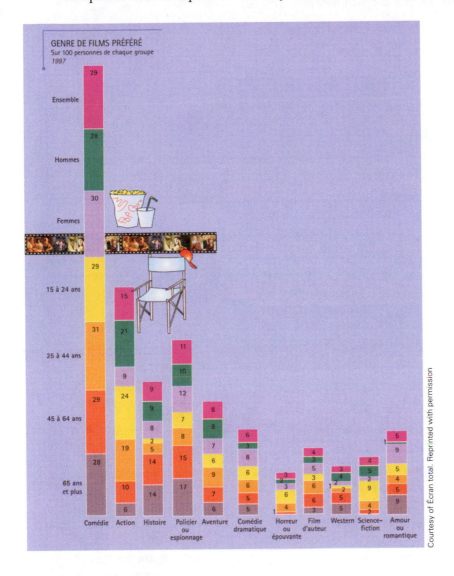

GENRE DE FILMS PRÉFÉRÉ
Sur 100 personnes de chaque groupe
1997

Courtesy of Écran total. Reprinted with permission

Structure   Avoiding repetition   Grammar Podcasts, Grammar Tutorials

Les pronoms d'objet direct

Observez et déduisez

— Dis, Éva **m**'a retrouvé après les cours, et elle **nous** a invités chez elle pour regarder la nouvelle chaîne anti-morosité. Tu **l**'as déjà vue, cette chaîne?
— Pas encore, mais je voudrais **la** voir. On dit que les émissions sont géniales!
— Pas du tout! Je **les** trouve ennuyeuses. Moi, je préfère la réalité.
— Eh oui, je **te** comprends!

- To whom or what do the boldfaced pronouns in the preceding dialogue refer? Where is the pronoun placed when the verb is in the present tense? When the verb is in the **passé composé**? When there are two verbs?

Confirmez

Les pronoms d'objet direct

singulier	pluriel
me / m' + voyelle	nous
te / t' + voyelle	vous
le / la / l' + voyelle	les

1. A direct object is a noun that follows and "receives" the action of the verb. It answers the question *whom* or *what* and comes immediately after the verb.

   J'ai regardé **la chaîne anti-morosité** hier soir. (watched *what*?)
   Je vais retrouver **Éva** après les cours. (going to meet *whom*?)

2. A direct object *pronoun* is used to avoid repeating the noun if the direct object has already been mentioned.

   — Tu as vu **le journal télévisé**?   — Éva invite **Lucas et moi** chez elle.
   — Oui, je **l'**ai vu.   — Elle **nous** trouve sympas.

3. Certain French verbs require a direct object, unlike their English equivalents.

   Je cherche **la télécommande.**
   Je regarde **le documentaire sur Haïti.**
   J'écoute **les informations à la radio.**

4. Direct object pronouns agree in number and gender with the nouns they replace, and they directly *precede* the verb.

   — Tu vois **mon journal**?   — Tu retrouves **Éva et moi** à 3h?
   — Oui, je **le** vois.   — Oui, je **vous** retrouve au café.

   In a negative sentence, **ne** precedes the direct object pronoun.

   — Tu vois **mes amis**?   — Non, je **ne les** vois pas.

5. In the **futur proche** or a sentence with a verb and an infinitive, the direct object pronoun precedes the *infinitive.* (It is the object of the infinitive.)

   — Tu veux aider Chloé et moi?   —Le prof va corriger nos devoirs?
   — Oui, je veux **vous** aider.   —Oui, il va **les** corriger.

6. In the **passé composé,** the pronoun directly precedes the *auxiliary* verb.

   — Tu as vu le film?   —Tu **m'**as vu à la bibliothèque hier?
   — Oui, je **l'**ai vu.   —Non, je ne **t'**ai pas vu!

   Note that in the **passé composé,** the past participle agrees in number and gender with the preceding direct object pronoun.

   — Tu as vu la chaîne anti-   — Tu as vu mes amis?
     morosité?   — Oui, je **les** ai vu**s.** (les amis)
   — Oui, je **l'**ai vu**e.** (la chaîne)

Le placement des pronoms d'objet direct

présent	—Sarah regarde les jeux télévisés? — Oui, elle **les** regarde souvent.	— Vous aimez la téléréalité? — Nous ne **l'**aimons pas du tout.
futur proche **or two verbs**	— Tu veux lire mon blog? — Bien sûr, je veux **le** lire.	— Tu vas faire tes devoirs? — Je vais **les** faire ce soir.
passé composé	— Ils ont dit la vérité? — Ils **l'**ont dite!	— Vous avez écrit ton rapport? — Non, je ne **l'**ai pas écrit.

Activités

Q **Toujours «oui».** Écoutez les questions et complétez les réponses avec le pronom d'objet direct qui convient: **le, la, l', les, me te, nous, vous.**

→ (Tu aimes les histoires comiques?) *Oui, je les aime.*

1. Oui, je _____ vois souvent.
2. Oui, je _____ regarde.
3. Oui, je _____ ai lus.
4. Oui, je _____ ai vue.
5. Oui, je _____ invite au café.
6. Oui, je _____ aide à faire tes devoirs.
7. Oui, tu _____ retrouves à 4 h.
8. Oui, tu vas _____ voir au concert.

R **Préférences des téléspectateurs.** De quoi parle-t-on logiquement dans les phrases de gauche? Choisissez parmi les expressions de la colonne de droite.

→ «Je vais le regarder ce soir.» *le journal télévisé*

1. «Je les regarde souvent.»
2. «Je la regarde tous les jours.»
3. «Je ne le regarde jamais.»
4. «Je les ai regardés hier.»
5. «Je ne l'ai pas vue.»
6. «Je ne l'ai pas aimé.»

a. la télécommande
b. la chaîne anti-morosité
c. le programme de télévision
d. les sports
e. le journal télévisé
f. *Nouvelle Star*
g. les informations
h. le magazine télévisé sur la Tunisie

S **Interview.** À tour de rôle, posez des questions à un(e) partenaire sur ses préférences en matière de passe-temps en demandant ce qu'il/elle a fait récemment (1–4) et ce qu'il/elle va *ou* veut faire (5–10). Répondez selon le modèle.

→ Tu as vu le match de foot samedi dernier?
Oui, je l'ai vu.

Tu veux voir le match de foot samedi?
Oui, je veux le voir. / Non, je ne veux pas le voir.

1. Tu as vu ... récemment?
   (le nouveau film de Johnny Depp ou de Nathalie Portman? la chaîne anti-morosité? *Koh Lanta?*...)
2. Tu as écouté...
   (la nouvelle chanson de Carrie Underwood ou de Beyoncé? ton MP3? la chaîne NPR à la radio?...)
3. Tu as regardé ... à la télé?
   (les informations? le tournoi de Roland-Garros*? ton feuilleton favori?...)
4. Tu as lu ... ce matin?
   (les bandes dessinées dans le journal? le nouveau roman de John Grisham? les textos de tes copains?...)
5. Tu vas retrouver ... au café / au stade / au théâtre?
   (moi? tes camarades de classe? ton (ta) colocataire?...)
6. Tu vas inviter... chez toi ce week-end?
   (le professeur? beaucoup d'amis? nos camarades de classe et moi?...)
7. Tu vas écouter...
   (la radio? les infos à la télé? de la musique?...)
8. Tu veux faire...
   (les courses? la grasse matinée? du sport?...)
9. Tu veux lire...
   (le journal? les mails de tes ami(e)s? les best-sellers?...)
10. Tu veux aider... à faire les devoirs?
    (_____ et moi? tes petits frères? ta copine?...)

* French Open Tennis Tournament

Maintenant, analysez les réponses et présentez votre partenaire à la classe.

CINEMA

LA FÊTE DES VOISINS, LE FILM

de David Haddad
(Comédie, France, 1h22)
avec David Haddad, Marie Lorna Vaconsin, Philippe Stellaire

A l'occasion de la Fête des Voisins, Pierrot un jeune gardien d'immeuble, concocte dans la cour un apéro de dernière minute avec buffet, ballons et banderole. Les voisins vont ainsi pouvoir se retrouver dans une ambiance plus conviviale que celle d'un ascenseur, d'une cage d'escaliers ou d'une tempétueuse réunion de copropriétaires. Mais Monsieur Le Maire, pensant que la pilule passerait mieux avec une coupe de champagne, s'invite à la Fête des Voisins pour annoncer aux habitants de l'immeuble une mauvaise nouvelle. L'apéro va alors très vite partir en cacahuète...
» Actuellement

PRINCE OF PERSIA : LES SABLES DU TEMPS

de Mike Newell
(Aventure, fantastique, USA, 1h56)
avec Jake Gyllenhaal, Gemma Arterton, Ben Kingsley

Dastan, un jeune prince de la Perse du VIe siècle va devoir unir ses forces à celles de la belle et courageuse princesse Tamina pour empêcher un redoutable noble de s'emparer des Sables du Temps, un don des dieux capable d'inverser le cours du temps et qui lui permettrait de régner en maître absolu sur le monde.
» Actuellement

STREETDANCE 3D

de Max Giwa, Dania Pasquini
(Danse, B-B, 1h35)
avec Nichola Burley, Richard Winsor, Ukweli Roach

Alors que Carly et son groupe de street dance viennent de se qualifier pour la finale des championnats anglais, le départ de Jay, son partenaire et petit ami, remet tout en cause. Même si la jeune fille s'efforce d'y croire encore, les chances sont compromises, d'autant que le sort s'acharne jusqu'à leur faire perdre leur salle de répétition. C'est alors qu'Helena, une prof de danse classique leur propose un marché : ils pourront répéter dans le luxueux studio de danse de l'Académie de Ballet si Carly accepte de partager sa passion avec ses élèves. Entre les deux univers, le choc est violent. Pendant que Carly et Tomas, un séduisant danseur de ballet, se rapprochent, les deux groupes tentent d'affronter ensemble la finale et les auditions qui se profilent...
» Actuellement

CA COMMENCE PAR LA FIN

de Michaël Cohen
(Drame Passionnel, France, 1h28)
Avec Emmanuelle Béart, Michaël Cohen

Une femme, un homme, un été à Paris. La passion, la rupture, les retrouvailles. Une histoire d'amour dans le désordre.
» Actuellement

AMÉLIE AU PAYS DES BODIN'S

de Eric Le Roch
(Comédie, France, 1h20)
avec Vincent Dubois, Jean-Christian Fraiscinet, Muriel Dubois

Amélie aurait bien voulu naître à Paris, dans un quartier chic. Sa maman aurait été belle comme une princesse et son papa aurait eu un beau costume et une belle cravate, comme un Président de la République. Ils auraient habité dans une belle maison, grande comme un château, avec des lumières partout et de beaux rideaux rouges, mais bon... On ne lui a pas demandé son avis... Elle s'appelle Amélie Bodin, elle est née dans les champs, au milieu des abeilles et sa vie à elle, ça va pas être un conte de fées !...
» Actuellement

LES COLTS DE L'OR NOIR

de Pierre Romanello
(Western, France, 1h45)
avec Frédéric Ferrer, Romain Bertrand, Lionel Tavera

Fin du 19ème siècle. L'or noir va transformer la ville de Fort River en un nouvel Eldorado. Premier homme d'affaires arrivé sur les lieux, M. Trevis, aussi vénal que peu scrupuleux, entend devenir le seul exploitant des alentours. Il charge John, son "bras armé", de convaincre les fermiers de lui céder leurs terres. Après l'assassinat de sa femme, Mike s'est reconverti en chasseur de prime. Sa poursuite l'amène à intégrer le groupe de John. Jack Mc Candle, légitime héritier de la ferme de son père, premier de la famille à avoir foulé le sol américain, refuse les offres récurrentes de M. Trevis qui, aveuglé par sa soif de richesse, est prêt à tout pour obtenir ce qu'il veut.
» A partir du 2 juin

RABIA

de Sebastián Cordero
(Drame, Espagne/Colombie, 1h35)
avec Gustavo Sanchez Parra, Martina García, Icíar Bollaín

Madrid. Rosa et José-Maria, immigrés sud-américains viennent de se rencontrer lorsque ce dernier provoque la mort de son chef de chantier. Il doit alors se cacher et trouve refuge, à l'insu de tous, dans la grande maison bourgeoise où Rosa est employée comme domestique. Rosa malgré elle va devenir le centre de tous les fantasmes.
» A partir du 2 juin

SEX AND THE CITY 2

de Michael Patrick King
(Comédie, USA)
avec Sarah Jessica Parker, Kim Cattrall, Kristin Davis

Humour, amour, glamour... Carrie, Samantha , Charlotte et Miranda s'éloignent encore plus de la Grosse Pomme, emportant dans leurs bagages leurs vies mouvementées et leurs amours.
» A partir du 2 juin

SWEET VALENTINE

de Emma Luchini
(Comédie dramatique, France, 1h25)
avec Vincent Elbaz, Vanessa David, Gilles Cohen

© Mars Distribution

Ivan, bandit sans envergure, croise le chemin de Sonia, jeune provinciale fraîchement arrivée à Paris. Dès le premier regard, il la déteste. Dès le premier regard, elle s'entiche follement de lui. C'est décidé : cet homme cruel sera son prince charmant, son héros, l'homme de sa vie. Et si Ivan a la haine tenace, Sonia a la patience d'un ange. Ou celle d'un démon.
» A partir du 2 juin

LA TÊTE EN FRICHE

de Jean Becker
(Comédie, France, 1h22)
avec Gérard Depardieu, Gisèle Casadesus, Maurane

© StudioCanal

C'est l'histoire d'une de ces rencontres improbables qui peuvent changer le cours d'une vie, entre Germain, la cinquantaine, presque analphabète, et Margueritte, une petite vieille passionnée de lecture. Un jour, Germain vient s'asseoir par hasard à côté d'elle dans le square. Margueritte lui lit des extraits de romans et lui fait découvrir la magie des livres, dont Germain se croyait exclu à jamais. Alors, pour son entourage, pour ses copains de bistrot qui jusque-là le prenaient pour un imbécile, la bêtise va changer de côté ! Mais Margueritte perd la vue, et Germain veut lui montrer qu'il sera capable de lui faire la lecture lorsqu'elle ne pourra plus le faire.
» A partir du 2 juin

LES AMOURS SECRÈTES

de Franck Phelizon
(Drame, France, 1h28)
avec Anémone, Grégory Barboza, Déborah Durand

Un vieil homme relit le journal intime d'une jeune fille juive écrit sous l'Occupation 60 ans plus tôt... Sarah Rosemblum avait 25 ans. Elle était jeune, belle, amoureuse. Il s'appelait Hans, un officier SS rebuté par l'idéologie nazie, de ceux qui méprisent leur uniforme et utilisent leur fonction pour fournir de faux papiers aux Juifs. Un couple improbable sur le point de vivre son idylle... Mais la guerre rattrape ceux qui s'aiment, et il faudra bientôt fuir, jusqu'au moment où il n'y aura plus de fuite possible. Qui est ce vieil homme qui s'est plongé dans l'histoire de Sarah...
» A partir du 9 juin

NANNERL, LA SOEUR DE MOZART

de René Féret
(Drame, France, 2h)
avec Marie Féret, Marc Barbé, Delphine Chuillot

Mozart avait une sœur aînée surnommée Nannerl. Enfant prodige, elle est présentée avec son frère à toutes les cours européennes. A l'issue d'un voyage familial de trois années, elle rencontre à Versailles le fils de Louis XV qui l'incite à écrire de la musique. Mais Nannerl est une fille et une fille n'a pas le droit de composer.
» A partir du 9 juin

THE WORLD IS BIG

de Stephan Komandarev
(Comédie dramatique, Bulgarie/Allemagne/Slovénie/Hongrie, 1h45)
avec Carlo Ljubek, Miki Manojlovic, Hristo Mutafchiev

© Épicentre Films

Après un accident de voiture, Alex, un jeune Bulgare élevé en Allemagne, devient amnésique. Pour tenter de le guérir, son grand-père organise son retour dans son pays d'origine, la Bulgarie. Ce périple initiatique à travers l'Europe permettra à Alex de retrouver sa mémoire et son identité.
» A partir du 9 juin

Jeu de rôle

You and your "family" want to see a movie, but each person likes a different kind of film. Examine the page from the movie guide above, and discuss possibilities. Each person explains why his or her choice is the best. Who will be the most convincing? Which movie will you see?

Les vacances sont sacrées.

Observez et déduisez

«Fermeture annuelle». C'est ce qu'on voit en France sur les portes de beaucoup de magasins ou d'entreprises pendant les mois de juillet et août. Une fermeture totale de quinze jours à trois semaines! Qu'est-ce que cela révèle sur les Français?

Confirmez et explorez

Quand on parle de temps et de passe-temps dans le monde francophone, plusieurs sujets s'imposent.

• **Les congés payés[1].**   Savez-vous que l'activité économique française baisse (diminue) de 25% en été? Parce que ce sont les vacances, et pour les Français, les vacances sont sacrées! La loi[2] française garantit cinq semaines de congés payés par an et les Français sont prêts à faire toutes sortes de sacrifices pour avoir de bonnes vacances. Le fait que les congés payés sont généralement moins longs aux États-Unis est-il révélateur? De quoi?

• **Les loisirs et l'école.**   Pour les jeunes Français, la vie sportive et sociale occupe une grande partie des passe-temps, mais elle est, en général, séparée de la vie scolaire. Si certains lycées ont des équipes[3] sportives, les universités n'en ont pas et n'organisent pas de bals[4] pour les jeunes. Les sports et les activités sociales sont considérés comme des loisirs et se font, le plus souvent, à l'extérieur de l'école, car l'école est considérée comme une institution purement académique.

À votre avis, quels sont les avantages et les désavantages de cette séparation?

• **Sports individuels ou collectifs?**   Comme passe-temps, un Français sur trois pratique un sport individuel (le jogging, l'aérobic, le ski, le cyclisme) mais seulement un sur quinze pratique un sport collectif (le football, le volley-ball, le rugby). Trouvez-vous ces statistiques surprenantes? Comment les expliquez-vous?

• **L'influence du temps.**   Le temps et le climat influencent les passe-temps et la vie en général, n'est-ce pas? Au Québec, où les hivers sont très longs et rigoureux, on dit que les familles sont très proches[5] et quand on parle de famille, il s'agit de la famille nucléaire. Mais en Polynésie, où il fait entre 21 et 32° C toute l'année, la «famille» qui assume la responsabilité des enfants inclut les grands-parents, les oncles, les tantes et même les voisins! Comment expliquez-vous cela? Dans un pays comme la France, où les climats sont variés, on dit aussi que les gens du Nord sont plus froids et plus fermés que les gens du Midi (le Sud), qui sont plus ouverts, plus gais. Est-ce la même chose aux États-Unis? Donnez des exemples de différences culturelles qui peuvent être liées (associées) au climat.

Soleil et sourires en Polynésie française

Bloguez! iLrn

Décrivez le rôle que les sports jouent dans votre culture. Lesquels sont les plus populaires dans votre région? S'agit-il de sports individuels ou collectifs? Si ce sont des sports collectifs, s'agit-il d'équipes professionnelles ou universitaires? Ajoutez un lien vers la page Web de votre équipe favorite.

---

1. *paid vacation*   2. *law*   3. *teams*   4. *dances*   5. *close*

Troisième étape

À l'écoute   Sport et culture

Le sport comme passe-temps ou comme profession est-il le reflet d'une culture ou du climat? La conversation que vous allez écouter dans cette étape va proposer des idées très intéressantes. Pour bien les comprendre, faites **Pensez 1** avant d'écouter, puis écoutez en suivant les instructions données.

Pensez

1 On associe traditionnellement certains sports à certains pays. Regardez les photos, puis reliez les sports et les pays suivants.

Stu Forster/Getty Images

Bob Daemmrich/Stock Boston

Reuters NewMedia Inc./Corbis

les pays d'Europe de l'Ouest   le judo
le Canada   le football
le Japon   le football américain
les États-Unis   la gymnastique
l'Afrique   le hockey
les pays d'Europe de l'Est   la course

À quel(s) pays associez-vous les sports suivants: le patinage sur glace *(ice skating)*? le cyclisme? le ski? le baseball? Est-ce qu'il y a d'autres sports liés à des pays particuliers?

Observez et déduisez 🔊

CD 2-23

2 Écoutez d'abord pour identifier les sports qui sont mentionnés.

3 Écoutez encore et complétez.

1. Le _____ est caractéristique du climat du _____ : rigoureux et _____.

2. Le _____ est une conquête progressive du territoire par la tactique et la force, comme la conquête de _____.

3. Ce sont les spectateurs qui sont violents aux matchs de _____ en _____.

4 Vrai ou faux? Si c'est faux, corrigez.

1. Selon cette conversation, la société canadienne est de plus en plus violente.

2. Hier, il y a eu un incident de violence entre spectateurs au match entre l'Allemagne et la Belgique.

5 Est-ce que vous êtes d'accord avec les idées exprimées dans cette conversation sur le hockey et le football américain? Est-ce que les sports sont vraiment le reflet des cultures? Donnez votre opinion.

Prononciation Les consonnes *s* et *c*

Observez et déduisez
CD 2-24

The letter **s** can be pronounced [s] or [z] in French.

1. **[s] ou [z]** Listen to the following sentences from **À l'écoute: Sport et culture** on the Text Audio Track, underlining the [s] sounds with one line and the [z] sounds with two lines. Listen to each sentence twice.

a. J'ai lu quelque chose d'intéressant sur le sport.

b. Ils disent aussi que c'est caractéristique d'une société de plus en plus violente.

Now can you infer when the s is pronounced [z]? Check the following chart.

	[s]	[z]
a single **s** between two vowels		
s in a liaison		
s at the beginning of words		
s between a vowel and a consonant		
spelled **-ss-**		

The letter **c** can be pronounced [s] or [k] in French.

2. **[s] ou [k]?** Listen to the following words from **À l'écoute: Sport et culture** on the Text Audio Track, and in the chart, indicate which sound corresponds to each letter combination.

le climat   c'est
la tactique   la force
le Canada   la société
la conquête   un incident
la culture   ça

	[s]	[k]
c + consonant		
c + a, o, u		
c + e, i		
ç + a, o, u		

Confirmez 🔊
CD 2-25

Practice saying the following words aloud, then listen to them on the Text Audio Track to verify your pronunciation.

1. inversion; maison; saison; conversion; télévision; émission
2. ils lisent; nous disons; vous dansez; on traverse; tu plaisantes
3. les loisirs; le cyclisme; un musée; un dessin; la philosophie
4. une bicyclette; de toute façon; un concert; les vacances; le cœur; un morceau
5. J'espère qu'il n'y a pas de poison dans le poisson.
6. Mon cousin est assis sur un coussin *(cushion)*.
7. Un chien de chasse *(hunting dog)* qui ne sait pas chasser n'est pas un bon chien de chasse.

Note culturelle

• **Zinedine Zidane** (photo p. 224) est un des sportifs préférés des Français. Vainqueur de la Coupe du Monde de football en 1998 et du Championnat d'Europe des Nations en 2000, il a été élu meilleur joueur européen de l'Histoire par la BBC. La famille de «Zizou» est originaire d'Algérie, mais le célèbre numéro 10 a grandi à Marseille. Il a notamment joué pour la Juventus de Turin et le Real Madrid. Maintenant à la retraite, il parraine *(sponsors)* la Danone Nations Cup, une mini coupe du monde pour les enfants.

• **Justine Henin** est une joueuse professionnelle de tennis. Originaire de Belgique, elle a gagné 7 tournois du Grand Chelem: Roland Garros, l'US Open et l'Open d'Australie. Elle a aussi gagné une médaille d'or aux Jeux olympiques et a été numéro 1 mondial.

© Neale Cousland/Shutterstock.com

Bloguez! iLrn

Qui sont vos athlètes professionnels favoris? Expliquez pourquoi et ajoutez un lien vers leur page perso.

Les verbes comme *choisir*

Observez et déduisez

— Je ne comprends pas. J'ai grossi pendant les vacances, et maintenant je ne réussis pas à maigrir.

— Ben, tu n'es pas discipliné, Thomas! Tu ne réfléchis pas à ce que tu manges et tu ne fais jamais d'exercice.

— Mais tu vois bien que je choisis des plats sains: des légumes, du poisson...

— Et tu finis par un gros morceau de gâteau!

— Mais je fais du sport! Mon passe-temps préféré, c'est le foot.

— Oui, à la télé! Choisir des émissions sportives à la télé et faire du sport, ce n'est pas exactement la même chose!

— N'oublie pas que je joue au foot le week-end...

— S'il ne pleut pas. Ou s'il ne fait pas trop froid ou trop chaud. Ou s'il n'y a pas trop de vent...

- Several new verbs are being introduced in the preceding conversation. Using the context and your knowledge of cognates, can you match the verbs with their meaning?

  1. grossir   a. to lose weight
  2. réussir à   b. to finish
  3. maigrir   c. to gain weight
  4. finir   d. to choose
  5. choisir   e. to succeed in
  6. réfléchir à   f. to think about/reflect on

- Can you infer the **je** and **tu** forms of **grossir, maigrir,** and **réfléchir**? Based on the example of **grossir** in the conversation, how would you form the **passé composé** of the other new verbs?

Vocabulaire actif

choisir
discipliné(e)
finir
grossir
maigrir
réfléchir à
réussir à

Confirmez

1. Verbs conjugated like **choisir** are known as regular **-ir** verbs.

2. The stem of these verbs is formed by dropping the **-ir (choisir: chois-)** and adding the endings shown in the following chart. Add **i** to the singular stem to form the past participle.

Le verbe *choisir*

je chois**is**	nous chois**issons**
tu chois**is**	vous chois**issez**
il/elle/on chois**it**	ils/elles chois**issent**

Passé composé: j'ai chois**i**

3. Some of these **-ir** verbs require a preposition when followed by an infinitive or by a complement.

Thomas a fini **de** manger.
Il a choisi **d'**oublier son régime.

Bien sûr, il ne réussit* pas **à** maigrir.
Il ne réfléchit jamais **aux** conséquences de ses actes.

*****Réussir à un examen** means to *pass* an exam. (Remember that **passer un examen** means to *take* an exam.)

Activités

T **Logique? Pas logique?** Complétez les phrases suivantes avec la forme convenable du verbe entre parenthèses, puis dites si la phrase est logique ou pas logique.

1. Vous (grossir) parce que vous faites souvent la course avec des copains.
2. Thomas (ne pas réussir) à maigrir parce qu'il fait rarement de l'exercice.
3. Mon coloc et moi, nous (choisir) de faire du cyclisme pour être en bonne forme.
4. Je (maigrir) facilement parce que je suis fan de basket.
5. Tu (réfléchir) à ta santé, alors tu regardes beaucoup d'émissions sportives à la télé.
6. Quand mes sœurs (finir) leur match de tennis, elles ont soif.

U **En bonne forme.** D'abord, lisez les phrases ci-dessous et décidez si elles sont vraies ou fausses pour vous.

1. Je veux être en bonne forme, donc je réfléchis souvent à ma santé.
2. Je suis sportif (sportive) et je maigris facilement.
3. S'il ne fait pas mauvais, je choisis de faire de l'exercice tous les jours.
4. Quand je finis de faire de l'exercice, je bois de l'eau.
5. D'habitude je ne grossis pas pendant les vacances.
6. Je choisis des plats sains au restaurant.
7. Je finis mon dîner par un fruit—pas du gâteau.
8. Normalement, je réussis à dormir huit heures par nuit.

Maintenant, interviewez un(e) camarade de classe et faites une liste des habitudes que vous avez en commun. Parlez des résultats avec la classe. Comment est l'étudiant(e) «typique»? Est-il/elle en bonne forme? Discipliné(e)? Expliquez.

➡ *Tu bois de l'eau quand tu finis de faire de l'exercice?*

V **Un test psychologique.** Quel genre de personne êtes-vous? Complétez les phrases suivantes. Est-ce que vos réponses sont révélatrices? Êtes-vous optimiste? Sportif (Sportive)? Bavard(e)? Calme? Discipliné(e)?

1. Hier, j'ai (je n'ai pas) fini (de)...
2. D'habitude, mes copains et moi, nous réussissons toujours (ne réussissons jamais) à... et en plus...
3. Je choisis souvent (de)... alors que mes parents...
4. J'ai maigri (grossi) parce que... Quand je (maigris) grossis...
5. Je réfléchis souvent (ne réfléchis jamais) à...

Inviting and responding to invitations

Observez et déduisez

Thomas Craig/Photolibrary

Every speech act carries with it an implied ritual that is understood by all the parties involved. With invitations, for example, first the invitation is extended, then if it is accepted, details (time, place, etc.) are negotiated and confirmed. If the invitation is declined, an excuse is made, and regrets are expressed. Study the following dialogues and identify the expressions used to invite, accept or decline an invitation, suggest, confirm, make excuses, and express regret.

— J'ai envie *(feel like)* d'aller au match de foot cet après-midi. Ça t'intéresse?
— Oui, je veux bien! À quelle heure?
— Rendez-vous devant le stade à trois heures, d'accord?
— Entendu! À trois heures!

— J'ai une idée. Allons manger au restaurant! Je t'invite.
— Oh, c'est gentil, mais je ne peux pas. J'ai des courses à faire.
— Dommage. Une autre fois, alors.

— Veux-tu aller au cinéma avec moi? Je t'invite!
— Volontiers! C'est génial!

Now verify your answers in the table that follows.

Confirmez

Pour inviter	
J'ai envie de...	Tu veux aller avec moi? (Vous voulez aller... ?)
J'ai une idée!	Ça t'intéresse? (Ça vous intéresse?)
Je voudrais...	Je t'invite. (Je vous invite.)
	Ça te dit? (Ça vous dit?)
	Veux-tu... ? (Voulez-vous... ?)

Pour accepter	
Bonne idée!	C'est gentil, volontiers!
Je veux bien.	Avec plaisir.
	C'est génial!

Pour refuser	
Malheureusement, je n'ai pas le temps.	
C'est gentil, mais je ne peux pas...	
Je suis désolé(e), mais je ne suis pas libre.	

Pour confirmer	
Entendu.	Ça va.
D'accord.	C'est parfait!

Activités

 Dialogues. Complétez les dialogues en employant des expressions pour inviter, refuser, accepter et confirmer.

1. — J'ai une idée! Allons jouer au tennis.

    — _____

    — À trois heures?

    — _____

2. — Tu veux déjeuner au restaurant?

    — _____

    — Dommage.

3. — _____

    — Avec plaisir. C'est gentil.

    — Rendez-vous devant le stade?

    — _____

4. — _____.
    Ça t'intéresse?

    — _____

LES SPECTACLES DE L'ÉTÉ

Communauté du Pays d'Aix

Châteauneuf-le-Rouge
Festival de la gastronomie provençale du Pays d'Aix

Le 4 juillet

«L'art en bouche»
Dix Chefs de renom offrent aux visiteurs de déguster les mets raffinés qu'ils concoctent dans leur cuisine d'un jour, à prix doux. Grâce aux tickets de dégustation, chacun peut composer le menu de son choix, en allant de chef en chef, ou de producteurs à vignerons. Des tables, dressées à l'ombre dans tout le village, permettent de déjeuner, goûter, dîner, en toute quiétude.
- place du village
- **Mairie**, 04 42 58 62 01 – www.chateauneuf-le-rouge.fr
Tarifs : entrée libre. Vente de carnets de dégustation de 20€ (10 tickets de 2€ ou 20 tickets de 1€)

Soirées d'été

Les 9 et 10 juillet

Piano classique : Chopin
Marc Laforêt donne un récital entièrement dédié à Chopin vendredi, en interprétant la célèbre Sonate funèbre, des valses et des mazurkas. François Chaplin lui rend hommage en jouant samedi les Nocturnes, la Barcarolle et d'autres valses.
- cour pavée du château à 21h.
- **Mairie**, 04 42 58 62 01 – www.chateauneuf-le-rouge.fr
Tarif : 20€.

Coudoux

8e édition des Estivales

Les 3 et 4 juillet

Deux soirées en musique dans le parc du château
Un concert de piano à quatre mains ouvre les Estivales le 3 à 18h. Il est suivi à 21h du Très grand groupe de Gospel. Jazz Parade New Orleans rend hommage à Sydney Bechet le 4, suivi à 21h de l'orchestre philharmonique du Pays d'Aix. La MJC présente une exposition de peinture et assure une petite restauration rapide sur place.
- parc du château de Garidel à partir de 18h.
- **Direction animations**, 04 42 52 19 37 ou 04 42 52 07 97 – www.coudoux.fr
Tarifs : 5€ le 3 juillet (TGGG) et 9€ le 4 juillet (concert Jazz parade)

Eguilles

Les 6e Estivales

Les 7 et 8 juillet

Danses et musiques folkloriques du monde
Cette année, soixante-cinq artistes se produisent sur les deux soirées. Des défilés et des animations ont lieu au cœur du village à partir de 17h30. Spectacle de chants et danses traditionnelles de Colombie mercredi et de chants et danses russes jeudi. Renseignements, 04 42 92 60 80.
- espace Georges Duby à 21h.
- **Office du tourisme**, 04 42 92 49 15 – www.mairie-eguilles.fr
Tarifs : 15€ et 10€ (moins de 18 ans) ; pass deux soirées : 25€ et 15€ (moins de 18 ans).

Fête nationale

Le 14 juillet

Feu d'artifice et bal
Une fête foraine se tient sur la place de la Poste. Apéritif-concert de l'Harmonie municipale place de la mairie à 11h30 et soirée dansante à partir de 22h : discours du maire, feu d'artifice pyrotechnique et grand bal avec l'orchestre «Contact Emoi» de Louis Lorente. Pizzas et boissons sur place.
- place de la poste et place de la mairie
- **Office du tourisme**, 04 42 92 49 15 – www.mairie-eguilles.fr
Tarifs : entrée libre.

Eguilles
Fête de la Saint-Julien

Les 27, 28 et 29 août

Fête médiévale et bénédiction des chevaux
Marché médiéval samedi et dimanche de 9h30 à 19h. La bénédiction des chevaux a lieu samedi à 11h devant l'église après un grand défilé costumé. Banquet médiéval samedi à 20h salle Duby. Jeux anciens et animations pour les enfants : mât de cocagne, pont levis, chevaux de bois …
- cœur du village
- **Office du tourisme**, 04 42 92 49 15 – www.mairie-eguilles.fr
Tarifs : entrée libre.

Fuveau
Exposition

Du 25 au 27 juin

Peintures et sculptures
L'association Créart expose les œuvres réalisées tout au long de l'année par ses élèves autour d'un peintre renommé : cette année, «Regard sur Renoir». Vernissage **le 25 à 18h30**.
Renseignements, 04 42 58 77 84 ou 06 32 77 20 89.
- la Galerie
- **Office de tourisme**, 04 42 50 49 77 - www.fuveau-tourisme.com
Tarifs : entrée libre.

Fête votive

Du 10 au 14 juillet

Concert, fête foraine et feu d'artifice
La fête se déroule autour des jeux traditionnels (bague à boghei, course d'ânes) et de la fête foraine. Tremplin de jeunes musiciens samedi, finale de foot sur grand écran dimanche, concert du groupe Gold lundi et feu d'artifice à la tombée de la nuit suivi d'un bal mardi.
- centre du village
- **Office de tourisme**, 04 42 50 49 77 – www.fuveau-tourisme.com
Tarifs : entrée libre.

Fête médiévale

Du 23 au 25 juillet

Retour au temps du Roy René
Marché médiéval à la chapelle Saint-Michel de 15h à 18h et exposition d'instruments de musique, campement avec combats de chevaliers et démonstration de dressage d'aigles. Un banquet et un grand spectacle médiéval sur «la vie du roi René» ont lieu les trois soirs à partir de 20h. Le groupe Saltabraz assure l'animation musicale du repas.
- chapelle Saint-Michel
- **Cercle Saint-Michel**, 04 42 58 77 73 – www.fuveau-tourisme.com
Tarifs : entrée libre, sauf banquet, spectacle et dressage d'aigles.

Lambesc

10e Festival international de guitare

Du 27 juin au 3 juillet

Ecrins raffinés pour guitares du monde
Le public retrouve Juan Falu, l'un des représentants de l'âme argentine, le flamenco de Pedro Soler, la guitare baroque d'Antonello Lixi, sans oublier Valérie Duchâteau qui rend hommage à Django Reinhardt. Jorge Cardoso joue en duo avec Juan Falu, Sylvie Dagnac et la chanteuse argentine Guadalupe Larzabal. Une soirée spéciale le 3 juillet fête le 10e anniversaire avec trois concertos pour orchestre à cordes.
- Château de Valmousse du 27 au 30 juin
- Château Pontet Bagatelle du 1er au 3 juillet
- **Aguira**, 04 42 92 44 51 – www.festivalguitare-lambesc.com
Tarifs : 20€ et 10€ (demandeurs d'emploi, étudiants). Soirée du 3 juillet : 30€ et 15€. Pass 6 jours : 50€, pass 7 jours (incluant le 3 juillet) : 70€. Réservations en points de vente habituels.

Jeu de rôle

Look over the entertainment possibilities listed above and decide which ones interest you the most, then invite your partner to attend an event with you. Discuss which activity you want to attend and when you can meet. If you don't agree on the event or time, try to find a compromise.

Quatrième étape: Intégration

Littérature   M. Bordenave n'aime pas le soleil

Vous connaissez déjà le petit Nicolas, n'est-ce pas? Voici une histoire très chouette *(cool)* sur les récréations *(recess)* à l'école du petit Nicolas...

Pensez

1 Regardez l'illustration qui accompagne cette histoire. Le monsieur en noir est M. Bordenave. Son travail? Il est surveillant, c'est-à-dire qu'il surveille *(watches)* et discipline les enfants à la récréation. À votre avis, pourquoi n'aime-t-il pas le soleil?

2 Les mots suivants sont des mots-clés dans l'histoire.

la cour de récréation
  (school playground)

se battre *(to fight)*

crier *(to yell)*

mettre au piquet *(to put someone in the corner, as a punishment)*

un sandwich à la confiture

une balle

l'infirmerie *(nurse's office)*

boiter *(to limp)*

jouer

tomber par terre *(to fall on the ground)*

pleurer

se fâcher *(to get mad)*

pousser *(to push)*

glisser *(to slip)*

désespéré *(desperate)*

D'après ces mots-clés, qu'est-ce que vous anticipez comme histoire?

Attention!   In this text, you will see verbs in another past tense, l'**imparfait**, or the imperfect (**il parlait, ils jouaient,** etc.). This tense indicates past circumstances or actions in progress (*he was speaking, they were playing,* etc.). **C'était** is the imperfect of **c'est.**

Observez et déduisez: en général

3 Parcourez le texte une première fois pour vérifier vos prédictions.

4 Parcourez le texte une deuxième fois pour identifier les paragraphes qui correspondent aux titres suivants. Attention, il y a un titre supplémentaire qu'on ne peut pas utiliser!

Paragraphe

1. «Moi, je ne comprends pas... »
2. «Aujourd'hui, par exemple... »
3. «Et mon sandwich... »
4. «Et alors, qu'est-ce qu'on fait... »
5. «Pendant l'absence... »
6. «M. Bordenave s'est relevé... »
7. «Alors, mon vieux... »

Titre

a. Nicolas, la balle et M. Bordenave
b. La fin de la récréation
c. Comment Alceste a perdu *(lost)* son sandwich
d. Les avantages et les désavantages de la pluie
e. L'accident d'Agnan
f. La tragédie à l'infirmerie
g. La bataille *(fight)* avec les grands
h. Dialogue entre les deux surveillants

M. Bordenave n'aime pas le soleil

1 Moi, je ne comprends pas monsieur Bordenave quand il dit qu'il n'aime pas le beau temps. C'est vrai que la pluie ce n'est pas chouette. Bien sûr, on peut s'amuser aussi quand il pleut. On peut marcher dans l'eau, on peut boire la pluie, et à la maison c'est bien, parce qu'il fait chaud et on joue avec le train électrique et maman fait du chocolat avec des gâteaux. Mais quand il pleut, on n'a pas de récré° à l'école, parce qu'on ne peut pas descendre dans la cour. C'est pour ça que je ne comprends pas M. Bordenave, puisque° lui aussi profite du beau temps, c'est lui qui nous surveille à la récré.

    récréation

    parce que

2 Aujourd'hui, par exemple, il a fait très beau, avec beaucoup de soleil et on a eu une récré terrible°. Après trois jours de pluie, c'était vraiment chouette. On est arrivés dans la cour et Rufus et Eudes ont commencé à se battre. Rufus est tombé sur Alceste qui était en train de manger un sandwich à la confiture et le sandwich est tombé par terre et Alceste a commencé à crier. Monsieur Bordenave est arrivé en courant°, il a séparé Eudes et Rufus et il les a mis au piquet.

    (ici) formidable

    running

3 «Et mon sandwich, a demandé Alceste, qui va me le rendre°?» —«Tu veux aller au piquet aussi?» a dit monsieur Bordenave. «Non, moi je veux mon sandwich à la confiture», a dit Alceste qui mangeait un autre sandwich à la confiture. «Mais tu es en train d'en manger un!» a dit monsieur Bordenave. «Ce n'est pas une raison, a crié Alceste, j'apporte quatre sandwichs pour la récré et je veux manger quatre sandwichs!» Monsieur Bordenave n'a pas eu le temps de se fâcher, parce qu'il a reçu une balle sur la tête, pof! «Qui a fait ça?» a crié monsieur Bordenave. «C'est Nicolas, monsieur, je l'ai vu!» a dit Agnan. Agnan c'est le meilleur élève de la classe et le chouchou de la maîtresse°, nous, on ne l'aime pas trop, mais il a des lunettes° et on ne peut pas le battre aussi souvent qu'on veut. «Je confisque la balle! Et toi, tu vas au piquet!» il m'a dit, monsieur Bordenave. Moi je lui ai dit que c'était injuste parce que c'était un accident. Agnan a eu l'air tout content et il est parti avec son livre. Agnan ne joue pas pendant la récré, il lit. Il est fou, Agnan!

    donner

    l'institutrice
    glasses

4 «Et alors, qu'est-ce qu'on fait pour le sandwich à la confiture?» a demandé Alceste. Il n'a pas pu répondre parce qu'Agnan était par terre et poussait des cris terribles. «Quoi encore?» a demandé monsieur Bordenave. «C'est Geoffroy! Il m'a poussé! Mes lunettes! Je meurs°!» a dit Agnan qui saignait du nez° et qui pleurait. M. Bordenave l'a emmené à l'infirmerie, suivi d'Alceste qui lui parlait de son sandwich à la confiture.

    I'm dying / qui... whose nose was bleeding

5 Pendant l'absence de monsieur Bordenave, nous on a décidé de jouer au foot. Le problème c'est que les grands jouaient déjà au foot dans la cour et on a commencé à se battre. M. Bordenave qui revenait de l'infirmerie avec Agnan et Alceste est venu en courant mais il n'est pas arrivé, parce qu'il a glissé sur le sandwich à la confiture d'Alceste et il est tombé. «Bravo, a dit Alceste, marchez-lui dessus°, à mon sandwich à la confiture!»

    marchez... step on it

6 Monsieur Bordenave s'est relevé et il s'est frotté le pantalon° et il s'est mis plein de° confiture sur la main. Nous on avait recommencé à se battre et c'était une récré vraiment chouette, mais monsieur Bordenave a regardé sa montre° et il est allé en boitant sonner la cloche°. La récré était finie.

    s'est... brushed his pants off
    mis... put lots of

    watch / sonner... ring the bell

© 2013 Cengage Learning. All Rights Reserved. May not be scanned, copied or duplicated, or posted to a publicly accessible website, in whole or in part.

7   «Alors, mon vieux Bordenave, a dit un autre surveillant, ça s'est bien
     passé°? —Comme d'habitude, a dit monsieur Bordenave, qu'est-ce que tu   *ça... did it go well?*
     veux, moi, je prie pour la pluie, et quand je me lève le matin et que je vois
     qu'il fait beau, je suis désespéré!»

8   Non, vraiment, moi je ne comprends pas monsieur Bordenave, quand
     il dit qu'il n'aime pas le soleil!

Goscinny/Sempé, M. Bordenave n'aime pas le soleil in *Le Petit Nicolas* © Éditions Denoël, 1960, 2002

From *Le petit Nicolas* by Sempé/Goscinny. Copyright © Éditions Denoël, 1960, 2002

Observez et confirmez: en détail

5 Les mots.   D'après le contexte, quel est le sens des mots suivants?
Choisissez **a** ou **b.**

1. s'amuser   a. to have fun   b. to be bored
   profiter (de)   a. to take advantage (of) b. to suffer (from)

2. en train de   a. on a train   b. in the process of

3. le chouchou   a. teacher's pet   b. class clown
   avoir l'air   a. to breathe   b. to seem

4. emmener   a. to call   b. to take

5. revenir (revenait)   a. to go back   b. to come back

6. se relever (s'est relevé) a. to pick oneself up b. to lie down

7. comme d'habitude   a. as usual   b. for once
   prier   a. to pray   b. to choose
   se lever (je me lève) a. to go to bed   b. to get up

6 Le texte. Complétez selon l'histoire avec le ou les mots qui conviennent.

1. Quand il pleut, on peut _____, _____ et
   _____, mais on ne peut pas _____.

2. Alors M. Bordenave a puni (*punished*) _____ et _____.

3. Alceste a trois autres _____ mais il insiste pour en avoir
   _____.

4. Nicolas et ses copains n'aiment pas beaucoup _____ mais ils
   ne peuvent pas le battre aussi souvent qu'ils veulent parce qu'il a des
   _____ —peut-être aussi parce que c'est _____ de la
   maîtresse.

5. Agnan a dit à M. Bordenave que c'est _____ qui lui a jeté une
   balle sur la tête.

6. Agnan est fou parce qu'il _____ pendant la récré.

7. _____ a besoin d'aller à l'infirmerie parce que _____
   l'a poussé et il est tombé par terre.

8. Alceste, qui continue à parler de son _____, accompagne
   _____ et _____ à l'infirmerie.

9. Quand Nicolas et ses copains ont décidé de jouer au _____, ils
   ont commencé à se battre avec _____.

10. M. Bordenave a glissé sur _____. Après, il avait _____
    sur son pantalon et sur sa main.

11. Nicolas et ses copains pensent qu'une récré est vraiment _____
    quand on peut se battre.

12. _____ est désespéré quand _____.

Explorez

1. Est-ce que vous comprenez M. Bordenave quand il dit qu'il n'aime pas le
   soleil? Expliquez.

2. Imaginez que M. Bordenave fait un rapport au directeur de l'école sur cette
   récréation. Écrivez ce rapport, selon le point de vue de M. Bordenave, avec
   tous les détails nécessaires.

Par écrit   It depends on your point of view . . .

Avant d'écrire

A **Strategy: Taking a point of view.**   The stories of **le petit Nicolas** are recognized and loved worldwide, in part because their commentary on the adult world is presented from the naive (hence humorous) viewpoint of a child. Differences in point of view occur because different narrators focus on different aspects of an event, and sometimes a single narrator's viewpoint changes because of circumstances.

Application.   (1) Imagine the story, *M. Bordenave n'aime pas le soleil,* as told by the **surveillant** years later, after Nicolas has become an internationally known celebrity. How would the story differ? (2) Think back to a memorable vacation or day trip you took as a small child and make some notes. What events were most memorable to you? Would your parents answer in the same way? Were your feelings about the trip any different after it than they were before?

B **Strategy: Expressing time.**   When you talk about the future in a present context, for instance when you state your plans, you use the **futur proche.** When you talk about the future in a past context, for instance when you tell a story, you use the past tense. The adverbial time expressions for each instance vary. See the following table.

To talk about the future

in a present context	in a past context
demain	le lendemain *(the next day)*
dans une semaine	une semaine après *(a week later)*
samedi prochain	le samedi suivant *(the next Saturday)*

Application.   Write three pairs of sentences, using the preceding expressions to talk about the future in a present and then a past context.

➡ *Samedi prochain nous allons voir un match de hockey.*
Le samedi suivant nous sommes allés voir un match de hockey.

Vocabulaire actif

dans une semaine
le lendemain
suivant(e)

Écrivez

1. Racontez l'histoire, *M. Bordenave n'aime pas le soleil,* selon le point de vue d'un copain de Nicolas—Alceste ou Agnan, par exemple.

2. Regardez les images à droite. Selon vous, qu'est-ce qui s'est passé *(what happened)* pendant les vacances de cette famille? Mettez-vous *(Put yourself)* à la place d'un des enfants ou d'un des parents, puis écrivez deux paragraphes de son point de vue: le premier «avant les vacances»; le deuxième «après les vacances». N'oubliez pas d'employer des expressions de transition et, pour éviter la répétition, des pronoms d'objet direct. À mentionner: destination, temps, activités et réactions pour chaque personne, autres détails.

➡ (Avant) *Nous allons passer des vacances... (vraiment chouettes? intéressantes?)*
(Après) *Nous avons passé des vacances... (horribles? vraiment chouettes?)*

Temps et passe-temps

Pensez

À quelles activités participez-vous quand il fait beau? Quand il fait froid? S'il pleut? Est-ce que vos sentiments ou votre humeur *(mood)* changent selon le temps? Pensez-y en regardant la vidéo. Les exercices se rapportant à la synthèse culturelle du Chapitre 6 dans votre manuel vont vous aider à comprendre ce que vous entendez. Ensuite, faites **Explorez** et **Bloguez!** ci-dessous.

Quelle influence le temps et le climat ont-ils sur vous? Quels sont vos passe-temps préférés?

Camille: C'est vrai que c'est quand il fait mauvais, qu'il fait froid, que je me sens plus déprimée alors que quand il fait beau, et chaud, j'ai tendance à être plutôt joyeuse. Donc, de ce point de vue-là, sur mon humeur, oui, le temps a une influence.

Fatou: J'aime aussi nager, quand je suis à la maison particulièrement, parce que la mer est à dix minutes de là où je vis.

Greg: J'suis quelqu'un qui fait énormément de sport et donc j'aime bien qu'il fasse beau.

© Heinle, Cengage Learning

Bloguez! ⓘLrn

Quels sont les passe-temps préférés selon votre sondage? Est-ce que ces préférences ressemblent à celles de Camille, Fatou et Gregory? Créez un tableau pour illustrer les réponses de votre sondage et des jeunes Francophones, puis téléchargez-le sur votre blog.

Explorez

Sondez quelques étudiants dans votre institution. Demandez-leur à quelles activités de loisirs ils participent régulièrement, puis groupez les réponses par catégories: sports, cinéma/théâtre, musique, autres clubs ou groupes, etc.

Le climat et le temps

Il fait du soleil / du vent / du brouillard. *It is sunny / windy / foggy.*
Il fait beau / bon / mauvais / chaud / frais / froid. *The weather is nice / pleasant / bad / hot / cool / cold.*
Le temps est ensoleillé / variable / nuageux / orageux. *The weather is sunny / variable / cloudy / stormy.*
Le ciel est couvert. *It's cloudy, overcast.*
Il pleut. *It's raining.*
Il neige. *It's snowing.*
la neige *snow*
un nuage *a cloud*
un orage *a thunderstorm*
la pluie *rain*
la température

Les points cardinaux et la géographie

le nord *north*
le sud *south*
l'est (m.) *east*
l'ouest (m.) *west*
un pays *a country*

Les saisons (f.)

le printemps *spring*
l'été (m.) *summer*
l'automne (m.) *fall*
l'hiver (m.) *winter*

Les passe-temps (m.)

La lecture

une bande dessinée / une B.D. *a cartoon, a comic strip*
un blog
une histoire *a story*
une lettre *a letter*
une page perso (personnelle) *a personal Web page*
un rapport *a report*

La télévision

une chaîne *a channel*
changer de chaîne *to change the channel*
un dessin animé *a cartoon*
le divertissement *entertainment*
une émission *a show, a program*
un feuilleton *a soap opera, a series*
un jeu télévisé *a game show*
le journal télévisé (les informations [f.]) *the news*
un programme *a TV guide*
une pub *a commercial*
la télécommande *the remote control*
la téléréalité *reality television*
zapper *to channel surf*
un zappeur

Le cinéma

un clip vidéo
un drame *a drama*
un film d'épouvante / de science-fiction *a horror / science fiction movie*
le genre (de films) *the kind (of films)*

Les sports

la course *running*
le cyclisme *cycling*
le hockey
le judo
le patinage *skating*
le stade *a stadium*

Verbes et expressions verbales

aider *to help*	lire *to read*
arriver *to arrive*	maigrir *to lose weight*
avoir envie (de) *to feel like*	monter (dans) *to go up, to get on*
choisir *to choose*	passer par / à *to pass through (by)*
dire (des bêtises, des mensonges) *to say (talk)*	réfléchir à *to think about, to reflect on*
nonsense, to tell lies	rester *to stay*
écrire *to write*	retourner *to go back*
entrer (dans) *to enter, to come in*	réussir à *to succeed, to pass (a test)*
être discipliné(e) *to have self-control*	tomber *to fall*
finir *to finish*	voir *to see*
grossir *to gain weight, to get fat*	

Expressions de temps

à l'heure *on time*	en avance *early*
l'année prochaine / dernière *next year / last year*	en retard *late*
dans une semaine *in a week*	il y a (trois jours) *(three days) ago*
demain matin / après-midi / soir *tomorrow*	le lendemain *the next day*
morning / afternoon / evening	le samedi suivant *the following Saturday*
hier matin / après-midi / soir *yesterday morning /*	une semaine après *a week later*
afternoon / evening	la semaine prochaine / dernière *next week / last week*

Les invitations

Pour inviter

Ça t'intéresse? / Ça te dit? / Ça vous intéresse? *Are you interested?*
Je t'invite. / Je vous invite. *I'm inviting you. (My treat!)*
Tu veux... ? / Voudriez-vous... ? *Would you like to . . . ?*

Pour accepter

Avec plaisir. *I'd love to.*	D'accord. *Okay.*
Bonne idée! *Good idea!*	Entendu! *Good!*
C'est génial! *That's cool!*	Je veux bien. *I'd be glad to.*
C'est parfait! *It's perfect!*	Volontiers. *Gladly.*

Pour s'excuser

C'est gentil, mais je ne peux pas. *It's very nice of you, but I can't.*
Je suis désolé(e), mais je ne suis pas libre. *I'm sorry, but I'm not available.*
Malheureusement, je n'ai pas le temps. *Unfortunately, I don't have time.*

Les pronoms d'objet direct

le, la, l' *him/it, her/it, him/her/it*	les *them*
me, te, nous, vous *me, you, us, you*	

Divers

des bêtises *nonsense*	un mensonge *a fib, lie*
chez elle / moi, etc. *at her / my, etc. place*	la vérité *the truth*

Regular Verbs

Infinitif		Indicatif				Impératif	Subjonctif	Conditionnel
	Présent	Passé composé	Imparfait	Futur				

-ER écouter

	Présent	Passé composé	Imparfait	Futur	Impératif	Subjonctif	Conditionnel
je/j'	écoute	ai écouté	écoutais	écouterai		écoute	écouterais
tu	écoutes	as écouté	écoutais	écouteras	écoute	écoutes	écouterais
il/elle/on	écoute	a écouté	écoutait	écoutera		écoute	écouterait
nous	écoutons	avons écouté	écoutions	écouterons	écoutons	écoutions	écouterions
vous	écoutez	avez écouté	écoutiez	écouterez	écoutez	écoutiez	écouteriez
ils/elles	écoutent	ont écouté	écoutaient	écouteront		écoutent	écouteraient

-IR sortir

	Présent	Passé composé	Imparfait	Futur	Impératif	Subjonctif	Conditionnel
je/j'	sors	suis sorti(e)	sortais	sortirai		sorte	sortirais
tu	sors	es sorti(e)	sortais	sortiras	sors	sortes	sortirais
il/elle/on	sort	est sorti(e)	sortait	sortira		sorte	sortirait
nous	sortons	sommes sorti(e)s	sortions	sortirons	sortons	sortions	sortirions
vous	sortez	êtes sorti(e)(s)	sortiez	sortirez	sortez	sortiez	sortiriez
ils/elles	sortent	sont sorti(e)s	sortaient	sortiront		sortent	sortiraient

-IR finir

	Présent	Passé composé	Imparfait	Futur	Impératif	Subjonctif	Conditionnel
je/j'	finis	ai fini	finissais	finirai		finisse	finirais
tu	finis	as fini	finissais	finiras	finis	finisses	finirais
il/elle/on	finit	a fini	finissait	finira		finisse	finirait
nous	finissons	avons fini	finissions	finirons	finissons	finissions	finirions
vous	finissez	avez fini	finissiez	finirez	finissez	finissiez	finiriez
ils/elles	finissent	ont fini	finissaient	finiront		finissent	finiraient

Infinitif	Indicatif				Impératif	Subjonctif	Conditionnel
	Présent	Passé composé	Imparfait	Futur			
-RE vendre							
je/j′	vends	ai vendu	vendais	vendrai		vende	vendrais
tu	vends	as vendu	vendais	vendras	vends	vendes	vendrais
il/elle/on	vend	a vendu	vendait	vendra		vende	vendrait
nous	vendons	avons vendu	vendions	vendrons	vendons	vendions	vendrions
vous	vendez	avez vendu	vendiez	vendrez	vendez	vendiez	vendriez
ils/elles	vendent	ont vendu	vendaient	vendront		vendent	vendraient
-IRE écrire							
j′	écris	ai écrit	écrivais	écrirai		écrive	écrirais
tu	écris	as écrit	écrivais	écriras	écris	écrives	écrirais
il/elle/on	écrit	a écrit	écrivait	écrira		écrive	écrirait
nous	écrivons	avons écrit	écrivions	écrirons	écrivons	écrivions	écririons
vous	écrivez	avez écrit	écriviez	écrirez	écrivez	écriviez	écririez
ils/elles	écrivent	ont écrit	écrivaient	écriront		écrivent	écriraient

Auxiliary Verbs

Infinitif	Indicatif Présent	Indicatif Passé composé	Indicatif Imparfait	Indicatif Futur	Impératif	Subjonctif	Conditionnel
avoir							
j'	ai	ai eu	avais	aurai		aie	aurais
tu	as	as eu	avais	auras	aie	aies	aurais
il/elle/on	a	a eu	avait	aura		ait	aurait
nous	avons	avons eu	avions	aurons	ayons	ayons	aurions
vous	avez	avez eu	aviez	aurez	ayez	ayez	auriez
ils/elles	ont	ont eu	avaient	auront		aient	auraient
être							
je/j'	suis	ai été	étais	serai		sois	serais
tu	es	as été	étais	seras	sois	sois	serais
il/elle/on	est	a été	était	sera		soit	serait
nous	sommes	avons été	étions	serons	soyons	soyons	serions
vous	êtes	avez été	étiez	serez	soyez	soyez	seriez
ils/elles	sont	ont été	étaient	seront		soient	seraient

Reflexive Verbs

Infinitif	Indicatif Présent	Indicatif Passé composé	Indicatif Imparfait	Indicatif Futur	Impératif	Subjonctif	Conditionnel
se laver							
je	me lave	me suis lavé(e)	me lavais	me laverai		me lave	me laverais
tu	te laves	t'es lavé(e)	te lavais	te laveras	lave-toi	te laves	te laverais
il/elle/on	se lave	s'est lavé(e)	se lavait	se lavera		se lave	se laverait
nous	nous lavons	nous sommes lavé(e)s	nous lavions	nous laverons	lavons-nous	nous lavions	nous laverions
vous	vous lavez	vous êtes lavé(e)(s)	vous laviez	vous laverez	lavez-vous	vous laviez	vous laveriez
ils/elles	se lavent	se sont lavé(e)s	se lavaient	se laveront		se lavent	se laveraient

Verbs with Stem Changes

Infinitif		Indicatif				Impératif	Subjonctif	Conditionnel
	Présent	**Passé composé**	**Imparfait**	**Futur**				
acheter								
j'	achète	ai acheté	achetais	achèterai			achète	achèterais
tu	achètes	as acheté	achetais	achèteras		achète	achètes	achèterais
il/elle/on	achète	a acheté	achetait	achètera			achète	achèterait
nous	achetons	avons acheté	achetions	achèterons		achetons	achetions	achèterions
vous	achetez	avez acheté	achetiez	achèterez		achetez	achetiez	achèteriez
ils/elles	achètent	ont acheté	achetaient	achèteront			achètent	achèteraient
appeler								
j'	appelle	ai appelé	appelais	appellerai			appelle	appellerais
tu	appelles	as appelé	appelais	appelleras		appelle	appelles	appellerais
il/elle/on	appelle	a appelé	appelait	appellera			appelle	appellerait
nous	appelons	avons appelé	appelions	appellerons		appelons	appelions	appellerions
vous	appelez	avez appelé	appeliez	appellerez		appelez	appeliez	appelleriez
ils/elles	appellent	ont appelé	appelaient	appelleront			appellent	appelleraient
préférer								
je/j'	préfère	ai préféré	préférais	préférerai			préfère	préférerais
tu	préfères	as préféré	préférais	préféreras		préfère	préfères	préférerais
il/elle/on	préfère	a préféré	préférait	préférera			préfère	préférerait
nous	préférons	avons préféré	préférions	préférerons		préférons	préférions	préférerions
vous	préférez	avez préféré	préfériez	préférerez		préférez	préfériez	préféreriez
ils/elles	préfèrent	ont préféré	préféraient	préféreront			préfèrent	préféreraient
payer								
je/j'	paie	ai payé	payais	payerai			paie	payerais
tu	paies	as payé	payais	payeras		paie	paies	payerais
il/elle/on	paie	a payé	payait	payera			paie	payerait
nous	payons	avons payé	payions	payerons		payons	payions	payerions
vous	payez	avez payé	payiez	payerez		payez	payiez	payeriez
ils/elles	paient	ont payé	payaient	payeront			paient	payeraient

Irregular Verbs

Infinitif	Indicatif					Impératif	Subjonctif	Conditionnel
	Présent	Passé composé	Imparfait	Futur				
aller								
je/j'	vais	suis allé(e)	allais	irai			aille	irais
tu	vas	es allé(e)	allais	iras		va	ailles	irais
il/elle/on	va	est allé(e)	allait	ira			aille	irait
nous	allons	sommes allé(e)s	allions	irons		allons	allions	irions
vous	allez	êtes allé(e)(s)	alliez	irez		allez	alliez	iriez
ils/elles	vont	sont allé(e)s	allaient	iront			aillent	iraient
boire								
je/j'	bois	ai bu	buvais	boirai			boive	boirais
tu	bois	as bu	buvais	boiras		bois	boives	boirais
il/elle/on	boit	a bu	buvait	boira			boive	boirait
nous	buvons	avons bu	buvions	boirons		buvons	buvions	boirions
vous	buvez	avez bu	buviez	boirez		buvez	buviez	boiriez
ils/elles	boivent	ont bu	buvaient	boiront			boivent	boiraient
connaître								
je/j'	connais	ai connu	connaissais	connaîtrai			connaisse	connaîtrais
tu	connais	as connu	connaissais	connaîtras		connais	connaisses	connaîtrais
il/elle/on	connaît	a connu	connaissait	connaîtra			connaisse	connaîtrait
nous	connaissons	avons connu	connaissions	connaîtrons		connaissons	connaissions	connaîtrions
vous	connaissez	avez connu	connaissiez	connaîtrez		connaissez	connaissiez	connaîtriez
ils/elles	connaissent	ont connu	connaissaient	connaîtront			connaissent	connaîtraient

Irregular Verbs

Infinitif			Indicatif			Impératif	Subjonctif	Conditionnel
	Présent	Passé composé	Imparfait	Futur				
devoir								
je/j'	dois	ai dû	devais	devrai			doive	devrais
tu	dois	as dû	devais	devras		dois	doives	devrais
il/elle/on	doit	a dû	devait	devra			doive	devrait
nous	devons	avons dû	devions	devrons		devons	devions	devrions
vous	devez	avez dû	deviez	devrez		devez	deviez	devriez
ils/elles	doivent	ont dû	devaient	devront			doivent	devraient
dire								
je/j'	dis	ai dit	disais	dirai			dise	dirais
tu	dis	as dit	disais	diras		dis	dises	dirais
il/elle/on	dit	a dit	disait	dira			dise	dirait
nous	disons	avons dit	disions	dirons		disons	disions	dirions
vous	dites	avez dit	disiez	direz		dites	disiez	diriez
ils/elles	disent	ont dit	disaient	diront			disent	diraient
faire								
je/j'	fais	ai fait	faisais	ferai			fasse	ferais
tu	fais	as fait	faisais	feras		fais	fasses	ferais
il/elle/on	fait	a fait	faisait	fera			fasse	ferait
nous	faisons	avons fait	faisions	ferons		faisons	fassions	ferions
vous	faites	avez fait	faisiez	ferez		faites	fassiez	feriez
ils/elles	font	ont fait	faisaient	feront			fassent	feraient

Irregular Verbs

Infinitif		Indicatif				Impératif	Subjonctif	Conditionnel
		Présent	Passé composé	Imparfait	Futur			
mettre	je/j'	mets	ai mis	mettais	mettrai		mette	mettrais
	tu	mets	as mis	mettais	mettras	mets	mettes	mettrais
	il/elle/on	met	a mis	mettait	mettra		mette	mettrait
	nous	mettons	avons mis	mettions	mettrons	mettons	mettions	mettrions
	vous	mettez	avez mis	mettiez	mettrez	mettez	mettiez	mettriez
	ils/elles	mettent	ont mis	mettaient	mettront		mettent	mettraient
pouvoir	je/j'	peux	ai pu	pouvais	pourrai		puisse	pourrais
	tu	peux	as pu	pouvais	pourras		puisses	pourrais
	il/elle/on	peut	a pu	pouvait	pourra		puisse	pourrait
	nous	pouvons	avons pu	pouvions	pourrons		puissions	pourrions
	vous	pouvez	avez pu	pouviez	pourrez		puissiez	pourriez
	ils/elles	peuvent	ont pu	pouvaient	pourront		puissent	pourraient
prendre	je/j'	prends	ai pris	prenais	prendrai		prenne	prendrais
	tu	prends	as pris	prenais	prendras	prends	prennes	prendrais
	il/elle/on	prend	a pris	prenait	prendra		prenne	prendrait
	nous	prenons	avons pris	prenions	prendrons	prenons	prenions	prendrions
	vous	prenez	avez pris	preniez	prendrez	prenez	preniez	prendriez
	ils/elles	prennent	ont pris	prenaient	prendront		prennent	prendraient
savoir	je/j'	sais	ai su	savais	saurai		sache	saurais
	tu	sais	as su	savais	sauras	sache	saches	saurais
	il/elle/on	sait	a su	savait	saura		sache	saurait
	nous	savons	avons su	savions	saurons	sachons	sachions	saurions
	vous	savez	avez su	saviez	saurez	sachez	sachiez	sauriez
	ils/elles	savent	ont su	savaient	sauront		sachent	sauraient

Irregular Verbs

Infinitif		Indicatif				Impératif	Subjonctif	Conditionnel
		Présent	Passé composé	Imparfait	Futur			
venir								
	je	viens	suis venu(e)	venais	viendrai		vienne	viendrais
	tu	viens	es venu(e)	venais	viendras	viens	viennes	viendrais
	il/elle/on	vient	est venu(e)	venait	viendra		vienne	viendrait
	nous	venons	sommes venu(e)s	venions	viendrons	venons	venions	viendrions
	vous	venez	êtes venu(e)(s)	veniez	viendrez	venez	veniez	viendriez
	ils/elles	viennent	sont venu(e)s	venaient	viendront		viennent	viendraient
voir								
	je/j'	vois	ai vu	voyais	verrai		voie	verrais
	tu	vois	as vu	voyais	verras	vois	voies	verrais
	il/elle/on	voit	a vu	voyait	verra		voie	verrait
	nous	voyons	avons vu	voyions	verrons	voyons	voyions	verrions
	vous	voyez	avez vu	voyiez	verrez	voyez	voyiez	verriez
	ils/elles	voient	ont vu	voyaient	verront		voient	verraient
vouloir								
	je/j'	veux	ai voulu	voulais	voudrai		veuille	voudrais
	tu	veux	as voulu	voulais	voudras	veuille	veuilles	voudrais
	il/elle/on	veut	a voulu	voulait	voudra		veuille	voudrait
	nous	voulons	avons voulu	voulions	voudrons	veuillons	voulions	voudrions
	vous	voulez	avez voulu	vouliez	voudrez	veuillez	vouliez	voudriez
	ils/elles	veulent	ont voulu	voulaient	voudront		veuillent	voudraient

A-8 *Appendice: Conjugaison des verbes*

© 2013 Cengage Learning. All Rights Reserved. May not be scanned, copied or duplicated, or posted to a publicly accessible website, in whole or in part.

Lexique

The French-English Glossary contains all the words and expressions included in the **Vocabulaire actif** sections at the end of each chapter. Entries are followed by the chapter number (**P** for the **Chapitre préliminaire**) where they appear. In addition the French-English Glossary includes all words and expressions used in the **À l'écoute** listening sections and the **Lecture** and **Littérature** reading selections, as well as all words and expressions used in the **Activités** sections.

The English-French Glossary includes words listed in the **Vocabulaire actif** sections, plus many additional words that students might want to use for their speaking or writing assignments.

Expressions are listed under their key word(s). In subentries, the symbol ~ indicates the repetition of the key word. Regular adjectives are given in the masculine form, with the feminine ending following in parentheses. For irregular adjectives, the irregular ending of the feminine, or the whole word if needed, is given in parentheses. Irregular forms of the plural are also indicated. The gender of each noun is indicated after the noun. If the noun has both a masculine and a feminine form, both are listed in full. If the noun has an irregular form for the plural, this is also indicated in parentheses after the word.

The following abbreviations are used.

adj.	adjective	*m.pl.*	masculine plural
adv.	adverb	*n.*	noun
art.	article	*pl.*	plural
conj.	conjunction	*prep.*	preposition
f.	feminine	*pron.*	pronoun
f.pl.	feminine plural	*rel.pron.*	relative pronoun
inv.	invariable	*sing.*	singular
m.	masculine	*v.*	verb

A

à to, at, in [3]
- **~ bientôt** see you soon [P]
- **~ cause de** because of
- **~ cette époque-là** at that time [8]
- **~ côté de** next to, beside [3]
- **~ domicile** at home
- **~ droite** to (on) the right [3]
- **~ gauche** to (on) the left [3]
- **~ haute voix** aloud
- **~ la campagne** in the country [7]
- **~ la rigueur** if need be
- **~ l'heure** on time [6]
- **~ mi-temps** half-time [11]
- **~ mon avis** in my opinion [1]
- **~ pied** on foot [7]
- **~ plein temps** full-time [11]
- **~ tour de rôle** in turn
- **~ votre avis** in your opinion

abaisser to lower
abandonner to abandon, to give up, to leave behind [C]
abbaye *f.* abbey
abbé *m.* priest
abdominal *m.* (*pl.* **abdominaux**) sit-up
abdos *m.pl.* abdominal muscles [10]
abonnement *m.* subscription
abord: d'~ first [5]
abri *m.* shelter
absent(e) absent [1]
absolu(e) absolute
absolument absolutely [11]
académie *f.* school district
accent *m.* accent [P]
- **~ aigu** acute accent [P]
- **~ circonflexe** circumflex accent [P]
- **~ grave** grave accent [P]

accepter to accept [4]
accès: accès wi-fi *m.* wireless access [7]
accessoire *m.* accessory [10]
accident *m.* accident
accompagner to accompany
accomplir to accomplish, to fulfill
accord *m.* agreement
- **d'~** agreed, OK [3]

accorder to give, to grant
accaccro: être accro to be addicted to [8]
accoucher to give birth
accroître to increase
- **s'~** to grow

accueillir to welcome [C]
accumuler to accumulate
accuser to blame

achat *m.* purchase
acheter to buy [2]
- **~ des souvenirs** to buy souvenirs [7]

acquérir to acquire
acte *m.* act, action
acteur / actrice *m./f.* actor [1]
actif(ve) active [1]
activement actively [11]
activité *f.* activity
actualité *f.* current events
actuel(le) current, present-day
actuellement currently, at the present time
addition *f.* bill, check (restaurant) [5]
- **l'~, s'il vous plaît** the check, please [5]

adepte *m./f.* adherent
adjectif *m.* adjective
adjoint(e) *m./f.* assistant
admirer to admire [2]
admis(e) allowed
adorer to adore [2]
adresse *f.* address
adverbe *m.* adverbe
aérobic *m.* aerobics [10]
aéroport *m.* airport [7]
affaires *f.pl.* business [7]
- **voyage d'~** business trip [7]

affectif(ve) emotional
affiche *f.* sign; poster
affronter to confront
africain(e) African [1]
Afrique *f.* Africa
- **~ du Sud** South Africa

agacer to annoy
âge *m.* age [2]
- **Quel ~ as-tu/avez-vous?** How old are you? [2]

agence *f.* agency
- **~ de voyages** *f.* travel agency [7]
- **~ matrimoniale** marriage bureau

agent de police *m.* policeman [11]
agir sur to have an effect on
s'agir: il s'agit de it's a question of [9]
agréable nice [3]
agrément *m.* amenity
- **voyage d'~** pleasure trip

agresser to attack
agricole agricultural
agriculture *f.* agriculture
ah bon? really? [4]
aide *f.* aid, help
aider to help [4]
aiguilleur *m.* switchman
ail *m.* garlic [5]

ailleurs elsewhere
aimable nice [9]
aimer to like, to love [2]
air *m.* air
- **avoir l'~** to look, to seem
- **en plein ~** outdoor

ajouter to add
ajoutez add [3]
alcoolisé(e) alcoholic
Algérie *f.* Algeria
algérien(ne) Algerian [1]
aliment *m.* food [5]
alimentaire relating to food
alimentation *f.* food, nutrition
alimenter to feed
Allemagne *f.* Germany
allemand *m.* German (language) [4]
allemand(e) German [1]
aller to go [3]
- **~ à la chasse** to go hunting [7]
- **~ à la pêche** to go fishing [7]
- **~ bien** to feel good; to look good on; to fit [10]
- **~ en cours** to go to class
- **~ mal** to look bad on; to fit poorly [10]
- **~~-retour** *m.* round-trip ticket [7]
- **~ simple** *m.* one-way ticket [7]
- **ça va?** how are you? [P]
- **Ça va (bien)!** I'm fine! [P]
- **comment allez-vous/vas-tu?** how are you? [P]
- **Je vais bien, merci. Et vous?** I'm fine, thank you. And you? [P]
- **vous allez bien?** how are you? are you well? [P]

allergies *f.pl.* allergies [12]
allergique allergic [1]
allô? hello (on the telephone) [3]
allons let's go
allumer to turn / switch on
allumette *f.* match
- **pommes ~s** matchstick potatoes

alors so, then
- **~?** well?
- **~ quand même** but still [11]
- **~ que** whereas [2]
- **et ~?** so what? [4]

alpage *m.* mountain pasture
alternatif(ve) alternative [12]
altruiste altruistic [1]
amabilité *f.* kindness, politeness
amande *f.* almond
ambassade *f.* embassy
ambigu(ë) ambiguous
ambition *f.* ambition [11]
âme *f.* **sœur** soul mate
améliorer to improve
amener to bring

américain(e) American [1]
Amérique *f.* America
  ~ du Nord North America
  ~ du Sud South America
ami/amie *m./f.* friend [2]
petit(e) ami(e) boyfriend /
  girlfriend [8]
amicalement (closing to a friendly
  letter) in friendship
amitié *f.* friendship [8]
  ~s (closing to a friendly letter)
amour *m.* love [8]
  roman *m.* **d'~** romantic novel [2]
  film *m.* **d'~** romantic movie [2]
amoureux / amoureuse: tomber ~
  to fall in love [8]
amphithéâtre *m.* lecture hall [4]
amusant(e) funny, amusing [1]
amuser to amuse
  s'~ to have fun [8]
an *m.* year [4]
analyse *f.* analysis
ananas *m.* pineapple
ancêtre *m.* ancestor
anchois *m.* anchovy
ancien(ne) ancient; former
  anciens combattants *m.pl.* war
  veterans
anglais *m.* English (language) [4]
anglais(e) English [1]
Angleterre *f.* England
animal *m.* (*pl.* **animaux**) animal
animer to make lively
année *f.* year [4]
  bonne année! Happy New
  Year! [9]
  l'~ dernière last year [6]
  l'~ prochaine next year [6]
  les ~s 50 the fifties
angoissé(e) anxious
anniversaire *m.* birthday [4];
  anniversary [2]
  bon ~! happy birthday! [9]
annonce *f.* classified ad;
  announcement [3]
  petites ~s classified ads [3]
annoncer to announce
annonceur/annonceuse
  m./f. announcer
annuel(le) annual
annulé(e) cancelled
annuler to cancel
anorak *m.* ski jacket, parka [10]
antan yesteryear
anthracite charcoal gray
antibiotique *m.* antibiotic [12]
anticiper to anticipate
Antilles *f.pl.* West Indies
antique ancient
août *m.* August [4]
aphasique aphasic
apostrophe *f.* apostrophe [P]
apparaître to appear

appareil *m.* appliance
  ~ électronique electronic
  appliance
  qui est à l'~? who is calling? [3]
apparence *f.* appearance
apparenté(e) related
  mot *m.* **~** cognate
appartement *m.* apartment [3]
appartenir to belong
appel *m.* appeal, call [C]
  faire ~ to appeal
  sur ~ on call
appeler to call, to name
  ~ le médecin to call the
  doctor [12]
  ça s'appelle... it's called . . . [5]
  je m'appelle my name is [P]
  s'~ to be named
appétit *m.* appetite
  bon ~! enjoy your meal!
appliquer to apply
  s'~ to apply oneself
apporter to bring [5]
  pourriez-vous m'~ please bring
  me [5]
apprécier to appreciate [8]
apprendre to learn about [2]
apprivoiser to tame
approprié(e) appropriate
après after [4]
après-midi *m.* afternoon [4]
  de l'~ in the afternoon (time) [4]
arabe *m.* Arabic
arabesque *f.* arabesque
arachide *f.* peanut
araignée *f.* spider
arbitre *m.* referee
arbre *m.* tree
  ~ généalogique family tree
architecte *m./f.* architect [1]
architecture *f.* architecture [4]
argent *m.* money [4]
argenté(e) silver
Argentine *f.* Argentina
armée *f.* army
arrêt *m.* stop
arrêter to stop [9]
arrière *m.:* **en ~** backwards
arrivée *f.* arrival [7]
arriver to arrive [6]; to happen
art *m.* art [4]
artichaut *m.* artichoke
artiste *m./f.* artist [1]
ascenseur *m.* elevator [7]
Asie *f.* Asia
aspect *m.* aspect [12]
  ~ positif/négatif positive /
  negative aspect [12]
aspirateur *m.* vacuum cleaner [8]
  passer l'~ to vacuum [8]
aspirine *f.* aspirin [12]
assassinat *m.* assassination
s'asseoir to sit down

assez enough [5]; rather [2]
  ~ de enough [5]
assiette *f.* plate [5]
assis(e) seated [9]
assister à to attend, to be
  present at
associer to associate [4]
  ~ (à) to match
Assomption *f.* Assumption
assumer to accept reality
  s'~ to take charge (of one's life)
assurance *f.* insurance [12]
assurer to ensure
astuce *f.* astuteness
athlète *m./f.* athlete [1]
atout *m.* advantage
attacher to tie, to bind
attaque *f.* **cérébrale** stroke
attaquer to attack
attendre to wait (for) [7]
  être en droit d'~ to have the right
  to expect
attends!/attendez! wait! [11]
attentes *f.pl.* expectations [11]
attentif(ve) careful
attention! be careful! attention!
attirer to attract [8]
attraper to grab
  ~ un rhume to catch a cold [12]
attribuer to award
au (*see* **à**) [3]
  ~ besoin if necessary
  ~ coin de at the corner of [3]
  ~ contraire on the contrary [11]
  ~ lieu de instead of
  ~ moins at least [2]
  ~ revoir good-bye [P]
  ~ sujet de about [1]
au-delà de over; beyond
augmenter to increase [8]
aujourd'hui today [3]
aussi also [1]
  ~... que as . . . as [5]
aussitôt que as soon as
Australie *f.* Australia
autant de as many . . . as [5]
  ~ de... que as much / as
  many (+ *noun*) as [5]
auteur *m.* author
autobus *m.* bus
automne *m.* autumn, fall [6]
autoriser to authorize
autorité *f.* authority
autre other [2]
  l'un l'~ one another
autrefois in the past [8]
autrement differently
avance *f.* advance
  ~s technologiques technological
  advances [12]
  à l'~ beforehand
  d'~ in advance
  en ~ early [6]

avancer to advance
avant before [4]
  ~ de before
avantage *m.* advantage
avare stingy; greedy
avec with
  ~ plaisir *m.* I'd love to [6]; with pleasure (my pleasure) [7]
avènement *m.* beginning
avenir *m.* future [11]
aventure *f.* adventure [2]
  film *m.* **d'~** adventure movie [2]
avenue *f.* avenue [3]
avion *m.* plane [7]
  en ~ by plane [7]
avis: à mon ~ in my opinion [C]
  à votre ~ in your opinion
avocat *m.* avocado
avocat/avocate *m./f.* lawyer [1]
avoir to have [2]
  ~ _____ ans to be _____ years old [2]
  ~ besoin (de) to need [8]
  ~ confiance en soi to be self-confident [8]
  ~ de la chance to be lucky
  ~ de la fièvre to have a fever [12]
  ~ du mal (à) to have a hard time
  ~ envie (de) to want to, to feel like [6]
  ~ faim to be hungry [5]
  ~ honte (de) to be ashamed (of) [9]
  ~ l'air to look, to seem
  ~ l'intention de to intend to [11]
  ~ la nausée to be nauseated [12]
  ~ le nez bouché to be congested [12]
  ~ le nez qui coule to have a runny nose [12]
  ~ le temps to have time [4]
  ~ lieu to take place
  ~ mal à to hurt [12]
  ~ mal à la tête/à la gorge to have a headache / a sore throat [12]
  ~ peur to be afraid [4]
  ~ soif to be thirsty [5]
  ~ tort to be wrong [12]
  en ~ marre to be fed up [4]
avouer to admit, to confess
avril *m.* April [4]

baba: ~ cool hippy
bac/baccalauréat *m.* baccalaureate exam
bagages *m.pl.* luggage [7]
bagarre *f.* brawl, fight
baguette *f.* loaf of French bread [5]

baignoire *f.* bathtub [7]
bâiller to yawn
bain *m.* bath(tub)
  salle *f.* **de ~s** bathroom [3]
baissé(e) lowered
baisser to lower [10]
  se ~ to duck
bal *m.* dance [9]
  ~ costumé costume ball
baladeur *m.* Walkman [3]
balle *f.* ball
ballon *m.* ball [9]
balnéaire bathing
banal(e) (*m.pl.* **banals**) commonplace
banane *f.* banana [5]
banc *m.* bench
bande *f.* **dessinée** comic strip [6]
banlieue *f.* suburbs [3]
banque *f.* bank [3]
banquier *m.* banker [11]
barbare barbaric
barbare *m./f.* barbarian
barbe *f.* beard
  quelle ~! what a bore!
bardé(e) covered
bas(se) low
base-ball *m.* baseball [2]
basket *m.* basketball [2]
  faire du ~ to play basketball [4]
baskets *f.* basketball shoes [10]
bataille *f.* battle
bateau *m.* (*pl.* **bateaux**) boat [7]
  en ~ by boat [7]
  faire du ~ to go boating [7]
bâtiment *m.* building [3]
bâtir to build [C]
bâton *m.* stick
battre to beat, to hit [9]
  se ~ to fight
bavard(e) talkative
beau/bel/belle/beaux/belles handsome, beautiful [3]
  il fait beau it's nice weather [6]
beaucoup much, many, a lot [2]
beau-frère *m.* brother-in-law [2]
beau-père *m.* father-in-law, step-father [2]
beauté *f.* beauty
bébé *m.* baby
bédouin(e) Bedouin
belge Belgian [1]
Belgique *f.* Belgium
belle-mère *f.* mother-in-law, step-mother
belle-sœur *f.* sister-in-law [2]
ben well, so [1]
bénéfice *m.* benefit
berger/bergère *m./f.* shepherd / shepherdess
besoin *m.* need
  au ~ as needed

avoir ~ de to need [8]
  tu as/vous avez besoin de... you need to . . . [8]
bête stupid [1]
bêtise *f.* stupidity [12]
  ~s *f.pl.* nonsense [6]
beurre *m.* butter [5]
biberon *m.* baby bottle
bibliothèque *f.* library [4]
bicyclette *f.* bicycle
bien well [2]; fine [P]
  ~ sûr of course [1]
  c'est ~ que it's a good thing that [C]
  eh ~ well
bien *m.* good
bientôt soon [4]
bienvenue *f.* welcome
bière *f.* beer [5]
bifteck *m.* steak [5]
bijou *m.* (*pl.* **bijoux**) jewelry [10]; jewel [12]; **~x en or** gold jewelry [10]
bijoux *m.pl.* jewelry
bilingue bilingual
billet *m.* ticket [7]
biologie *f.* biology [4]
biologique (bio) organic [5]
biscuit *m.* cookie [5]
bise: faire la ~ to kiss
blague *f.* joke [8]
blanc *m.* white [3]
blanc (blanche) white [3]
blé *m.* wheat
blesser to wound
  se ~ to hurt oneself [12]
blessure *f.* injury, wound [12]
bleu(e) blue [2]
bleu marine navy blue [10]
bloc *m.* **opératoire** surgery (department)
blog *m.* blog [6]
bloguer to blog [2]
blond(e) blond [1]
blonde *f.* girlfriend (slang)
blouson *m.* short jacket [10]
bœuf *m.* beef [5]
bof... well . . . (*expression of indifference*) [4]
boire to drink [5]
bois *m.* wood [10]; woods
boisson *f.* drink, beverage [5]
boîte *f.* can; box [5]
  ~ (de nuit) nightclub [8]
  en ~ canned [5]
boiter to limp
bon(ne) good [3]
bon, alors well [2]
bon, ben well [2]
bon courage! hang in there! [9]
bonne... ! (feast day) happy . . . ! [9]
bonne chance! good luck! [9]

bonne idée! *f.* good idea! [6]
bonne réponse *f.* correct answer
bonnes vacances! have a good vacation! [9]
bon voyage! have a nice trip! [9]
  de bonne heure early
  il fait bon the weather is pleasant, nice [6]
bonbon *m.* (piece of) candy
bonheur *m.* happiness; good fortune [8]
bonjour hello; good morning; glad to meet you [P]
bonsoir good evening, good night [P]
bord *m.* edge
  à ~ on board
  au ~ de la mer at the shore, seaside
bordeaux (*inv.*) burgundy (color) [10]
bosser (*familier*) to work hard
bottes *f.* boots [10]
bottine *f.* ankle boot [10]
bouche *f.* mouth [10]
bouché: avoir le nez ~ to be congested [10]
boucher/bouchère *m./f.* butcher
boucherie *f.* butcher shop [5]
  ~ du coin neighborhood butcher shop [5]
boucle *f.* buckle
  ~ d'oreille earring
bouclier *m.* shield
bouger to move
bougie *f.* candle [9]
boulanger/boulangère *m./f.* baker [5]
boulangerie *f.* bakery [5]
boule *f.* ball
boulevard *m.* boulevard [3]
boulot *m.* job [8]
bouquet *m.* **(de fleurs)** bouquet (of flowers) [9]
bourse *f.* scholarship [4]
bout *m.* end
bouteille *f.* bottle [5]
  ~ d'eau minérale bottle of mineral water [5]
bras *m.* arm [10]
bravo! bravo! [9]
bref (brève) brief
Brésil *m.* Brazil
brésilien(ne) Brazilian [1]
brie *m.* Brie cheese [5]
briller to shine
briser to break
broche *f.* brooch, pin
brochette *f.* food on a skewer
brocoli *m.* broccoli [5]
bronchite *f.* bronchitis [12]
(se) brosser to brush [10]

brouillard *m.* fog [6]
  il fait du ~ it's foggy [6]
brousse *f.* brush; the bush (wilderness)
bruit *m.* noise [3]
brûler to burn
brume *f.* haze
brumeux(se) hazy
brun(e) dark-haired, brunette, brown [1]
brusquement abruptly
bûche *f.* yule log cake
budget *m.* budget
bulletin *m.* **météo** weather report
  ~ de paie paycheck
bureau *m.* (*pl.* **bureaux**) desk; office [P]
  ~ de poste post office [3]
  ~ de renseignements information desk [7]
  ~ de tabac tobacco / magazine shop [3]
bus *m.* bus [7]
  en ~ by bus [7]
businessman *m.* businessman
but *m.* goal
buveur/buveuse *m./f.* drinker

ça this; that
  ~ dépend it depends
  ~ s'appelle it's called [5]
  ~ te dit? are you interested?
  ~ t'intéresse? are you interested? [6]
  ~ va? How are you? [P]
  ~ va (bien)! I'm fine! [P]
cabane *f.* cabin
cabas *m.* tote bag
cabine *f.* **d'aiguillage** controlbooth
cabinet *m.* **de toilette** *f.* toilet
caché(e) hidden [12]
cacher to hide
cadeau *m.* (*pl.* **cadeaux**) gift [4]
cadre *m.* a professional (manager, executive, etc.) [11]; surroundings
  ~ moyen middle manager
  ~ supérieur high-level executive
cafard: avoir le ~ to have the blues
café *m.* café [3]; coffee [5]
  ~ au lait *m.* coffee with milk [5]
  ~ crème *m.* coffee with cream [5]
  ~ décaféiné decaffeinated coffee
caféine *f.* caffeine
cahier *m.* notebook, workbook [P]
caisse *f.* case
caleçon *m.* leggings
calendrier *m.* calendar [4]
calme calm [1]

camarade *m./f.* classmate; friend
  ~ de classe classmate [P]
  ~ de chambre roommate [3]
camembert *m.* Camembert cheese [5]
Cameroun *m.* Cameroon
campagne *f.* countryside [3]
  à la ~ in the countryside [3]
camping *m.* camping [7]
  faire du ~ to go camping [7]
campus *m.* campus [4]
Canada *m.* Canada
canadien(ne) Canadian [1]
canapé *m.* couch, sofa [3]
cancer *m.* cancer [12]
candidature *f.* candidacy
canne *f.* cane
  ~ à sucre *f.* sugar cane
cannibale *m./f.* cannibal
cantine *f.* cafeteria [5]
capeline *f.* sun hat
capituler to surrender
car for
caractère *m.* character
  ~s gras bold type
caractéristique characteristic
carafe *f.* pitcher [5]
  ~ d'eau pitcher of water [5]
cardigan *m.* button-up sweater [10]
cardiotraining *m.* cardiovascular workout [10]
caresser to caress, to stroke
carnaval *m.* carnival; period before Lent
carotte *f.* carrot [5]
carré *m.* square
carreau *m.* (*pl.* **carreaux**) square
  à carreaux plaid [10]
carrefour *m.* intersection
carrière *f.* career [11]
carte *f.* map [P]; menu [5]; card
  ~ de crédit credit card [7]
  ~ postale postcard [7]
cas *m.* case
  en ~ de in case of
  selon le ~ as the case may be
case *f.* hut
casquette *f.* cap [10]
casser to break
cassette *f.* cassette [P]
catastrophe *f.* catastrophe [C]
catégorie *f.* category, class
cathédrale *f.* cathedral [7]
cauchemar *m.* nightmare
cause *f.* cause
  à ~ de because of
causerie *f.* chat
CD *m.* CD [P]
  lecteur *m.* **de ~** CD player [3]
ce/cet/cette/ces this, that; these, those [2]
  ~ ...-ci this, these [2]
  ~ ...-là that, those [2]

ce (*pron.*)   this; it [P]
  ~ que   what
  ~ sont   they are [P]
ceci (*pron.*)   this
cédille *f.*   cedilla [P]
ceinture *f.*   belt [10]
célèbre   famous
célébrer   to celebrate
célibat *m.*   single life
célibataire   single, unmarried [8]
célibataire *m./f.*   single [8]
celui/celle/ceux/celles   that / that one
cent   one hundred [3]
centième   one hundredth
centre *m.*   center
  ~ commercial   shopping mall [7]
centre-ville *m.*   downtown [3]
céréale *f.*   cereal grain
  ~s   cereal [5]
certain(e)   some
certainement   certainly [11]
cerveau *m.* (*pl.* cerveaux)   brain
ces (*see* ce/cet/cette/ces)
c'est   this is; he / she / it is [P]
c'est-à-dire que   that is to say [2]
c'est de la part de qui?   May I ask who's calling? [3]
chacun(e)   each one
chaîne *f.*   channel [6]
  changer de ~   to change the channel [6]
chaise *f.*   chair [P]
chalet *m.*   chalet
chaleur *f.*   heat
chambre *f.*   bedroom [3]
  (une ~) libre   (a room) available [7]
champ *m.*   field
champignon *m.*   mushroom [5]
chance *f.*   luck
  avoir de la ~   to be lucky
  bonne ~!   good luck! [9]
  quelle ~!   what luck! [4]
chandail *m.*   sweater
changement *m.*   change
changer   to change [6]
  ~ de chaîne   to change the channel [6]
  se ~ les idées à   to take one's mind off things
chanson *f.*   song
chanter   to sing [2]
chanteur/chanteuse *m./f.*   singer [1]
chapeau *m.* (*pl.* chapeaux)   hat [10]
  ~!   congratulations! [9]
chapitre *m.*   chapter [P]
chaque   each
charcuterie *f.*   delicatessen [5]
chargé(e)   busy [4]
  horaire ~   full schedule
charges *f.pl.*   utilities [3]; responsibilities

charmant(e)   charming
chasse *f.*   hunting [7]
  aller à la ~   to go hunting [7]
chasser   to kick out; to chase
chasseur *m.*   hunter
chat/chatte *m./f.*   cat [7]
château *m.* (*pl.* châteaux)   castle [7]
chaud(e)   hot [5]
  il fait ~   it's hot (weather) [6]
chaussette *f.*   sock [10]
chausson *m.*   (culinary) turnover
chaussure *f.*   shoe [9]; ~s à talons [10]; ~s habillées   dress shoes [10]
chef *m.*   chief, leader; chef; ~ d'entreprise   head of company, CEO [11]
chef-d'œuvre *m.* (*pl.* chefs-d'œuvre)   masterpiece
chemin *m.*   path
chemise *f.*   shirt [10]; ~ de nuit   nightgown [10]
chemisier *m.*   blouse, women's shirt [10]
cher (chère)   dear; expensive [5]
chercher   to look for [3]
  va me ~...   go get me . . .
chercheur/chercheuse *m./f.*   researcher
cherchez quelqu'un   find someone [2]
chéri(e)   darling, dear
cheval *m.* (*pl.* chevaux)   horse
  à ~   strict
chevelure *f.*   head of hair
cheveux *m.pl.*   hair [2]
chez   at the home of [6]
chic *inv.*   chic, sophisticated
  ~!   cool! great!
chien *m.*   dog [7]
chiffre *m.*   figure, number
Chili *m.*   Chile
chimie *f.*   chemistry [4]
Chine *f.*   China
chiné(e)   mottled
chinois(e)   Chinese [1]
chip *f.*   chip
choc *m.*   shock
chocolat *m.*   chocolate [1]
  ~ chaud   hot chocolate [5]
choisir   to choose [6]
choisissez   choose [1]
choix *m.*   choice [2]
cholestérol *m.*   cholesterol
chômage *m.*   unemployment [11]
chômeur/chômeuse *m./f.*   unemployed person
chose *f.*   thing
  quelque ~   something
chouchou/chouchoute *m./f.*   (teacher's) pet
chouette   great, neat, cool
  c'est ~!   that's cool! [4]

chuchoter   to whisper
chum *m./f.*   friend; boyfriend / girlfriend
chute *f.* de neige   snowfall
-ci   (*see* ce/cet/cette/ces)
ci-dessous   below [1]
ci-dessus   above [3]
ciel *m.* (*pl.* cieux)   sky [6]
  le ~ est couvert   it's cloudy, overcast [6]
  le ~ est variable   it's partly cloudy
cil *m.*   eyelash
cimetière *m.*   cemetery
ciné(ma) *m.*   movies [8]
cinéaste *m./f.*   filmmaker
cinéma *m.*   movies [2]
cinq   five [1]
cinquante   fifty [1]
cinquième   fifth [3]
circonflexe: accent ~   circumflex accent
circonlocution *f.*   circumlocution
circonstance *f.*   circumstance
circuit *m.*   circuit, route
circuler dans la salle   to circulate in the classroom
cirque *m.*   circus
citer   to cite, to quote
citoyen/citoyenne *m./f.*   citizen [C]
citron *m.*   lemon [5]
  ~ pressé   fresh lemonade [5]
clair(e)   light, bright; clear [10]
  (gris) clair   light (gray) [10]
classe *f.*   class [P]
  en première ou deuxième ~   first or second class [7]
classer   to classify
classeur *m.*   binder [P]
classez   classify [4]
claustrophobe   claustrophobic
clé *f.*   key [7]
client/cliente *m./f.*   customer [5]
climat *m.*   climate [6]
climatisé(e)   air conditioned
club *m.* de fitness   healthclub [10]
coca *m.*   Coke [5]
cocher   to check
cochez   check off [1]
cocotier *m.*   coconut tree
cœur *m.*   heart [8]
  de bon ~   heartily
  par ~   by heart
cohabitation *f.*   cohabitation
se coiffer   to do one's hair [10]
coiffure *f.*   hairdo
coin *m.*   corner [3]
  au ~ de   at the corner of [3]
  boucherie *f.* du ~   neighborhood butcher shop
coincé(e)   stuck
col *m.*   collar [10]
colère *f.*   anger

collection *f.* collection
  faire la ~ de to collect
collège *m.* middle school / junior high [4]
collègue *m./f.* colleague
collier *m.* necklace
colline *f.* hill
Colombie *f.* Colombia
colon *m.* colonist
colonisation *f.* colonization
colonne *f.* column [3]
coloris *m.* color, shade
combien (de) how much, how many [2]
comédie *f.* comedy [2]
comédien/comédienne *m./f.* comedian
comique funny, comical
commander to order [5]
comme like, as; how [12]
  ~ ci ~ ça so-so [P]
  ~ d'habitude as usual
commencement *m.* beginning
commencer to begin [4]
comment how [1] [3]
  ~? Pardon me? What? [P]
  ~ allez-vous? how are you? [P]
  ~ ça s'écrit? how do you spell that? [P]
  ~ ça va? how are you? [P]
  ~ dit-on... ? how do you say . . . ?
  ~ est-il/elle? what is he/ she like? [1]
  ~ s'appelle-t-il/elle? what is his/her name? [P]
  ~ tu t'appelles? what's your name? [P]
  ~ vas-tu? how are you? [1]
  ~ vous appelez-vous? what's your name? [P]
commerce *m.* business; store
commercial(e) (*m.pl.* **commerciaux**) business (*adj.*)
commettre to commit
commode *f.* chest of drawers [3]
commun: en ~ in common
commune rurale *f.* rural community; small town [3]
communiquer to communicate [8]
compact *m.* compact disc, CD
compagne *f.* companion
compagnie *f.* company
comparaison *f.* comparison [5]
comparer to compare
compenser to compensate
compétition *f.* competition [12]
complémentaire complementary, additional [7]
compléter to complete
composté(e) validated
comprendre to understand [4]
  se ~ to understand one another [8]

comprimé *m.* pill, tablet [12]
compris(e) included [3]
compromis *m.* compromise
comptabilité *f.* accounting [4]
comptable *m./f.* accountant [11]
compter (+ infinitif) to plan to, to count on [11]
concerner to concern
concert *m.* concert [2]
concierge *m./f.* caretaker
concordance *f.* **des temps** sequence of tenses
concours *m.* **d'entrée** entrance examination
confiance: avoir ~ en (soi) to be self-confident
confirmez verify [1]
confisquer to confiscate
confiture *f.* jam [5]
conflit *m.* conflict
conformiste conformist [1]
confort *m.* comfort, ease
  ~ matériel material comfort
  tout ~ all the conveniences
confortable comfortable [3]
congé *m.*: **jour de ~** day off; holiday [9]
congelé(e) frozen
conjoint/conjointe *m./f.* spouse
conjugaison *f.* conjugation
conjuguer to conjugate
connaissance *f.* knowledge
connaître to know (someone) [9]
  se ~ to know one another, to meet [9]
  tu connais... ? do you know (so and so)? [1]
conquête *f.* conquest
consacré(e) à devoted to
conseil *m.* a piece of advice; council; consulting
conseiller/conseillère *m./f.* counselor, advisor
conseiller to advise
conséquence *f.* consequence [12]
conséquent: par ~ as a result
conservateur(trice) conservative
conserver to preserve
conserves *f.pl.* preserves
considérer to consider
consigne *f.* baggage checkroom / locker
console vidéo *f.* video game console [3]
consommation *f.* consumption
constamment constantly [11]
construire to build
contagieux(se) contagious [12]
contaminer to contaminate
conte *m.* story
  ~ de fées fairy tale
contenir to contain

content(e) glad, pleased
contenter: se ~ de to settle for
continuer to continue [3]
contraire *m.* opposite [8]
  au ~ on the contrary [11]
contre against; as opposed to; in exchange for
  par ~ on the other hand [2]
contribuer to contribute
convaincant(e) convincing
convaincre to convince
convaincu(e) convinced
convenir to be appropriate
convention *f.* **collective** collective wage agreement
conversation *f.* conversation, talk
convoquer to summon
copain/copine *m./f.* friend, pal [1]
coquet(te) dainty
corde *f.* rope
Corée *f.* Korea
corps *m.* body [10]
correct(e) correct
corriger to correct
corsage *m.* bodice
cosmonaute *m./f.* astronaut
costume *m.* man's suit [10]
côte *f.* coast
côté *m.* side
  à ~ de next to, beside [3]
Côte d'Ivoire *f.* Ivory Coast
côtelette *f.* cutlet [5]
  ~ de veau veal chop [5]
coton *m.* cotton [10]
  en ~ cotton [10]
cou *m.* neck [10]
couche *f.* stratum
  se coucher to go to bed [10]; to set (sun)
couchette *f.* couchette, berth (in sleeping compartment) [7]
coude *m.* elbow [10]
couler to flow
couleur *f.* color
coulis *m.* type of sauce
couloir *m.* hallway, passage [7]
  au bout du ~ down the hall [7]
coup *m.* blow
  ~ de main helping hand [7]
coupe *f.* **du monde** World Cup
couper to cut
couple *m.* couple [8]
cour *f.* yard
  ~ de récréation schoolyard
courgette *f.* squash, zucchini [5]
courir to run, to go to
courriel *m.* e-mail
courrier *m.* mail
  ~ du cœur advice column
cours *m.* avenue; course, class [4]
  aller en ~ to go to class
  au ~ de during

course *f.* errand; running (track) [6]
  faire des ~s to go shopping [4]
  faire les ~s to go grocery shopping [5]
court(e) short [2]
  à manches courtes short-sleeved [10]
cousin/cousine *m./f.* cousin [2]
couteau *m.* (*pl.* **couteaux**) knife [5]
coûter to cost [3]
coutume *f.* custom
couvert *m.* place setting [5]
  gîte et ~ food and shelter
couvert(e) covered
  le ciel est ~ it's cloudy [6]
craie *f.* chalk [P]
  morceau *m.* **de ~** piece of chalk
cravate *f.* tie [10]
crayon *m.* pencil [P]
créativité *f.* creativity [11]
créer to create
crémerie *f.* dairy store
créole Creole
crêpe *f.* pancake
crétin *m.* idiot
crevette *f.* shrimp [5]
cri *m.* shout; cry for help
  pousser des ~s to shout
crier to shout, to yell
crise *f.* crisis [C]
  ~ cardiaque heart attack [12]
  ~ économique depression
critère *m.* criterion
croire to think, to believe [C]
croissant *m.* croissant [5]
croissant(e) growing
cru(e) raw [9]
cuillère *f.* spoon [5]
cuir *m.* leather
  en ~ leather [10]
cuisine *f.* kitchen [3]
  faire la ~ to do the cooking [4]
cuisinier/cuisinière *m./f.* cook [11]
cuisse *f.* **de canard** duck leg
cuit(e) cooked [9]
culinaire culinary
curriculum *m.* **vitae (CV** *m.***)** résumé [11]
CV *m.* résumé [11]
cyclisme *m.* cycling [6]

d'abord first [5]
d'accord OK, agreed [1]
être ~ to agree
  pas ~ disagree [1]
dame *f.* lady [1]
Danemark *m.* Denmark
dans in [3]
  ~ les nuages in the clouds

danser to dance [2]
date *f.* date [4]
d'autres other; others
d'avance in advance
de/du/de la/des *art.* any; some [1]
de/du/de la/des *prep.* from; of
  de rien you're welcome [P]
débat *m.* debate
debout standing [9]
débris *m.*: **un vieux ~** decrepit old man
débrouillard(e) resourceful [11]
début *m.* beginning
débutant/débutante *m./f.* beginner [11]
décembre *m.* December [4]
déception *f.* disappointment
décevoir to disappoint
déchiré(e) torn
décidément decidedly
décider to decide [1]
décision *f.* decision
découper to cut out
découvrir to discover
décret *m.* decree
décrire to describe
décroissant: par ordre ~ in descending order
déduire to deduce
défaut *m.* flaw, shortcoming, defect
  ~s faults [8]
défendre to defend
défenseur *m.* defender
défi *m.* challenge [12]
défier to defy
défilé *m.* parade [9]
défiler to parade
défini(e) definite
définir to define
degré *m.* degree
dehors outside, outdoors
déjà already [4]
déjeuner to have lunch
déjeuner *m.* lunch [5]
  petit ~ breakfast [5]
délicieux(euse) delicious [5]
délinquance *f.* delinquency, crime [C]
demain tomorrow [3]
  ~ matin/après-midi/soir tomorrow morning / afternoon / evening [6]
demande *f.* **d'emploi** job application [11]
  faire une ~ to apply for a job [11]
demander to ask (for) [1]
déménager to move [3]
demeurer to stay
demi(e) *m./f.* half
  ~-heure half hour
  et ~ thirty (minutes past the hour) [4]

demi-frère *m.* half-brother [2]
demi-pension *f.* lodging with breakfast and dinner
demi-sœur *f.* half-sister [2]
denim *m.* denim [10]
  en ~ (made of) denim [10]
densément densely
dent *f.* tooth [10]
dentaire dental
dentiste *m./f.* dentist [1]
départ *m.* departure [7]
dépassé(e) outdated
dépasser to exceed
se dépêcher to hurry [10]
dépendant(e) dependent
dépendre
  euh, ça dépend well, it depends [1]
dépense *f.* expense; expenditure
dépenser to spend (money) [12]
se déplacer to move (from one place to another)
déposer to deposit; to drop off
déprimant(e) depressing
depuis since [7]
  ~ combien de temps? how long? [7]
  ~ dix ans in the last 10 years
  ~ quand since when [7]
  ~ que since
député *m.* deputy
déranger to bother (someone), to disturb, to trouble [7]
dernier(ère) last; latest [4]
derrière behind [3]
des (*see* **de**)
dès from; as early as
  ~ maintenant starting now
  ~ que as soon as [11]
désaccord *m.* disagreement
désagréable unpleasant [1]
désapprobation *f.* disapproval
désavantage *m.* disadvantage
descendre to go down; to get down; to get off; to stay in a hotel [7]
description *f.* description [2]
désert *m.* desert [7]
désert(e) deserted
désespéré(e) desperate
désir *m.* desire; wish
désirer to want, to wish [5]
  vous désirez? are you ready to order? [5]
désolé(e) sorry [3]
désordre *m.* untidiness
  en ~ untidy
désormais from now on
dessert *m.* dessert [5]
dessin *m.* drawing [1] [4]
  ~ animé *m.* cartoon [6]
dessiner to draw
dessous *m.pl.* underside; shady side

détail *m.* detail
détente *f.* relaxation, rest
détester to hate [2]
détruire to destroy [C]
deux two [2]
  les ~ both [2]
deuxième second [3]
  ~ classe *f.* second class [7]
devant in front of [3]
(se) développer to develop
devenir to become [11]
deviner to guess [1]
devise *f.* motto
devoir to have to; to owe [8]
  j'aurais dû I should have [12]
  je devais I was supposed to [8]
  je devrais I should [12]
  tu devrais/vous devriez... you
    should . . . [8]
  tu dois/vous devez... you
    must . . . / have to . . . [8]
devoir *m.* duty
  ~s homework [4]
  faire ses ~s to do one's
    homework [4]
  vos ~s your homework [P]
dévorer to devour
d'habitude usually [4]
diabétique diabetic
diagnostic *m.* diagnosis
dictée *f.* dictation
dictionnaire *m.* dictionary
diététique dietetic
différence *f.* difference
différent(e) different
difficile difficult; choosy
difficilement with difficulty [11]
difficulté *f.* difficulty
digne proper, suitable
dimanche *m.* Sunday [4]
diminuer to reduce, to get
  smaller [8]
dinde *f.* turkey [9]
dîner to have dinner [2]
dîner *m.* dinner [5]
diplôme *m.* diploma, degree [4]
diplômé(e) graduate
dire to say [6]
  ~ des bêtises to talk nonsense [6]
  ~ des mensonges to tell lies [6]
  se ~ to say of oneself
direct: en ~ live
direction *f.* management
  ~s directions [3]
discipliné(e) disciplined [6]
  être ~ to have self-control [6]
discothèque *f.* discotheque
discuter (de) to discuss
disponibilité *f.* availability
disponible available
disposer de to have free or
  available

dispute *f.* quarrel; argument
se disputer to fight, to
  argue [8]
disque *m.* **compact** compact disc
  lecteur *m.* **de ~s ~s** CD player
distinguer to distinguish
dit say [2]
dites say [2]
divers(e) various
diviser to divide
divorce *m.* divorce
dix ten [1]
dix-huit eighteen
dix-neuf nineteen
dix-sept seventeen
docteur *m.* doctor
doctorat *m.* doctorate
doigt *m.* finger [9]
  lever le ~ to raise one's
    hand [9]
domaine *m.* field
  ~ de spécialisation major
domicile: à ~ at home
dommage: c'est ~ que it's too bad
  that [C]
donc therefore; so
donné(e) given
donner to give [2]
dont of which, of whom; whose
doré(e) golden
dorloter: se ~ to pamper oneself
dormeur/dormeuse *m./f.* sleeper
dormir to sleep [7]
dos *m.* back [10]
d'où from where [1]
doucement softly
douche *f.* shower [3]
se doucher to shower [10]
douleur *f.* pain
doute: sans ~ probably
douter to doubt [C]
doux (douce) sweet; mild; soft
douzaine (de) *f.* dozen [5]
douze twelve [2]
drame *m.* drama [6]
drapeau *m.* (*pl.* **drapeaux**) flag [9]
draperie *f.* cloth
drogue *f.* drug, drugs
droit *m.* law (*field of study*) [4];
  right (*entitlement*) [C]
droit(e) right
  tout ~ straight ahead
  droite *f.* right (*direction*) [3]
  à ~ on the right [3]
drôle funny
du (*see* **de**)
dur *adv.* hard [10]
  (travailler) dur (to work)
    hard [10]
dur(e) hard, difficult, solid
durer to last
DVD *m.* DVD [3]

eau *f.* water [5]
ébloui(e) dazzled
éblouissant(e) dazzling
échancré(e) low-cut
échange *m.* exchange
échanger to exchange
écharpe *f.* winter scarf [10]
éclater to explode
école *f.* school [4]
  ~ maternelle kindergarten [4]
  ~ primaire elementary
    school [4]
  ~ supérieure school of higher
    education
écolier/écolière *m./f.* school child
économie *f.* economics [4]
économique economic
écourté(e) shortened
écouter to listen (to) [2]
écoute!/écoutez! listen! [11]
écraser to crush
écrire to write [6]
  s'~ to write one another [8]
écrit(e) written
écrivain *m.* writer [1]
s'écrouler to crumble
éducation *f.* education
  ~ physique physical education,
    gym [4]
éduquer to educate
effectivement actually
effectuer to execute, to carry out
efficace efficient [11]
égal(e) (*m.pl.* **-aux**) equal
égalité *f.* equality [11]
église *f.* church [3]
égoïste selfish [1]
Égypte *f.* Egypt
eh ben well (*colloquial*)
eh bien... well . . . [2]
élaboré(e) elaborate
élargir to enlarge, to widen
électricité *f.* electricity
électronique: message ~ *m.* e-mail
  message
élève *m./f.* student, pupil (elementary through high school)
élevé(e) high
élever to raise
elle she, it [P]; her [11]
  ~s they [1]; them [11]
élu/élue *m./f.* elected official
embauché(e) hired [11]
embaucher to hire [11]
  être embauché to be hired [11]
embêtant(e) annoying,
  irritating [4]
  c'est ~! that's too bad! [4]
embouteillage *m.* traffic jam

embrasser to kiss
émission f. show, program [6]
  ~ de variétés television variety
    show [6]
emmener to take along
émouvant(e) emotionally moving
s'emparer de to seize upon
empathique empathetic
empêcher to prevent
emplacement m. location [3]
emploi m. job [11]
  ~ du temps schedule [4]
employé/employée m./f.
    employee [11]
employer to use [2]
en employant using [1]
employeur m. employer [11]
emporter to take away
emprunter to borrow [7]
en prep. to, in
  ~ avance early [6]
  ~ boîte canned
  ~ ce temps-là in those days [8]
  ~ face de across from [3]
  ~ fait actually, in fact [12]
  ~ haut de above
  ~ matière de regarding [3]
  ~ pratique in practice
  ~ retard late [6]
  ~ théorie in theory
  ~ train de in the process of
en pron. of it, some . . . of them [12]
enchanté(e) Pleased to meet
    you [P]
enclume f. anvil
encore again; still
  ~ de more
  ~ une fois once again [1]
  pas ~ not yet [9]
encourager to encourage [11] [C]
en-dessous de below
s'endormir to fall asleep [10]
endroit m. place [11], location [3];
    spot, site [12]
  par ~s in places
énergétique energy-producing [5]
énergique energetic [1]
énerver: Ça m'énerve! That's
    annoying! [4]
enfant m./f. child [2]
enfin finally; after all [5]
enlever to take away, to take off
ennemi m. enemy
ennui m. boredom [11]
s'ennuyer to be bored [8]
ennuyeux(se) boring [1]
énorme: C'est ~! That's cool! [4]
enregistré(e) registered
enseignant/enseignante m./f.
    teacher, educator [11]
enseignement m. education
  ~ supérieur higher education
ensemble together [2]

ensemble m. whole (thing)
ensoleillé(e) sunny [6]
ensuite then [1]
entendre to hear [4]
  s'~ (bien ou mal) to get
    along [8]
entendu! good! [6]
entier(ère) entire, whole
entre between [3]
entrecôte f. rib steak
entrée f. entry [3]
entreprise f. company, firm,
    business [4]
entrer (dans) to enter, to come in [6]
  ~ à la fac to enroll [4]
entretien m. interview [11]
envers toward
envie f.: avoir ~ de to want to, to
    feel like [6]
environ approximately
envisager to look upon, to
    consider
envol m. take-off
s'envoler to fly away
envoyer to send [2]
épanouir to develop
épanouissement m. development,
    blossoming
épaule f. shoulder [10]
épicerie f. grocery store [5]
épicier/épicière m./f. grocer
épisode m. episode
époque: à cette ~-là in those
    days [8]
  à l'~ at the time; at this time
épouser to marry (someone) [8]
épouvante f.: film m. d'~ horror
    movie
équilibre m. balance,
    equilibrium [11]
équilibré(e) balanced
équipe f. team
érable m. maple
ermite m. hermit
escalader to climb
escalier m. staircase, stairs [7]
escargot m. snail
esclave m./f. slave
espace m. space
  ~ clos closed space
Espagne f. Spain
espagnol(e) Spanish [1]
espagnol m. Spanish (language) [4]
espèce f. type, sort [5]
  c'est une ~ de... it's a kind
    of . . . [5]
espérer to hope [11]
espoir m. hope
esprit m. mind
  ouverture d'~ f. open mind
essai m. trial
essayer to try [1]
essence f. gas

essentiel m. essential
est m. east [6]
est-ce que (question marker) [1]
estimer to be of the opinion
estomac m. stomach
et and [1]
  ~ pour moi... for me . . . [5]
  ~ puis and then [2]
  ~ toi? and you? [P]
  ~ vous? and you? [P]
établir to establish
étage m. floor, story [7]
  premier ~ second floor [7]
étagère f. (book)shelf [3]
étape f. step, stage
état m. state
États-Unis m.pl. United States
été m. summer [6]
éteindre to turn off
éternuer to sneeze [12]
étoile f. star [7]
étoilé(e) starry
étonnant(e) surprising [C]
étrange strange [12]
étranger(ère) foreign [4]
  langue f. étrangère foreign
    language [4]
étranger/étrangère m./f. stranger,
    alien; foreigner [C]
  à l'étranger in a foreign country
être to be [1]
  c'est it is; this is [P]
  ce sont these are [P]
  ~ assis(e) to be seated [9]
  ~ au régime m. to be on a
    diet [5]
  ~ discipliné(e) to have
    self-control [6]
  ~ en bonne forme to be / stay
    in good shape [10]
  ~ fâché(e) to be mad, angry [9]
  ~ né(e) to be born
  ~ pressé(e) to be in a hurry [5]
  ~ puni(e) to be punished [9]
être m. being
  ~ humain human being [12]
étrennes f.pl. New Year's gift
études f.pl. studies [4]
  ~ supérieures higher education
étudiant(e) student [P]
étudier to study [1] [2]
euh uh [P]
euro m. euro
Europe f. Europe
européen(ne) European
eux pron. m.pl. they; them [11]
événement m. event
évêque m. bishop
évidemment evidently [11]
éviter to avoid [11]
évoluer to evolve
exact(e) precise, correct
exagérer to exaggerate

examen *m.* test, exam [4]
  passer un ~ to take a test [4]
  rater un ~ to fail a test [4]
  réussir à un ~ to pass a test
examiner to examine
excéder to exceed
exception *f.*: **à l'~ de** with the exception of
excès *m.* excess
excuse-moi, mais... excuse me, but . . . [11]
excusez-moi excuse me [7]
exemple *m.* example [P]
exercer to practice, to carry on, to carry out
  ~ une profession to practice a profession [11]
exercice (physique) *m.* exercise
  faire de l'~ to exercise [4]
exigé(e) required
exigence *f.* requirement, expectation
exister to exist, to be
  il existe en noir it comes in black
exotique exotic
expérience *f.* experiment; experience
explication *f.* explanation
expliquer to explain [2]
exploit *m.* feat
explorateur/exploratrice *m./f.* explorer
exposition *f.* exhibit
expression *f.* expression
exprimer to express
exquis(e) exquisite
extérieur: à l'~ de outside of
extérioriser to externalize
extrait *m.* excerpt
extrait(e) excerpted

fac (faculté) *f.* college, university [4]
face: en ~ de across from [3]
faire ~ à to face up to, to deal with
fâché(e) angry [9]
fâcher, se to get mad / angry [10]
facilement easily [11]
façon *f.* way, manner
  de toute ~ in any case
facteur *m.* factor; letter carrier [11]
facultatif(ve) optional [4]
faculté *f.* faculty, school (division of a college)
faible weak
  vent ~ light wind
faim *f.* hunger [5]
  avoir ~ to be hungry [5]
faire to do, to make, to go [2]
  ~ attention to pay attention

~ de l'aérobic to do aerobics [10]
~ de la gymnastique to exercise [4]
~ de la musique to practice music [4]
~ de la marche to walk [10]
~ de la musculation to do weight training [10]
~ de la natation to swim [4]
~ de l'exercice to exercise [4]
~ des courses to go shopping [4]
~ du bateau to go boating [7]
~ du bricolage to putter, to do-it-yourself [8]
~ du camping to go camping [7]
~ du fitness to do fitness training [10]
~ du jardinage to do gardening [8]
~ du ski to ski [4]
~ du ski nautique to water-ski [7]
~ du sport to play sports [4]
~ du vélo to bike [4]
~ face (à) to face (up to) [12]
~ fortune to make one's fortune
~ la collection de to collect
~ la connaissance de to meet
~ la cuisine to cook [4]
~ la grasse matinée to sleep in [4]
~ la lessive to do the laundry [8]
~ la sieste to take a nap [4]
~ la vaisselle to do the dishes [8]
~ le ménage to do housework [8]
~ le tour de to tour
~ les courses to go grocery shopping [5]
~ mal (à) to hurt [10]
~ partie de to be part of
~ peur à to scare
~ ses devoirs to do homework
~ son lit to make one's bed [4]
~ une demande d'emploi to apply for a job [11]
~ une promenade to go for a walk [4]
~ un séjour to stay [7]
~ un voyage to go on a trip [4]
il fait beau/bon/mauvais/chaud/ frais/froid the weather is nice / pleasant / bad / hot / cool / cold [6]
il ~ du soleil/du vent/du brouil- lard it is sunny / windy / foggy [6]
un et un font deux one and one make two
fait *m.*: **en ~** actually, in fact [9]
falaise *f.* cliff
falloir to be necessary
  il faut it is necessary [8]
  il faut que (one must) [C]
fameux(se) famous

familial(e) (*m.pl.* **-aux**) family
famille *f.* family [2]
fanfaron(ne) boasting
fantasme *m.* fantasy [12]
fantastique fantastic, terrific
fantôme *m.* ghost
farci(e) stuffed
fardeau *m.* (*pl.* **fardeaux**) burden
fast-food *m.* fast food [5]
fatigant tiring
fatigué(e) tired [1]
faut (*see* **falloir**)
faute *f.* mistake, error
fauteuil *m.* armchair [3]
faux (fausse) false [1]
faveur *f.*: **en ~ de** in favor of
favori(te) favorite
favoriser to favor
fée *f.*: **bonne ~** fairy godmother
  conte *m.* **de ~s** fairy tale
félicitations *f.* congratulations [9]
féliciter to congratulate [9]
femme *f.* woman [P]; wife [P]
  ~ au foyer housewife [11]
  ~ d'affaires businesswoman [11]
  ~ de ménage housekeeper
fenêtre *f.* window [P]
fer *m.* iron
  ~ à repasser *m.* iron (for ironing clothes)
ferme *f.* farm
fermé closed [3]
fermer to close
féroce fierce
fête *f.* holiday, celebration [4]
  ~ des mères Mother's Day [9]
  ~ foraine carnival
  ~ nationale national holiday [9]
fêter to celebrate
feu *m.* (*pl.* **feux**) fire [10]
  ~ d'artifice fireworks [9]
  ~ rouge *m.* traffic light
feuille *f.* leaf, sheet
  ~ de papier sheet of paper [P]
feuilleter to leaf through
feuilleton *m.* soap opera, series [6]
février *m.* February [4]
  se ficher de to not care
  je m'en fiche! I don't give a damn! [4]
fidèle faithful
fier (fière) proud
fierté *f.* pride
fièvre *f.* fever
fille *f.* girl [1]; daughter [2]
film *m.* movie [2]
  ~ d'amour romantic film [2]
  ~ d'aventure action film [2]
  ~ d'épouvante horror movie [6]
  ~ policier detective movie [6]
fils *m.* son [2]
fin *f.* end
finalement finally [5]

financier(ère) financial
finir to finish [6]
fitness: faire du ~ to do fitness training [10]
fixe fixed
flamand *m.* Flemish
flanelle *f.* flannel [10]
fleur *f.* flower [9]
  à ~s flowered [10]
fleurir to make bloom
fleuve *m.* river
foie *m.* **gras** goose liver pâté
fois *f.* time [2]
  à la ~ at the same time
  une ~ once [2]
foncé(e) dark (color) [10]
  (gris) foncé dark (gray) [10]
fonction *f.* **publique** public office
fonctionnaire *m./f.* civil servant, government employee [11]
fonctionner to work (machine)
fondé(e) founded
fondre to melt
fontaine *f.* fountain
foot(ball) *m.* soccer [2]
  faire du ~ to play soccer [4]
force *f.* strength
  de ~ by force
  ~ ouvrière workforce
forêt *f.* forest [7]
formation *f.* education, training [11]
forme *f.* shape, figure [10]
  être / rester en (bonne) ~ to be / to stay in (good) shape [10]
formidable super, great
formulaire *m.* form [11]
formule *f.* formula
  ~s de politesse polite expressions [P]
fort *adv.* loud; hard
fort(e) heavyset, fat; strong [1]
forteresse *f.* fortress
fortune *f.* fortune
  bonne ~ luck
fou (folle) crazy, foolish [1]; incredible
foulard *m.* scarf [C]
foule *f.* crowd
four *m.* oven
  au ~ baked
fourchette *f.* fork [5]
frais *m.* expense
frais (fraîche) fresh; cool [5]
  il fait frais it's cool (weather) [6]
fraise *f.* strawberry [5]
framboise *f.* raspberry [5]
français *m.* French (language) [4]
français(e) French [1]
France *f.* France
franchement frankly [11]
francophone French-speaking

francophonie *f.* French-speaking countries
frapper to strike [9]
  ce qui m'a frappé(e) what struck me [9]
fréquemment frequently [11]
frère *m.* brother [2]
  demi-frère *m.* half-brother [2]
frites *f.pl.* French fries [5]
froid(e) cold [5]
  il fait ~ it's cold (weather) [6]
fromage *m.* cheese [5]
front *m.* forehead [10]
frontière *f.* border [C]
fruit *m.* fruit [5]
  ~s de mer *m.pl.* seafood [5]
fuir to flee
fumeurs *m.pl.* smokers; smoking (section) [7]
  non-~ non-smoking (section) [7]
fusil *m.* gun, rifle

gagner to win; to gain; to earn [11]
  ~ de l'argent to earn money [11]
  ~ sa vie to earn a living [11]
gagneur/gagneuse *m./f.* winner
gants *m.* gloves [10]
garage *m.* garage, covered parking [7]
garantir to guarantee
garçon *m.* boy [1]; waiter
garder to keep
gare *f.* train station [3]
garni(e) served with vegetables
gâteau *m.* (*pl.* **gâteaux**) cake [5]
gâter to spoil
gauche *f.* left [3]
  à ~ to the left, on the left [3]
gênant(e) annoying
généralement generally [11]
généreux(se) generous [1]
génial(e) (*m.pl.* **géniaux**) cool, great
  C'est génial! That's cool! [4]
genou *m.* (*pl.* **genoux**) knee [10]
genre *m.* type, sort, kind [6]
gens *m.pl.* people [1], [3]
gentil(le) nice [4]
géographie *f.* geography [4]
geste *m.* gesture
gestion *f.* business management [4]
gîte *m.* shelter
  ~ et couvert food and shelter
glace *f.* ice cream [5]; ice
  ~ à la vanille vanilla ice cream [5]
  ~ au chocolat chocolate ice cream [5]
glacé(e) icy
glacial(e) icy, bitterly cold
glisser to slip

globalisation *f.* globalization [12]
golf *m.* golf [4]
  faire du ~ to play golf [4]
gomme *f.* eraser [P]
gorge *f.* throat [10]
  avoir mal à la ~ to have a sore throat
goût *m.* taste [8]
gouvernement *m.* government
grâce à thanks to
grammaire *f.* grammar
gramme *m.* gram [5]
grand(e) big; tall [1]
  grande personne *f.* grown-up
  grandes surfaces *f.pl.* super stores [5]
grandir to grow up
grand-mère *f.* grandmother [2]
grand-père *m.* grandfather [2]
grands-parents *m.pl.* grandparents [2]
gras(se) greasy, fatty [5]
  faire la grasse matinée to sleep in [4]
gratin *m.* dish baked with bread-crumbs or grated cheese on top
gratinée à l'oignon *f.* onion soup
gratuit(e) free, no charge [4]
grave serious, grave [8]
  Pas ~! No big deal! [8]
Grèce *f.* Greece
griffe *m.* brand
grignotage *m.* snacking [5]
grignoter to snack [5]
grippe *f.* flu [12]
gris(e) gray [2]
gronder to rumble
gros(se) heavyset [1]; big, great
grosses bises hugs and kisses
grossièreté *f.* vulgarity
grossir to gain weight, to get fat [6]
grouper to group
Guadeloupe *f.* Guadeloupe
guerre *f.* war [C]
  ~ de Sécession American Civil War
  Première ~ mondiale World War I
guerrier *m.* warrior
guichet *m.* ticket window [7]
guirlande *f.* garland
Guyane (française) *f.* (French) Guyana
gymnase *m.* gym [10]
gymnastique *f.* gymnastics [4]
  faire de la ~ to exercise [4]

s'habiller to get dressed [10]
habitant/habitante *m./f.* inhabitant
habiter to live [2]

habitude *f.* habit [5]
  comme d'~ as usual
  d'~ usually [4]
habituel(le) usual
s'habituer to become accustomed
Haïti *m.* Haiti
haltère *f.* dumbbell
***hamburger** *m.* hamburger [5]
***Hanoukka** *f.* Hanukkah
***hanter** to haunt
***haricots** *m.pl.* **verts** green beans [5]
***haut** *m.* upper part
***haut(e)** high
  à haute voix aloud
***hein?** eh? [1]
***hein** you know
herbe *f.* grass
héritage *m.* heritage
***héros** *m.* hero
heure *f.* hour, o'clock; time [4]
  à l'~ on time [6]
  à quelle ~? at what time? [4]
  de bonne ~ early
  ~s supplémentaires overtime
  quelle ~ est-il? what time is it? [4]
  tout à l'~ in a little while
heureusement fortunately [11]
heureux(se) happy [1]
hier yesterday [5]
  ~ matin/après-midi/soir
    yesterday morning / afternoon /
    evening [6]
histoire *f.* history [4]; story [6]
historique historical [2]
hiver *m.* winter [6]
***hockey** *m.* hockey [6]
***homard** *m.* lobster [5]
homme *m.* man [P]
  ~ au foyer house husband [11]
  ~ d'affaires *m.* businessman [11]
***honte** *f.* shame
  avoir ~ to be ashamed
hôpital *m.* (*pl.* **hôpitaux**) hospital [3]
horaire *m.* timetable, schedule;
  hours [7]
horloge *f.* clock [P]
***hors de** out of
***hors-d'œuvre** *m.* (*pl.* **hors-d'œuvre**)
  starter, hors d'œuvre [5]
hôte *m.* host
hôtel *m.* hotel [3]
  ~ particulier mansion
hôtelier(ère) hotel (*adj.*)
***huit** eight
huître *f.* oyster [5]
humain(e) human
humide damp

hypocondriaque hypochondriac,
  depressed [12]
hypothèse *f.* hypothesis
hypothétique hypothetical

ici here; this is (on telephone) [3]
idéal(e) ideal [1]
idéaliste idealistic [1]
idée *f.* idea [6]
  se changer les ~s to take one's
    mind off things
identifier to identify
identité *f.* identity
ignorer to not know
il he, it [P]
il y a there is, there are [2]
  il y a (trois jours) (three days)
    ago [6]
  il n'y a pas de quoi you're
    welcome [P]
île *f.* island [7]
illuminé(e) lit up
illusoire illusory
ils they [1]
image *f.* picture [1]
imaginer to imagine
immédiatement immediately
immeuble *m.* apartment building
immigré/immigrée *m./f.*
  immigrant [C]
impatiemment impatiently [11]
impatient(e) impatient [1]
imperméable *m.* raincoat [10]
impliquer to involve
important(e) important
s'imposer to be called for; to be
  essential
impressionniste impressionist
imprévu(e) unexpected
imprimé(e) printed
  tissu ~ print fabric [10]
impuissant(e) powerless
inattendu(e) unexpected
incarner to embody
incluant including
incontesté(e) uncontested
incrédule skeptical
incroyable incredible [4]
Inde *f.* India
indépendant(e) independent
  entrée indépendante separate
    entrance
index *m.* index finger
indifférence *f.* indifference [C]
indifférent(e) indifferent [C]
indigène *m./f.* native
indigestion *f.* indigestion [12]
indiquer to indicate [1]
indiscret(ète) indiscreet
individu *m.* individual

individualiste nonconformist [1]
individuel(le) individual [3]
industriel *m.* industrialist
inégalité *f.* inequality [12]
inférieur(e) inferior
infini(e) infinite
infirmerie *f.* nurse's office
infirmier/infirmière *m./f.* nurse [11]
information *f.* information
  ~s news [6]
informaticien(ne) *m./f.* computer
  programmer [11]
informatique *f.* computer
  science [4]
ingénieur *m.* engineer [1]
injuste unfair
inquiet(ète) worried
(s')inquiéter (de) to worry
  (about) [8]
inquiétude *f.* worry
insolite strange
s'installer to settle
instituteur/institutrice *m./f.* grade
  school teacher
instruction *f.* education
  ~s instructions [P]
s'intégrer to be integrated [C]
intelligent(e) intelligent [1]
intention: avoir l'~ de to intend
  to [11]
interdiction *f.* ban
interdire to forbid
interdit(e) forbidden
intéressant(e) interesting [1]
intéresser to interest
  ça vous (t')intéresse? would
    you like to? [6]
  s'~ à to be interested in [8]
intérêt *m.* interest; advantage
Internet *m.* Internet [2]
interprète *m./f.* interpreter
interroger (quelqu'un) to call on,
  to question [9]
interrompre to interupt [11]
interviewer to interview [1]
s'intituler to be entitled
intolérance *f.* intolerance [C]
intolérant(e) intolerant [C]
inutile useless
inventer to invent
investir to invest
invitation *f.* invitation
invité/invitée *m./f.* guest
inviter to invite [2]
  je t'invite/je vous invite I'm
    inviting you (my treat!) [6]
iPod *m.* iPod [2]
Irak *m.* Iraq
Iran *m.* Iran
irisé(e) in rainbow colors
irrité(e) irritated
islamique Islamic
isolé(e) isolated

An asterisk (*) indicates an aspirate
h: no liaison or elision is made at the
beginning of the word.

Israël *m.* Israel
Italie *f.* Italy
italien(ne) Italian [1]

jaloux(se) jealous
jamais never [2]
  ne... ~ never [4]
jambe *f.* leg [10]
jambon *m.* ham [5]
janvier *m.* January [4]
Japon *m.* Japan
japonais(e) Japanese [1]
jardin *m.* garden [7]
jardinage *m.* gardening [8]
jardinet *m.* small garden
jaune yellow [3]
jazz *m.* jazz [2]
je I [P]
jean *m.* jeans [2]
jeu *m.* (*pl.* **jeux**) game
  ~ électronique electronic
    game [9]
  ~ télévisé game show [6]
  ~ vidéo video game [2]
jeudi *m.* Thursday [4]
jeune young [3]
jeunesse *f.* youth
joaillier *m.* jeweler
jogging *m.* jogging [2]; jogging
  suit [10]
  faire du ~ to go jogging [4]
joie *f.* joy
joli(e) pretty [3]
jongleur *m.* juggler
joue *f.* cheek [10]
jouer to play [2]
jouet *m.* toy [9]
jour *m.* day; daytime [4]
  de nos ~s today
  ~ chômé public holiday
  ~ d'action de grâces
    Thanksgiving [9]
  ~ de congé day off; holiday [9]
  ~ de fête holiday
  ~ de l'An New Year's Day
  ~ des morts All Souls' Day
  ~ férié public holiday
  par ~ a day (per day) [4]
  tous les ~s every day
journal *m.* (*pl.* **journaux**)
  newspaper [2]
  ~ télévisé *m.* news (TV) [6]
journaliste *m./f.* journalist,
  reporter [1]
journée *f.* day(time) [4]
  ~ de repos *m.* day of rest
joyeux(se) happy; merry [9]
  Joyeux Noël Merry Christmas [9]
judo *m.* judo [6]
juge *m.* judge [1]

juillet *m.* July [4]
juin *m.* June [4]
jupe *f.* skirt [10]
jurer to swear
juridique legal
jus *m.* **(d'orange)** (orange) juice [5]
  ~ de fruits fruit juice [5]
jusqu'à to, until [3]
jusqu'où how far
juste just; fair
justement exactly

kilo (de) *m.* kilogram [5]
  un ~ de a kilo (2.2 lbs)
kiosque *m.* newsstand

la (*see* **le/la/l'/les**)
là there [3]
  c'est ~ où... it's where . . . [5]
  il/elle est ~ he / she is in [3]
  il/elle n'est pas ~ he / she's not
    in [3]
-là (*see* **ce/cet/cette/ces**)
là-bas there, over there [1]
laboratoire *m.* laboratory
lac *m.* lake [7]
lâcher to let go of
là-dedans inside
laine *f.* wool [10]
  en ~ wool [10]
laisser to let, to allow
  ~ à l'abandon to abandon
  ~ tomber to drop
lait *m.* milk [5]
  ~ maternisé infant formula
lampe *f.* lamp [3]
lancer to launch
langage *m.* language
langue *f.* language
  ~s étrangères foreign
    languages [4]
lapin *m.* rabbit [9]
laquelle (*see* **lequel**)
larme *f.* tear
lasagne *f.* lasagna
lavabo *m.* bathroom sink [3]
laver to wash [8]
  se ~ to wash (oneself) [10]
le/la/l'/les *art.* the [P]
le (la) même the same [1]
le/la/l'/les *pron.* him, her, it,
  them [6]
leçon *f.* lesson [P]
lecteur/lectrice *m./f.* reader
  ~ de CD CD player [3]
  ~ de DVD DVD player [3]
  ~ de MP3 MP3 player [3]

lecture *f.* reading [6]
léger (légère) light [5]
légèrement lightly
légume *m.* vegetable [5]
lendemain *m.* the next day [6]
lentement slowly [11]
lequel/laquelle/lesquel(le)s which
  one(s)
les (*see* **le/la/l'/les**)
lessive *f.* laundry [8]
lettre *f.* letter [6]
  ~s de l'alphabet letters of the
    alphabet [P]
leur *pron.* (to) them [6]
leur, leurs *adj.* their [2]
lever to raise [10]
  ~ le doigt to raise one's hand [9]
  se ~ to get up [10]; to rise
lèvres *f.pl.* lips [10]
libéré(e) freed
libérer to free
liberté *f.* freedom
  ~ d'expression freedom of
    speech
  ~ d'expression religieuse
    freedom of religion
libre free [4] [8]
  (une chambre) ~ (a room)
    available [7]
Libye *f.* Libya
licence *f.* bachelor's degree
lien *m.* tie, bond; link
  ~ de parenté family relationship
lier to link
lieu *m.* (*pl.* **lieux**) place [3]
  au ~ de instead of
  avoir ~ to take place
  ~ de travail workplace
ligne: en ligne on line [2]
ligne *f.* **aérienne** airline
limonade *f.* lemonade [5]
lire to read [2]
lit *m.* bed [3]
  faire son ~ to make one's bed [4]
  ~s superposés bunk beds
litre *m.* liter [5]
littérature *f.* literature [4]
livre *f.* pound [5]
livre *m.* book [P]
locataire *m./f.* tenant, renter [3]
logement *m.* lodging [3]
logique logical
logis *m.* lodging
loi *f.* law [C]
loin far away; far
  ~ de far from [3]
loisir *m.* leisure
  ~s leisure activities [2]
long(ue) long [2]
  à manches longues
    long-sleeved [10]
le long de along
longtemps a long time [9]

longueur f. length
loterie f. lottery
loto m. bingo
louer to rent [3]
lugubre gloomy
lui he; him; to him/her [6]
lumière f. light
lumineux(se) luminous, bright
lundi m. Monday [4]
lune f. moon [10]
  ~ de miel honeymoon
lunettes f.pl. (eye)glasses
  ~ de soleil sunglasses [10]
lutte f. wrestling
lutter (contre) to fight (against) [C]
luxe m. luxury
Luxembourg m. Luxemburg
lycée m. high school [4]

ma (*see* **mon/ma/mes**)
macédoine f. **de légumes** mixed
  vegetables
madame (Mme) (*pl.* **mesdames**)
  madam, Mrs. [P]
mademoiselle (Mlle) (*pl.*
  mesdemoiselles) Miss [P]
magasin m. store [3]
magazine m. magazine [2]
Maghreb m. Maghreb
maghrébin(e) from the Maghreb
magnétoscope m. video cassette
  recorder [3]
magnifique magnificent [9]
magnifiquement magnificently
mai m. May [4]
maigrir to lose weight [6]
mail m. e-mail [2]
maille: en ~ knit
maillot m. **de bain** swimsuit [10]
main f. hand [10]
main-d'œuvre f. manpower
maintenant now [2]
maintenir to maintain
maire m. mayor
mais but [1]
  ~ non of course not [1]
  ~ oui but of course; well, yes [1]
  ~ si well, yes! [1]
maïs m. corn [5]
maison f. house [3]
  ~ de campagne country house
maître m. **d'hôtel** butler
maîtresse f. (elementary school)
  teacher [9]
maîtrise f. master's degree
maîtriser to master
majeur(e) main, major
majorité f. majority
  grande ~ vast majority
mal badly, poorly [2]

mal m. evil; pain, ailment [12]
  avoir du ~ à to have a hard
    time [C]
  avoir ~ à to hurt [12]
  ~ à la gorge sore throat [12]
  ~ à la tête headache [12]
malade sick, ill [1]
maladie f. disease, illness [12]
malaise m. discomfort
malentendu m. misunderstanding
malgré in spite of
malheur m. misfortune, bad luck
malheureusement unfortunately [11]
malheureux(se) unfortunate
Mali m. Mali
maman f. mom
manche f. sleeve
  à ~s courtes short-sleeved
  à ~s longues long-sleeved
  sans ~s sleeveless
manger to eat [2]
  se ~ to be eaten
mangue f. mango
manier to handle
manière f. way, means
  ~s manners
manifester to demonstrate
mannequin m. model
manque m. lack [11]
  un ~ de a lack of [11]
manquer to miss
  il manque... . . . is missing
manteau m. (*pl.* **manteaux**) coat [10]
maquillage m. makeup
se maquiller to put on
  makeup [10]
marchand/marchande m./f.
  merchant
marche f. walking [4]
  faire de la ~ to go walking [4]
marché m. market; deal
marcher to walk [10]
mardi m. Tuesday [4]
  ~ gras m. Shrove Tuesday
mari m. husband [2]
mariage m. marriage [8]
  ~ à l'essai trial marriage
se marier to get married [8]
marine: bleu ~ navy blue [10]
Maroc m. Morocco
marocain(e) Moroccan [1]
marque f. brand
marqué(e) marked
marquer un but to score a goal
marre: j'en ai ~! I've had it! [4]
marron *inv.* brown [10]
marron m. chestnut
mars m. March [4]
Martinique f. Martinique
masque f. mask
match m. match, game [2]
  ~ de foot (soccer) game [2]
matériel(le) material

maths f.pl. math [4]
matière f. school subject [4];
  material [10]
  en ~ de in the matter of [4]
matin m. morning [4]
  du ~ in the morning (time)
matinal(e) (m.pl. **-aux**) morning
  (*adj.*)
matinée f. morning
  faire la grasse ~ to sleep in [4]
Mauritanie f. Mauritania
mauvais(e) bad [3]
  il fait mauvais it's bad
    weather [6]
me me, to me [8]
mécanicien/mécanicienne m./f.
  mechanic [1]
mécontent(e) displeased
médecin m. doctor [1]
médecine f. (discipline of)
  medicine [4]
médias m.pl. (communications)
  media
médicament m. medicine,
  medication [12]
Méditerranée f. Mediterranean Sea
meilleur(e) better (*adj.*) [5]
  le meilleur/la meilleure/les
  meilleur(e)s the best [9]
se mêler: De quoi te mêles-tu?
  Mind your own business!
membre m. member
même *adj.* same [7]
  -~ self
  le (la) ~ the same [1]
même *adv.* even
mémoire f. memory
mémoire m. thesis
menacer to threaten
ménage m. household
  faire le ~ to do housework, to
    do the cleaning [8]
mensonge m. fib, lie [6]
mental(e) (m.pl. **-aux**) mental
menteur/menteuse m./f. liar
mentionné(e) mentioned [2]
mentir to lie
menton m. chin
menu m. menu [5]
mépriser to despise, to scorn
mer f. sea [7]
  fruits m.pl. **de ~** seafood [5]
merci thank you [P]; mercy
  ~ mille fois many thanks [9]
mercredi m. Wednesday [4]
mère f. mother [2]
mériter to deserve [12]
merveilleux(se) marvelous
mes (*see* **mon/ma/mes**)
mésaventure f. misadventure
message m. message [3]
  ~ électronique e-mail
    message [6]

messe *f.* Mass
météo(rologique): bulletin *m.* ~ weather report [6]
métier *m.* occupation, career [8]
métro *m.* subway
mettre to put (on) [10]
  ~ au piquet to put in the corner (punish)
meublé(e) furnished [3]
  non ~ unfurnished [3]
meubles *m.pl.* furniture [3]
mexicain(e) Mexican [1]
Mexique *m.* Mexico
miche *f.* **de pain** loaf of bread
mi-chemin: à ~ half-way
midi *m.* noon [4]
mieux *adv.* better [5]
  il vaudrait ~ it would be better [C]
  il vaut ~ que it is better that [C]
  le ~ the best (*adv.*) [9]
migraine *f.* migraine
mijaurée *f.* stuck-up woman
milieu *m.* middle [4]
  au ~ de in the middle of
  ~ de travail workplace
  ~ social social class; social environment [8]
militaire military
mille *inv.* thousand [3]
milliard *m.* billion [3]
million *m.* million [3]
mince slender, thin [1]
  ~ (alors)! darn it! [4]
minérale: eau *f.* ~ mineral water [5]
mini-pochette *f.* small clutch bag
ministre *m.* cabinet minister
  premier ~ prime minister
minuit *m.* midnight [4]
minute *f.* minute
mis(e) en conserve canned
misère *f.* poverty [C]
mite *f.* clothes moth
mi-temps: à ~ half / part-time [11]
mixte mixed
se mobiliser to rally, to mobilize [C]
mocassins *m.pl.* moccasins [10]
mode *f.* fashion; style [10]
mode *m.* mood
  sur le ~ rigolo in a funny way
modéré(e) moderate
modeste modest
moi me [11]
  ~ aussi me too; so do I [1]
  ~ non plus me neither; neither do I [1]
moins (de) less [3], fewer [5]
  au ~ at least [3]
  de ~ en ~ less and less
  en ~ less; fewer
  le/la/les ~ the least [9]

~ dix ten minutes to (the hour) [4]
~ le quart quarter to (the hour) [4]
~ que less than [5]
mois *m.* month [4]
moitié *f.* half
moment *m.* moment [3]
  un ~, s'il vous plaît just a minute, please [3]
mon/ma/mes my [2]
monde *m.* world [7]
  tout le ~ everyone
mondialisation *f.* globalization [12]
monotone monotonous
monsieur (M.) sir, Mr. [P]
Monsieur/Mademoiselle, s'il vous plaît? Sir / Miss, please? [5]
montagne *f.* mountain [6]
  en ~ in the mountains
monter (*fig.*) to move up [11]
monter (dans) to go up, to get on [6]; to bring up; to climb; to get ahead
montre *f.* watch
montrer to show [3]
monture *f.* eyeglass frame
monument *m.* monument [7]
moral(e) moral
morale *f.* morals, ethics
  faire la ~ à to lecture
  ~ occidentale Western morality, ethics [12]
morceau *m.* (*pl.* **morceaux**) piece [5]
  ~ de craie piece of chalk [P]
mort *f.* death
mort(e) dead [9]
morue *f.* cod
mosquée *f.* mosque [7]
mot *m.* word
  des ~s nouveaux new words [1]
  écrire un ~ to write a note
  ~ apparenté cognate [1]
mot-clé *m.* key word
motiver to motivate
mouche *f.* fly
moulant(e) tight-fitting
mourir to die
mousse *f.* **au chocolat** chocolate mousse [5]
moyen *m.* means
moyen(ne) average [8]
  classe moyenne *f.* middle class
moyenne *f.* average
  en ~ on average
MP3 *m.* MP3 player
municipalité *f.* town government
mur *m.* wall [P]
mûrir to mature
murmurer to whisper [9], to murmur
musculation *f.* weight training [10]
  faire de la ~ to do weight training

musée *m.* museum [3]
musicien/musicienne *m./f.* musician [1]
musique *f.* music [2]
  faire de la ~ to play music [4]
  ~ classique classical music [2]
musulman(e) Moslem

nager to swim [7]
naïf (naïve) naive
naissance *f.* birth
naître to be born
narrateur/narratrice *m./f.* narrator
natation *f.* swimming [4]
  faire de la ~ to swim [4]
nationalité *f.* nationality [1]
nature *f.* nature [7]
naturel(le) natural
nausée *f.* nausea [12]
  avoir la ~ to be nauseated [12]
navette *f.* **spaciale** space shuttle
navigateur *m.* seafarer
ne (n') not [1]
  ~... jamais never [5]
  ~... ni neither . . . nor [5]
  ~... pas not [1]
  ~... personne no one, nobody, not anyone [9]
  ~... plus not . . . anymore, no longer [5]
  ~... que only [5]
  ~... rien nothing, not anything [9]
né(e) born
néanmoins nevertheless
nécessité *f.* necessity
négatif(ve) negative
neige *f.* snow [6]
  chute de ~ snowfall
neiger: il neige it's snowing [6]
nerveux(se) nervous [1]
n'est-ce pas? isn't it so? [1]
nettoyer to clean
neuf nine
neuf (neuve) (brand-)new
neuvième ninth
neveu *m.* (*pl.* **neveux**) nephew [2]
nez *m.* nose [10]
  avoir le ~ qui coule to have a runny nose [12]
  ~ bouché stuffy nose [12]
ni: ~ l'un ~ l'autre neither one [2]
nièce *f.* niece [2]
n'importe no matter
niveau *m.* (*pl.* **niveaux**) level
nœud papillon *m.* bow tie
Noël *m.* Christmas [9]
  joyeux ~ Merry Christmas
  Père ~ Santa Claus

nœud *m.*   knot
noir *m.*   black [3]
noir(e)   black; dark [2]
nom *m.*   name
 ~ de famille *m.*   surname [P]
nombre *m.*   number
 ~s ordinaux   ordinal numbers [3]
non-fumeurs   non-smoking (section) [7]
nord *m.*   north [6]
nos   (*see* **notre/nos**)
note *f.*   note; grade
notez   jot down [1]
notre/nos   our [2]
nourrir   to feed
nourriture *f.*   food
nous   we [1]; (to) us [8]
nouveau/nouvel/nouvelle/
 nouveaux/nouvelles   new [3]
 de nouveau   again
nouvelle *f.*   (piece of) news
novembre *m.*   November [4]
noyade *f.*   drowning
nuage *m.*   cloud [6]
nuageux(se)   cloudy [6]
nuit *f.*   night, per night [7]
nul: C'est nul!   That's too bad! [4]
numéro *m.*   number
un ~ de téléphone   telephone number [3]
numéroter   to number
numérotez   number [3]
nylon *m.*   nylon [10]

obéir   to obey
objectif *m.*   goal, objective
objet *m.*   object, thing
 ~ d'art   art object
 ~s personnels *m.pl.*   personal possessions [3]
 ~s trouvés *m.pl.*   lost-and-found
obligatoire   required [4]
obscurité *f.*   darkness
observer   to notice [P]
obstinément   stubbornly
obtenir   to obtain, to get
occasion *f.*   opportunity [9]
occidental(e)   (*m.pl.* **occidentaux**) Western
occupé(e)   busy [4]
s'occuper de   to be busy with
octobre *m.*   October [4]
odeur *f.*   odor, smell
odorant(e)   fragrant
œil *m.* (*pl.* **yeux**)   eye [10]
œuf *m.*   egg [5]
officialisation *f.*   making official
officiel(le)   official
offrir   to offer, to give (a gift) [9]

oie *f.*   goose
oignon *m.*   onion [5]
oiseau *m.* (*pl.* **oiseaux**)   bird
omelette *f.*   omelet
on   one; people; they; we
oncle *m.*   uncle [2]
onze   eleven
opéra *m.*   opera
opinion *f.*   opinion
optimiste   optimistic [1]
or *m.*   gold; **bijoux** *m. pl.* **en ~** gold jewelry [10]
orage *m.*   thunderstorm [6]
orageux(se)   stormy [6]
orange *f.*   orange [5]
orange *adj. inv.*   orange
ordinaire   ordinary [5]
ordinateur *m.*   computer [3]
 ~ portable   laptop [P]
ordonnance *f.*   prescription [12]
ordre *m.*   order
 par ~ décroissant   in descending order
oreille *f.*   ear [10]
organisation *f.*   organization
organiser   to organize
origine *f.*   origin; source; background [C]
 à l'~   originally
 d'~ africaine   of African origin [C]
os *m.*   bone
ou   or [1]
où   where [3]
 d'~ es-tu? / d'~ êtes-vous?   Where are you from?
 le jour ~   the day that
 ~ est / se trouve... ?   where is . . .? [3]
ouais   yeah
oublier   to forget [5]
ouest *m.*   west [6]
ours *m.* **en peluche**   teddy bear [9]
outre-mer   overseas
ouvert(e)   open [3]
ouvragé(e)   worked, decorated
ouvrier/ouvrière *m./f.*   factory worker [11]
ouvrir   to open
 s'~   to open oneself up

pain *m.*   bread [5]
 ~ grillé *m.*   toast [5]
page: page perso(nnelle) *f.*   personal Web page [6]
paix *f.*   peace
palace *m.*   luxury hotel
pâlir   to pale
palmier *m.*   palm tree

pamplemousse *m.*   grapefruit
pancarte *f.*   sign
panne: tomber en ~   to break down
pansement *m.*   bandage
 faire un ~   to bandage
pantalon *m.*   (pair of) pants [10]
 ~ de survêtement   sweatpants
pantoufles *f.*   slippers [10]
papa *m.*   dad
papier *m.*   paper
 ~ à lettres   stationery
Pâques *f.pl.*   Easter
par   by
 ~ contre   on the other hand [2]
 ~ jour   a (per) day
paraître   to appear, to seem
parapluie *m.*   umbrella [10]
parc *m.*   park [3]
parce que   because [3]
parcourez   skim [3]
parcourir   to skim
pardon   excuse me [3]
 ~?   Pardon me? What? [P]
 ~ madame   excuse me, ma'am [3]
 ~ monsieur   excuse me, sir [3]
pareil(le)   equal [8]
parenté *f.*   family relationship
parents *m.pl.*   relatives; parents [2]
 ~ éloignés   distant relatives
paresseux(se)   lazy [1]
parfait(e)   perfect [6]
 c'est parfait!   it's perfect! [6]
parfois   sometimes [1]
parfum *m.*   perfume; scent
Paris *m.*   Paris
parisien(ne)   Parisian
parlement *m.*   parliament
parler   to speak [2]
 se ~   to talk to one another [8]
parmi   among
parole *f.*   word; lyric
 donner sa ~   to give one's word
part *f.*: **à ~**   apart from
 c'est de la ~ de qui?   may I ask who's calling? [3]
partager   to share [8]
partenaire *m./f.*   partner [8]
parti *m.*   party
participez   participate [2]
particularisme *m.*   specific characteristics
particulier(ère)   particular, private
hôtel *m.* **~**   mansion
particulier: chez un ~   in a private house
partie *f.*   part; game
partir   to leave [7]
partout   everywhere [12]
parure *f.*   dress, finery
pas *m.*   step

pas not [P]
  ~ beaucoup not much, not many [2]
  ~ de... no . . .
  ~ du tout not at all [1]
  ~ du tout (de) not at all [5]
  ~ mal not bad [P]
  ~ tant de manières! stop fooling around!
  ~ tout à fait not quite
  ~ trop not very, not too
passage *m.* passageway
passé *m.* past
passé(e) last; past
passeport *m.* passport
passer to take (an exam) [4]
  ~ par / à to pass (through, by) [6]; to spend (time)
  ~ des heures (à + *inf.*) to spend hours
  ~ l'aspirateur to vacuum [8]
  ~ par to pass through (by) [6]
  ~ ses vacances to spend one's vacation [7]
  ~ une semaine to spend a week
se passer to happen, to take place [8]
  qu'est-ce qui s'est passé? what happened?
passe-temps *m.* pastime [6]
passif(ve) passive [1]
pâté *m.* pâté [5]
pâtes *f.pl.* pasta [5]
patiemment patiently [11]
patient(e) patient [1]
patin *m.* skate
  ~ à roulettes roller skate
patinage *m.* skating [6]
  ~ sur glace ice skating
patinoire *f.* skating rink
pâtisserie *f.* pastry shop [5]
patrie *f.* country
patron/patronne *m./f.* boss [11]
paupière *f.* eyelid
pause-café *f.* coffee break
pauvre poor [1]
  ~ de moi! woe is me!
pauvre *m./f.* poor person [C]
pauvreté *f.* poverty [C]
payant fee-based [7]
payer to pay [5]
pays *m.* country [6]
paysage *m.* countryside, landscape
Pays-Bas *m.pl.* Netherlands
peau *f.* skin
P.D.G. *m./f.* **(président-directeur général)** CEO [11]
pêche *f.* peach [5]; fishing [7]
  aller à la ~ to go fishing [7]
péché *m.* sin
pêcheur *m.* fisherman
peindre to paint
se peigner to comb one's hair [10]

peine *f.* sorrow, pain
  à ~ barely
peintre *m.* painter [1]
peinture *f.* painting [4]
pelouse *f.* lawn
peluche *f.* stuffed animal [9]
penché(e) sur concerned with
pendant for, during [7]
  ~ combien de temps for how long [7]
  ~ que while
pensée *f.* thought
penser to think [2]
  ~ à to think about [2]
  ~ de to think of
pensez think [1]
pension *f.* **complète** lodging and meals
perdre to lose [7]
  ~ du temps to waste time
père *m.* father [2]
Père Noël *m.* Santa Claus [9]
période *f.* period
permanence: en ~ permanently
permettre to allow, to permit
perpétuer to carry on
persillade *f.* chopped parsley
personnage *m.* character
personnalité *f.* personality
personne nobody [9]
  ne... ~ no one, nobody, not anyone [9]
  ~ ne no one, nobody [9]
personne *f.* person
  grande ~ grown-up
personnel(le) personal [11]
perte *f.* loss
perturbation *f.* weather disturbance
peser to weigh
pessimiste pessimistic [1]
petit(e) short, small, little [1]
  petit ami *m.* boyfriend [8]
  petit déjeuner *m.* breakfast [5]
  petite amie *f.* girlfriend [8]
  petit pois *m.pl.* peas [5]
  petit déjeuner compris breakfast included [7]
petite-fille *f.* granddaughter [2]
petit-fils *m.* grandson [2]
pétition *f.* petition [C]
petits pois *m.* peas [5]
pétri(e) de steeped in
peu little, a little [1]
  à ~ près almost, nearly
  ~ de few
  un ~ a little [1]
  un ~ (de) a little [5]
peuplé(e) inhabited
peur *f.* fear [12]
  avoir ~ to be afraid [4]
  faire ~ à to scare [12]
peut-être perhaps, maybe [1]

phare *m.* light
pharmacie *f.* drugstore [3]
pharmacien/pharmacienne *m./f.* pharmacist [12]
phénomène *m.* phenomenon [12]
Philippines *f.pl.* Philippines
philosophie *f.* philosophy [4]
phobie *f.* phobia
photo *f.* photo [2]
  ~ de famille family photo [2]
  prendre une ~ to take a picture
photographie *f.* photograph
phrase *f.* sentence
physique *f.* physics [4]
physique physical
  éducation ~ physical education [4]
pièce *f.* room [3]
pied *m.* foot [10]
  à ~ on foot [7]
pilon *m.* pestle
piment *m.* bell pepper
pique-nique *m.* picnic [9]
piqûre *f.* injection [12]
  faire une ~ à to give an injection to [12]
pire worse
  le ~ the worst
piscine *f.* swimming pool [7]
pizza *f.* pizza [5]
placard *m.* closet [3]
place *f.* seat [7]; city square [3]
plage *f.* beach [7]
plainte *f.* complaint
plaire to please [4]
  ça me plaît I like it [4]
  ça te plaît? do you like that? [4]
plaisance *f.:* **de ~** pleasure related
plaisanter: to kid
  tu plaisantes! you're kidding! [4]
plaisir *m.* pleasure [6]
  avec ~ with pleasure [6]
plan *m.* **de la ville** street map [3]
planche *f.* **à voile** sailboarding
planète *f.* planet
plat *m.* course (food), dish [5]
  ~ garni main dish, entree [5]
  ~ principal main course [5]
  ~s cuisinés prepared foods
plat(e) flat
plateau *m.* (*pl.* **plateaux**) platter
  à ~ platform (shoe)
plein(e) full
  à ~ temps full-time [11]
  en ~ air outdoor
pléthore *f.* plethora
pleurer to cry [5]
pleut: il ~ it's raining [6]
plié(e) bent
plongée *f.* **sous-marine** diving
pluie *f.* rain [6]
  sous la ~ in the rain

plupart: la ~ de   most [8]
 la ~ des gens   most people [8]
 la ~ du temps   most of the
   time [8]
pluriel *m.*   plural
plus   more [3]
 de ~ en ~   more and more
 le/la/les ~   the most [9]
 ne... ~   no more, no longer [5]
 ~ de   more [5]
 ~... ~...   the more . . . the more
 ~... que   more . . . than [5]
 ~ tard   later [3]
 ~ tôt   earlier [4]
plusieurs   several
plutôt   rather [2]
 ~ que   instead of
pluvieux(se)   rainy
pneumonie *f.*   pneumonia
poche *f.*   pocket [10]
poème *m.*   poem [6]
poids *m.*   weight
poil: de tout ~   of all sorts
points cardinaux *m.pl.*   cardinal
   points [6]
poire *f.*   pear [5]
pois: à ~   polka dot [10]
 petits ~   peas [5]
poisson *m.*   fish [5]
poissonnerie *f.*   fish market [5]
poivre *m.*   pepper [5]
poivron *m.*   green pepper
pôle *m.*   pole
poli(e)   polite
policier(ère)   detective [2]
poliment   politely [11]
politicien/politicienne *m./f.*
   politician [1]
politique   political
polo *m.*   polo shirt [10]
polyester *m.*   polyester [10]
pomme *f.*   apple [5]
 ~ de terre   potato [5]
 ~s frites   French fries
 tarte *f.* **aux ~s**   apple tart [5]
pompes *f.pl.*   pushups [10]
population *f.*   population
 ~ active   workforce
porc *m.*   pork [5]
port *m.*   wearing; harbor
portable (téléphone portable)
   m.   cell phone [3]
porte *f.*   door [P]
porter   to wear [10]; to carry
 se ~ bien   to be in good health
Portugal *m.*   Portugal
poser   to place; to put down
posez des questions   ask
   questions [1]
positif(ve)   positive
position *f.*   position, location
posséder   to own, to possess, to
   have

possible   possible
 C'est pas ~!   Impossible! [4]
poste *f.*   post office [3]
 par la ~   by mail
poste *m.*   job, position [11]
 ~ à mi-temps   half-time
   position [11]
 ~ à plein temps   full-time
   position [11]
 ~ de direction   management
   position
 ~ de télévision   television set
poster *m.*   poster [3]
postulant/postulante *m./f.*   applicant
poterie *f.*   pottery
poule *f.*   hen
poulet *m.*   chicken [5]
poupée *f.*   doll [9]
 ~ de chiffons   rag doll
pour   for; to, in order to
 le ~ et le contre   pros and cons
 ~ moi   in my opinion [C]
 ~ voir   to see [1]
pourcentage *m.*   percentage
pourquoi   why [3]
pourriez-vous me dire... ?   could
   you tell me . . . ? [3]
pourriez-vous m'indiquer...   could
   you tell me . . . [7]
poursuivre   to pursue
pourtant   yet
pousser   to push, to encourage
 ~ des cris   to shout
pouvoir   to be able to; can [4]
 est-ce que je pourrais... ?   could
   I . . . ? [3]
 j'ai pu   I succeeded in [7]
 je n'ai pas pu   I failed to [9]
pouvoir *m.*   power [11]
pratique   practical
pratique *f.***: en ~**   in practice
pratiquement   practically
pratiquer   to practice
précédent(e)   preceding [1]
précieux(se)   precious
précis(e)   precise
préféré(e)   favorite
préférer   to prefer [2]
préjugé *m.*   prejudice [C]
premier(ère)   first [3]
 premier étage *m.*   second floor [7]
 première classe *f.*   first class [7]
 premier soins *m.pl.*   first aid [12]
premièrement   first [5]
prendre   to take [3]; to have
   (food) [5]
 Je vais ~...   I'm going to have . . . [5]
 ~ le temps (de)   to take the time
   to [4]
 ~ rendez-vous   to make an
   appointment [11]
 ~ une décision   to make a
   decision [4]

 ~ une douche   to take a
   shower [10]
prénom *m.*   first name [P]
préparer   to prepare [4]
 ~ un examen   to study for an
   exam [4]
près (de)   close to [3]
prescrire   to prescribe
présent(e)   present [1]
présentation *f.*   introduction [P]
présenter   to introduce . . . to . . .
 je te/vous présente   let me
   introduce [P]
 se ~   to come to
président/présidente *m./f.*
   president [1]
présider à   to preside over
presque   almost, nearly [2]
presqu'île *f.*   peninsula
pressé (*un citron*)   squeezed [5]
pressé(es) (*les gens*)   rushed [5]
pressentir   to have a
   presentiment
prêt(e)   ready
prétendre   to claim
prêter   to lend [7]
preuve *f.*   proof
prévu(e)   planned
prié(e): est ~ de se présenter   is
   asked to come
prier   to pray
 je t'/vous en prie   you're
   welcome [9]
prière *f.*   prayer
prince *m.*   prince
princesse *f.*   princess
principal(e) (*m.pl.* **-aux**)   principal
 plat *m.* **~**   main course [5]
principe *m.*   principle
printemps *m.*   spring [6]
privilégié(e)   preferred
prix *m.*   price [3]
problème *m.*   problem [6]
processus *m.*   process
prochain(e)   next [4]
 ~ train *m.*   next train [7]
proche   near (*adj.*)
produit *m.*   product [5]
 ~ bio   organic product [10]
 ~ surgelé   frozen food [5]
professeur *m.*   teacher, professor [P]
profession *f.*   occupation [1]
 ~ libérale   profession [11]
professionnel(le)   professional [11]
profiter de   to take advantage of
programme *m.*   program [6]
progrès *m.*   progress
progressivement   gradually
proie *f.*   prey
projet *m.*   plan [4]; project
promenade *f.*   walk [2]
 faire une ~   to go for a walk [4]
se promener   to go for a walk [10]

promettre to promise
promotion *f.* promotion [11]
se proposer to intend
propre own [4]
propriétaire *m./f.* landlord /
   landlady [3]
protéger to protect
protester to protest [C]
provenance *f.*: **en ~ de** from
provinciaux *m.pl.* French people
   who live outside Paris
provoquer to instigate, to provoke
proximité *f.* proximity
psychologie *f.* psychology [4]
psychologique psychological
psychologue *m./f.* psychologist
pub *f.* commercial [6]
public (publique) public
publicité *f.* advertisement
publier to publish
puis then [5]
pull *m.* sweater (generic term) [10]
puni(e) punished [9]
punir to punish
punition *f.* punishment
pureté *f.* purity
pyjama *m.* pajamas [10]

quai *m.* platform [7]
quand when [3]
  ~ même all the same
quantité *f.* quantity [5]
quarante forty [2]
quart: et ~ fifteen (minutes past
   the hour) [4]
  moins le ~ quarter to
   (the hour) [4]
  ~ de travail *m.* shift
  ~ d'heure fifteen minutes
quartier *m.* neighborhood,
   community [3]
  ~ général *m.* headquarters
  vieux ~ old quarter / part of
   town [7]
quatorze fourteen [2]
quatre four [2]
quatre-vingt-cinq eighty-five [P]
quatre-vingt-dix ninety [P]
quatre-vingt-dix-sept ninety-
   seven [P]
quatre-vingt-onze ninety-one [P]
quatre-vingts eighty [P]
quatre-vingt-un eighty-one [P]
que what, that
  ~ je suis bête! how stupid of me!
  ~ veut dire... ? what does . . .
   mean? [P]
quel/quelle which, what [2]
  quel âge avez-vous/as-tu? how
   old are you? [2]

quel est le sens de... ? What is
  the meaning of . . . ? [4]
quelle bêtise! how stupid!
quelle chance! how lucky!
quel temps fait-il? what is the
  weather like?
quelque chose something [9]
  c'est ~ que... it's something that
   . . . [5]
  ~ de bon something good
quelquefois sometimes [2]
quelqu'un someone [9]
  c'est ~ qui... it's someone
   who . . . [5]
  ~ de célèbre someone famous
querelle *f.* quarrel
qu'est-ce que what [2]
  ~ c'est? what is it? [P]
  ~ c'est que... ? what is . . . ? [5]
  ~ c'est que ça? what is that? [5]
qu'est-ce qu'il y a? what's the
  matter?
qu'est-ce qui what
  ~ se passe? what's going on?
question *f.* question
qui who [P], that
  ~ correspondent that
   correspond [1]
  ~ est à l'appareil? may I ask
   who's calling? [3]
  ~ suis-je? who am I? [1]
quiche *f.* quiche [5]
quinze fifteen
quitter (quelqu'un/un endroit) to
  leave (someone / a place) [4]
  ne quittez pas just a minute,
   please [3]
quoi what
  de la/du ~? some what? [5]
  il n'y a pas de ~ you're
   welcome [9]
  un(e) ~? a what? [5]
quoi you know [2]
quotidien(ne) daily

racisme *m.* racism [C]
raconter to tell (a story) [7]
radio *f.* radio [2]
raffermissement *m.* firming
raffiné(e) refined, cultured
raffinement *m.* refinement
raison *f.* reason
raisonnable reasonable [1]
raisonnablement reasonably
raisonner to reason
Ramadan *m.* Ramadan [9]
ramener to bring back
rang *m.* row
ranger (sa chambre) to tidy up
  (one's bedroom) [8]

rapide fast
rapide *m.* express train
rapidement fast [11]
rappel *m.* reminder
rappeler to remind (of)
rapport *m.* report [6]; relationship
rarement rarely [2]
se raser to shave [10]
rassurant(e) reassuring
rassuré(e) reassured
rater to miss [7]; to fail (an exam) [4]
  ~ le train to miss the train [7]
rattraper to catch up with
ravissant(e) ravishing
rayon *m.* department, counter (in
  a store) [5]
  ~ de fromage cheese section [5]
rayure *f.*: **à rayures** striped [10]
réagir to react
réaliser to accomplish, to achieve,
  to fulfill [11]
réaliste realistic [1]
réalité *f.* reality [11]
rebrodé(e) embroidered
récemment recently [11]
recensement *m.* census
réceptionniste *m./f.* desk clerk [7]
recette *f.* recipe [5]
recevoir to receive [3]
recherche *f.* research; search
  à la ~ de in search of
rechercher to look for
recommander to recommend [12]
reconnaître to recognize [9]
recouvrir to cover
récréation *f.* recess
recruter to recruit
recycler to recycle
réduction *f.* discount [7],
  reduction
réellement really
refaire to redo
réfléchir à to think about, to
  reflect on [6]
reflet *m.* reflection
refléter to reflect
  se ~ to be reflected
réflexion *f.* reflection, thought
  à la ~ upon reflection
réforme *f.* reform
refuser to refuse
regard *m.* look, gaze
regarder to look at, to watch [2]
régime *m.* diet [5]
  être au ~ to be on a diet [5]
  suivre un ~ to be on a diet
région *f.* region, area [3]
regretter to be sorry; to
  regret [7]
regroupement *m.* reuniting
réimporter to reimport
reine *f.* queen [9]
rejeter to reject

rejoindre to join
se réjouir to be delighted
relation *f.* relationship (not family) [8]
se relever to pick oneself up; to recover
relier to connect [3]
religieux(se) religious
relire to reread
remarquer to notice
remarquez note, notice [3]
remercier to thank [9]
remettre to restore, to return
remplacer to replace
remplir to fill out (a form, etc.) [11]
 ~ un formulaire to fill out a form [11]
renard *m.* fox
rencontre *f.* (chance) meeting
rencontrer to meet [8]
rendez-vous *m.* meeting, appointment [11]
rendre to make, to render [7]
 ~ malade to make sick
 ~ visite à to visit (someone) [7]
renommé renowned
renseignement *m.* information
rentrée *f.* back to school [6]
rentrer to come home; to return (home) [4]; to go back (in)
renvoyer to fire
répandu(e) widespread
répartition *f.* distribution
repas *m.* meal [5]
repasser to iron [8]
repenser to think again
répéter to repeat
 répétez, s'il vous plaît repeat, please [P]
répétition *f.* repetition
replier to bend again
répondeur *m.* answering machine [3]
répondre to answer [7]
réponse *f.* answer; response [3]
 la bonne ~ the right answer [3]
repos *m.* rest
se reposer to rest [10]
repousser to push away
représenter to represent
reprise: à plusieurs ~s several times
requête *f.* request
réseau (*pl.* **réseaux**) network
réservé(e) à reserved for [11]
résidence *f.* **universitaire** dorm [3]
se résigner to resign oneself
respecter to respect [C]
responsable responsible
ressembler (à) to look like, to resemble [2]
 se ~ to look alike
ressentir to feel

ressourcer: se ~ to recharge one's batteries
restaurant *m.* restaurant [2]
 ~ universitaire university cafeteria [4]
restauration *f.* restoration
rester to stay, to remain [6]
 ~ au lit to stay in bed [12]
 ~ debout to remain standing [9]
resto-U *m.* university cafeteria
résultat *m.* result
résumé *m.* summary
résumer to summarize
retard *m.* lag, delay
 en ~ late [6]
retenir to keep
retirer to take off
retour *m.* return
retourner to go back [6]
 se ~ to turn around
retraite *f.* retirement [11]
retrouver to meet [2]
 ~ (des amis) to meet with (friends) [2]
 se ~ to meet (by previous arrangement) [8]
se réunir to get together
réussir à to succeed, to pass (a test) [6]
 ~ à un examen to pass an exam [4]
réussite *f.* success [11]
rêve *m.* dream [12]
(se) réveiller to wake up [10]
réveillon *m.* Christmas Eve dinner
révélateur(trice) revealing
révéler to reveal
revenir to come back [7]
rêver to dream [12]
 ~ à to dream of
revêtir to assume
réviser to review
revoir to see again
 au ~ good-bye [P]
 se ~ to see each other again [8]
rez-de-chaussée *m.* ground (first) floor [7]
rhume *m.* cold [12]
 ~ des foins hay fever [12]
riche rich [1]
richesse *f.* richness
rideaux *m.pl.* curtains [3]
ridicule ridiculous
rien nothing [9]
 ce n'est ~ think nothing of it [9]
 de ~ you're welcome [9]
 ne... ~ nothing, not anything [9]
 ~ d'intéressant nothing interesting
 ~ du tout nothing at all
rigoler: Tu rigoles! You're kidding! [4]
rigolo(te) funny
rigoureux(se) harsh

rigueur: à la ~ if need be
rire to laugh [8]
risque *m.* risk
rival(e) (*m.pl.* **-aux**) rival
rivière *f.* river
riz *m.* rice [5]
robe *f.* dress [10]
 ~ de chambre bathrobe [10]
 ~ du soir evening dress [10]
rock *m.* rock music [2]
roi *m.* king [9]
rôle *m.* role
 à tour de ~ in turn
romain(e) Roman
roman *m.* novel [2]
 ~ d'amour romantic novel
 ~ historique historical novel [2]
 ~ policier detective novel [2]
romanche *m.* Romansh (language)
rompre to break
roquefort *m.* Roquefort cheese [5]
rosbif *m.* roast beef [5]
rose *adj.* pink [10]
rôti *m.* roast [5]
 ~ de porc pork roast [5]
roue *f.* wheel
rouge red
rouge *m.* red [3]
route *f.* road
 ~ en terre dirt road
routier(ère) road (*adj.*)
routine *f.* routine [10]
roux (rousse) red (hair) [2]
rue *f.* street [3]
rupture *f.* breaking off; breakup
rural(e) (*m.pl.* **ruraux**) rural
russe Russian [1]
Russie *f.* Russia
rythme *m.* rhythm

sa (*see* **son/sa/ses**)
sable *m.* sand
sac *m.* **à dos** backpack [P]
sacré(e) sacred
sacrifier to sacrifice
sage quiet, well-behaved; wise
sage-femme *f.* midwife
saigner to bleed
sain(e) healthful [5]
saint(e) holy
saisir to seize
saison *f.* season [6]
salade *f.* salad [5]
salaire *m.* wages, salary [11]
salé(e) salty [5]
salle *f.* room; classroom [P]
 ~ à manger dining room [3]
 ~ de bains bathroom [3]
 ~ de classe classroom [P]
 ~ de séjour living room [3]

salon *m.* living room [3]
salsita *f.* salsa
salut hi [P]
salutations *f.pl.* greetings [P]
samedi *m.* Saturday [4]
  le ~ suivant the following
    Saturday [6]
sandales *f.* sandals [10]
sandwich *m.* sandwich [5]
sang *m.* blood
sans without
  ~ doute probably
sans-abri *m./f.* homeless person [C]
santé *f.* health [5]
sapin *m.* fir tree, Christmas tree [9]
satisfaire to satisfy
satisfait(e) satisfied [3]
saucisse *f.* sausage [5]
saucisson *m.* hard salami [5]
sauf except for
sauter to jump
sauvage wild
sauvage *m./f.* savage
sauver to save
savoir to know (something) [9]
  j'ai su I found out [9]
  je ne sais pas I don't know [P]
  tu sais you know [2]
savoir *m.* knowledge
scandaleux(se) scandalous [C]
scène *f.* scene
sceptique skeptical
science *f.* science [4]
  ~s politiques political
    science [4]
scolaire school (*adj.*)
se himself; herself; itself; themselves [8]
sec (sèche) dry, dried
seconde classe *f.* second class [7]
secret *m.* secret [8]
secrétaire *m./f.* secretary [1]
sécurité *f.* security [11]
  ~ sociale social security
sein: au ~ de within
seize sixteen
séjour *m.* living room [3]; stay [7]
  faire un ~ to stay [7]
sel *m.* salt [5]
sélectionner to select
selon according to [1]
  ~ le cas as the case may be
  ~ vous in your opinion
semaine *f.* week [4]
  dans une ~ in a week [6]
  la ~ dernière last week [5]
  la ~ prochaine next week [6]
  une ~ après a week later [6]
semblable similar [1]
sembler to seem [C]
semelle *f.* sole
semestre *m.* semester
sénat *m.* senate

sénateur *m.* senator
Sénégal *m.* Senegal
sénégalais(e) Senegalese [1]
sens *m.* meaning; direction, sense
  ~ inverse opposite direction
sensible sensitive
  ~ aux besoins de quelqu'un sen-
    sitive to someone's needs [8]
sensuel(le) sensual
sentiment *m.* feeling [8]
sentimental(e): vie *f.* **sentimentale**
  love life
sentir to smell
  se ~ (à l'aise, libre) to feel (at
    ease, free) [8]
  se ~ bien/mieux/mal to feel well /
    better / sick [12]
séparé(e) separate
séparément separately
séparer to separate
sept seven
septembre *m.* September [4]
série *f.* series
sérieusement seriously [11]
sérieux(se) serious [1]
Sérieux? Seriously? [4]
serpent *m.* snake
serré(e) tight
serveur/serveuse *m./f.* waiter /
  waitress [5]
service *m.* service
  ~ compris tip included
  ~ militaire military service
serviette *f.* briefcase [P]; napkin [5]
servir to serve [7]
serviteur/servante *m./f.* servant
ses (*see* **son/sa/ses**)
seuil *m.* **de la pauvreté** poverty
  level
seul(e) alone
seulement only [11]
shopping *m.* shopping [2]
short *m.* shorts [10]
si yes [1]; if [2]
  mais ~ well, yes [1]
si *adv.* as, so
si *conj.* if [12];
  ~ tu / ~ vous (+ imparfait) what
    if you . . . [8]
sida *m.* AIDS
siècle *m.* century
siège *m.* seat [7], headquarters
sieste *f.* nap [4]
  faire la ~ to take a nap [4]
signe *m.* sign
signer to sign [2]
signification *f.* meaning
signifier to mean
s'il vous (te) plaît please [P]
singulier *m.* singular
sirop *m.* syrup [12]
six six
sketch *m.* skit

ski *m.* skiing [4]
  faire du ~ to ski [4]
  ~ nautique water skiing [7]
smoking *m.* tuxedo [10]
sociable friendly, outgoing [1]
social(e) (*m.pl.* **sociaux**) social
société *f.* society; company [11]
sociologie *f.* sociology [4]
sociologue *m./f.* sociologist
sœur *f.* sister [2]
  demi-~ *f.* half-sister [2]
soi oneself [11]
  à ~ of one's own
  ~-même oneself [12]
soie *f.* silk [10]
  en ~ silk [10]
soif *f.* thirst [5]
  avoir ~ to be thirsty [5]
soigner to take care of
  se faire ~ to be taken care of [12]
  se ~ to take care of oneself [12]
soi-même oneself [12]
soin *m.* care
soir *m.* evening [4]
  ce ~ tonight
  demain ~ tomorrow night [6]
  du ~ in the evening (time) [4]
  hier ~ last night [6]
soirée (entre amis, en famille) *f.*
  evening (with friends, with
  family), party [2]
soixante sixty [P]
soixante-dix seventy [P]
soixante-douze seventy-two [P]
soixante et onze seventy-one [P]
sol *m.* soil; land
soldat *m.* soldier
solde *m.* sale
  en ~s on sale
soleil *m.* sun [6]
  il fait du ~ it's sunny [6]
solitude *f.* solitude
solution *f.* solution [C]
sombre dark
son *m.* sound
son/sa/ses his / her / its [2]
sondage *m.* poll [3]
sonder to survey
sortie *f.* outing, a night out [6],
  exit [7]
sortir to go out [7]
  ~ ensemble to go out
    together [2]
souche: de ~ by blood
souci *m.* concern, care
se soucier de to worry about
soudain suddenly
souffle *m.* breath
souffrir to suffer
souhaiter to wish [9]
souligner to underscore
soulignez underline [3]
soupçonner to suspect

soupe *f.* soup [5]
~ **au poulet** chicken soup
souper *m.* supper, dinner [5]
sourcil *m.* eyebrow
souris *f.* mouse
sous under
~ **la pluie** in the rain
se soustraire à to avoid
sous-vêtements *m.pl.* underwear
soutenir to support
souvenir *m.* souvenir [7]; memory
se souvenir (de) to remember (someone or something) [8]
souvent often [2]
souverain(e) sovereign
spacieux(se) spacious [3]
spécialiste *m./f.* specialist
spécialité *f.* specialty
spectacle *m.* show, event
~ **de variétés** variety show
sport *m.* sports [2]
faire du ~ to play sports [4]
sportif(ve) athletic; sports [1]
stade *m.* stadium [6]
stage *m.* internship [4]
standing *m.:* **grand ~** luxury
station *f.* resort
station-service *f.* gas station
statistique *f.* statistic
statut *m.* status
steak *m.* steak [5]
step *m.* step workout [10]
faire du ~ to do step (exercise) [10]
stimuler to stimulate
stress *m.* stress
strict(e) strict [4]
studio *m.* studio [3]
stupéfait(e) astounded
stupide stupid [1]
stylo *m.* pen [P]
succès *m.* success [11]
sucre *m.* sugar [5]
sucré(e) sweet [5]
sud *m.* south [6]
suffire to suffice, to be enough
suffit! that's enough!
suis (*see* **être, suivre**)
je suis... My name is . . . [P]
je suis de... I'm from . . . [1]
Suisse *f.* Switzerland
suisse Swiss [1]
suite: tout de ~ right away
suivant(e) following [1]
le samedi ~ the following Saturday [6]
suivi(e) followed
suivre to follow
~ **un régime** to be on a diet
sujet *m.* subject
au ~ de about, on the subject of
super terrific, great [4]
superficie *f.* area

supérieur(e) higher, upper
école supérieure *f.* school of higher education
supermarché *m.* supermarket [3]
supporter to stand, to tolerate
suprême *m.* **de volaille** poultry in cream sauce
sur on (in) [3]
un ~ dix one out of ten
sûr(e) sure, certain
bien ~ of course [2]
sûrement surely
surface *f.:* **grande ~** super store [5]
surfer sur Internet to surf the Internet [2]
surgelé(e) frozen [5]
surhumain(e) superhuman
surnaturel(le) supernatural
surnuméraire extra
surprenant(e) surprising [12]
surtout especially [2]
surveillant/surveillante *m./f.* monitor, supervisor
survoler to get a general view
susceptible de likely to
sweat *m.* sweatshirt
symbole *m.* symbol [12]
sympathique nice, pleasant [1]
symptôme *m.* symptom [12]

ta (*see* **ton/ta/tes**)
tabac *m.* tobacco
bureau *m.* **de ~** tobacco / magazine shop
table *f.* table [P]
tableau *m.* (*pl.* **tableaux**) chalkboard [P]; chart, table; painting [12]
~ **noir** blackboard
tabouret *m.* stool
tâche *f.* task; chore [8]
~**s domestiques** household chores [8]
tâcher to try
taco *f.* taco
tactique *f.* tactic
Tahiti *f.* Tahiti
tahitien(ne) Tahitian [9]
taille *f.* height [2]; waist [10]
de ~ moyenne of average height [2]
tailleur *m.* women's suit [10]
se taire to be quiet
talon: à ~s high-heeled [10]
tandis que while, whereas
tant: ~ de so much, so many
~ **pis** too bad [4]
tante *f.* aunt [2]
tantôt... tantôt now . . . now
tapis *m.* rug [3]

taquiner to tease [8]
tard late [4]
taro *m.* taro
tarte *f.* pie, tart
~ **aux fraises** strawberry tart [5]
~ **aux pommes** apple tart [5]
tas *m.:* **un ~ de** lots of [8]
tasse *f.* cup [5]
taux *m.* rate
te you, to you [8]
tee-shirt *m.* T-shirt [2]
teinté(e) tinged
tel(le): un(e) ~ such a
télé *f.* TV
télécarte *f.* phone card [3]
télécommande *f.* remote control [6]
téléphone *m.* telephone [3]
~ **portable** cell phone [3]
~ **sans fil** cordless phone
téléphoner to telephone [2]
se ~ to call one another [8]
téléphoniste *m./f.* telephone operator
téléréalité *f.* reality television [6]
télévision *f.* television [2]
tellement so
~ **de** so much
température *f.* temperature [6]
temps *m.* time [4]; weather [6]; tense
à ~ in time, on time
avoir le ~ (de) to have time (to) [4]
de ~ en ~ from time to time [8]
du ~ libre free time [2]
emploi *m.* **du ~** schedule [4]
en ce ~-là at that time [8]
en même ~ at the same time
il est ~ que it is time that [C]
le ~ est ensoleillé/variable/ nuageux/orageux the weather is sunny / variable / cloudy / stormy [6]
quel ~ fait-il? What is the weather like?
tendance *f.* tendency
tendre to stretch, to straighten
ténèbres *f.pl.* darkness
tennis *f.* tennis shoes [10]
tennis *m.* tennis [2]
faire du ~ to play tennis [4]
tentative *f.* attempt
terminaison *f.* ending
(se) terminer to end
terrasse *f.* terrace
terre *f.* earth; ground
par ~ on the ground
route en ~ dirt road
terrible terrific; terrible
territoire *m.* territory
tes (*see* **ton/ta/tes**)
tête *f.* head [10]

texto *m.* text message [2]

TGV (train à grande vitesse) *m.* high-speed train [7]

thé *m.* tea [5]

  ~ au lait tea with milk [5]

  ~ citron tea with lemon [5]

  ~ nature plain tea [5]

théâtre *m.* theater

théorie *f.:* **en ~** in theory

thérapeute *m./f.* therapist

thermomètre *m.* thermometer

thon *m.* tuna [5]

tiens… Oh . . . [4]

timide shy [1]

timidement shyly

tissu *m.* fabric [10]

titre *m.* title

  à ~ de as

toi you [11]

toilettes *f.pl.* restroom [3]

tomate *f.* tomato [5]

tombe *f.* grave

tomber to fall [6]; **~ amoureux / amoureuse** to fall in love [8]

  laisser ~ to drop

  ~ en panne to break down

  ~ malade to become ill

  ~ par terre to fall on the ground

  ~ un message to leave a message [3]

ton/ta/tes your [2]

tonnerre *m.* thunder

tort: avoir ~ to be wrong

tortue *f.* turtle

tôt early [4]

toucher to touch; to affect [10]

  touche pas à… hands off . . .

toujours always [2]

tour *m.* tour; turn

  à son ~ in turn

  à ~ de rôle in turn

  ~ du monde around-the-world trip [12]

touriste *m./f.* tourist

tourner to turn [3]

tous les jours every day [4]

Toussaint *m.* All Saints' Day

tousser to cough [12]

tout *pron.* everything [4]

tout *adv.:* **~ à l'heure** in a little while

  ~ de suite right away [7]

  ~ droit straight ahead [3]

tout/toute/tous/toutes all, every, each; the whole

  de toute façon in any case

  tous les deux both

  tous les jours every day [2]

  tout le monde everyone [8]

toux *f.* cough

tradition *f.* tradition [9]

traditionnel(le) traditional [9]

traditionnellement traditionally

tragique tragic

trahir to betray

train *m.* train

  en ~ by train [7]

  en ~ de in the process of

trait *m.* **d'union** hyphen [P]

traite *f.* **des esclaves** slave trade

traitement *m.* treatment [12]

traiter to treat

trame *f.* plot

tranche *f.* slice [5]

tranquille calm, tranquil [12]

  laisser ~ to leave alone, to leave in peace

transfert *m.* transfer

transformez change [1]

transport: moyens *m.pl.* **de ~** means of transportation [7]

travail *m.* work; job

travailler to work, to study [2]

traverser to cross [3]

tréma *m.* umlaut [P]

trembler to shake

trente thirty

très very [1]

  ~ bien, merci fine, thank you [P]

tribu *f.* tribe

triste sad [1]

trois three

tromper to deceive

  se ~ to be mistaken

trop too, too much [3]

  ~ (de) too much [5]

  ~ peu (de) too little [5]

trouver to find [1]; to think

  se ~ to be located [3]

  ~ l'équilibre (entre) to find a balance (between) [12]

truculent(e) larger than life

tu you [P]

tuer to kill

tunique *f.* tunic

Tunisie *f.* Tunisia

tunisien(ne) Tunisian

type *m.* type

typique typical [1]

un(e) a, an [P]; one [2]

  un à un one by one

  une fois once [2]

unanime unanimous

uni(e) solid (color) [10]; united

unificateur (unificatrice) unifying

Union *f.* **européenne** European Union [12]

union *f.* **libre** cohabitation

univers *m.* universe

universel(le) universal

université *f.* university [4]

urbain(e) urban

usage *m.* custom

utile useful [11]

utilisation *f.* use

utiliser to use

va (*see* aller)

vacances *f.pl.* vacation [2]

  bonnes ~! have a nice vacation! [9]

vaccin *m.* vaccination [12]

vachement very

vaincre to defeat

vaisselle *f.* dishes [8]

valeur *f.* value [12]

valise *f.* suitcase [7]

vallée *f.* valley

variable changeable, partly cloudy [6]

varier to vary

variétés *f.pl.* variety show

vaudrait: il ~ mieux it would be better [C]

vaut: il ~ mieux que it is better that [C]

veau *m.* veal [5]; calfskin

vedette *f.* star (celebrity)

végétarien(ne) vegetarian

vélo *m.* bicycle [4]

  en ~ on bicycle [7]

  faire du ~ to go biking [4]

velours *m.* velvet

  en ~ velvet [10]

vendeur/vendeuse *m./f.* salesperson [11]

vendre to sell [7]

vendredi *m.* Friday [4]

venir to come [7]

  ~ de to come from

  ~ de (faire quelque chose) to have just (done something) [11]

vent *m.* wind [6]

  il fait du ~ it's windy [6]

  il y a du ~ it's windy

vente *f.* sale

ventre *m.* stomach [10]

  mal au ~ bellyache

verbe *m.* verb

verdure *f.* greenery

véritable true, real

vérité *f.* truth [6]

vernaculaire vernacular

vernissage *m.* art exhibit opening

verre *m.* glass [5]; lens

vérouiller closed

vers toward [4]; around (time)

vert(e) green [2]

  haricots *m.pl.* **verts** green beans [5]

veste *f.*   jacket [10]
vestiaire   clothing (*adj.*)
vestige *m.*   remainder
vêtements *m.pl.*   clothing [2];
  clothes [10]
vêtu(e)   dressed
vétuste   decrepit
viande *f.*   meat [5]
victime *f.*   victim
victoire *f.*   victory, win
vide   empty
vidéo *f.*   video [2]
  clip ~ *m.* videoclip, trailer
    (movie) [6]
vidéocassette *f.*   video cassette [3]
vie *f.*   life
  ~ sentimentale   love life
vieillir   to age, to grow old
vieux/vieil/vieille/vieux/
  vieilles   old [3]
vif (vive)   bright
vignoble *m.*   vineyard
vigueur *f.*: **en ~**   in force
villa *f.*   villa
village *m.*   village
ville *f.*   city [3]
  ~ d'origine   hometown
  ~ natale   city of one's birth
vin *m.*   wine [5]
  du ~ rouge   red wine [5]
vingt   twenty
violence *f.*   violence
vis-à-vis   toward
viser   to focus on
visible   visible
visite *f.*   visit
  rendre ~ à   to visit (a person) [7]
visiter   to visit (a place) [3]
vitamine *f.*   vitamin [12]
vite   fast, quickly
vitesse *f.*   speed
vitre *f.*   windowpane
vivre   to live

voici   here is, here are, there is,
  there are [1]
voilà   there is, there are; here is,
  here are [1], that's it [11]; **ben ~**
  that's it [11]
voile *f.*   sailing
  planche *f.* **à ~**   sailboard
voir   to see [3], [6]
  se ~   to see each other [8]
  ~ le médecin   to see the
    doctor [12]
voisin/voisine *m./f.*   neighbor
voisinage *m.*   neighborhood
voiture *f.*   car [7]
  en ~   by car [7]
voix *f.*   voice
  à haute ~   aloud
vol *m.*   flight [7]
volcan *m.*   volcano
voleur *m.*   thief
volley *m.*   volleyball [2]
  faire du ~   to play volleyball [4]
volontiers   gladly [6]
vos   (*see* **votre/vos**)
voter   to vote
votre/vos   your [2]
  votre nom *m.***?**   your last name? [P]
  votre prénom *m.***?**   your first
    name? [P]
vouloir   to want (to) [4]
  j'ai voulu   I tried to [9]
  je n'ai pas voulu   I refused to [9]
  je veux bien   I'd be glad to [6]
  je voudrais…   I would like . . . [3]
  tu veux… ?   would you like
    to . . . ? [6]
  voudriez-vous… ?   would you
    like to . . . ? [6]
vous   you [P]; (to) you [8]
  ~ deux   both of you
voyage *m.*   trip [4]
  bon ~!   have a nice trip! [9]
  faire un ~   to go on a trip [4]

  ~ d'affaires   business trip [7]
  ~ d'agrément   pleasure trip
  ~ organisé   tour [7]
voyager   to travel [2]
voyageur/voyageuse *m./f.*   traveler
voyons   let's see [2]
vrai(e)   true [1] [4]
  C'est pas ~!   No! I can't believe
    it! [4]
  C'est ~?   Is that right? [4]
vraiment   really [1] [4]
  ~? Je ne sais pas.   really? I don't
    know. [10]

W.C. *m.pl.*   restroom [3]
week-end *m.*   weekend

xénophobe   xenophobic

y   it, to there, there [10]
  il ~ a   there is, there are [2];
    ago [7]
yaourt *m.*   yogurt [5]
yeux *m.pl.* (*sing.* **œil**)   eyes [2]

zapper   to zap, to channel surf [6]
zappeur *m.*   channel surfer [6]
zéro   zero
zone *f.*   zone
  ~ de perturbation   area
    ofunsettled weather
zoo *m.*   zoo
zut (alors)!   Darn it! [4]

A

a/an un(e)
  a little un peu
  a lot (of) beaucoup (de)
abandon abandonner
abdominal muscles abdos *m.pl.*
able: be ~ to pouvoir
about au sujet de
above ci-dessus
  ~ all surtout
absent absent(e)
absolutely absolument
accent accent *m.*
accept accepter
accessory accessoire *m.*
accident accident *m.*
accompany accompagner
accomplish réaliser
according to selon
accountant comptable *m./f.*
accounting comptabilité *f.*
accustomed: become ~ s'habituer
across from en face de
action film film *m.* d'aventure
active actif(ve)
actively activement
actor acteur *m.*
actress actrice *f.*
actually en fait
add ajouter
addicted: to be ~ to être accro
admire admirer
adore adorer
ads: classified ~ petites annonces *f.pl.*
advantage avantage *m.*
advice conseil *m.*
  piece of ~ conseil *m.*
aerobics aérobic *m.*
African africain(e)
after après
  ~ that après
afternoon après-midi *m.*
  2:00 in the ~ deux heures de l'après-midi
afterwards après, ensuite
again encore
against contre
agency agence *f.*
  travel ~ agence de voyage
ago il y a
  (three days) ~ il y a (trois jours)
agree d'accord
agreed! entendu! d'accord!
ahead: straight ~ tout droit
AIDS sida *m.*
air air *m.*

air conditioned climatisé(e)
airline ligne *f.* aérienne
airplane avion *m.*
airport aéroport *m.*
alcoholic alcoolisé(e)
  ~ beverage boisson *f.* alcoolisée
Algerian algérien(ne)
alien étranger/étrangère *m./f.*
all *adj.* tout/toute/tous/toutes
all *pron., adv.* tout
allergic allergique
allergies allergies *f.pl.*
almost presque
alone seul(e)
aloud à haute voix
already déjà
also aussi
alternative alternatif(ve)
altruistic altruiste
always toujours
ambition ambition *f.*
American américain(e)
amusing amusant(e)
ancestors ancêtres *m.pl.*
and et
  ~ then et puis
angry fâché(e)
  get ~ se fâcher
  to be ~ être fâché(e)
animal animal *m.* (*pl.* animaux)
anniversary anniversaire *m.*
annoy agacer, énerver
annoying embêtant(e); gênant(e)
answer *n.* réponse *f.*
  appropriate ~ réponse qui convient
  best ~ meilleure réponse
  right ~ bonne réponse
answer *v.* répondre (à)
answering machine répondeur *m.*
antibiotic antibiotique *m.*
anyone: not ~ ne... personne
anything: not ~ ne... rien
apartment appartement *m.*
  ~ building immeuble *m.*
apostrophe apostrophe *f.*
appeal appel *m.*
apple pomme *f.*
  ~ tart tarte *f.* aux pommes
appliance (electronic) appareil *m.* (électronique)
applicant postulant/ postulante *m./f.*
apply appliquer
  ~ for a job faire une demande d'emploi
appointment rendez-vous *m.*
  make an ~ prendre rendez-vous
appreciate apprécier

April avril *m.*
architect architecte *m./f.*
architecture architecture *f.*
argue se disputer
arm bras *m.*
armchair fauteuil *m.*
around-the-world trip tour *m.* du monde
arrival arrivée *f.*
arrive arriver
art art *m.*
artist artiste *m./f.*
as aussi, si
  ~ ... ~ aussi... que
  ~ far ~ jusqu'à
  ~ many ~ autant de... que
  ~ much ~ autant de... que
  ~ soon ~ dès que
  ~ usual comme d'habitude
ashamed: be ~ (of) avoir honte (de)
ask demander
  ~ questions posez des questions
  ~ing each other en vous posant
aspirin aspirine *f.*
associate associer
at à, dans, en
  ~ first d'abord
  ~ home à domicile
  ~ least au moins
  ~ that time en ce temps-là
  ~ the corner of au coin de
  ~ the home of chez
  ~ what time? à quelle heure?
athlete athlète *m./f.*
athletic sportif(ve)
attention: pay ~ faire attention
attract attirer
August août *m.*
aunt tante *f.*
author auteur *m.*
autumn automne *m.*
available (a room) (une chambre) libre
avenue avenue *f.*
average moyen(ne)
  to be of ~ height être de taille moyenne
avoid éviter

B

baccalaureate exam bac; baccalauréat *m.*
bachelor's degree licence *f.*
back dos *m.*
background origine *f.*
backpack sac *m.* à dos

bad mauvais(e), nul(le)
  it's ~ weather il fait mauvais
  that's too ~! c'est embêtant!
badly mal
baggage checkroom consigne *f.*
baguette baguette *f.*
baker boulanger/boulangère *m./f.*
bakery boulangerie *f.*
balance équilibre *m.*
  find a ~ (between) trouver l'équilibre (entre)
balanced équilibré(e)
ball balle *f.*; ballon *m.*; bal *m.*
banana banane *f.*
bandage *v.* faire un pansement
bandage *n.* pansement *m.*
bank banque *f.*
banker banquier *m.*
barbaric barbare
baseball base-ball *m.*
basketball basket *m.*
  play ~ faire du basket
  ~ shoe basket *f.*
bathing suit maillot *m.* de bain
bathrobe robe *f.* de chambre
bathroom salle *f.* de bains
  ~ sink lavabo *m.*
bathtub baignoire *f.*
be être
  ~ able pouvoir
  ~ afraid (of) avoir peur (de)
  ~ angry être fâché(e)
  ~ ashamed (of) avoir honte (de)
  ~ bored s'ennuyer
  ~ born naître
  ~ careful! attention!
  ~ congested avoir le nez bouché
  ~ fed up en avoir marre
  ~ hungry avoir faim
  ~ hurt se blesser
  ~ in a hurry être pressé(e)
  ~ in good shape être/rester en bonne forme
  ~ injured se blesser
  ~ interested in s'intéresser à
  ~ located se trouver
  ~ lucky avoir de la chance
  ~ mad être fâché(e)
  ~ mistaken se tromper
  ~ nauseated avoir la nausée
  ~ on a diet être au régime
  ~ part of faire partie de
  ~ punished être puni(e)
  ~ seated être assis(e)
  ~ self-confident avoir confiance en soi
  ~ sorry regretter
  ~ thirsty avoir soif
  ~ wrong avoir tort
  ~ _____ years old avoir _____ ans
  I'm from je suis de
  I was born je suis né(e)

beach plage *f.*
beans: green ~ haricots verts *m.pl.*
beat battre
beautiful beau/bel/belle/beaux/belles
because parce que
  ~ of à cause de
become devenir
  ~ accustomed s'habituer
  ~ ill tomber malade
bed lit *m.*
  go to ~ se coucher
bedroom chambre *f.*
beef bœuf *m.*
beer bière *f.*
before avant (de)
begin commencer
beginner débutant/debutante *m./f.*
beginning début *m.*
behind derrière
Belgian belge
believe croire
  No! I can't believe it! c'est pas vrai!
belly ventre *m.*
below ci-dessous
belt ceinture *f.*
bench banc *m.*
berth (in sleeping compartment) couchette *f.*
beside à côté de
best *adj.*: **the ~** le meilleur/la meilleure/les meilleur(e)s
best *adv.* le mieux
better *adj.* meilleur(e)
better *adv.* mieux
  it is ~ that il vaut mieux que
  it would be ~ that il vaudrait mieux que
between entre
bicycle vélo *m.*, bicyclette *f.*
  by ~ en vélo
  ride a ~ faire du vélo
big grand(e); gros(se)
biking: to go ~ faire du vélo
bill (*restaurant*) addition *f.*
billion milliard *m.*
binder classeur *m.*
biological biologique
biology biologie *f.*
birth naissance *f.*
birthday anniversaire *m.*
  happy ~! bon anniversaire!
black noir(e)
blackboard tableau *m.*
blog *n.* blog *m.*
blog *v.* bloguer
blond blond(e)
blouse chemisier *m.*
blue bleu(e)
  navy ~ bleu marine
boat bateau *m.* (*pl.* bateaux)
  by ~ en bateau

boating: go ~ faire du bateau
body corps *m.*
bond lien *m.*
book livre *m.*
bookcase étagère *f.*
bookshelves étagères *f.pl.*
boot botte *f.*
border frontière *f.*
boredom ennui *m.*
boring ennuyeux(se)
born né(e)
borrow emprunter (à)
boss patron/patronne *m./f.*
both (tous) les deux
bottle bouteille *f.*
  ~ of mineral water bouteille d'eau minérale
boulevard boulevard *m.*
bouquet bouquet *m.*
  ~ of flowers bouquet de fleurs
boy garçon *m.*
boyfriend petit ami *m.*
brain cerveau *m.* (*pl.* cerveaux)
brand marque *f.*
bravo! bravo! chapeau!
brawl bagarre *f.*
Brazilian brésilien(ne)
bread pain *m.*
  loaf of French ~ baguette *f.*
break down tomber en panne
breakfast petit déjeuner *m.*
Brie cheese brie *m.*
briefcase serviette *f.*
bring apporter
  ~ up monter
  please ~ me pourriez-vous m'apporter...
broccoli brocoli *m.*
bronchitis bronchite *f.*
brother frère *m.*
  half-~ demi-frère *m.*
brother-in-law beau-frère *m.*
brown brun(e), marron
brunette brun(e)
brush se brosser
  ~ one's teeth/hair se brosser les dents/les cheveux
build bâtir
building bâtiment *m.*
  apartment ~ immeuble *m.*
burgundy (color) bordeaux (*inv.*)
bus bus *m.*
  by ~ en bus
business affaires *f.pl.*; commerce *m.*
  ~ trip voyage *m.* d'affaires
businessman homme *m.* d'affaires; businessman *m.*
businesswoman femme *f.* d'affaires
busy occupé(e), chargé(e)
but mais
  ~ of course mais oui
  ~ still alors quand même

butcher shop boucherie *f.*
  neighborhood ~ boucherie du coin
butter beurre *m.*
buy acheter
by par, en

C

café café *m.*
cafeteria cantine *f.*
cake gâteau *m.* (*pl.* gâteaux)
calendar calendrier *m.*
call *n.* appel *m.*
call *v.* appeler; (on the phone) téléphoner
  ~ on (someone) interroger (quelqu'un)
  it's ~ed . . . ça s'appelle...
calm tranquille; calme
camembert cheese camembert *m.*
camping camping *m.*
  go ~ faire du camping
campus campus *m.*
can *n.* boîte *f.* (de)
can *v.* pouvoir
  could you . . . ? Est-ce que vous pourriez... ? Pourriez-vous... ?
Canadian canadien(ne)
cancer cancer *m.*
candle bougie *f.*
canned en boîte
cannibal cannibale *m./f.*
cap casquette *f.*
car voiture *f.*
cardiovascular workout cardiotraining *m.*
care *n.* souci *m.*
care *v.:* **not to ~** s'en ficher
  I don't ~! je m'en fiche! bof!
  to be taken ~ of se faire soigner
  to take ~ of oneself se soigner
career carrière *f.;* métier *m.*
carrot carotte *f.*
carry on exercer
cartoon dessin *m.* animé; bande *f.* dessinée, B.D. *f.*
case cas *m.*
  in any ~ de toute façon
cassette cassette *f.*
castle château *m.*
cat chat/chatte *m./f.*
catastrophe catastrophe *f.*
catch: ~ a cold attraper un rhume
cathedral cathédrale *f.*
CD CD *m.,* compact *m.*
  ~ player lecteur *m.* de CD
cedilla cédille *f.*
celebration fête *f.*
cell phone portable *m.*
CEO chef *m.* d'entreprise, P.D.G. *m.,* président-directeur *m.* général

cereal céréales *f.pl.*
certainly certainement
chair chaise *f.*
chalet chalet *m.*
chalk craie *f.*
chalkboard tableau *m.* (*pl.* tableaux)
challenge défi *m.*
chance occasion *f.*
change changer; transformer
  ~ the channel changer de chaîne
changeable variable
channel: TV ~ chaîne *f.*
  change the ~ changer de chaîne
  ~ surf zapper
  ~ surfer zappeur *m.*
chapter chapitre *m.*
character personnage *m.*
characteristic caractéristique *m.*
château château *m.* (*pl.* châteaux)
check *n.* (*restaurant*) addition *f.*
  the ~, please l'addition, s'il vous plaît
check off *v.* cochez
cheek joue *f.*
cheese fromage *m.*
chemistry chimie *f.*
chest of drawers commode *f.*
chicken poulet *m.*
child enfant *m./f.*
children enfants *m./f.pl.*
chin menton *m.*
Chinese chinois(e)
chip chip *f.*
chocolate chocolat *m.*
  ~ mousse mousse *f.* au chocolat
  hot ~ chocolat chaud *m.*
choice choix *m.*
cholesterol cholestérol *m.*
choose choisir
Christmas Noël *m.*
  ~ tree sapin *m.*
church église *f.*
cinema cinéma *m.*
citizen citoyen/citoyenne *m./f.*
city ville *f.*
  ~ map plan *m.* (de la ville)
  ~ of one's birth ville *f.* natale
  ~ square place *f.*
civil servant fonctionnaire *m./f.*
class classe *f.;* cours *m.*
  first ~ première classe
  second ~ deuxième classe
classical music musique *f.* classique
classified ads petites annonces *f.pl.*
classify classer
classmate camarade de classe *m./f.*
classroom salle *f.* de classe
claustrophobic claustrophobe
clean nettoyer
  ~ up ranger
cleaning nettoyage *m.*
client client/cliente *m./f.*
climate climat *m.*
clock horloge *f.*

close *v.* fermer
close to près de
closed fermé(e)
closet placard *m.*
clothes vêtements *m.pl.*
clothing vêtements *m.pl.*
cloud nuage *m.*
  in the ~s dans les nuages
cloudy nuageux(se)
  it's ~ le ciel est couvert
  partly ~ variable
coat manteau *m.* (*pl.* manteaux)
coffee café *m.*
  ~ with cream café crème *m.*
  ~ with milk café au lait
cognate mot *m.* apparenté
cohabitation union *f.* libre, cohabitation *f.*
Coke coca *m.*
cold *adj.* froid(e)
  it's ~ (weather) il fait froid
cold *n.* rhume *m.*
  catch a ~ attraper un rhume
collar col *m.*
college fac *f.,* université *f.*
colonization colonisation *f.*
column colonne *f.*
comb one's hair se peigner
come venir
  ~ back revenir, rentrer
  ~ from venir de
  ~ home rentrer
  ~ in entrer dans
comedy *n.* comédie *f.*
comedy *adj.* comique
comfort confort *m.*
comfortable confortable
comic strip bande *f.* dessinée, B.D. *f.*
commercial pub *f.*
communicate communiquer
communications media médias *m.pl.*
community quartier *m.*
compact disc disque *m.* compact
company compagnie *f.,* entreprise *f.*
  ~ head/head of a ~ chef *m.* d'entreprise
compare comparez
comparison comparaison *f.*
competition compétition *f.*
complaint plainte *f.*
complete compléter
composition rédaction *f.*
computer ordinateur *m.*
  ~ programmer informaticien/ informaticienne *m./f.*
  ~ science informatique *f.*
concern souci *m.*
concert concert *m.*
confirm confirmez
conflict conflit *m.*
conformist conformiste
congratulate féliciter

congratulations félicitations *f.pl.*, chapeau! bravo!
connect reliez
consequence conséquence *f.*
constantly constamment
contagious contagieux(se)
continue continuer
contrary: on the ~ au contraire
contribute contribuer
cook *n.* cuisinier/cuisinière *m./f.*
cook *v.* faire la cuisine
cooked cuit(e)
cookie biscuit *m.*
cooking cuisine *f.*
  do the ~ faire la cuisine
cool frais (fraîche)
  ~! chouette!
  it's ~ (weather) il fait frais
  that's ~! c'est génial/énorme!
cordless (phone) téléphone *m.* sans fil
corn maïs *m.*
corner coin *m.*
  at the ~ of au coin de
correct corrigez
correspond correspondre
cost coûter
cotton *adj.* en coton
cotton *n.* coton *m.*
couch canapé *m.*
couchette couchette *f.*
cough *n.* toux *f.*
cough *v.* tousser
could I . . . ? est-ce que je pourrais... ?
could you . . . ? pourriez-vous... ?
could you please . . . ? est-ce que vous pourriez... ?
count compter
  ~ on compter (+ infinitif)
country pays *m.*; campagne *f.*
  ~ house maison *f.* de campagne
countryside campagne *f.*
  in the ~ à la campagne
couple couple *m.*
course (*food*) plat *m.*; (*class*) cours *m.*
  main ~ plat *m.* principal
cousin cousin/cousine *m./f.*
crazy fou (folle)
create créer
creativity créativité *f.*
credit card carte *f.* de crédit
Creole créole
crime délinquance *f.*
crisis crise *f.*
criterion critère *m.*
croissant croissant *m.*
cross traverser
crowd foule *f.*
cry pleurer
cup tasse *f.*
curtains rideaux *m.pl.*
custom coutume *f.*
  ~s mœurs *f.pl.*

customer client/cliente *m./f.*
cycling cyclisme *m.*

D

daily quotidien(ne), par jour
dairy *adj.* laitier(ère)
  ~ store/department crémerie
dance *n.* bal *m.*
dance *v.* danser
dark sombre; (*color*) foncé(e)
  ~ (gray) (gris) foncé
dark-haired brun(e)
darkness obscurité *f.*
darn (it)! mince! zut (alors)!
  I don't give a ~ je m'en fiche
date date *f.*
daughter fille *f.*
day jour *m.*; journée *f.*
  ~ off jour *m.* de congé
  ~ of rest journée *f.* de repos
  every ~ tous les jours
  in those ~s à cette époque-là
  the next ~ le lendemain
  per ~ par jour
daytime journée *f.*
dead mort(e)
dear cher (chère)
death mort *f.*
decaffeinated décaféiné(e)
deceive tromper
December décembre *m.*
decide décidez
decrease diminuer
defect défaut *m.*
defend défendre
degree diplôme *m.*
  bachelor's ~ licence *f.*
  master's ~ maîtrise *f.*
delicatessen charcuterie *f.*
delicious délicieux(euse)
delighted enchanté(e)
delinquency délinquance *f.*
dentist dentiste *m./f.*
department (in a store) rayon *m.*
departure départ *m.*
dependent dépendant(e)
description description *f.*
desert désert *m.*
deserted désert(e)
deserve mériter
desk bureau *m.* (*pl.* bureaux)
desk clerk réceptioniste *m./f.*
desperate désespéré(e)
dessert dessert *m.*
destroy détruire
detective movie/novel film *m.*/ roman *m.* policier
detest détester
develop (se) développer
diabetic diabétique
diagnosis diagnostic *m.*
dictionary dictionnaire *m.*

die mourir
diet régime *m.*
  be on a ~ suivre un régime, être au régime
dietetic diététique
difficulty: with ~ difficilement
dine dîner
dining room salle *f.* à manger
dinner dîner *m.*; souper *m.*
  to have ~ dîner
diploma diplôme *m.*
directions directions *f.pl.*
disadvantage désavantage *m.*
disagree pas d'accord
disciplined discipliné(e)
discotheque discothèque *f.*
discount réduction *f.*
discuss discuter (de)
disease maladie *f.*
dishes vaisselle *f.*
disorder désordre *m.*
displeased mécontent(e)
distant relatives parents *m.pl.* éloignés
disturb déranger
divorce divorce *m.*
do faire
  ~ aerobic faire de l'aérobic
  ~ gardening faire du jardinage
  ~ gymnastics faire de la gymnastique
  ~ housework faire le ménage
  ~~it-yourself faire du bricolage
  ~ one's duty faire son devoir
  ~ one's hair se coiffer
  ~ one's homework faire ses devoirs
  ~ the cooking faire la cuisine
  ~ the dishes faire la vaisselle
  ~ the laundry faire la lessive
  ~ step (*exercise*) faire du step
  ~ weight training faire de la musculation
doctor médecin *m.*, docteur *m.*
  call/see the doctor appeler/ aller voir le docteur/médecin
doctorate doctorat *m.*
dog chien *m.*
do-it-yourself *v.* faire du bricolage
doll poupée *f.*
door porte *f.*
dorm résidence *f.* universitaire
doubt douter
downtown centre-ville *m.*
dozen douzaine *f.*
drama drame *m.*
drapes rideaux *m.pl.*
draw dessinez
drawing dessin *m.*
dream *n.* rêve *m.*
dream *v.* rêver
dress *n.* robe *f.*
  evening ~ robe *f.* du soir
dress *v.* s'habiller

dresser commode *f.*
dressy habillé(e)
drink *n.* boisson *f.*
drink *v.* boire
drugstore pharmacie *f.*
dumb bête
during pendant
duty devoir *m.*
DVD DVD *m.*

E

each chaque; tout/toute
ear oreille *f.*
earlier plus tôt
early tôt; en avance; de bonne heure
earn gagner
  ~ a living/money gagner sa vie/ de l'argent
easily facilement
east est *m.*
Easter Pâques *f.pl.*
eat manger
ecological écologique
economic économique
economics économie *f.*
education éducation *f.*; formation *f.*
  higher ~ études *f.pl.* supérieures
  physical ~ éducation *f.* physique
efficient efficace
egg œuf *m.*
eight huit
eighteen dix-huit
eighty quatre-vingts
eighty-five quatre-vingt-cinq
eighty-one quatre-vingt-un
elbow coude *m.*
electronic appliance appareil *m.* électronique
electronic game jeu *m.* électronique
elementary school école *f.* primaire
elevator ascenseur *m.*
eleven onze
elsewhere ailleurs
e-mail courriel *m.*, e-mail *m.*, mail *m.*
employee employé/employée *m./f.*
  government ~ fonctionnaire *m./f.*
employer employeur *m.*
empty vide
encourage encourager
end *n.* bout *m.*; fin *f.*
end *v.* terminer
energetic énergique
energy-producing énergétique
engineer ingénieur *m.*
English *n.* anglais *m.*
English *adj.* anglais(e)
enough assez, assez de
enroll entrer à la fac

enter entrer dans; entrer (à la fac)
entrée plat *m.* garni
entry entrée *f.*
environment environnement *m.*
equal pareil(le)
equality égalité *f.*
equilibrium équilibre *m.*
error faute *f.*; erreur *f.*
especially surtout
ethics morale *f.*
euro euro *m.*
European Union Union *f.* européenne
even même
evening soir *m.*, soirée *f.*
  8:00 in the ~ 8 heures du soir
  ~ dress robe *f.* du soir
  good ~ bonsoir
every tout/toute/tous/toutes
  ~ day tous les jours
everybody tout le monde
everyone tout le monde
everything tout
everywhere partout
evidently évidemment
exam examen *m.*
  fail an ~ rater un examen
  pass an ~ réussir à un examen
  take an ~ passer un examen
examine examiner
example exemple *m.*
excuse me, but . . . pardon; excusez-moi, mais...
excuse me, sir/ma'am pardon, monsieur/madame
exercise *n.* exercice *m.* (physique)
exercise *v.* faire de l'exercice; faire de la gymnastique
exotic exotique
expectations attentes *f.pl.*
expensive cher (chère)
explain expliquez
explode éclater
expression expression *f.*
  polite ~s formules *f.pl.* de politesse
eye œil *m.* (*pl.* yeux)
eyebrow sourcil *m.*
eyeglasses lunettes *f.pl.*
eyelash cil *m.*
eyelid paupière *f.*

F

fabric tissu *m.*
face (up to) faire face (à)
fact: in ~ en fait
factory worker ouvrier/ouvrière *m./f.*
fail (an exam) rater
fairy tale conte *m.* de fées
fall *n.* automne *m.*

fall *v.* tomber
  ~ asleep s'endormir
false faux (fausse)
family famille *f.*
  ~ member membre *m.* de la famille
  ~ photo photo *f.* de famille
  ~ relationship lien *m.* de parenté
  ~ tree arbre *m.* généalogique
famous célèbre
fantastic fantastique
fantasy fantasme *m.*
far lointain(e)
  ~ from loin de
fashion mode *f.*
fast rapidement
fast food fast-food *m.*
fat fort(e); gros(se); gras(se)
father père *m.*
father-in-law beau-père *m.*
fatty gras(se)
faults défauts *m.pl.*
favor favoriser
favorite préféré(e), favori(te)
fear peur *f.*
feat exploit *m.*
features traits *m.pl.* (du visage)
February février *m.*
fed up: be ~ en avoir marre
  I'm ~ j'en ai marre
feed nourrir
feel ressentir; se sentir
  ~ at ease/free se sentir à l'aise/ libre
  ~ like avoir envie de
  ~ well/better/sick se sentir bien/mieux/mal
feeling sentiment *m.*
fever: to have a ~ avoir de la fièvre
few peu (de)
  a ~ quelques
fewer moins de
fib mensonge *m.*
field champ *m.*
fifteen quinze
fifty cinquante
fight se battre, se disputer; lutter
  ~ against lutter contre
figure forme *f.*
fill out (a form, etc.) remplir (un formulaire, etc.)
film film *m.*
  action ~ film d'aventure
  romantic ~ film d'amour
finally enfin, finalement
financial financier(ère)
find trouver
  ~ a balance (between) trouver l'équilibre (entre)
  ~ someone trouvez quelqu'un
  I found out j'ai su

fine: the weather is ~   il fait beau
   ~, thank you   très bien, merci
   I'm ~!   ça va (bien)!
finger   doigt *m.*
finish   finir
fire   feu *m.*
fireworks   feu *m.* d'artifice
first *adj.*   premier(ère)
   ~ aid   premiers soins *m.pl.*
   ~ class   première classe *f.*
   ~ floor   rez-de-chaussée *m.*
first *adv.*   d'abord, premièrement
   at ~   d'abord
fir tree   sapin *m.*
fish *n.*   poisson *m.*
   ~ market   poissonnerie *f.*
fish *v.*   aller à la pêche
fishing   pêche *f.*
fishmonger's shop   poissonnerie *f.*
fit   aller bien
   ~ poorly   aller mal à
five   cinq
flag drapeau *m.*
flannel *adj.*   en flanelle
flannel *n.*   flanelle *f.*
flaw   défaut *m.*
onflight   vol *m.*
floor   étage *m.*
   ground (first) ~
      rez-de-chaussée *m.*
   second ~   premier étage *m.*
flower   fleur *f.*
flowered   à fleurs
flu   grippe *f.*
fog   brouillard *m.*
foggy: it is ~   il fait du brouillard
follow   suivez
following   suivant
   the ~ Saturday   le samedi
      suivant
food   aliment *m.*
foolish   fou (folle)
foot   pied *m.*
   on ~   à pied
football   football *m.* américain
for   pour, pendant
   ~ how long   pendant combien
      de temps; depuis combien de
      temps
forbid   interdire
forehead   front *m.*
foreign   étranger(ère)
   ~ languages   langues *f.pl.*
      étrangères
forest   forêt *f.*
forget   oublier
fork   fourchette *f.*
form   formulaire *m.*
formerly   autrefois
fortunately   heureusement
fortune: make one's ~   faire fortune
forty   quarante
four   quatre

fourteen   quatorze
fox   renard *m.*
frankly   franchement
free   gratuit(e); libre
   ~ time   temps *m.* libre
French *n.*   français *m.*
French *adj.*   français(e)
   ~ bread   baguette *f.*
   ~ fries   frites *f.pl.*
frequently   fréquemment
fresh   frais (fraîche)
Friday   vendredi *m.*
friend   ami/amie *m./f.*; copain/
      copine *m./f.*
friendly   sociable
friendship   amitié *f.*
from   de
   ~ now on   désormais
   ~ where   d'où
front: in ~ of   devant
frozen   surgelé(e)
   ~ food   produit *m.* surgelé
fruit   fruit *m.*
   ~ juice   jus *m.* de fruits
full   plein(e)
full-time   à plein temps
fun: have ~   s'amuser
funny   comique, amusant(e)
furnished   meublé(e)
furniture   meubles *m.pl.*
future   avenir *m.*

G

gain   gagner
   ~ weight   grossir
game   match *m.*; jeu *m.*
   ~ show   jeu télévisé
garage   garage *m.*
garden   jardin *m.*
gardening   jardinage *m.*
garlic   ail *m.*
gas   essence *f.*
generally   généralement
generous   généreux(se)
geography   géographie *f.*
German (*language*)   allemand *m.*
German *adj.*   allemand(e)
get: ~ along   s'entendre
   ~ angry   se fâcher
   ~ bored   s'ennuyer
   ~ down   descendre
   ~ dressed   s'habiller
   ~ fat   grossir
   ~ mad   se fâcher
   ~ married   se marier
   ~ off   descendre
   ~ up   se lever; monter
ghost   fantôme *m.*
gift   cadeau *m.* (*pl.* cadeaux)
girl   fille *f.*
girlfriend   petite amie *f.*

give (a gift)   offrir; donner
   ~   donnez
glad: I'd be ~ to   je veux bien
gladly   volontiers
glass   verre *m.*
glasses (eye-)   lunettes *f.pl.*
globalization   mondialisation *f.*;
      globalisation *f.*
glove   gant *m.*
go   aller
   ~ back   rentrer
   ~ boating   faire du bateau
   ~ camping   faire du camping
   ~ down   descendre
   ~ fishing   aller à la pêche
   ~ for a walk   se promener, faire
      une promenade
   ~ grocery shopping   faire les
      courses
   ~ hunting   aller à la chasse
   ~ in for sports   faire du sport
   ~ on a trip   faire un voyage
   ~ out (together)   sortir (ensemble)
   ~ shopping   faire des courses
   ~ to bed   se coucher
   ~ up   monter
goal   objectif *m.*; but *m.*
golf   golf *m.*
   play ~   faire du golf
good   bon(ne)
   ~!   entendu!
   ~ evening   bonsoir
   ~ grief!   mince!
   ~ idea!   bonne idée!
   ~ luck!   bonne chance!
   ~ night   bonsoir
   it's a ~ thing that   c'est bien que
good-bye   au revoir
gown: evening ~   robe *f.* du soir
grab   attraper
grade   note *f.*
grade school teacher   instituteur/
      institutrice *m./f.*
graduate   diplômé(e)
gram   gramme *m.*
granddaughter   petite-fille *f.*
grandfather   grand-père *m.*
grandmother   grand-mère *f.*
grandparents   grands-parents *m.pl.*
grandson   petit-fils *m.*
gray   gris(e)
greasy   gras(se)
great   chouette, super, formidable
green   vert(e)
   ~ beans   haricots *m.pl.* verts
greetings   salutations *f.pl.*
grocery:
   go ~ shopping   faire les courses
   ~ store   épicerie *f.*
ground: on the ~   par terre
   ~ floor   rez-de-chaussée *m.*
grow: ~ old   vieillir
   ~ up   grandir

guess devinez
gun fusil *m.*
gym gymnase *m.*, éducation *f.* physique
gymnastics gymnastique *f.*
  do ~ faire de la gymnastique

H

habit habitude *f.*
hair cheveux *m.pl.*
hairdo coiffure *f.*
half hour demi-heure *f.*
half past ... et demi(e)
hall: down the ~ au bout du couloir
hallway couloir *m.*
  down the ~ au bout du couloir
ham jambon *m.*
hand main *f.*
  give someone a ~ donner un coup de main à
  on the other ~ par contre
  raise one's ~ lever le doigt
  shake ~s serrer la main; (se) donner la main
handsome beau/bel/belle/ beaux/belles
hang in there! bon courage!
Hanukkah Hanoukka *f.*
happen se passer
  what ~ed? qu'est-ce qui s'est passé?
happiness bonheur *m.*
happy heureux(se)
  ~ birthday! bon anniversaire!
  ~ holidays! joyeuses fêtes!
  ~ New Year! bonne année!
happiness bonheur *m.*
hard *adj.* dur(e)
  have a ~ time avoir du mal (à)
  (work) ~ (travailler) dur
hard *adv.* dur
hat chapeau *m.* (*pl.* chapeaux)
hate détester
have avoir; posséder
  ~ a fever avoir de la fièvre
  ~ a hard time avoir du mal à
  ~ a headache avoir mal à la tête
  ~ a runny nose avoir le nez qui coule
  ~ a sore throat avoir mal à la gorge
  ~ dinner dîner
  ~ (food) prendre
  ~ fun s'amuser
  ~ just (done something) venir de (faire quelque chose)
  ~ self-control être discipliné(e)
  ~ to devoir
  I'm going to ~ . . . je vais prendre...
  you ~ to . . . tu dois, vous devez

hay fever rhume *m.* des foins
he il
head tête *f.*
headache mal *m.* à la tête
health santé *f.*
healthclub club *m.* de fitness
healthful sain(e)
healthy sain(e)
hear entendre
heart cœur *m.*
  ~ attack crise *f.* cardiaque
heat chaleur *f.*
heavyset fort(e); gros(se)
heel talon *m.*
  high~ed shoes chaussures *f.* à talons
height taille *f.*
  to be of average ~ être de taille moyenne
hello bonjour, salut!; (on the telephone) allô?
help aider
helping hand coup *m.* de main
hen poule *f.*
her *adj.* son/sa/ses
her *pron.* la; elle; lui
here ici, présent!
  ~ is/are voici, voilà
heritage héritage *m.*
hi salut
hidden caché(e)
high haut(e)
high school lycée *m.*
him le; lui
hire embaucher
  be ~d être embauché(e)
hired embauché(e)
his son/sa/ses
historical historique
history histoire *f.*
hit battre
hockey hockey *m.*
holiday fête *f.*; jour *m.* de congé
  happy ~s joyeuses fêtes
home: at ~ à domicile
  at the ~ of chez
  in a private ~ chez un particulier
homeless person sans-abri *m./f.*
hometown ville *f.* d'origine
homework devoirs *m.pl.*
honeymoon lune *f.* de miel
hope espérer
horror movie film *m.* d'épouvante
hors d'œuvre hors-d'œuvre *m.* (*pl.* hors-d'œuvre), starter
horse cheval *m.* (*pl.* chevaux)
hospital hôpital *m.* (*pl.* hôpitaux)
host hôte *m.*
hot chaud(e)
  ~ chocolate chocolat chaud *m.*
  it's ~ (weather) il fait chaud
hotel hôtel *m.*

hour heure *f.*
house maison *f.*
  ~ husband/wife homme/ femme au foyer
how comment; comme
  ~ are you? comment allez-vous/ vas-tu?; (comment) ça va?
  ~ do you spell that? comment ça s'écrit?
  ~ long? depuis combien de temps?
  ~ many combien (de)
  ~ much combien (de)
  ~ old are you? Quel âge avez-vous/as-tu?
  ~ stupid of me! Que je suis bête!
human being être *m.* humain
hundred cent
hunger faim *f.*
hungry: be ~ avoir faim
hunter chasseur *m.*
hunting chasse *f.*
  go ~ aller à la chasse
hurry se dépêcher
hurry: in a ~ pressé(e)
hurt avoir mal à; faire mal à
  be ~ se blesser
  ~ oneself se blesser
husband mari *m.*
hyphen trait *m.* d'union
hypochondriac hypocondriaque
hypothesis hypothèse *f.*

I

I je
ice glace *f.*
  ~ skating patinage *m.* sur glace
ice cream glace *f.*
  chocolate ~ glace au chocolat
  vanilla ~ glace à la vanille
idea idée *f.*
  good ~! bonne idée!
ideal idéal(e)
idealistic idéaliste
identity identité *f.*
if si
  ~ need be à la rigueur
ill malade
  become ~ tomber malade
illness maladie *f.*
image image *f.*
imagine imaginez
immediately tout de suite
immigrant immigré/immigrée *m./f.*
impatient impatient(e)
impatiently impatiemment
important important(e)
impressionist impressionniste
in dans, en, à; sur
  he/she is (not) ~ il/elle (n')est (pas) là

~ **a private home**   chez un particulier
~ **front of**   devant
~ **my opinion**   pour moi, à mon avis
~ **practice**   en pratique
~ **the country**   à la campagne
~ **theory**   en théorie
~ **the past**   autrefois
~ **those days**   à cette époque-là
included   compris(e)
increase   augmenter
incredible   incroyable
indicate   indiquer
indifference   indifférence *f.*
indifferent   indifférent(e)
indigestion   indigestion *f.*
individual *adj.*   individuel(le)
individual *n.*   individu *m.*
inequality   inégalité *f.*
information   renseignements *m.pl.*
~ **desk**   bureau *m.* de renseignements
inhabitant   habitant/habitante *m./f.*
injection   piqûre *f.*
give an ~   faire une piqûre (à)
injure oneself   se blesser
injured: be ~   se blesser
injury   blessure *f.*
instead of   au lieu de
instigate   provoquer
instructions   instructions *f.pl.*
insurance   assurance *f.*
integrate: to be ~**d**   s'intégrer
intelligent   intelligent(e)
intend to   avoir l'intention de
interest *v.*   intéresser
be ~**ed**   s'intéresser
are you ~**ed?**   ça te dit? ça t'intéresse? ça vous intéresse?
interesting   intéressant(e)
Internet   Internet *m.*
internship   stage *m.*
interrupt   interrompre
interview *n.*   entretien *m.,* interview *f.*
interview *v.*   interviewer
intolerance   intolérance *f.*
intolerant   intolérant(e)
introductions   présentations *f.pl.*
invent   inventer, inventez
invest   investir
invitation   invitation *f.*
invite   inviter
inviting: I'm ~ **you**   je t'invite, je vous invite
iPod   iPod *m.*
iron   repasser
irritating   embêtant(e)
Islamic   islamique
island   île *f.*
isolated   isolé(e)

it   il/elle; le/la; y
~ **is**   il est, c'est
~ **is necessary (that)**   il faut (que)
~**'s a question of**   il s'agit de
~**'s . . . (weather)**   il fait...
~**'s raining**   il pleut
~**'s snowing**   il neige
Italian   italien(ne)
its   son/sa/ses

J

jacket   veste *f.;* (waist-length) blouson *m.*
short ~   blouson *m.*
ski ~   anorak *m.*
jam   confiture *f.*
January   janvier *m.*
Japanese   japonais(e)
jazz   jazz *m.*
jeans   jean *m.*
jewel   bijou *m.* (*pl.* bijoux)
jewelry   bijoux *m.pl.*
gold ~   bijoux en or
job   emploi *m.;* poste *m.;* métier *m.;* boulot *m.*
~ **application**   demande *f.* d'emploi
jogging   jogging *m.*
go ~   faire du jogging
~ **suit**   jogging *m.*
joke   blague *f.*
jot down   notez
journalist   journaliste *m./f.*
judo   judo *m.*
judge   juge *m.*
juice   jus *m.*
July   juillet *m.*
June   juin *m.*
junior high school   collège *m.*
just: have ~   venir de
~ **a minute**   un moment

K

keep   garder
key   clé *f.*
kidding: be ~   plaisanter
you're ~**!**   tu plaisantes!, tu rigoles!
kill   tuer
kilo(gram)   kilo *m.* (de)
kind   genre *m.*
it's a ~ **of . . .**   c'est une espèce de...
~ **(of film)**   genre (de film)
kindergarten   école *f.* maternelle
king   roi *m.*
kitchen   cuisine *f.*
knee   genou *m.* (*pl.* genoux)
knife   couteau *m.* (*pl.* couteaux)

knit   en maille
knock   frapper
knot   nœud *m.*
know (something)   savoir; **(someone)** connaître
do you ~ **(so and so)?**   Tu connais... ?
I don't ~**.**   je ne sais pas.
~ **each other/one another**   se connaître
you ~   tu sais, vous savez
you ~   quoi, hein

L

lack   manque *m.*
a ~ **of**   un manque de
lady   dame *f.*
lake   lac *m.*
lamp   lampe *f.*
landlord/landlady   propriétaire *m./f.*
language   langue *f.*
laptop   ordinateur *m.* portable
last *adj.*   dernier(ère)
~ **night**   hier soir
last *v.*   durer
late   tard; en retard
later   plus tard
latest   dernier(ère)
laugh   rire
laundry   lessive *f.*
law   (*field of study*) droit *m.;* (*legislation*) loi *f.*
lawyer   avocat/avocate *m./f.*
lazy   paresseux(se)
leaf   feuille *f.*
learn (about)   apprendre
least: at ~   au moins
the ~   le/la/les moins
leather *adj.*   en cuir
leather *n.*   cuir *m.*
leave   partir; quitter; laisser
lecture hall   amphithéâtre *m.*
left   gauche *f.*
on the ~   à gauche
to the ~   à gauche
leg   jambe *f.*
leggings   caleçon *m.*
leisure activities   loisirs *m.pl.*
lemon   citron *m.*
lemonade: fresh ~   citron *m.* pressé
lend   prêter
less   moins (de)
~ **. . . than**   moins (de) ... que
~ **and** ~   de moins en moins
lesson   leçon *f.*
let: ~ **me introduce you to . . .**   je te/vous présente...
~**'s go**   allons
~**'s see**   voyons

letter lettre *f.*
  ~ **carrier** facteur *m.*
  ~**s of the alphabet** lettres *f.*
    de l'alphabet
lettuce salade *f.*
level niveau *m.* (*pl.* niveaux)
library bibliothèque *f.*
lie mensonge *m.*
life vie *f.*
light *adj.* clair(e) (*color*); léger(ère)
  (*weight*)
  ~ **(gray)** (gris) clair
light *n.* lumière *f.*
like *prep.* comme
like *v.* aimer
  do you ~ that/it? ça te plaît?
  I ~ that Ça me plaît
  I would ~ je voudrais
  what would you ~? vous désirez?
  would you ~ to? ça vous
    (t')intéresse? tu veux?
    voudriez-vous?
link reliez
lips lèvres *f.pl.*
listen (to) écouter
  ~**!** écoute! écoutez!
liter litre *m.*
literature littérature *f.*
little petit(e)
  a ~ un peu
live (in, at) habiter; vivre
living room séjour *m.*; salon *m.*
loafer mocassin *m.*
loaf of French bread baguette *f.*
lobster homard *m.*
location emplacement *m.*,
  endroit *m.*
locker consigne *f.*
lodging logement *m.*; logis *m.*
  ~ **with breakfast and dinner**
    demi-pension *f.*
long long(ue)
longer: no ~ ne... plus
long-sleeved à manches longues
long time longtemps
look avoir l'air
  ~ **at** regarder
  ~ **bad on** aller mal à
  ~ **for** chercher
  ~ **good on** aller bien à
  ~ **like** ressembler (à)
looking: I'm ~ for . . . je cherche...
lose perdre
  ~ **weight** maigrir
lost-and-found objets *m.pl.* trouvés
lot: a ~ (of) beaucoup (de)
lots of tas *m.* de
lottery loterie *f.*
love *n.* amour *m.*
love *v.* aimer; s'aimer
  I'd ~ to avec plaisir
  to fall in ~ tomber amoureux/
    amoureuse

lower baisser
luck chance *f.*
  good ~! bonne chance!
  what ~! quelle chance!
lucky: be ~ avoir de la chance
  how ~! quelle chance!
luggage bagages *m.pl.*
luminous lumineux(se)
lunch déjeuner *m.*

M

ma'am madame
mad: to be ~ être fâché(e)
magazine magazine *m.*
magnificent magnifique
main course plat *m.* garni; plat *m.*
  principal
main dish plat *m.* garni
make faire; rendre
  ~ **a decision** prendre une décision
  ~ **an appointment** prendre
    rendez-vous
  ~ **one's bed** faire son lit
  ~ **one's fortune** faire fortune
  ~ **sick** rendre malade
  ~ **up** inventez
makeup: to put on ~ se maquiller
man homme *m.*
management les cadres *m.pl.*
management position poste *m.* de
  direction
mandatory obligatoire
manners manières *f.pl.*
many beaucoup de, beaucoup
  not ~ pas beaucoup
map carte *f.*; (*city*) plan
March mars *m.*
marriage mariage *m.*
married: to get ~ se marier
marry (someone) épouser
marvelous merveilleux(se)
master's degree maîtrise *f.*
match match *m.*
material comfort confort *m.* matériel
math maths *f.pl.*
mature mûrir
May mai *m.*
may I . . . ? est-ce que je
  pourrais... ?
maybe peut-être
me me; moi
  for ~ pour moi, et pour moi
  ~ **neither** moi non plus
  ~ **too** moi aussi
meal repas *m.*
means of transportation
  moyens *m.pl.* de transport
meat viande *f.*
mechanic mécanicien/
  mécanicienne *m./f.*
medication médicament *m.*

medicine (*drug*) médicament *m.*;
  (*discipline*) médecine *f.*
meet (with) retrouver (des amis);
  (by previous arrangement)
  se retrouver; rencontrer
meeting: (chance) meeting
  rencontre *f.*
mentioned mentionné(e)
menu menu *m.*; carte *f.*
  fixed-price ~ menu *m.*
merry Christmas joyeux Noël
message message *m.*
Mexican mexicain(e)
midday midi *m.*
middle milieu *m.*
middle school collège *m.*
midnight minuit *m.*
migraine migraine *f.*
milk *adj.* laitier(ère)
milk *n.* lait *m.*
million million *m.*
mineral water eau minérale *f.*
minutes to (the hour) moins...
  fifteen ~ un quart d'heure
miss (the train) rater (le train)
Miss mademoiselle *f.* (*pl.* mesdemoiselles) (abbr. Mlle/Mlles)
mistake faute *f.*; erreur *f.*
misunderstanding malentendu *m.*
moccasin mocassin *m.*
moderate modéré(e)
moment moment *m.*
Monday lundi *m.*
money argent *m.*
month mois *m.*
monument monument *m.*
moon lune *f.*
moral moral(e)
morality morale *f.*
more plus (de)
  ~ **. . . than** plus (de) ... que
  ~ **and ~** de plus en plus
  no ~ ne... plus
  the ~ . . . the ~ plus... plus...
morning matin *m.*
  9:00 in the ~ neuf heures
    du matin
  tomorrow ~ demain matin
  yesterday ~ hier matin
Moroccan *adj.* marocain(e)
most la plupart de (des, du)
  ~ **of the time** la plupart du temps
  ~ **people** la plupart des gens
  the ~ le/la/les plus
mother mère *f.*
mother-in-law belle-mère *f.*
mountain montagne *f.*
mouse souris *f.*
mousse mousse *f.*
  chocolate ~ mousse *f.* au chocolat
mouth bouche *f.*
move déménager
move up (*fig.*) monter

movie film *m.*
  detective ~ film policier
  horror ~ film d'épouvante
  ~s cinéma, ciné *m.*
  ~ theater cinéma *m.*
MP3 player lecteur de MP3 *m.*
Mr. monsieur *m.* (*pl.* messieurs) (abbr. M.)
Mrs. madame *f.* (*pl.* mesdames) (abbr. Mme)
much beaucoup
  how ~ combien
  not ~ pas beaucoup, peu
  too ~ trop (de)
muffler écharpe *f.*
murmur murmurer
museum musée *m.*
music musique *f.*
  play ~ faire de la musique
musician musicien/musicienne *m./f.*
must il faut (que); devoir
my mon/ma/mes

N

name nom *m.*
  first ~ prénom *m.*
  last ~ nom *m.* de famille
  my ~ is je m'appelle
nap sieste *f.*
  take a ~ faire la sieste
napkin serviette *f.*
national holiday fête *f.* nationale
nationality nationalité *f.*
nature nature *f.*
nausea nausée *f.*
nauseated: to be ~ avoir la nausée
near près de
neat chouette
necessary: it is ~ (that) il faut (que)
neck cou *m.*
need avoir besoin (de)
  if ~ be à la rigueur
  you ~ to tu as/vous avez besoin de
neighbor voisin/voisine *m./f.*
neighborhood quartier *m.*; voisinage *m.*
  ~ shop magasin *m.* du coin
neither: neither . . . nor ne... ni
neither one ni l'un(e) ni l'autre
nephew neveu *m.* (*pl.* neveux)
nervous nerveux(euse)
never jamais; ne... jamais
new nouveau/nouvel/nouvelle/ nouveaux/nouvelles
  ~ Year's Day Jour *m.* de l'An
  ~ words des mots *m.* nouveaux
news nouvelles *f.pl.*
  (TV) ~ journal *m.* télévisé, informations *f.pl.*

newspaper journal *m.* (*pl.* journaux)
next prochain(e)
  ~ to à côté de
  the ~ day le lendemain
nice gentil(le); agréable; sympathique; aimable
  it's ~ weather il fait beau
niece nièce *f.*
night nuit *f.*
  last ~ hier soir
  ~ out sortie *f.*
  per ~ la nuit
  tomorrow ~ demain soir
nightclub boîte *f.* (de nuit)
nightgown chemise *f.* de nuit
nightmare cauchemar *m.*
nine neuf
nineteen dix-neuf
ninety quatre-vingt-dix
ninety-one quatre-vingt-onze
ninety-seven quatre-vingt-dix-sept
no non
  ~ longer ne... plus
  ~ more ne... plus
  ~ one personne, personne ne, ne... personne
  ~ way! c'est pas vrai!
nobody personne, personne ne, ne... personne
noise bruit *m.*
no longer ne... plus
nonconformist individualiste
nonsense bêtises *f.pl.*
non-smoking (section) non-fumeurs
noon midi *m.*
north nord *m.*
nose nez *m.*
  runny ~ nez qui coule
  stuffy ~ nez bouché
not ne... pas; pas
  ~ . . . anymore ne... plus
  ~ at all pas du tout
  ~ bad pas mal
  ~ much pas beaucoup; pas grand-chose
  ~ much hair pas beaucoup de cheveux
  ~ quite pas tout à fait
  ~ too pas trop
note remarquez
notebook cahier *m.*
nothing rien, ne... rien, rien ne...
  think ~ of it ce n'est rien
notice *v.* remarquer; observer
novel roman *m.*
  detective ~ roman policier
  historical ~ roman historique
November novembre *m.*
now maintenant
  from ~ on désormais
number *v.* numérotez
nurse infirmier/infirmière *m./f.*

nuts! zut (alors)!; mince!
nylon *adj.* en nylon
nylon *n.* nylon *m.*

O

objective objectif *m.*
obviously évidemment
occasion occasion *f.*
occupation profession *f.*
o'clock heure *f.*
October octobre *m.*
odor odeur *f.*
of de
  ~ course bien sûr
  ~ course not mais non
offer offrir
office bureau *m.* (*pl.* bureaux)
often souvent
oh . . . tiens...
oh really? ah bon? vraiment?
oh yeah? et alors?
OK d'accord
okay d'accord
old vieux/vieil/vieille/vieux/ vieilles
  be . . . years ~ avoir ... ans
  grow ~ vieillir
  how ~ are you? quel âge as-tu/ avez-vous?
  ~ quarter vieux quartier
omelet omelette *f.*
on sur
  ~ foot à pied
  ~ line en ligne
  ~ the contrary au contraire
  ~ the other hand par contre
once une fois
  ~ again encore une fois
one *number; art.* un(e)
one *pron.* on
one-color uni(e)
oneself soi, soi-même
one-way ticket aller *m.* simple
onion oignon *m.*
only seulement; ne... que
open *adj.* ouvert(e)
open *v.* ouvrir
  ~ oneself up s'ouvrir
opinion opinion *f.*; avis *m.*
  in my ~ à mon avis
opposite: the ~ le contraire
optimistic optimiste
optional facultatif(ve)
or ou
orange *adj. inv.* orange
orange *n.* orange *f.*
orange juice jus *m.* d'orange
order: are you ready to ~? vous désirez?
order *n.* ordre *m.*
order *v.* commander

ordinal numbers   nombres *m.pl.* ordinaux
ordinary   ordinaire
organic   biologique, bio
  ~ product   produit bio
organize   organiser
other   autre
our   notre, nos
outdoors   dehors
outgoing   sociable
outing   sortie *f.*
outside   dehors
overcast: it's ~   le ciel est couvert
over there   là-bas
owe   devoir
own *v.*   posséder
own *adj.*   propre
owner   propriétaire *m./f.*
oyster   huître *f.*

P

package tour   voyage *m.* organisé
pain   mal *m.* (*pl.* maux)
painter   peintre *m.*
painting   peinture *f.*; tableau *m.*
pajamas   pyjama *m.*
pal   copain *m.*, copine *f.*
pancake   crêpe *f.*
pants   pantalon *m.*
parade   défilé *m.*
parents   parents *m.pl.*
park   parc *m.*
parka   anorak *m.*
parking: covered ~   garage *m.*
part: be ~ of   faire partie de
participate   participez
partner   partenaire *m./f.*
part-time   à mi-temps
party   soirée *f.*, fête *f.*
pass   passer
  ~ an exam   réussir à un examen
  ~ (a test)   réussir à
  ~ through (by)   passer par/à
passive   passif(ve)
passport   passeport *m.*
pasta   pâtes *f.pl.*
pastime   passe-temps *m.*
    (*pl.* passe-temps)
pastry shop   pâtisserie *f.*
pâté   pâté *m.*
patient   patient(e)
patiently   patiemment
pay   payer
  ~ attention   faire attention
peach   pêche *f.*
pear   poire *f.*
peas   petits pois *m.pl.*
pen   stylo *m.*
pencil   crayon *m.*
pencil eraser   gomme *f.*
people   gens *m.pl.*; on (*pron.*)
pepper   poivre *m.*

percentage   pourcentage *m.*
perfect   parfait(e)
  it's ~!   c'est parfait!
  that's ~!   c'est parfait!
perhaps   peut-être
person   personne *f.*
personal   personnel(le)
  ~ Web page   page perso
    (personnelle) *f.*
  ~ possessions   objets *m.pl.*
    personnels
pessimistic   pessimiste
petition   pétition *f.*
pharmacist   pharmacien/pharma-
    cienne *m./f.*
pharmacy   pharmacie *f.*
phenomenon   phénomène *m.*
philosophy   philosophie *f.*
phobia   phobie *f.*
phone   téléphoner
  ~ card   télécarte *f.*
  ~ each other   se téléphoner
photo(graph)   photo *f.*
physical   physique
  ~ education   gymnastique *f.*,
    éducation *f.* physique
physics   physique *f.*
picnic   pique-nique *m.*
picture   image *f.*
pie   tarte *f.*
piece   morceau *m.* (*pl.* morceaux)
  ~ of chalk   morceau de craie
pile: a ~ of   un tas *m.* de
pill   comprimé *m.*
pineapple   ananas *m.*
pink   rose
pitcher   carafe *f.*
  ~ of water   carafe *f.* d'eau
pizza   pizza *f.*
place   lieu *m.* (*pl.* lieux); place *f.*;
    endroit *m.*
place setting   couvert *m.*
plaid   à carreaux
plan *n.*   projet *m.*
plan *v.*   compter (+ infinitif)
plane   avion *m.*
  by ~   en avion
plate   assiette *f.*
platform (train)   quai *m.*
play   jouer
  ~ (a sport)   faire du/de la
    (sport)
player:
  CD ~   lecteur *m.* de CD
  DVD ~   lecteur *m.* de DVD
  MP3 ~   lecteur *m.* de MP3
pleasant   sympathique; agréable
please *adv.*   s'il vous plaît
  ~ bring me   pourriez-vous
    m'apporter
  ~ hold (*on the telephone*)   ne
    quittez pas
  sir/miss, ~?   monsieur/
    mademoiselle, s'il vous plaît?

please *v.*   plaire
pleasure   plaisir *m.*
  my ~!   avec plaisir!
  ~ trip   voyage *m.* d'agrément
  with ~!   volontiers! avec plaisir!
plural   pluriel
P.M.   in the afternoon, in the
    evening
  2:00 ~   deux heures de
    l'après-midi
pneumonia   pneumonie *f.*
pocket   poche *f.*
poem   poème *m.*
policeman   agent *m.* de police
polite expressions   formules *f.pl.*
    de politesse
politely   poliment
political   politique
  ~ science   sciences *f.pl.*
    politiques
politician   politicien/politicienne
    m./f.
polka dot   à pois
poll *n.*   sondage *m.*
poll *v.*   faire un sondage
polo shirt   polo *m.*
polyester *adj.*   en polyester
polyester *n.*   polyester *m.*
pool   piscine *f.*
poor   pauvre
  ~ person   pauvre *m./f.*
poorly   mal
pork   porc *m.*
position: half-time/full-time ~
    poste *m.* à mi-temps/plein
    temps
possess   posséder
possessions   affaires *f.pl.*; objets
    personnels *m.pl.*
postcard   carte *f.* postale
poster   poster *m.*
post office   poste *f.*
potato   pomme *f.* de terre
pound   livre *f.* (de)
poverty   pauvreté *f.*; misère *f.*
power   pouvoir *m.*
practical   pratique
practice *n.*   pratique *f.*
  in ~   en pratique
practice *v.*   exercer
  ~ a profession   exercer une
    profession
  ~ music   faire de la musique
preceding   précédent(e)
prefer   préférer
prejudice   préjugé *m.*
prepare   préparer
prescribe   prescrire
prescription   ordonnance *f.*
present   présent(e)
president   président/présidente
    m./f.
pretty   joli(e)
prevent   empêcher

price   prix *m.*
printed   imprimé(e)
probably   sans doute
problem   problème *m.*
product   produit *m.*
profession   profession *f.* libérale;
   métier *m.*
professional   professionnel(le)
professional *n.* **(manager,**
   executive, etc.)   cadre *m.*
professor   professeur *m.*
program   programme *m.*; (*televi-*
   sion) émission *f.*; programme *m.*
programmer: computer ~   infor-
   maticien/informaticienne *m./f.*
promotion   promotion *f.*
protest *v.*   protester
provoke   provoquer
psychological drama   drame *m.*
   psychologique
psychology   psychologie *f.*
pullover   pull *m.*; chandail *m.*
punish   punir
punished   puni(e)
pupil   élève *m./f.*
pushups   pompes *f.pl.*
put   mettre
   ~ on   (se) mettre
   ~ on makeup   se maquiller
putter *v.*   faire du bricolage

Q

quantity   quantité *f.*
quarter (hour)   quart *m.*; quartier
   ~ after (the hour)   et quart
   ~ to (the hour)   moins le quart
queen   reine *f.*
question   interroger
   ask ~s   poser des questions
   it's a ~ of   il s'agit de
quiche   quiche *f.*
quickly   rapidement
quit one's job   démissionner

R

rabbit   lapin *m.*
racism   racisme *m.*
radio   radio *f.*
rain *n.*   pluie *f.*
rain *v.***: it's ~ing**   il pleut
raincoat   imperméable *m.*
raise   lever; élever
   ~ one's hand   lever le doigt
rally   se mobiliser
Ramadan   Ramadan *m.*
rarely   rarement
raspberry   framboise *f.*
rather   plutôt
rats!   zut (alors)!; mince!
ravishing   ravissant(e)

raw   cru(e)
read   lire
reading   lecture *f.*
realistic   réaliste
reality   réalité *f.*
   ~ television   téléréalité *f.*
really   vraiment
   ~?   ah bon?
reason   raisonner
reasonable   raisonnable
recall   (se) rappeler
receive   recevoir
recently   récemment
receptionist   réceptionniste *m./f.*
recess   récréation *f.*
recipe   recette *f.*
recognize   reconnaître
recommend   recommander
red   rouge
   ~ hair   roux (rousse)
   ~ light   feu *m.* rouge
reduce   diminuer
referee   arbitre *m.*
refined   raffiné(e)
reflect on   réfléchir
refuse   refuser
regarding   en matière de
region   région *f.*
regret   regretter
reject   rejeter
relate   raconter
relationship   relation *f.*
relatives   parents *m.pl.*
   distant ~   parents éloignés
relaxation   détente *f.*
remain   rester
   ~ standing   rester debout
remember (*someone or something*)
   se souvenir (de)
remind   rappeler
remote control   télécommande *f.*
render   rendre
rent   louer
renter   locataire *m./f.*
report   rapport *m.*
reporter   journaliste *m./f.*
required   exigé(e)
research   recherche *f.*
resemble   ressembler (à)
reserved for   réservé(e) à
resourceful   débrouillard(e)
respect   respecter
responsible   responsable
rest   se reposer
restaurant   restaurant *m.*
restroom   toilettes *f.pl.*, W.C. *m.pl.*
result   conséquence *f.*
résumé   curriculum *m.* vitae,
   CV *m.*
retirement   retraite *f.*
return   rentrer; revenir; retourner
review   réviser
rice   riz *m.*
rich   riche

ride *n.*   promenade *f.*, randonnée *f.*
   car ~   promenade en voiture
   train ~   voyage *m.* en train
ride *v.***: ~ a bike**   faire du vélo
   ~ a train   voyager en train
rifle   fusil *m.*
right *adj.*   droit(e); correct(e)
   is that ~?   c'est vrai?
right *adv.*   correctement; à droite
   ~ away   tout de suite
right *n.*   (*direction*) droite *f.*;
   (*entitlement*) droit *m.*
   on the ~   à droite
   to the ~   à droite
rise   se lever
risk   risque *m.*
river   fleuve *m.*
road   route *f.*
roast: pork ~   rôti *m.* de porc
roast beef   rosbif *m.*
rock music   rock *m.*
romantic film   film *m.* d'amour
room   pièce *f.*; chambre *f.*
roommate   camarade *m./f.* de
   chambre
rope   corde *f.*
Roquefort cheese   roquefort *m.*
round-trip ticket   aller-retour *m.*
routine   routine *f.*
row   rang *m.*
rude   désagréable
rug   tapis *m.*
running *n.*   course *f.*
runny nose   nez *m.* qui coule
rural   rural(e) (*m.pl.* ruraux)
   ~ community   commune *f.* rurale
rushed *adj.*   pressé(es) (*les gens*)
Russian *adj.*   russe

S

sad   triste
saint's day   fête *f.*
salad   salade *f.*
salami   saucisson *m.*
salary   salaire *m.*
sale   solde *m.*
   on ~   en soldes
salesperson   vendeur/vendeuse
   m./f.
salt   sel *m.*
salty   salé(e)
same   même *m./f.*, pareil(le)
sand   sable *m.*
sandal   sandale *f.*
sandwich   sandwich *m.*
Santa Claus   Père Noël *m.*
satisfied   satisfait(e)
Saturday   samedi *m.*
sausage   saucisse *f.*
say   dire
   ~!   tiens! dis/dites!
scandalous   scandaleux(se)

scare faire peur à
scarf écharpe *f.*; foulard *m.*
schedule emploi *m.* du temps; (*train*) horaire *m.*
scholarship bourse *f.*
school école *f.*; (*at university*) fac/faculté *f.*
  back to ~ rentrée *f.*
  elementary ~ école primaire
  high ~ lycée *m.*
  junior high/middle ~ collège *m.*
  nursery ~ école maternelle
  ~ subject matière *f.*
schoolteacher maître/maîtresse *m./f.*
  primary ~ instituteur/institutrice *m./f.*
science science *f.*
sea mer *f.*
seafood fruits *m.pl.* de mer
season saison *f.*
seat place *f.*; siège *m.*
seated assis(e)
second deuxième
secret secret *m.*
secretary secrétaire *m./f.*
section: (cheese) ~ rayon *m.* (des fromages)
security sécurité *f.*
see voir
  ~ each other (again) se (re)voir
  ~ one another se (re)voir
  ~ you soon à bientôt
  to ~ (in order to) ~ pour voir
seem avoir l'air; sembler
self-control: to have ~ être discipliné(e)
selfish égoïste
sell vendre
send envoyer
Senegalese *adj.* sénégalais(e)
sentence phrase *f.*
separate séparé(e)
September septembre *m.*
series feuilleton *m.*
serious sérieux(se); grave
seriously sérieusement
serve servir
seven sept
seventeen dix-sept
seventy soixante-dix
seventy-one soixante et onze
seventy-two soixante-douze
several plusieurs
shame honte *f.*
shape forme *f.*
  in good ~ en bonne forme
  to be/stay in good ~ être/rester en bonne forme
share partager
shave se raser
she elle
sheet of paper feuille *f.* de papier

shelter abri *m.*; gîte *m.*
shelves étagères *f.pl.*
shirt (*men's*) chemise *f.*; (*women's*) chemisier *m.*
shoes chaussures *f.pl.*
  dress ~ chaussures habillées
  high-heeled ~s chaussures à talons
  tennis ~ tennis *f.pl.*
shopping: go grocery ~ faire les courses
  go ~ faire des courses, du shopping
  ~ mall centre *m.* commercial
short petit(e); court(e)
shorts short *m.*
short-sleeved à manches courtes
should (*see* devoir)
  I ~ je devrais
  I ~ have j'aurais dû
  you ~ . . . tu devrais/vous devriez
shoulder épaule *f.*
shout crier
show *n.* émission *f.*
  game ~ jeu *m.* télévisé
  variety ~ variétés *f.pl.*
show *v.* montrer
shower *n.* douche *f.*
shower *v.* se doucher
shrimp crevette *f.*
shy timide
sick malade
  get ~ tomber malade
side côté *m.*
sign *v.* signer
silk *adj.* en soie
silk *n.* soie *f.*
similar semblable
since depuis
  ~ when depuis quand
sing chanter
singer chanteur/chanteuse *m./f.*
single célibataire
  ~ person célibataire *m./f.*
singular singulier
sink (*bathroom*) lavabo *m.*
sir monsieur
sister sœur *f.*
  half ~ demi-sœur *f.*
sister-in-law belle-sœur *f.*
six six
sixteen seize
sixty soixante
skate patin *m.*
skating patinage *m.*
  ice ~ patinage *m.* sur glace
  ~ rink patinoire *f.*
skeptical sceptique
ski faire du ski
skiing ski *m.*
ski jacket anorak *m.*
skim parcourez

skirt jupe *f.*
sky ciel *m.*
sleep dormir
  ~ in faire la grasse matinée
sleeve manche *f.*
  long-~d à manches longues
  short-~d à manches courtes
slender mince
slice tranche *f.*
slipper pantoufle *f.*
slowly lentement
small petit(e)
smell odeur *f.*
smoking (section) fumeurs
snack *v.* grignoter
snacking grignotage *m.*
snail escargot *m.*
sneaker basket *f.*; tennis *f.*
sneeze éternuer
snow *n.* neige *f.*
snow *v.:* **it's ~ing** il neige
so eh bien, ben, alors, donc
soap opera feuilleton *m.*
soccer foot *m.*, football *m.*
  play ~ faire du foot
  ~ game match de foot *m.*
society société *f.*
sociology sociologie *f.*
sock chaussette *f.*
sofa canapé *m.*
solid-color uni(e)
solitude solitude *f.*
solution solution *f.*
some *adj.* des; certain(e)s, quelques
  ~ what? de la/du quoi?
some *pron.* en; certain(e)s; quelques-un(e)s
somebody quelqu'un
someone quelqu'un
  it's ~ who c'est quelqu'un qui
something quelque chose
  it's ~ that . . . c'est quelque chose que...
sometimes quelquefois, parfois
son fils *m.*
song chanson *f.*
soon bientôt
  as ~ as dès que
sore throat mal *m.* à la gorge
sorry désolé(e); pardon
  be ~ regretter
sort espèce *f.*; genre *m.*
so-so comme ci comme ça
soup soupe *f.*
south sud *m.*
souvenir souvenir *m.*
  buy ~s acheter des souvenirs
space espace *m.*
spacious spacieux(se)
Spanish espagnol(e)
speak parler
  ~ loudly parler fort
specialist spécialiste *m./f.*

spend (*money*) dépenser; (*time, vacation*) passer
  ~ hours passer des heures (à + inf.)
spider araignée *f.*
spoon cuillère *f.*
sports sport *m.*
spouse conjoint/conjointe *m./f.*; époux/épouse *m./f.*
spring printemps *m.*
square place *f.*
squash courgette *f.*
squeezed pressé (*un citron*)
stadium stade *m.*
staircase escalier *m.*
stairs escalier *m.*
stand supporter
standing debout
star étoile *f.*
station (train) gare *f.*
  gas ~ station *f.* service
stay *n.* séjour *m.*
stay *v.* rester; faire un séjour
  ~ in a hotel descendre
  ~ in bed rester au lit
steak bifteck *m.*, steak *m.*
step-father beau-père *m.*
step-mother belle-mère *f.*
step workout step *m.*
stimulate stimuler
stingy avare
stomach ventre *m.*
stool tabouret *m.*
stop arrêter
store magasin *m.*
storm orage *m.*
stormy orageux(se)
story étage *m.*; histoire *f.*
straight ahead tout droit
strange étrange
stranger étranger/étrangère *m./f.*
strawberry fraise *f.*
  ~ tart tarte *f.* aux fraises
street rue *f.*
  ~ map plan *m.* de ville
stress stress *m.*
strict strict(e)
strike frapper
  what struck me . . . ce qui m'a frappé(e)...
striped à rayures
stroke attaque *f.* cérébrale
strong fort(e)
student élève *m./f.*
  university ~ étudiant/étudiante *m./f.*
studio studio *m.*
study (a subject) étudier, travailler
stuffed animal peluche *f.*
stuffy nose nez *m.* bouché
stupid bête; stupide
  how ~! quelle bêtise!

subject (school) matière *f.*
  the ~ is il s'agit de
suburbs banlieue *f.*
succeed réussir (à)
success réussite *f.*; succès *m.*
suffer souffrir
sugar sucre *m.*
  ~ cane canne *f.* à sucre
suit (*men's*) costume *m.*; (*women's*) tailleur *m.*
suitcase valise *f.*
summer été *m.*
sun soleil *m.*
Sunday dimanche *m.*
sunglasses lunettes *f.pl.* de soleil
sunny ensoleillé(e)
  it is ~ il fait du soleil
supermarket supermarché *m.*
super store grande surface *f.*
supposed: I was ~ to je devais
surf the Internet surfer sur Internet
surname nom *m.* de famille
surprising étonnant(e); surprenant(e)
sweater chandail *m.*; pull *m.*
  button-up ~ cardigan *m.*
sweats jogging *m.*
sweatshirt sweat *m.*
sweet sucré(e), doux (douce)
swim faire de la natation; nager
swimming natation *f.*
swimming pool piscine *f.*
swimsuit maillot *m.* de bain
Swiss suisse
symbol symbole *m.*
symptom symptôme *m.*
syrup sirop *m.*

T

table table *f.*
tablet comprimé *m.*
taco taco *f.*
Tahitian tahitien(ne)
take prendre; prenez
  ~ advantage of profiter de
  ~ a nap faire la sieste
  ~ a poll faites un sondage
  ~ a shower prendre une douche
  ~ a trip faire un voyage
  ~ back ramener
  ~ care of oneself se soigner
  ~ off enlever
  ~ place se passer (quelque chose se passe)
  ~ the time (to) prendre le temps (de)
talk parler
  ~ nonsense dire des bêtises
  ~ to each other se parler
  ~ to one another se parler

talkative bavard(e)
tall grand(e)
tame apprivoiser
tart: apple ~ tarte *f.* aux pommes
taste goût *m.*
  (same) ~ (mêmes) goûts *m.*
tea thé *m.* nature
  plain ~ thé nature
  ~ with lemon thé citron
  ~ with milk thé au lait
teacher instituteur/institutrice *m./f.*; professeur *m.*; enseignant/enseignante *m./f.*
  (elementary school) ~ maîtresse *f.*
team équipe *f.*
tease taquiner
technological advances avances *f.pl.* technologiques
teddy bear ours *m.* en peluche
teeth dents *f.pl.*
telephone *n.* téléphone *m.*
  ~ number numéro *m.* de téléphone
telephone *v.* téléphoner
television télévision *f.*
  ~ set poste *m.* de télévision
tell raconter (*a story*)
  ~ lies dire des mensonges
temperature température *f.*
  take one's ~ prendre sa température
ten dix
tenant locataire *m./f.*
tendency tendance *f.*
tennis tennis *m.*
  play ~ faire du tennis
  ~ shoe tennis *f.*
terrace terrasse *f.*
terrible terrible
terrific super, formidable
test examen *m.*; épreuve *f.*
text message texto *m.*
thank remercier
  many ~s merci mille fois
  ~s merci
  ~ you merci
Thanksgiving Day Jour *m.* d'action de grâces
that *adj.* ce/cet/cette... (-ci/-là)
  ~ color (jogging outfit) looks good on you cette couleur (ce jogging) vous va bien
that *conj.* que
that *pron.* ce, cela, ça; *rel. pron.* qui, que
  ~ is to say c'est à dire que
the le/la/l'/les
theater théâtre *m.*
  movie ~ cinéma *m.*
their leur, leurs
them *pron.* les, leur; elles, eux
then alors, puis, ensuite
theory: in ~ en théorie *f.*

there là, là-bas; y
  ~ is/are il y a; voici, voilà
therefore donc
thermometer thermomètre *m.*
these *adj.* ces; ces... (-ci/-là)
these *pron.* ceux/celles-ci; ceux/celles-là
they ils/elles/on
thing chose *f.*
think penser; trouver, croire
  do you ~ so? vous trouvez? tu trouves?
  ~ about penser à; réfléchir à
  ~ of penser de
thirst soif *f.*
thirsty: be ~ avoir soif
thirteen treize
thirty trente
  ~ (minutes past the hour) et demie
this *adj.* ce, cet, cette... (-ci/-là)
this is . . . ici...
those *adj.* ces; ces... (-ci/-là)
those *pron.* ceux/celles(-ci); ceux/celles(-là)
thousand mille *inv.*
three trois
throat gorge *f.*
  sore ~ mal *m.* à la gorge
thunderstorm orage *m.*
Thursday jeudi *m.*
ticket billet *m.*
  one-way ~ aller *m.* simple
  round-trip ~ aller-retour *m.*
  ~ window guichet *m.*
tidy up (one's bedroom) ranger (sa chambre)
tie cravate *f.*; lien *m.*
time heure *f.*; temps *m.*
  a long ~ longtemps
  at that ~ en ce temps-là
  at what ~? à quelle heure?
  free ~ temps *m.* libre
  from ~ to ~ de temps en temps
  have a hard ~ avoir du mal à
  have ~ (to) avoir le temps (de)
  it is ~ that il est temps de/que
  on ~ à l'heure
  what ~ is it? quelle heure est-il?
timetable horaire *m.*
tired fatigué(e)
title titre *m.*
to à, en, dans; jusqu'à
  in order ~ pour
  ~ her lui
  ~ him lui
  ~ them leur
toast pain *m.* grillé
tobacco/magazine shop bureau *m.* de tabac
today aujourd'hui
together ensemble
toilet W.C. *m.pl.*; toilettes *f.pl.*

tomato tomate *f.*
tomorrow demain
  ~ morning/afternoon/ evening demain matin/après-midi/soir
too trop; aussi
  ~ bad tant pis
  ~ little trop peu (de)
  ~ much trop (de)
tooth dent *f.*
torn déchiré(e)
touch toucher
tour tour *m.*, voyage *m.* organisé
tourist touriste *m./f.*
toward vers
town village *m.*; ville *f.*
  old part of ~ vieux quartier *m.*
toy jouet *m.*
track course *f.*
tradition tradition *f.*
traditional traditionnel(le)
traditionally traditionnellement
traffic jam embouteillage *m.*
tragic tragique
train train *m.*
  by ~ en train
  high-speed ~ TGV *m.*
  next ~ prochain train
  ~ station gare *f.*
training formation *f.*
tranquil tranquille
transportation: means of ~ moyens *m.pl.* de transport
travel voyager
  ~ agency agence *f.* de voyages
treat: my ~ je t'invite, je vous invite
treatment traitement *m.*
tree arbre *m.*
  family ~ arbre *m.* généalogique
  fir ~ sapin *m.*
trip voyage *m.*
  business ~ voyage *m.* d'affaires
  go on a ~ faire un voyage
  have a nice ~! bon voyage!
  pleasure ~ voyage d'agrément
  ~ around the world tour du monde
true vrai(e)
truth vérité *f.*
try essayez
  ~ again later essayer plus tard
T-shirt tee-shirt *m.*
Tuesday mardi *m.*
tuna thon *m.*
turkey dinde *f.*
turn tourner
  ~ off éteindre
  ~ on allumer
tuxedo smoking *m.*
TV guide programme *m.*
twelve douze
twenty vingt

twenty-one vingt et un
twenty-two vingt-deux
two deux
type espèce *f.*; genre *m.*
typical typique

U

uh euh
umbrella parapluie *m.*
umlaut tréma *m.*
unbelievable! c'est incroyable!
uncivilized person sauvage *m./f.*
uncle oncle *m.*
under sous
underline soulignez
understand comprendre
  ~ one another se comprendre
unemployment chômage *m.*
unfortunately malheureusement
unfurnished non meublé(e)
university université *f.*
  ~ cafeteria restaurant *m.* universitaire
  ~ dorm résidence *f.* universitaire
unmarried célibataire
unpleasant désagréable
until jusqu'à
up to jusqu'à
us nous
use employez
useful utile
using en employant
usual: as ~ comme d'habitude
usually d'habitude
utilities charges *f.pl.*

V

vacation vacances *f.pl.*
  have a good/nice ~! bonnes vacances!
  spend one's ~ passer ses vacances
  ~ day jour *m.* de congé
vaccination vaccin *m.*
vacuum passer l'aspirateur
  ~ cleaner aspirateur *m.*
value valeur *f.*
variety show variétés *f.pl.*
veal veau *m.*
  ~ chop côtelette *f.* de veau
  ~ cutlet côtelette *f.* de veau
vegetable légume *m.*
vegetarian végétarien(ne)
velvet *adj.* en velours
velvet *n.* velours *m.*
verify confirmez
very très; vachement (*slang*)
video: ~ cassette vidéocassette *f.*
  ~ clip clip vidéo *m.*

~ game jeu vidéo *m.* (le Nintendo)
~ game console console vidéo *f.*
~ recorder magnétoscope *m.*
violence violence *f.*
visible visible
visit *n.* visite *f.*
visit *v.* (*a place*) visiter; (*someone*) rendre visite à
vitamin vitamine *f.*
voice voix *f.*
volleyball volley *m.*
  play ~ faire du volley
vote voter

W

wages salaire *m.*
waist taille *f.*
waist-length jacket blouson *m.*
wait (for) attendre
waiter/waitress serveur/serveuse *m./f.*
wake up se réveiller
walk *n.* promenade *f.*
  go for a ~ faire une promenade
walk *v.* marcher; faire de la marche
walking marche *f.*
  go ~ faire de la marche
wall mur *m.*
want désirer; vouloir
  ~ to vouloir; avoir envie de
war guerre *f.*
wash laver
  ~ (oneself) se laver
watch *n.* montre *f.*
watch *v.* regarder
water eau *f.*
  mineral ~ eau *f.* minérale
  ~-ski *v.* faire du ski nautique
  ~ skiing ski *m.* nautique
we nous; on
weak faible
wealth richesse *f.*
wear porter
weather temps *m.*
  the ~ is nice/pleasant/bad/hot/ cool/cold il fait beau/bon/ mauvais/chaud/frais/froid
  the ~ is sunny/variable/cloudy/ stormy le temps est ensoleillé/ variable/nuageux/orageux
  ~ report bulletin *m.* météo
Wednesday mercredi *m.*
week semaine *f.*
  a ~ later une semaine après
  in a ~ dans une semaine
  last ~ la semaine dernière
  next ~ la semaine prochaine
  per ~ par semaine
weekend week-end *m.*
weekly par semaine

weight lifting/training musculation *f.*
welcome *n.* bienvenue *f.*
welcome *v.* accueillir
  you're ~ il n'y a pas de quoi; je t'/vous en prie; de rien
well alors; bien; bon, ben; eh bien; bof
  ~ yes mais oui! mais si!
west ouest *m.*
Western occidental(e)
  ~ morality/ethics morale *f.* occidentale
what qu'est-ce que... ?; que; quel/ quelle
  a ~? un(e) quoi?
  some ~? de la (du quoi)?
  so ~? et alors?
  ~? Pardon? Comment?
  ~ if you . . . si tu/si vous (+ imparfait)
  ~ is . . . ? qu'est-ce que... ?
  ~ is he/she like? comment est-il/elle?
  ~ is his/her name? comment s'appelle-t-il/elle?
  ~ is it? qu'est-ce que c'est?
  ~ is that? qu'est-ce que c'est que ça?
  ~ is your name? comment tu t'appelles? comment vous appelez-vous?
  ~ time is it? quelle heure est-il?
  ~ would you like? vous désirez?
wheat blé *m.*
  ~ field champ *m.* de blé
when quand
where où
  from ~ d'où
  it's ~ . . . c'est là où...
  ~ are you from? d'où es-tu? d'où êtes-vous?
  ~ is . . . (located)? où se trouve... ? où est... ?
whereas alors que
which quel(s)/quelle(s)
while alors que
whisper *v.* murmurer
white blanc (blanche)
who qui, qui est-ce qui
  it's my wife (my father) who . . . c'est ma femme (mon père) qui...
  ~ am I? qui suis-je?
  ~ is it? qui est-ce?
  ~'s calling? qui est à l'appareil?
whom . . . ? qui est-ce que... ?
why pourquoi
wife femme *f.*
win gagner
wind vent *m.*
window fenêtre *f.*
windy: it's ~ il fait du vent

wine vin *m.*
  red ~ vin rouge
  white ~ vin blanc
winter hiver *m.*
wish désirer; souhaiter
with avec
  ~ difficulty difficilement
  ~ pleasure! volontiers! avec plaisir!
woman femme *f.*
wood bois *m.*
wool *adj.* en laine
wool *n.* laine *f.*
word mot *m.*
work travailler
  ~ hard bosser (*familier*)
workbook cahier *m.*
worker ouvrier/ouvrière *m./f.*
  factory ~ ouvrier/ouvrière *m./f.*
world monde *m.*
worried inquiet(ète)
worry s'inquiéter (de)
would: ~ you know? sauriez-vous... ?
  ~ you like to? Ça vous (t')intéresse?
wound blessure *f.*
write écrire
  ~ one another s'écrire
writer écrivain *m.*
wrong: be ~ avoir tort

X

xenophobic xénophobe

Y

year an *m.*; année *f.*
  be _____ ~s old avoir _____ ans
  happy New ~ bonne année
  last ~ l'année dernière
  next ~ l'année prochaine
yellow jaune
yes oui; si (*in response to negative question*)
  well, ~ mais oui; mais si
yesterday hier
  ~ morning/afternoon/evening hier matin/après-midi/soir
yet déjà
yogurt yaourt *m.*
you vous; tu; te; toi
  ~ can vous pouvez
  ~'re welcome il n'y a pas de quoi; je vous (t') en prie; de rien
  ~ would like vous voudriez
young jeune
your ton/ta/tes (*familiar*); votre/ vos (*pl., formal*)

Index

Table des matières

Preface   iv

Workbook

Laboratory Manual

Preface

The Student Activities Manual (SAM) combines the *Workbook* and *Laboratory Manual* to accompany *Mais oui!* Fifth Edition. The *Workbook* provides written activities that apply what you have learned in each chapter. The *Laboratory Manual* gives you additional exposure to spoken French and provides extra practice in listening comprehension. The *Laboratory Manual* now includes video activities, which help you understand the interviews with native speakers of French on the new *Mais oui!* Video.

The Workbook

The *Workbook* is designed to provide you with additional opportunities to use the vocabulary, structures, and communicative strategies introduced in the textbook. After you have completed each **étape** in the text chapter, do the corresponding **étape** in the *Workbook*. The first three **étapes** of each *Workbook* chapter offer mostly structured, easily corrected activities. To avoid compounding errors, we strongly recommend that you correct each activity immediately after doing it. In this way, you can catch mistakes early on and refer back to the textbook explanations if necessary. Completing the activities without verifying your answers serves no useful purpose.

The **Intégration** of each *Workbook* chapter introduces an additional reading that reinforces the chapter themes and gives you another opportunity to practice reading strategies introduced in the text. The last post-reading activity, **Et vous?,** invites you to respond to open-ended questions or to express yourself freely in writing on issues related to the reading

The Laboratory Manual

The *Laboratory Manual* is used in conjunction with the *Mais oui!* audio and video clips, which can be found on the *Mais oui!* Premium Website (www.cengagebrain.com). Each chapter of the *Laboratory Manual* begins with an **À l'écoute** section in which you hear the vocabulary and structures from the text chapter used in a new but related context. You will listen to a conversation on the accompanying audio track and do a series of related tasks in the *Laboratory Manual*. In a section called **Prononciation,** segments of this same conversation are then used to help you review the pronunciation rules taught in the text chapter. These are followed by **Activités de compréhension,** which focus on practicing new vocabulary, communicative strategies, and discrete grammatical structures. These sections of the *Laboratory Manual* should be completed after you have finished the third **étape** of the chapter in the text.

The final section of the *Laboratory Manual* now features video activities, designed to guide you as you watch the new *Mais oui!* Fifth Edition Video. Each video section begins with a brief activity to be used while viewing the short clips referred to in the **Notes culturelles** or **Culture et réflexion** sections of your textbook. The next set of activities is designed to help you understand the video clips introduced in the **Synthèse culturelle** sections of your textbook. As you watch the video, be sure to read through and complete each activity in sequence as this will help you understand the essence of the response and provide cues to key vocabulary. Just as with **À l'écoute** in your textbook, one step at a time, you are guided to understand the views, opinions and experiences of the native speakers.

In using the *Mais oui!* audio and video programs, remember that you are *not* expected to understand everything you hear at regular conversation speed! Just focus on the specific tasks you are asked to perform, and do not hesitate to listen or view as many times as necessary to complete an activity. Your ability to understand the spoken word will improve over time with patience and practice.

Chantal P. Thompson
Elaine M. Phillips

Bonjour!

A **La politesse.** Complete the following exchanges by writing an appropriate response in each blank.

1. — Bonjour, madame.

    — _____

2. — Au revoir, Claire.

    — _____

3. — Comment allez-vous?

    — _____

4. — Merci, monsieur.

    — _____

5. — Dominique, je te présente Clarice.

    — _____

6. — Ça va?

    — _____

7. — Pardon, ton nom?

    — _____

8. — Comment vous appelez-vous?

    — _____

B **Les accents.** Add the accents or cedillas that are missing from the following words.

1. tres
2. ca
3. fenetre
4. sac a dos
5. plait
6. enchantee
7. bientot
8. prenom
9. francais

C **Dans la salle de classe.** Look at the scene and identify each numbered item. The first item has been done as an example.

1. *C'est un professeur.* _____

2. _____

3. _____

4. _____

5. _____

6. _____

7. _____

8. _____

9. _____

10. _____

D **Qu'est-ce que c'est?**   The following objects were found in Nicolas's room. Can you identify them? Use an *indefinite* article to identify the objects, then use a *definite* article to specify that the objects belong to Nicolas.

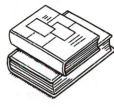

➡ *Ce sont des livres.* _____

Ce sont les livres _____ de Nicolas.

1. _____

_____ de Nicolas.

2. _____

_____ de Nicolas.

3. _____

_____ de Nicolas.

4. _____

_____ de Nicolas.

5. _____

_____ de Nicolas.

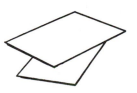

6. _____

_____ de Nicolas.

7. _____

_____ de Nicolas.

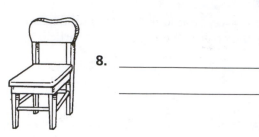

8. _____

_____ de Nicolas.

E **Expressions pour la classe.** Look at pictures 1–5 and write a statement your teacher might have just made. For pictures 6–8, write a statement you might have just made.

➡ *Lisez le chapitre.* _____

1. _____

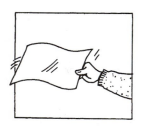

2. _____

3. _____

4. _____

5. _____

6. _____

7. _____

8. _____

F **Les nombres.** Write out the following numbers in words.

1. 37 _____

2. 51 _____

3. 13 _____

4. 63 _____

5. 46 _____

6. 98 _____

7. 24 _____

8. 72 _____

9. 80 _____

10. 19 _____

Qui êtes-vous?

Première étape

A **Le Club International.**   Read the following sentences about the members of the International Club. Fill in the blanks with the correct form of the verb **être** or the appropriate subject pronoun.

1. Gina et moi, _____ sommes italiennes.

2. Thomas et Ernst? Ils _____ allemands.

3. Madame Martin? Elle _____ française.

4. Toi? _____ es africain? Oui, je _____ sénégalais.

5. Vous _____ belges? Non, mais Monsieur Wéry, _____ est belge.

B **Nationalité, profession.**   Complete the following statements using the verb **être**. Be sure the nationality or profession agrees in number and gender with the person(s).

➡ Tchaïkovski et Mozart / profession
   Tchaïkovski et Mozart sont musiciens.

1. Avril Lavigne / nationalité

   _____

2. Monet et Degas / profession

   _____

3. Sophie Marceau / profession

   _____

4. Tu *(your roommate)* / nationalité

   _____

5. Je / profession

   _____

6. Papa et moi / nationalité

   _____

C **Qui est-ce?** Can you think of a famous person or persons for each of the adjectives provided? Write sentences following the example, and be sure the nationalities and professions agree in number and gender with the noun(s).

➡ architecte / américain (*masculin, pluriel*)

Frank Lloyd Wright et I. M. Pei sont architectes. Ils sont américains.

1. acteur / français (*féminin, singulier*)

_____

2. musicien / anglais (*masculin, pluriel*)

_____

3. écrivain / américain (*féminin, pluriel*)

_____

4. journaliste / américain (*masculin, singulier*)

_____

5. politicien / américain (*féminin, singulier*)

_____

6. peintre / espagnol (*masculin, pluriel*)

_____

Deuxième étape

D **Jumeaux?** Thierry and Béatrice are twins, but they don't seem to be very much alike. Each time you inquire about a particular trait of one sibling, you discover that the other has the opposite characteristic. Complete the following sentences with an appropriate adjective. Be sure the adjectives agree in gender with the person.

➡ Thierry est fatigué? Non, il est *énergique.*
Et Béatrice? Elle est *fatiguée.*

1. Thierry est grand? Non, il est _____.

Et Béatrice? Elle est _____.

2. Il est timide? Non, il est _____.

Et Béatrice? Elle est _____.

3. Il est avare? Non, il est _____.

Et Béatrice? Elle est _____.

4. Il est heureux? Non, il est _____.

Et Béatrice? Elle est _____.

5. Thierry est pessimiste? Non, il est _____.

Et Béatrice? Elle est _____.

6. Il est passif? Non, il est _____.

Et Béatrice? Elle est _____.

E **Traits de caractère.** Everyone has some good *and* bad qualities. Mention a personal weakness and a positive character trait for the following people, using the cues and the example as a guide.

➡ Le monsieur là-bas / désagréable / intelligent

Le monsieur là-bas est un peu désagréable, mais il est très intelligent.

1. La copine de Nicolas / fou / énergique

_____

2. Alceste / paresseux / intéressant

_____

3. Monsieur et Madame Mystère / désagréable / intelligent

_____

4. La dame et la fille / ennuyeux / sympathique

_____

5. L'homme et le garçon / timide / heureux

_____

F **C'est qui?** Complete the statements using **c'est, il est,** or **elle est.** Then match each statement with the name of the person to whom it applies.

➡ *Il est* écrivain. *C'est* un Anglais.

Il est intéressant. C'est *Shakespeare*.

Léopold Senghor	Miguel de Cervantes	Céline Dion
Gérard Depardieu	le petit Nicolas	Sonia Sotomayor

1. _____ un Français. _____ élève.

_____ énergique. C'est _____.

2. _____ blonde. _____ une chanteuse.

_____ une Canadienne. C'est _____.

3. _____ acteur. _____ un Français.

_____ grand et fort. C'est _____

4. _____ espagnol. _____ écrivain.

_____ intéressant. C'est _____.

5. _____ une avocate. _____ américaine.

_____ raisonnable. C'est _____.

6. _____ un Sénégalais. _____ un politicien.

_____ écrivain. C'est _____.

G **Comment sont-ils?** Using **ce, ces, cet,** or **cette,** say what the following people are like by agreeing or disagreeing with the description indicated.

1. femme / malade? *Cette femme n'est pas malade.* _____

2. garçon / paresseux? _____

3. homme / heureux? _____

4. enfant / triste? _____

5. gens *(people)* / sociables? _____

6. filles / typiques? _____

7. homme / actif? _____

Troisième étape

H **Questions.** Your pen pal, Micheline, has told you some things about her friends and classmates in Belgium. Write three follow-up questions about each of her statements, using the suggestions provided. Use a different question format for each cue: **(a) est-ce que, (b)** inversion, and **(c)** a tag question.

1. Le professeur de français est intéressant. (amusant? généreux? belge?)

   a. _____

   b. _____

   c. _____

2. Patrick et Pierre-Maurice sont sportifs. (musicien? sympathique? actif?)

   a. _____

   b. _____

   c. _____

3. Monique est peintre. (intelligent? patient? artiste?)

   a. _____

   b. _____

   c. _____

4. Danielle et moi, nous sommes actives. (sportif? heureux? fatigué?)

   a. _____

   b. _____

   c. _____

5. Je suis petite et brune. (sérieux? raisonnable? énergique?)

   a. _____

   b. _____

   c. _____

I **Interview.** If you were looking for a new roommate, what character/personality traits would you consider important? Write down five questions you'd like to ask a prospective roommate.

   1. _____

   2. _____

   3. _____

   4. _____

   5. _____

J **Non!** Claude can't seem to remember anything. Answer his questions negatively, then give him the correct answer.

➡ Victor Hugo est peintre, n'est-ce pas? Non, *il n'est pas peintre. Il est écrivain!*

1. Le petit Nicolas est italien, n'est-ce pas?

   Non, _____

2. Lance Armstrong est français, n'est-ce pas?

   Non, _____

3. Tu es allemand(e), n'est-ce pas?

   Non, _____

4. Monet est musicien, n'est-ce pas?

   Non, _____

5. Angelina Jolie est ingénieur, n'est-ce pas?

   Non, _____

6. Tu es professeur, n'est-ce pas?

   Non, _____

K **Comment est-elle?** Look at the picture and write five sentences, choosing from the following adjectives and saying what the girl is *not*.

➡ *Elle n'est pas brune.*

énergique   grand   paresseux   désagréable   fatigué   brun   triste

_____
_____
_____
_____
_____
_____
_____
_____
_____

Quatrième étape: intégration

Lecture   **Trois grandes stars françaises**

Pensez

1 Consider the title of the reading and check the subject that the reading most likely treats.

a. _____ a new constellation

b. _____ three French actresses

c. _____ women astronomers

d. _____ paparazzi in Hollywood

2 If the subtitle of the reading were «**Elles sont belles, brunes et célèbres**», which answer in the preceding list would you choose? _____

Observez et déduisez: en général

3 Skim the article and choose the best ending for the following sentence.

➡ L'article présente trois actrices

a. _____ de trois générations différentes.

b. _____ suisses.

c. _____ qui sont très vieilles.

d. _____ qui sont aussi mères (*mothers*).

Trois grandes stars françaises

Isabelle ADJANI

BIOGRAPHIE

Marianne Rosenstiehl/Sygma/Corbis

Née Isabelle Yasmine Adjani, le 27 juin 1955, Gennevilliers, France

Père algérien d'origine turque, mère allemande

2 enfants: Barnabé (de Bruno Nuytten) et Gabriel-Kane (de Daniel Day-Lewis)

Théâtre (Comédie-Française), quatre Césars pour la meilleure actrice dans le premier rôle

2 albums comme chanteuse (dont un Gainsbourg)

Modèle pour Dior

Présidente du 50ème Festival de Cannes

Agents: F.M.S.— Intertalents, Paris; ICM Los Angeles

Films: *Monsieur Ibrahim* ('03), *Bon Voyage* ('03, avec Gérard Depardieu), *La Repentie* ('02), *Passionnément* ('99, avec Depardieu), *Diabolique* ('96, avec Sharon Stone), *The Double* ('96, avec John Travolta, puis Steve Martin), *La Reine Margot* ('95), *Camille Claudel* ('88, avec Depardieu) — César Meilleur Film, Nomination Oscar Meilleur Film Étranger

Juliette BINOCHE

BIOGRAPHIE

Marion Stalens/Sygma/Corbis

Née le 9 mars 1964, Paris

Fille d'un metteur en scène de théâtre (occasionnellement sculpteur) et d'une comédienne

2 enfants, Raphaël (d'André Hallé) et Hannah (de Benoît Magimel)

Peintre, dessinatrice

Contrat Lancôme Parfums et Cosmétiques

Utilise des doublures pour les scènes de nus

Pub pour Lancôme

Dons versés à l'Association humanitaire Aspeca (Cambodge)

Salaire: 1 220 000 euros (*Les enfants du siècle,* '98)

Projets: Prochains films de Kusturica, Haeneke, Kiarostami

Agent: F.M.S. — Intertalents, Paris

Films: *Dan in Real Life* ('07), *Désengagement* ('07), *Le voyage du ballon rouge* ('07), *Paris, je t'aime* ('06), *Quelques jours en septembre* ('06), *Chocolat* ('00), *Les enfants du siècle* ('99), *The English Patient* ('96)—Oscar Second Rôle Féminin, *Le Hussard sur le toit* ('95), *Trilogie: Bleu* ('95)—César Meilleur Actrice, Golden Globe (nomination)

Sophie MARCEAU

BIOGRAPHIE

Née Sophie Maupu, le 17 novembre 1966, Paris

Conjointe de Andrzej Zulawski

2 enfants, Vincent (de Andrzej Zulawski) et Juliette (de Jim Lemley)

Auteur (*Menteuse*, '96), chanteuse (*Berezina*)

Théâtre (*Eurydice et Pygmalion*, '94, Molière du Meilleur Espoir)

Pub: Guerlain Champs-Élysées

Agent: Artemedia, Paris

Films: *La disparue de Deauville* ('07), *Anthony Zimmer* ('05), *À ce soir* ('04), *Alex et Emma* ('03), *Je reste* ('03), *Belphégor—Le fantôme du Louvre* ('01, avec Michel Serrault), *The World Is Not Enough* ('99, avec Pierce Brosnan), *A Midsummer Night's Dream* ('98, avec Kevin Kline, Michelle Pfeiffer), *Marquise* ('97), *Anna Karenina* ('97), *Braveheart* ('95, avec Mel Gibson)—Oscar du Meilleur Film, *Chouans!* ('87), *La Boum* ('80)

Source: www.ecrannoir.com/stars. © Volute productions.

Déduisez et confirmez: en détail

4 **Les mots.**   You may know by now that many words are almost identical in French and English. To read more easily, be prepared to guess the meaning of new words in reading passages in the workbook as you do in the text. Although you may never have seen the following words in French, you should be able to write their English equivalents fairly easily.

a. novembre _____

b. théâtre _____

c. auteur _____

d. films _____

e. projets _____

f. agent _____

g. scènes _____

h. mars _____

i. cosmétiques _____

j. sculpteur _____

k. albums _____

l. présidente _____

m. modèle _____

n. contrat _____

o. parfums _____

5 **Le texte**

A. **Complétez.** Complete the following chart by checking whether each item applies to Isabelle Adjani, Juliette Binoche, or Sophie Marceau. Items may apply to one, two, or all three of the actresses.

	Adjani	Binoche	Marceau
1. Born in the sixties			
2. Is also a singer			
3. Has modeled for a famous designer			
4. Her father was a sculptor			
5. Has acted in English language films			
6. Her father is Algerian			
7. Won an Oscar for Best Supporting Actress			
8. Has two children			
9. Is also an author			
10. Does ads for cosmetics			

B. **Oui ou non?** Agree **(oui)** or disagree **(non)** with the following statements based on the article. Correct any false statements.

1. _____ Binoche a deux enfants.

_____

2. _____ La mère *(mother)* d'Adjani est allemande.

_____

3. _____ Daniel Day-Lewis est le père *(father)* de Vincent.

_____

4. _____ Les trois stars sont nées à Paris.

_____

5. _____ Marceau a joué *(acted)* dans un film avec Mel Gibson.

_____

6. _____ Adjani a été *(was)* la présidente du Festival de Cannes.

_____

7. _____ Marceau est aussi peintre.

_____

8. _____ Un César est l'équivalent d'un Oscar.

_____

Explorez

Look again at the reading and the pictures of the three actresses. Using the adjectives to describe people and the professions that you learned in Chapter 1, write three sentences about each actress that summarize what you have learned about them.

Adjani

1. Elle est _____.

2. Elle est _____.

3. _____.

Binoche

1. Elle est _____.

2. Elle est _____.

3. _____.

Marceau

1. Elle est _____.

2. Elle est _____.

3. _____.

La famille

Première étape

A **Paires.** Complete the following pairs as shown in the example.

➡ un grand-père / *une grand-mère*

1. un cousin / _____
2. une belle-mère / _____
3. un oncle / _____
4. une demi-sœur / _____
5. une nièce / _____

6. un fils / _____
7. une femme / _____
8. un beau-frère / _____
9. un petit-fils / _____

B **Qui est-ce?** Look at Pascal's family tree, and state the relationships of the people indicated. Use a possessive adjective in your answer.

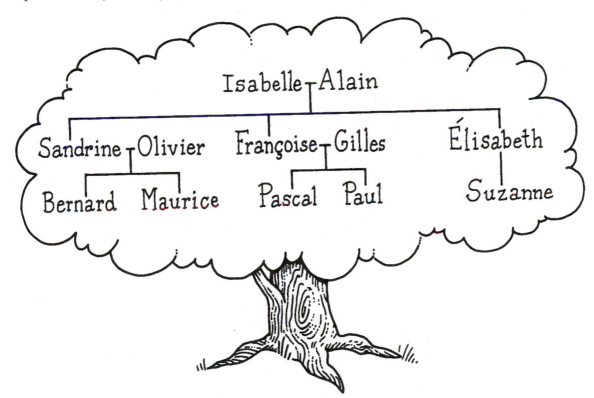

➡ Françoise? (Pascal et Paul) *Françoise? C'est leur mère.*

1. Élisabeth? (Suzanne) _____
2. Bernard et Maurice? (Françoise et Gilles) _____

3. Alain? (Sandrine) _____

4. Isabelle et Alain? (Suzanne) _____

5. Élisabeth? (Isabelle et Alain) _____

6. Paul? (Élisabeth) _____

7. Olivier? (Françoise et Élisabeth) _____

8. Pascal et Suzanne? (Maurice) _____

C **La famille.** Bernard and Christine have to interview each other for French class. Read their conversation and fill in the missing possessive adjectives.

— Et toi, Christine, combien de personnes est-ce qu'il y a dans

    (1) _____ famille?

— Dans **(2)** _____ famille, il y a quatre personnes—

    (3) _____ père et les trois enfants:

    (4) _____ sœur Céleste,

    (5) _____ sœur Micheline et moi.

— Et comment sont-elles, **(6)** _____ sœurs?

— Bon, Céleste ressemble à **(7)** _____ père. Elle est sérieuse et intelligente.

    Micheline ressemble plutôt à **(8)** _____ grands-parents. Elle est énergique et

    amusante.

— Et **(9)** _____ père?

— Il est sympa!

Now fill in the missing possessive adjectives as they relate to *you*.

    Et vous? Combien de personnes est-ce qu'il y a dans **(10)** _____ famille?

    Comment est **(11)** _____ père? Et **(12)** _____ mère?

    Comment sont **(13)** _____ sœurs et **(14)** _____ frères?

Deuxième étape

D **Préférences.** Read the following paragraph about leisure activities, filling in the blanks with the correct form of a verb from the list provided. You may use some verbs more than once, but be sure to use each verb at least once.

aimer   adorer   détester   admirer   manger   travailler

être   étudier   écouter   jouer   voyager   parler

préférer

J(e) **(1)** _____ la musique, mais j(e) **(2)** _____ danser et je n(e)

(3) _____ pas le rock. Pourtant j(e) **(4)** _____ souvent la

radio—le jazz et la musique classique. Le week-end, mes amies Naïma et Isabelle et moi, nous

n(e) **(5)** _____ pas. Nous **(6)** _____ regarder un film et nous

(7) _____ souvent au restaurant. Isabelle et Naïma n(e) **(8)** _____

pas très sportives. Quelquefois elles **(9)** _____ au tennis, mais en général elles

(10) _____ surfer sur Internet! J(e) **(11)** _____ beaucoup

Naïma. Elle **(12)** _____ souvent en Europe et elle **(13)** _____

quatre langues. Moi, j(e) **(14)** _____ beaucoup pour apprendre (*learn*) l'anglais!

Et vous? **(15)** _____-vous beaucoup pour apprendre le français?

E **Les passe-temps.** Indicate how the following people spend their time. Write a complete sentence using the words given.

1. Les étudiants / travailler / beaucoup

_____

2. Mais ils / préférer / surfer sur Internet

_____

3. Mes copains et moi, nous / manger souvent au restaurant chinois

_____

4. Le professeur / retrouver quelquefois ses amis en ligne

_____

5. Tu / dîner au restaurant

_____

6. Tes copines et toi, vous / aimer lire des romans

_____

7. Moi, j(e) / préférer / ? / tous les jours

_____

F **Suggestions.** Your friend Alain needs help learning French. Tell him what he should do to improve, using the imperative mood. If an activity will *not* improve his French, tell him not to do it.

parler au professeur	voyager en France	manger des crêpes
écouter les CD	retrouver Jean-Claude	acheter un béret
bloguer en français	regarder des films français	chanter *Frère Jacques*

1. _____
2. _____
3. _____
4. _____
5. _____
6. _____
7. _____
8. _____
9. _____

G **Opinions.** Christine interviewed Bernard about his likes and dislikes. Read Bernard's answers and then write the questions Christine must have asked. Use the interrogative expressions **qu'est-ce que** and **qui est-ce que**.

1. — _____?
   — J'étudie les langues, le français et l'allemand.
2. — _____?
   — J'aime beaucoup mes camarades de classe.
3. — _____?
   — Je n'aime pas beaucoup les professeurs qui sont ennuyeux.
4. — _____?
   — J'admire beaucoup les écrivains français.
5. — _____?
   — Je préfère les romans historiques.
6. — _____?
   — Je déteste les films policiers.

Troisième étape

H **Avoir.** Write complete sentences to indicate what the following people have or do *not* have.

➡ Izà (stylos + / crayons –)
   Izà a des stylos, mais elle n'a pas de crayons.

1. Larmé (sac à dos + / cahier + / serviette –)

   _____

2. Tu (romans + / magazines –)

_____

3. Mes copains (DVD + / iPod –)

_____

4. Vous (amie sympathique + / professeur intéressant +)

_____

5. Ma famille et moi, nous (ordinateur + / télévision –)

_____

6. Moi (? + / ? –)

_____

I   **Descriptions.**   Josée describes her family and friends. Write her descriptions using the cues provided.

➡   Mon père / 42 / grand / vert / —
    Mon père a 42 ans. Il est grand et il a les yeux verts. Il n'a pas de cheveux!

1. Paul et moi, nous / 18 / de taille moyenne / vert / roux

_____

2. Mes grands-parents / 80 / de taille moyenne / bleu / gris

_____

3. Mon amie Djamila / 20 / grand / brun / noir, assez court

_____

4. Mon professeur / peut-être... / ? / ? / ?

_____

J   **Clarifications.**   Every time Olivier makes a statement, his roommate Georges asks for a clarification. Complete Olivier's statements with a demonstrative adjective, then write Georges's questions using a form of **quel.**

➡   — *Ce* garçon est typique.   — *Quel garçon?*

1. — _____ romans sont ennuyeux.   — _____

2. — _____ photo est intéressante.   — _____

3. — _____ étudiantes sont paresseuses.   — _____

4. — _____ homme est désagréable.   — _____

5. — _____ professeur est actif.   — _____

K **Choix.** Write five survey questions you could use to interview your classmates.

➡ magazines

Quels magazines est-ce que tu préfères, **Time, Sports Illustrated** *ou* **People?**

1. sport _____

2. politiciens _____

3. musique _____

4. romans _____

5. actrices _____

Quatrième étape: intégration

Lecture   Est-ce que Papa est intelligent?

Pensez

1 Children's attitudes toward their parents often change with age. Think of four different ages for the younger generation, from very young to fairly old, and assign to the parents, as perceived by their children, a rating of knowledge from 0 **(ignorants)** to 5 **(omniscients).**

```
      0        1        2        3        4        5
  Ignorants                                     Omniscients
```

Âge des enfants	Connaissance des parents
3 ans	*5*

Observez et déduisez: en général

2 Scan the text to see how many parts there are to the reading. _____

3 Skim through the text and decide what it is about.

a. _____ what children think of their parents

b. _____ what children think of one parent in particular

c. _____ what parents think of their children

Ce que les Enfants pensent du Père

À

Six ans : notre Papa sait tout.

Dix ans : notre Papa sait beaucoup.

Quinze ans : nous savons autant que Papa.

Vingt ans : décidément Papa ne sait pas grand'chose.

Trente ans : nous pourrions tout de même demander l'avis de Père.

Quarante ans : Père sait quand même quelque chose.

Cinquante ans : Père sait tout.

Soixante ans : Ah! si nous pouvions encore le demander à Père.

autant… *as much as*

pourrions… *could after all*

l'opinion

quand même = tout de même

si… *if only we still could*

Déduisez et confirmez: en détail

4 **Les mots.**   Using the context in which the following words occur in the reading, knowledge that you already have about the topic of the reading, and logic, can you guess what the following words mean? Match the French words to their English equivalents.

1. _____ pensent (penser)   **a.** everything
2. _____ sait/savons (savoir)   **b.** to ask
3. _____ demander   **c.** think
4. _____ tout   **d.** something
5. _____ pas grand-chose   **e.** know
6. _____ quelque chose   **f.** not much

5 **Le texte.**   Read the text again and decide whether the following statements are true or false. Write **V** for **vrai** if the statement is true or **F** for **faux** if the statement is false.

1. _____ Les très jeunes enfants pensent que leur père est omniscient.
2. _____ L'adolescent pense que son père sait moins de choses que lui *(less than he does)*.
3. _____ À vingt ans, on pense que le père sait très peu de choses *(very little)*.
4. _____ À trente ans, on ne veut *(want)* pas avoir l'avis du père.
5. _____ À quarante ans, on pense que le père sait plus de choses que quand on a six ans.
6. _____ À cinquante ans et à six ans, on a la même *(same)* opinion du père.
7. _____ À soixante ans, on ne veut pas obtenir l'avis du père.

Explorez

1. Compare your answers to Activity 1 of **Pensez** with the statements in the reading, noting which are similar and which are different.

Âge des enfants	Connaissance des parents (selon[1] vous)	Connaissance des parents (selon la lecture)
3 ans	5	
6 ans		5

---

[1] *according to*

2. Using the reading and your own experiences and ideas as guides, write a new text, changing **père** to **mère**. Are there any major differences between your observations and those of the original reading?

Ce que les enfants pensent de la mère

À six ans: notre maman _____

À dix ans: _____

À quinze ans: nous savons _____

À vingt ans: _____

À trente ans: _____

À quarante ans: _____

À cinquante ans: _____

À soixante ans: _____

La maison et la ville

Première étape

A **Où? Quoi?** In which room(s) of a house or apartment would you be likely to find the following things?

1. un lecteur de DVD: _____

2. un placard: _____

3. des étagères: _____

4. un ordinateur: _____

Now, list the furniture and personal items *you* have in the following rooms.

5. la cuisine: _____

6. le séjour: _____

7. la chambre: _____

8. la salle à manger: _____

B **Des questions.** Compose questions using the cues that follow, then recreate the conversation between Philippe and his nosy pal Lucas by placing each question where it belongs in the dialogue.

Combien de pièces / il y a / dans l'appartement?

Comment / être / appartement?

Qu'est-ce que / préférer / les studios ou les appartements?

Pourquoi / préférer / les appartements?

Quand / je pourrais voir / appartement?

Où / être / ton appartement?

1. —_____

— Moi, je préfère les appartements.

2. —_____

— Parce qu'ils sont plus grands, plus spacieux.

3. —_____

— Il est au centre-ville.

4. —_____

— Eh bien, c'est un appartement meublé, calme, agréable...

5. — _____

—Il y a deux pièces et une cuisine et une salle de bains.

6. — _____

—Demain, si tu veux.

C **Imaginez les questions.** Madeleine had a phone conversation with her cousin about her French class. Based on Madeleine's answers, what questions do you think her cousin asked?

1. _____

Parce que j'adore le français.

2. _____

Le prof? Oh, il est très sympathique.

3. _____

Il y a dix-sept étudiants.

4. _____

L'université? Dans la rue Victor Hugo.

5. _____

J'ai mon cours de français maintenant. Je pourrais te téléphoner plus tard?

Deuxième étape

D **Décrivez.** Describe the following people and objects using the adjectives indicated.

➡ joli: maison, canapé, rideaux
une jolie maison, un joli canapé, de jolis rideaux

1. bon: musicienne, actrices, avocat

_____

2. vieux: livres, homme, étagères

_____

3. meublé: appartement, studios, maison

_____

4. beau: acteur, étudiantes, professeurs

_____

5. nouveau: rideaux, ordinateur, radios

_____

6. confortable: chambres, maison, fauteuil

_____

E **Un studio.** Ahmed describes his studio in Brussels. Complete the paragraph with an appropriate adjective from the list provided. You may use the adjectives more than once, but you must use each adjective at least once. Note that there is a blank before *and* after each boldfaced noun. Write an adjective in only one of the blanks and put an *X* in the other blank.

| vieux | joli | blanc | grand | nouveau | typique |
| agréable | petit | bleu | bon | américain | calme |

J'ai un **(1)** _____ **appartement (2)** _____ à

Bruxelles, près de l'université. Il y a une **(3)** _____ **chambre (4)**

_____, un **(5)** _____ **salon (6)** _____,

une **(7)** _____ **cuisine (8)** _____ et une

(9) _____ **salle de bains (10)** _____. C'est un

(11) _____ **appartement (12)** _____. Dans le salon,

j'ai mon **(13)** _____ **ordinateur portable (14)** _____,

un **(15)** _____ **canapé (16)** _____, une

(17) _____ **table (18)** _____ et deux

(19) _____ **chaises (20)** _____. J'ai une

(21) _____ **chambre (22)** _____ où il y a des

(23) _____ **rideaux (24)** _____, un

(25) _____ **lit (26)** _____, une **(27)** _____

commode (28) _____ et des **(29)** _____ **posters**

(30) _____ sur le mur.

F **Goûts différents.** Larissa and Fabienne are good friends with different tastes. Using the following cues as a guide, write sentences describing their lodging and possessions.

➡ Fabienne / salle à manger / agréable, petit
   Fabienne a une petite salle à manger agréable.

1. Fabienne / maison / beau, meublé

_____

2. Larissa / appartement / confortable, nouveau

_____

3. Fabienne / cuisine / jaune, vieux

_____

4. Larissa / cuisine / beau, bleu

_____

5. Fabienne / ordinateur / américain, nouveau

_____

6. Larissa / ordinateur / gris, vieux

_____

G **Où habiter?** Match the accommodations described in the classified ads with the persons you think they would best suit. Be careful, because one of the accommodations is not appropriate for any of the prospective tenants. Then decide which of the four lodgings *you'd* rather rent and explain why.

Samuel Montaigne: Étudiant; n'aime pas les résidences universitaires; préfère habiter chez un particulier.

La famille Jourdan (Monsieur, Madame, fille Joëlle): Monsieur travaille au centre-ville.

Jeanne Bouchard: Avocate; voyage beaucoup; n'aime pas cuisiner.

12, rue Mozart. Sudio dans nouvel immeuble, 1 chambre, 1 lit 2 personnes, coin cuisine, douche avec WC, garage, calme, clair, 290 euros/mois. Tél. 04.42.04.21.51.

Rue Célony. Loue une chambre meublée pour 1 personne, entrée indépendante, 1 lit 1 pers., 175 euros tout compris. Garçons préférés. Tél. 04.49.04.92.20.

1. _____

3. _____

13, rue du Bon Pasteur. Appartement dans bel immeuble, centre-ville, 2 chambres, 1 lit 1 pers., 1 lit 2 pers., salle à manger, cuisine, sdb, WC, jardin et terrasse, 620 euros + charges/mois. Tél. 04.63.28.58.01.

Centre. Studio meublé, salle à manger avec chambre, 1 lit 2 pers., cuisine équipée, TV possible, WC, sdb, 450 euros/mois. Tél. 04.42.03.11.48.

2. _____

4. _____

5. Moi, je _____

_____

_____ .

H **Chèques.** Madame Luberry pays her monthly bills by check. Complete the checks by writing *in words* the amount shown in numbers. Then indicate in the blank provided the purpose of each check: to pay her rent (**le loyer**), her phone bill (**le téléphone**), or her electric bill (**l'électricité**).

CRÉDIT PIERRAIS   B.P.F. €34

PAYEZ CONTRE CE CHÈQUE NON ENDOSSABLE SAUF au profit d'une banque, d'une caisse d'épargne
ou d'un établissement assimilé

À *France Télécom*

PAYABLE   À *St-Pierre*   , le *28 novembre 2012*
LUBERRY   siège n°   compte n°   clé R.I.B.
97500 ST-PIERRE-ET-MIQUELON
compensable à   45 26 65 53   *P. Luberry*
                  ST-PIERRE
S• Z 6 KSG CHÈQUE N°   1 602 132

1. _____

CRÉDIT PIERRAIS   B.P.F. €594

PAYEZ CONTRE CE CHÈQUE NON ENDOSSABLE SAUF au profit d'une banque, d'une caisse d'épargne
ou d'un établissement assimilé

À *M. Gilles Tournier*

PAYABLE   À *St-Pierre*   , le *28 novembre 2012*
LUBERRY   siège n°   compte n°   clé R.I.B.
97500 ST-PIERRE-ET-MIQUELON
compensable à   45 26 65 53   *P. Luberry*
                  ST-PIERRE
S• Z 6 KSG CHÈQUE N°   1 602 133

2. _____

CRÉDIT PIERRAIS   B.P.F. €89

PAYEZ CONTRE CE CHÈQUE NON ENDOSSABLE SAUF au profit d'une banque, d'une caisse d'épargne
ou d'un établissement assimilé

À *Gaz et Electricité de France*

PAYABLE   À *St-Pierre*   , le *28 novembre 2012*
LUBERRY   siège n°   compte n°   clé R.I.B.
97500 ST-PIERRE-ET-MIQUELON
compensable à   45 26 65 53   *P. Luberry*
                  ST-PIERRE
S• Z 6 KSG CHÈQUE N°   1 602 134

3. _____

Troisième étape

I **Quel anniversaire?** The following people were all born on the same day but in different years. Say what birthday each person is celebrating.

➡ Monsieur Martin, 30 *C'est son trentième anniversaire!*

1. Karine Rosier, 16 _____

2. Louisette Rigolo, 5 _____

3. Jean Girard, 28 _____

4. Nathalie Laval, 79 _____

5. Tran N'guyen, 63 _____

6. Céleste Lamour, 47 _____

J **Des courses.** Everyone in the family has errands to run today. Complete the sentences using **à** and **de** with a definite article. Use a contraction if required.

➡ Claude va *au* restaurant qui est loin *des* hôtels.

1. Maman va _____ parc qui est près _____ poste.

2. Mon beau-père va _____ gare, qui est à côté _____ supermarché.

3. Moi, je vais _____ magasins qui sont loin _____ université.

4. Mes frères vont _____ café qui est en face _____ magasins.

5. Caroline va _____ école qui est près _____ cinéma.

6. Koffi va _____ bureau de tabac qui est au coin _____ avenue Richelieu.

K **Où va-t-on?** Use the verb **aller** and a location below to say where these people go for the purposes indicated.

une gare	un cinéma	un bureau de tabac
un magasin	une pharmacie	un restaurant

➡ Pour jouer au foot, nous *allons au parc.*

1. Pour acheter une télécarte, nous _____.

2. Pour un bon dîner français, je _____.

3. Pour acheter des vêtements, mes copains _____.

4. Pour acheter un billet de train, vous _____.

5. Pour acheter de l'aspirine, tu _____.

6. Pour regarder un film, on _____.

L Où se trouve... ? The islands of Saint-Pierre-et-Miquelon are part of France, even though they are just a few miles off the coast of Newfoundland in North America. Look at the map of the city of Saint-Pierre and describe the location of the buildings, using the following prepositions: **à gauche, à droite, à côté, en face, sur, devant, loin, au coin, près.** Use each preposition only once.

➡ Le Francoforum / la Chambre de Commerce
Le Francoforum est loin de la Chambre de Commerce.

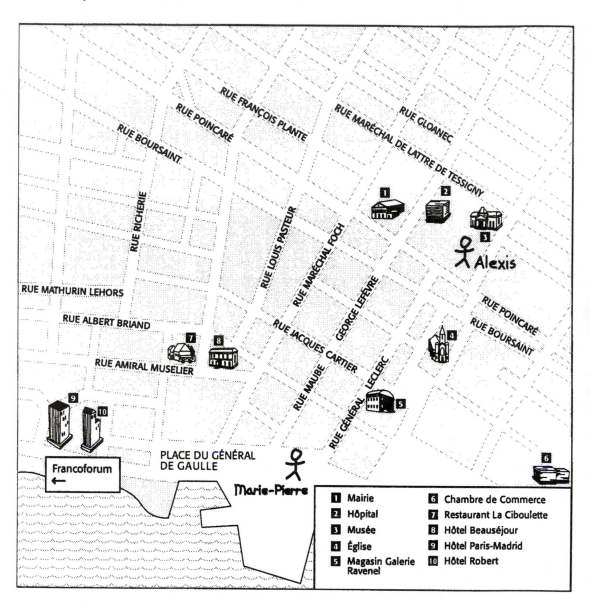

1. L'église / le magasin Galerie Ravenel

   _____

2. La mairie / l'hôpital

   _____

3. Le restaurant La Ciboulette / l'Hôtel Beauséjour

   _____

4. Le musée / l'hôpital

_____

5. Le magasin Galerie Ravenel / la rue Général Leclerc / la rue Jacques Cartier

_____

6. L'Hôtel Robert / l'Hôtel Paris-Madrid

_____

7. Le Francoforum / le musée

_____

8. Alexis / le musée

_____

9. Marie-Pierre / la place du Général de Gaulle

_____

M **Ce week-end.** Say what each person is going to do this weekend, using the **futur proche.**

➡ Vous / parler à vos copines
Vous allez parler à vos copines.

1. Patrick et Hélène / chercher un appartement

_____

2. Gisèle / voyager à Lyon

_____

3. Ludovic et moi, nous / envoyer des mails

_____

4. Tes amies et toi, vous / surfer sur Internet

_____

5. Tu / regarder un DVD

_____

6. Le professeur / lire un roman policier

_____

7. Mes parents / sortir avec des copains

_____

8. Je / ?

_____

Lecture   Guide pratique du téléphone

Pensez

1 Each year the French telephone company, France Télécom, publishes guides to telephone usage for people visiting various regions of France. In English, list five questions you would like answered about how to use the French telephone system.

a. _____

b. _____

c. _____

d. _____

e. _____

Observez et déduisez: en général

2 Skim the reading and identify the kind of information that is contained in each part. Match each section in the left-hand column to its content.

1. _____ «Un guide pratique à votre service»

2. _____ «Vous souhaitez»

3. _____ «Prix d'une communication»

4. _____ «Pour téléphoner à l'étranger»

5. _____ «La télécarte»

a. renseignements généraux

b. renseignements sur la carte téléphonique

c. introduction

d. exemples de prix

e. comment téléphoner à un autre pays

3 Now scan the reading and note how many of the questions you formulated in Activity 1 of **Pensez** are answered in the text. _____

Un Guide pratique à votre service

*C*haque° année, France Télécom *vous propose un petit guide pratique du téléphone.*   *Each*

Ce guide simplifié, destiné en priorité aux touristes de notre région, explique la tarification applicable aux communications téléphoniques et vous permet de mieux utiliser votre téléphone, ainsi que° le réseau° de cabines publiques mis à votre disposition.   *ainsi... as well as / network*

— Chaque cabine peut° être appelée au numéro à 10 chiffres figurant près du publiphone.   *can*

Vous souhaitez

- **Demander un renseignement°:**   *information*
- **Par l'intermédiaire d'une opératrice** . . . . appelez le 12
  (mais pensez d'abord à l'annuaire°)   *phone book*
- **Signaler un dérangement°** . . . . appelez le 13   *out-of-order phone*
- **Demander une communication**
  avec la carte «France Télécom°»   *la... a telephone credit card*
- **Automatiquement des publiphones à pièces°, à touches**   *coins*
  musicales en composant le 36 10
- **Directement, à partir des cabines à cartes.**
- **Par opérateur pour les communications nationales en**
  composant le 36 50
- **Obtenir l'Agence France Télécom** . . . . appelez le 14
- **Téléphoner vers les Départements et Territoires d'Outre-mer°:**   *les... French overseas areas*
  Composez le 19, suivi de l'indicatif,

GUADELOUPE 590	POLYNÉSIE FRANÇAISE 689
GUYANE FRANÇAISE 594	RÉUNION (LA) 262
MARTINIQUE 596	SAINT-PIERRE-ET-
MAYOTTE 269	MIQUELON 508
NOUVELLE-CALÉDONIE 687	WALLIS-ET-FUTUNA 681

Prix d'une communication, tarif normal,
des Alpes-Maritimes° vers   *department in southeastern France*
PARIS / LYON / STRASBOURG / LILLE:
0€39 la minute

GENÈVE . . . . 0€65 la minute
MONTRÉAL . . . . 1€05 la minute
ABIDJAN . . . . 2€22 la minute

Tarifs TTC°   *tax included*

Pour téléphoner à l'étranger°,

- **EN AUTOMATIQUE:**

— Composez le 19, attendez° la tonalité.

— Composez l'indicatif° du pays demandé et le numéro national de votre correspondant° (Ex. Rome: 19 .... 39 6 565 541).

→ Si le numéro de votre correspondant est précédé d'un 0 ne composez pas ce dernier.

- **PAR OPÉRATEUR:** (Autres pays et communications spéciales)

— Composez le 19, attendez la tonalité.

— Composez le 33 et l'indicatif du pays.

- **PAYS DIRECTS°:**

Pour vos communications payables à l'étranger (PCV°–carte crédit)

— Composez le 19 .. 00 et l'indicatif du pays.

à... to foreign countries (appels internationaux)

wait for

(country) code
person called

pays... direct-dial countries
collect

EUROPE

ALBANIE	355	LITUANIE	370
ALLEMAGNE	49	LUXEMBOURG	350
AUTRICHE	43	MACÉDOINE	389
BELGIQUE	32	MALTE	356
BIÉLORUSSIE	375	NORVÈGE	47
BOSNIE-HERZÉGOVINE	387	PAYS-BAS	31
BULGARIE	359	POLOGNE	48
CHYPRE	357	PORTUGAL	351
CROATIE	385	LA RÉPUBLIQUE TCHÈQUE	420
DANEMARK	45	ROUMANIE	40
ESPAGNE & CANARIES	34	ROYAUME UNI	44
ESTONIE	372	RUSSIE	7
FINLANDE	358	SLOVAQUIE	421
GRÈCE	30	SLOVÉNIE	386
HONGRIE	36	SUÈDE	46
IRLANDE	356	SUISSE	41
ISLANDE	354	TURQUIE	90
ITALIE	39	UKRAINE	380
LETTONIE	371		

AFRIQUE

ALGÉRIE	213	GABON	241
BÉNIN	229	MAROC	212
BURKINA FASO	226	NIGER	227
CAMEROUN	237	SÉNÉGAL	221
CENTRAFRICAINE		SOMALIE	252
(République)	236	SUD-AFRICAINE	
CÔTE D'IVOIRE	225	(République)	27
ÉGYPTE	20	TUNISIE	216

PROCHE & MOYEN-ORIENT

ARABIE SAOUDITE	966	JORDANIE	962
ÉMIRATS ARABES UNIS	971	KOWEÏT	965
IRAK	964	LIBAN	961
IRAN	98	SYRIE	963
ISRAËL	972	YEMEN	967

AMÉRIQUES DU NORD & DU SUD

ARGENTINE	54	HAWAII	18 08
BRÉSIL	55	JAMAÏQUE	18 09
CANADA	1	MEXIQUE	52
CHILI	56	PANAMA	507
COLOMBIE	57	PARAGUAY	595
COSTA RICA	506	PÉROU	51
EL SALVADOR	503	PORTO-RICO	18 09
ÉTATS-UNIS	1	URUGUAY	598
HAÏTI	509	VENEZUELA	58

PACIFIQUE-SUD

AUSTRALIE	61	NOUVELLE-ZÉLANDE	64

EXTRÊME-ORIENT

CHINE	86	MALAISIE	60
CORÉE (Rép. de)	82	PHILIPPINES	63
HONG-KONG	852	SINGAPOUR	65
INDE	91	SRI-LANKA	94
INDONÉSIE	62	TAIWAN	886
JAPON	81	THAÏLANDE	66

Pour téléphoner sans monnaie, LA TÉLÉCARTE°

La télécarte vous permet de téléphoner partout°, sans monnaie, à partir d'un publiphone à cartes. Vous pouvez l'acheter dans les bureaux de poste, les agences France Télécom, ou auprès des «revendeurs agréés°» facilement reconnaissables° par la signalisation télécarte.

la... *telephone debit card*

all over

revendeurs... *registered retailers* / *recognizable*

Déduisez et confirmez: en détail

4 Les mots. Using logic and the context in which the following words occur in the reading, infer the meaning of these words. Match the words on the left with their synonyms or definitions in the order in which they appear in the reading.

Un guide pratique...

1. _____ destiné en priorité à
2. _____ la tarification
3. _____ communications téléphoniques
4. _____ permet
5. _____ mieux
6. _____ cabines publiques
7. _____ chiffres
8. _____ figurant

Vous souhaitez...

9. _____ par l'intermédiaire de
10. _____ envoyer
11. _____ à touches musicales

Pour téléphoner à...

12. _____ la tonalité

La télécarte

13. _____ monnaie
14. _____ signalisation

a. touch-tone
b. appearing
c. to send
d. dial tone
e. numbers
f. sign
g. meant especially for
h. allows
i. rates (prices)
j. through
k. telephone calls, etc.
l. telephone booths
m. better
n. change

5 Le texte

A. **Vrai ou faux?** Read the text again and decide whether the following statements are true or false. Write **V** for **vrai** if the statement is true and **F** for **faux** if the statement is false. Correct the false statements.

1. _____ On peut appeler chaque cabine téléphonique.

_____

2. _____ On compose le 10 pour demander un renseignement à une opératrice.

_____

3. _____ On compose le 14 pour parler avec l'Agence France Télécom.

_____

4. _____ Pour téléphoner en Polynésie française on compose le 19 689 et le numéro de son correspondant.

_____

5. _____ Quand vous téléphonez en PCV, c'est vous qui payez.

_____

6. _____ La télécarte vous permet de téléphoner sans monnaie.

_____

7. _____ Le prix d'une communication de Nice (région Alpes-Maritimes) à Montréal, tarif normal, est de 0,39 euros la minute.

_____

B. **Quel numéro?** Indicate the number you would dial in France in each given situation.

1. Your phone is not working. _____

2. You want to use your credit card with France Télécom...

a. on a touch-tone coin phone. _____

b. on a phone that accepts cards. _____

3. You want to call a friend in the United States with the assistance of the operator.

_____

4. You want to dial direct to a friend in Rome, whose number is 6 572 572.

_____

C. **Où?** Indicate three places where one can buy a **télécarte.**

1. _____

2. _____

3. _____

Explorez

Feeling comfortable with telephone calls in another country takes some practice. You do not have the visual cues of facial expression and body gestures to help with meaning. Practice with the basic expressions of telephone usage can be a good beginning. Remember that messages on the telephone must be kept short and to the point.

   In French, write out a message that you want to leave on the answering machine (**un répondeur automatique**) of a French friend. Identify yourself. Tell him/her that you would probably (**probablement**) like to rent his/her apartment in France. Is it furnished? How many rooms are there? Ask if he/she has a stereo. What about a DVD player and TV? Is the apartment downtown? Add any other special requests for information that is important to you.

Ici _____

_____

_____

_____

_____

_____

_____

L'école

Première étape

A **Chassez l'intrus!** Cross out the word in each group that doesn't fit and write in one that's more appropriate.

1. la chimie / la biologie / les sciences politiques / _____

2. l'histoire / le dessin / la musique / _____

3. le commerce / la géographie / l'économie / _____

4. les langues étrangères / la littérature / l'informatique / _____

B **Devinez.** List the course(s) that fit the following descriptions.

1. On étudie les nombres. _____

2. On étudie des poèmes et des romans. _____

3. On étudie les plantes et les animaux. _____

4. On écoute des concerts et on joue des instruments. _____

5. On parle de la structure du gouvernement. _____

C **Départ-arrivée.** Use the schedule below to find the departure and arrival times for the trips and train numbers indicated. Fill in the "official" times, and then write how you could express these times in conversation, spelling them out in full.

➡ Dijon → Mâcon-Ville   Train 7341

Départ: *12h30*   Arrivée: *13h45*

Le train part à midi et demi et arrive à deux heures moins le quart

941 Paris–Aix-les-Bains		7341 Dijon–Aix-les-Bains		939 Mâcon-Ville–Annecy	
Paris	23.50	Dijon	12.30	Mâcon-Ville	21.00
Mâcon-Ville	01.30	Mâcon-Ville	13.45	Lyon	21.40
Bourg-en-Bresse	02.05	Bourg-en-Bresse	14.45	Aix-les-Bains	22.55
Aix-les-Bains	06.15	Aix-les-Bains	16.05	Annecy	24.00

1. Paris → Aix-les-Bains   Train 941

   Départ: _____   Arrivée: _____

   Le train part à _____ et arrive à _____.

2. Mâcon-Ville → Annecy   Train 939

   Départ: _____   Arrivée: _____

   Le train part à _____ et arrive à _____.

3. Mâcon-Ville → Aix-les-Bains   Train 7341

   Départ: _____   Arrivée: _____

   Le train part à _____ et arrive à _____.

4. Dijon → Bourg-en-Bresse   Train 7341

   Départ: _____   Arrivée: _____

   Le train part à _____ et arrive à _____.

Deuxième étape

D   **En quel mois?**   Read the following excerpt about French holidays. Write a complete sentence stating when each holiday occurs according to the dates or months given in the list.

Fêtes et congés

Les fêtes

Les congés sont en grande partie commandés par les fêtes. Celles-ci comprennent les fêtes religieuses, issues de la tradition catholique (Pâques, Ascension, Pentecôte, Assomption, Toussaint, Noël) et les fêtes civiles qui évoquent les grandes dates de l'histoire nationale (fête nationale commémorant la prise de la Bastille, fête commémorant l'armistice du 1918, Fête de la Victoire 1945).

Fêtes légales

- 25 décembre: Noël
- 1er janvier: le Jour de l'An
- mars ou avril: Pâques
- 14 juillet: la Fête nationale
- 15 août: l'Assomption
- 1er novembre: la Toussaint
- 11 novembre: la Fête de l'Armistice 1918
- 1er mai: la Fête du Travail
- 8 mai: la Fête de la Victoire 1945
- mai (un jeudi): l'Ascension
- mai ou juin: la Pentecôte

→ *Noël est le 25 décembre.*

1. Le Jour de l'An _____

2. Pâques _____

3. La Fête nationale _____

4. L'Assomption _____

5. La Toussaint _____

6. La Fête de l'Armistice _____

7. La Fête du Travail _____

8. La Fête de la Victoire de 1945 _____

9. L'Ascension _____

10. La Pentecôte _____

E **L'emploi du temps.** Based on his schedule, say when Jean-Michel has the courses indicated below or what he does on the days mentioned.

→ anglais: *le lundi, le mercredi et le vendredi*

le mercredi matin: *Il a le français, l'histoire, l'anglais et les maths.*

LUNDI	MARDI	MERCREDI	JEUDI	VENDREDI	SAMEDI	DIMANCHE
dessin	français	français	allemand	éducation physique	match de foot (Club sport)	église
biologie	musique	histoire	géographie			
anglais	éducation physique	anglais	biologie	français		
maths		maths	français	histoire		
						dîner chez grand-mère
allemand	allemand	leçon de piano	peinture	anglais		
histoire	géographie		maths	musique		
français	biologie		informatique	informatique		

1. maths: _____

2. biologie: _____

3. géographie: _____

4. français: _____

5. le samedi: _____

6. le mercredi après-midi: _____

7. le dimanche: _____

F **Et dimanche?** Write a sentence indicating what the following people are going to do on the days noted.

➡ Jeudi / Marie / faire du sport
Jeudi, Marie va faire du sport.

1. Lundi / nous / faire une promenade _____

_____

2. Mardi / mes amis / jouer au tennis _____

_____

3. Mercredi / vous / faire du vélo _____

_____

4. Vendredi / Nathalie / faire des courses _____

_____

5. Samedi / tu / ne pas étudier _____

_____

6. Dimanche / je / ? _____

_____

Troisième étape

G **Les passe-temps.** Complete the following sentences with the correct verb form.

1. J'adore faire de la natation. Je _____ nager tous les jours. Aujourd'hui, je ne

_____ pas parce que j'ai trop de travail. (vouloir, pouvoir)

2. Mes amis Thomas et Robert _____ bien faire de la natation, mais ils ne

_____ pas parce qu'ils n'ont pas le temps. (vouloir, pouvoir)

3. Mon amie Claire _____ faire de la musique avec nous parce qu'elle joue du piano.

Elle _____ apprendre à jouer de la flûte aussi. (pouvoir, vouloir)

4. Mon ami et moi ne _____ pas jouer au tennis ce week-end parce que nous

_____ aller au cinéma. (pouvoir, vouloir)

5. Qu'est-ce que tu _____ faire ce week-end? Toi et tes amis, quand est-ce que vous

_____ faire du sport? Le mercredi? Le samedi? (vouloir, pouvoir)

H **À l'école.** Write sentences using the components given.

1. étudiants / prendre / rue Neuve pour aller à l'école

_____

2. professeur / prendre le temps de / expliquer la leçon

_____

3. nous / comprendre bien / professeur

_____

4. je / apprendre / français

_____

5. tu / apprendre / parler / anglais

_____

6. vous / ne pas comprendre / du tout?

_____

Quatrième étape: intégration

Lecture: Le dimanche des enfants

Pensez

1 What do French children do on a day off from school? Check the activities that seem probable to you.

a. _____ Ils sont acteurs/actrices dans une pièce *(play)*.

b. _____ Ils vont au cinéma.

c. _____ Ils font un petit voyage.

d. _____ Ils jouent au Monopoly.

e. _____ Ils jouent de la guitare.

f. _____ Ils font du ski.

g. _____ Ils regardent la télé.

2 In French, list three or four activities that you enjoy doing on Sundays.

a. _____

b. _____

c. _____

d. _____

Observez et déduisez: en général

❸ Skim the magazine article and list the possible activities given in Activity 1 of **Pensez** that are actually mentioned in the reading.

_____

❹ Skim the article a second time and choose the best ending for the following sentence:

Parmi *(Among)* les dix enfants dans l'article...

a. _____ tous adorent le dimanche parce qu'il y a beaucoup de choses à faire.

b. _____ tous adorent le dimanche parce que leurs parents organisent beaucoup d'activités pour eux.

c. _____ certains préfèrent l'école au dimanche parce qu'ils aiment étudier.

d. _____ certains préfèrent l'école au dimanche parce que leurs parents travaillent le dimanche et ils s'ennuient.

Enchanteur ou subi°, le dimanche des enfants

toléré

Grasse matinée° ou jogging à l'aube°, théâtre ou télé... que font les écoliers durant leur journée de liberté?

Grasse... *Sleeping in* / tôt le matin

Les rituels

Élève au lycée Michelet de Marseille, Élodie vient d'avoir 15 ans. Il y a deux sortes de dimanches, dit Élodie: ceux qui sont «banals et ternes° parce qu'on se repose». Et ceux qu'elle consacre à sa passion: le théâtre. Depuis l'âge de 7 ans, Élodie joue dans la troupe amateur du Lacydon. Pour elle, dimanche égale répétitions° et... représentation°. «C'est le seul jour de la semaine où tout le monde est disponible° en même temps. C'est un plaisir incomparable d'être sur scène et de sentir° le public qui vous regarde.» Le public évidemment est conquis° d'avance: ce sont les parents, la famille et les copains.

dull

rehearsals / performance
available
feel
conquered

Le charme discret des dimanches en province

Pour Olivia, 11 ans, «les dimanches, c'est la forêt, c'est s'échapper de Nice, c'est la liberté, c'est du temps pas compté». Sa famille se partage une vieille et grande maison de village en montagne°. «C'est comme des vacances, en bien trop court. Les parents oublient d'être sur notre dos° pour nous dire: «C'est l'heure, fais tes devoirs, dépêche-toi°.» Quelques «instantanés°», de ceux qu'elle racontera° à sa copine pendant le cours de français? «Les longues parties de Monopoly avec papa, les châtaignes° que l'on cherche sous les feuilles en automne, les confitures° de mamie°.» Et aussi «les petits matins glacés° d'hiver où l'on part°, encore mal réveillé°, les skis sur le dos.»

mountains

sur... *on our case*
hurry up / examples
va *raconter*
chestnuts
jams / grandma / icy
sets out / awake

J'sais pas quoi faire, vivement lundi!

Et puis, il y a les enfants qui s'ennuient°, parce que leurs parents travaillent, comme Obé, dont le papa est chauffeur de taxi, ou comme Csaba, qui regarde le sport à la télé, pendant que sa maman dirige° un théâtre. «Moi, mes parents veulent dormir°, et je n'ai pas le droit° de faire du bruit ou d'inviter des copines», regrette Nina. Alors, tout compte fait°, ces enfants-là préfèrent encore l'école au dimanche et attendent° le lundi avec impatience. Comme

are bored

directs
sleep / right
tout... *all in all*
wait for

Mathieu, 13 ans, au collège Joffre de Montpellier. «Un dimanche sur quatre, je passe l'après-midi devant la télé. Pour tuer le temps, je zappe à la recherche d'un bon film. Mais il faut que le film soit bon, c'est-à-dire que ce soit un film d'action. Sinon, je regarde des cassettes: *Alien I* et *II, Terminator.*»

Flavie, 14 ans, déplore elle aussi les dimanches incolores. «C'est toujours pareil°: Canal Plus, famille, cousins... Voici un déjeuner typique chez mes grands-parents à Pantin: coquilles Saint-Jacques farcies°, gigot°, flageolets°. Trois heures à table, c'est long...»

la même chose
coquilles... *stuffed
scallops / leg of lamb /
beans*

Les enfants du divorce

Pour les enfants du divorce, comme Olivia, 13 ans, élève dans un collège de Saint-Bonnet-de-Mure dans le Rhône, l'année est rythmée par les dimanches avec papa et ceux avec maman. Ses parents sont séparés depuis à peine un an. Bien sûr, Olivia en a été perturbée, mais elle trouve au moins un intérêt à cette nouvelle situation. Ses week-ends ne sont plus, comme naguère°, synonymes d'ennui. «Maintenant, je fais deux fois plus de choses qu'avant. Le dimanche avec maman, on va au cinéma, et l'hiver, on fait du ski avec une association. Quand c'est le tour de papa, je l'accompagne à son club d'aviation.»

avant

Musique, pique-nique et embouteillages

Dimanche, jour de la musique: «Je joue du piano tout l'après-midi et je ne m'en lasse° pas, raconte la très sérieuse Élisabeth. Surtout Beethoven et Chopin. Mon prof dit qu'il faut que je joue encore plus et papa, qui est pianiste, corrige mes erreurs.» Dimanche, jour de pique-nique: «Ce qui est bien dans la forêt de Fontainebleau, c'est qu'on peut sortir de° table quand on veut», remarque Églantine. Dimanche et ses retours embouteillés: «Quand on revient de Trouville, y'a malheureusement plein de gens qui ont eu° la même idée que nous à la même heure.»

weary

sortir... *leave*

ont... *have had*

From: *Marie France*

Déduisez et confirmez: en détail

5 **Les mots.** Using logic and the context in which they occur in the reading, can you guess what the following words mean? They are listed in the order in which they appear. Choose the best English equivalent from the choices given.

Section: Les rituels

1. _____ banal   **a.** ordinary   **b.** baleful

2. _____ se reposer   **a.** to pose   **b.** to rest

Section: Le charme...

3. _____ s'échapper   **a.** to shop   **b.** to escape from

4. _____ court   **a.** short   **b.** long

Section: J'sais pas...

5. _____ tuer (le temps)   **a.** to tie   **b.** to kill

6. _____ incolores   **a.** colorless   **b.** colorful

Section: Les enfants...

7. _____ l'ennui   **a.** the enemy   **b.** boredom

Section: Musique...

8. _____ retours   **a.** returns   **b.** travels

9. _____ embouteillés   **a.** bottles   **b.** jammed

6 **Le texte.** For each of the children in the reading, list the activities that they do on Sundays. Note that some children do more than one activity.

a. Élodie _____

_____

b. Olivia (11 ans) _____

_____

c. Obé _____

_____

d. Csaba _____

_____

e. Nina _____

_____

f. Mathieu _____

_____

g. Flavie _____

_____

h. Olivia (13 ans) _____

_____

i. Élisabeth _____

_____

j. Églantine _____

_____

Explorez

Complete the following sentences with your own ideas. In the first two, react to the school children in the magazine article. In the last item, describe at least four activities that you are going to do.

1. Je voudrais passer un dimanche avec _____

   parce que _____

   _____

2. Je ne voudrais pas aller chez _____

   le dimanche parce que _____

   _____

3. Ce dimanche, _____

   _____

   _____

   _____

   _____

À table!

Première étape

A **Les achats.** Help Odile save time. Rearrange her shopping list so that all items bought at the same store are grouped together.

riz
sel
pêches
tarte aux pommes
yaourt
carottes
biftecks
crevettes
fromage
croissants
jambon
thon
tomates
pâté
pain
homard
lait
gâteau
saucisses
rosbif

épicerie

_____

_____

_____

_____

_____

_____

poissonnerie

_____

_____

boucherie

_____

_____

_____

charcuterie

_____

_____

boulangerie-pâtisserie

_____

_____

B **Devinez.** Find vocabulary items that match the following descriptions.

1. Ce sont des légumes verts, minces et longs. _____

2. C'est un dessert froid. Il y a des parfums (*flavors*) différents. _____

3. C'est un produit qu'on achète à la boulangerie. On fait des sandwichs avec ce produit.

   _____

4. C'est une boisson alcoolisée. Quelquefois elle est rouge, quelquefois blanche.

   _____

5. C'est un fruit rond. Il est rouge, vert ou jaune. _____

6. C'est un poisson qu'on trouve dans une salade niçoise. _____

7. À vous maintenant. Écrivez une devinette pour la classe.

   _____

C **Quels ingrédients?** Say what ingredients you would buy to prepare the following items. Choose from the following list of ingredients and *add others* if you wish.

salade	fromage	bœuf	lait	œufs		pommes de terre
thon	sucre	tomates	carottes	farine (*f.*) (*flour*)		oignons

➡ Pour préparer un gâteau, j'achète *du sucre, du beurre, de la farine, du sel et du lait.*

1. Pour préparer un citron pressé, _____

   _____

2. Pour préparer un ragoût (*stew*), _____

   _____

3. Pour préparer une salade niçoise, _____

   _____

4. Pour préparer une quiche, _____

   _____

5. Pour préparer une tarte, _____

   _____

6. Pour préparer mon sandwich préféré, _____

   _____

D **Qu'est-ce qu'on boit?** Say what the following people do and do not drink. Use the verb **boire** and a form of the partitive article as in the example.

➡ Moi / + café, vin / – chocolat
   Moi, je bois du café et du vin. Je ne bois pas de chocolat.

1. Mes cousins / + Canada Dry, Perrier / – bière

   _____

2. Ma sœur / + lait, eau minérale / – Coca

_____

3. Vous / + vin rouge, thé au citron / – limonade

_____

4. Toi / + jus de fruits, vin blanc / – citron pressé

_____

5. Mes amies et moi, nous / + Coca, bière / – thé au lait

_____

6. Moi / + ? / – ?

_____

E **Claire Bouffetout.** Complete the following paragraph about Claire Bouffetout using the appropriate *partitive, definite,* or *indefinite* article as required.

Claire est gourmande; elle adore manger. Chaque matin, elle prend _____ pain et _____ beurre

avant de manger _____ céréales. Comme boisson, elle prend toujours _____ café au lait. Le matin

vers dix heures, elle mange _____ tarte et boit _____ jus de fruits. Claire aime surtout _____

déjeuner parce qu'elle aime beaucoup _____ légumes. D'habitude elle prend _____ salade verte

et une assiette de légumes: _____ petits pois, _____ haricots, _____ carottes ou _____ maïs.

Claire ne mange pas _____ viande parce qu'elle est végétarienne. Elle n'aime pas _____ bœuf ni

_____ porc, mais quelquefois elle prend _____ poisson. En général elle mange _____ fromage,

_____ fruits et _____ dessert (_____ glace, _____ mousse au chocolat, _____ gâteau).

Comme boisson, elle boit _____ eau minérale. Le soir, elle mange (un peu) moins. Elle prépare

souvent _____ soupe, _____ quiche ou _____ pizza ou bien elle prend _____ pâté et _____

pain ou quelquefois _____ pâtes ou _____ riz. Elle aime beaucoup _____ Coca ou _____

limonade. Bien sûr, elle aime aussi _____ dessert. Claire «bouffe tout»!

F **Mangez au restaurant.** Create dialogues in which you and two of your friends order the following meals. Vary the polite expressions you use to order.

1. (poulet / pommes de terre / bière); (rosbif / haricots verts / citron pressé); (poisson / maïs / café crème)

— _____

— _____

— _____

2. (salade / saucisse / Coca); (bifteck frites / carottes / vin rouge); (hamburger / frites / jus d'orange)

— _____

— _____

— _____

3. (À vous d'imaginer!)

— _____

— _____

— _____

G **Mais non!** David surveyed several classmates on their eating habits. By coincidence, they qualified or responded negatively to every question he asked. Read the questions that follow, then write a likely answer using the expressions **ne... pas, ne... plus, ne… que** and **ne... jamais.**

➡ Tu manges encore avec ta famille?
Non je ne mange plus avec ma famille.

1. Tu bois du lait?

_____

2. Tu prends souvent du homard?

_____

3. Tu manges des œufs au petit déjeuner?

_____

4. Tu manges souvent dans des restaurants élégants?

_____

5. Tu prends encore du thé au lait?

_____

6. Tu prépares encore du pain grillé?

_____

7. Tu paies souvent les repas de tes copains?

_____

8. Tu as encore le temps de prendre le petit déjeuner?

_____

H **Combien de...** Specify the quantities of the grocery items M. Jospin purchased today. Fill in the blanks, using the following expressions: **douzaine, tranche, boîte, kilo, bouteille, litre, morceau, 500 grammes.** Use each expression only once.

➡ *une bouteille de* limonade

1. _____ œufs   **5.** _____ carottes

2. _____ fromage   **6.** _____ lait

3. _____ jambon   **7.** _____ roquefort

4. _____ vin   **8.** _____ petits pois

I **Qu'est-ce qu'on mange chez vous?**   Compare your eating and drinking habits to those of the friends and family listed below. Decide what food items to compare and use **autant (=)**, **moins (–)**, and **plus (+)** as indicated.

➡ (mère / =) *Ma mère mange autant de légumes que moi.*

1. (frère / +) _____

2. (cousins / –) _____

3. (meilleure amie / =) _____

4. (père / –) _____

5. (camarade de chambre / =) _____

6. (? / +) _____

J **Opinions personnelles.**   Express a personal opinion on the items below, using the adjectives indicated. Use all three types of comparisons: superiority, inferiority, and equality.

1. le homard et les crevettes (cher)

_____

2. les plats préparés (la pizza, les sandwichs, etc.) et un repas traditionnel français (bon)

_____

3. les fruits et les légumes bio (sain)

_____

4. le bifteck et le saucisson (gras)

_____

5. la glace au chocolat et le gâteau au chocolat (bon)

_____

Troisième étape

K **Paul Pressé.**   First look at the pictures below and on the next page, then number them chronologically.

_____ faire les courses

_____ préparer le dîner

_____ regarder la télé

_____ prendre l'autobus

_____ acheter des légumes

_____ parler au téléphone;
oublier son dîner

_____ boire un café

Now write sentences in chronological order telling what Paul did last Saturday based on the pictures and verb cues.

1. _____
2. _____
3. _____
4. _____
5. _____
6. _____
7. _____

L **Qu'est-ce qu'ils ont fait?** Using the cues, write a statement in the **passé composé** telling what these people did / did not do yesterday.

1. Mamadou / faire les courses / supermarché

_____

2. Jeanne et Pierre / acheter / légumes en boîte

_____

3. Tu / ne pas manger / restaurant

_____

4. Nous / prendre / poulet / comme plat garni

_____

5. Vous / boire / vin blanc

_____

6. Mes copains / ne pas payer / mon dîner

_____

M **Et toi?** What about you? Write two things you have done recently and two things you have not done. Use different verbs for each sentence.

1. _____

2. _____

3. _____

4. _____

N **Expliquez.** Try your hand at writing explanations about things, people, and places. Use the expressions on page 190 in your text to help you describe the following items.

➡ épicerie: *C'est un magasin. Une épicerie est plus petite qu'un supermarché. C'est là où on achète des fruits, des légumes et du lait, par exemple.*

1. un supermarché: _____

_____

2. un restaurant fast-food: _____

_____

3. un dessert: _____

_____

4. un plat garni: _____

_____

5. une serveuse: _____

_____

6. un chef de cuisine: _____

_____

Lecture   Sandwichs, le test

Pensez

1 Circle the words you are most likely to find in this article taken from a magazine on health and fitness, considering the title of the reading.

beurre	dessert	viande
régime	mayonnaise	santé
grossir	poulet	appartement
jambon	restaurant	tomate

Observez et déduisez: en général

2 Skim the article and, looking at the subtitles and other information, rank the five sandwiches from healthiest to least healthy.

a. _____

b. _____

c. _____

d. _____

e. _____

Sandwichs, le test

En France, nous achetons chaque jour plus de trois millions de sandwichs. Ce n'est pas une raison pour avaler «n'importe quoi entre deux tranches de pain». Le Dr Thierry Gibault, nutritionniste, a analysé pour vous les sandwichs les plus courants. Son opinion.

JAMBON-BEURRE-CORNICHONS:ÉQUILIBRÉ
Ce grand classique présente un bon équilibre nutritionnel entre les protéines, les sucres et les graisses. Une seule réserve: le beurre (graisse animale saturée) est déconseillé à ceux qui souffrent d'excès de cholestérol. Une bonne note tout de même.
Calories:500   Sucres:47%   Graisses:34%   Protéines:17%

POULET-CRUDITÉS*:IDÉAL
C'est incontestablement le meilleur sandwich sur le plan nutritionnel:un apport parfait en protéines et des graisses en proportion limitée. De plus, les lipides de la volaille, en majorité insaturés, sont bénéfiques pour la santé. Attention toutefois au surplus de mayonnaise...
*Concombre-tomate-salade-mayonnaise.
Calories:560   Sucres:43%   Graisses:35%   Protéines:21%

BEURRE-CAMEMBERT: TROP GRAS
Un peu plus riche que le «jambon-beurre» car le camembert est plus gras. Bilan, plus de graisses et moins de protéines et de sucres lents. Attention, également, en cas de cholestérol.
Calories:560   Sucres:41%   Graisses:42%   Protéines:15%

LE «TURC*»:À ÉVITER

Carton rouge! Trop riche (250 cal de plus que les autres, soit l'équivalent d'un pain au chocolat ou de trois yaourts) et, surtout, bien trop gras (merci, les frites!). Du coup, pas assez de protéines à effet rassasiant ni de sucres lents. Une folie à réserver aux grandes occasions...
*Viande-tomates-oignons-sauce- frites.

Calories:800   Sucres:40%   Graisses:43%   Protéines:16%

HOT-DOG:PAS SI MAL

Contrairement aux apparences, cet en-cas est peu gras, nettement moins que le sandwich au camembert! De plus, les graisses de la saucisse (viande de porc) sont proportionnellement moins saturées que celles du fromage. Un peu court en protéines toutefois.

Calories:530   Sucres:45%   Graisses:36%   Protéines:17%

LA MÉTHODE

Tous ces calculs prennent en compte un sandwich «de base», réalisé avec 100 g de pain (près d'une demi-baguette), 60 à 80 g de garniture (jambon, saucisses, camembert, poulet, crudités...) et des quantités adaptées de beurre, moutarde, salade, sauce.

Déduisez et confirmez: en détail

3 Les mots

A.   Devinez.   Find the following words in context in the article and write their equivalent in English.

1. équilibre _____

2. graisses _____

3. folie _____

4. proportionnellement _____

5. contrairement _____

6. excès _____

7. bénéfiques _____

8. déconseillé _____

B.   Identifiez.   Read the magazine article and determine which of the phrases in the right-hand column best describes each of the sandwiches in the left-hand column.

1. _____ Le jambon-beurre-cornichons

a. est trop gras à cause des frites.

2. _____ Le poulet-crudités

b. n'est pas aussi mauvais que sa réputation.

3. _____ Le beurre-camembert

c. est bon pour la santé, mais il contient un peu trop de matières grasses.

4. _____ Le «Turc»

d. a une proportion raisonnable de graisses et de protéines.

5. _____ Le hot-dog

e. contient un fromage très gras.

4 **Le texte**

A. **Qualité.** Complete the following sentences with **plus, moins, aussi,** or **meilleur(e)(s),** according to the information in the reading.

1. Un pain au chocolat est _____ riche que trois yaourts.

2. Le hot-dog est _____ dangereux pour le cœur que le «Turc».

3. Les graisses de la saucisse sont _____ que les graisses du camembert.

4. Le beurre-camembert est _____ gras que le hot-dog.

5. Le jambon-beurre-cornichons est équilibré, mais _____ bon que le poulet-crudités.

B. **Quantité.** Complete the following sentences with **plus de, moins de,** or **autant de,** according to the information in the reading.

1. Le beurre-camembert a _____ calories que le poulet-crudités.

2. Le hot-dog a _____ calories mais _____ graisses que le poulet-crudités.

3. Le poulet-crudités a _____ légumes que le «Turc».

4. Le jambon-beurre-cornichons contient _____ protéines que le hot-dog.

Explorez

1. In your opinion, what is the ideal sandwich? Write four sentences describing your creation.

➡ *Le meilleur sandwich a beaucoup de crudités, mais pas d'oignons.*

a. _____

b. _____

c. _____

d. _____

2. Now compare your sandwich with those in the article. Write five sentences using any of the following words.

plus   moins   aussi   autant

a. _____

b. _____

c. _____

d. _____

e. _____

Le temps et les passe-temps

Première étape

A **Quel temps fait-il?** Based on the weather report below, say what the weather is like in the cities listed in items 1 through 5.

➡ *À Regina, il y a des nuages et il fait très froid. La température est entre moins sept et moins quatorze degrés.*

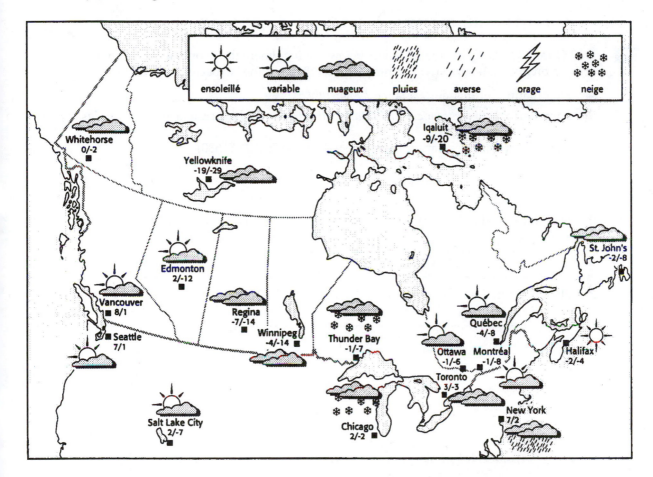

1. À Chicago, _____

2. À Halifax, _____

3. À Vancouver, _____

4. À New York, _____

5. À Iqaluit, _____

B **Associations.** Refer to the expressions in your textbook used to talk about the weather. Describe the typical weather pattern in your area for each of the seasons, using the expressions you associate with that season. (You can also say what the weather is *not* like.)

1. Au printemps, _____

_____

2. En été, _____

_____

3. En automne, _____

_____

4. En hiver, _____

_____

C **Où? Quand?** Complete the sentences below, saying where the people went and whether they arrived on time, late, or early. The time in parentheses is the "expected" arrival time.

➡ Hier matin / professeur / à la fac / 8h45 (8h45)

Hier matin, le professeur est allé à la fac. Il est arrivé à l'heure, à neuf heures moins le quart.

1. Samedi dernier / les Cartier / à une fête de mariage / 2h (1h30)

_____

_____

2. Hier après-midi / je / à mon examen d'histoire / 3h45 (4h)

_____

_____

3. Hier soir / mes amis et moi, nous / au concert / 8h30 (8h30)

_____

_____

4. Ce matin / vous / à Genève / 10h20 (10h30)

_____

_____

5. Hier soir / mon amie Claudine / au cinéma / 7h40 (7h40)

_____

_____

6. Dimanche après-midi / tu / au musée / 1h15 (1h)

_____

_____

D **Combien de temps?** Complete the sentences, saying how long the following people stayed in the places indicated and what time they returned home.

➡ Léopold / à la bibliothèque (8h15–8h40)

Léopold est resté vingt-cinq minutes à la bibliothèque. Il est rentré à neuf heures moins vingt.

1. Les étudiants / au restaurant universitaire (9h10–10h) _____

_____

2. Tu / à la pâtisserie (9h45–10h05) _____

_____

3. Nous / à la banque (10h15–10h25) _____

_____

4. M. Achat / au supermarché (10h50–12h) _____

_____

5. Vous / au café (12h30–1h45) _____

_____

6. Je / au musée (2h15–4h30) _____

_____

E **Il y a longtemps?** Help the police track down the bank robber. Look at the sign-in sheet below and say how long ago each person entered the bank vault. The current time is 4:30 P.M.

8h15	M. Jacques Tournier
9h30	Mme Anne-Marie Dion
10h00	Mlle Naïma Rubert
11h30	Mme Dupont
1h30	Mlle Mireille Dubonnet
3h45	M. Driss Mustapha

1. M. Jacques Tournier _____

2. Mme Anne-Marie Dion _____

3. Mlle Naïma Rubert _____

4. Mme Dupont *est entrée il y a cinq heures.* _____

5. Mlle Mireille Dubonnet _____

6. M. Driss Mustapha _____

F **Chassez l'intrus.** One word in each group cannot be used with the verb in parentheses. Identify which one and explain your response, using the subject indicated.

➡ (voir) un film / un roman / une comédie / un drame
On voit un film, une comédie et un drame. On lit un roman.

1. (dire) des bêtises / la vérité / des variétés / son opinion

Je _____

_____

2. (voir) des dessins animés / des bandes dessinées / des drames / des feuilletons

Nous _____

_____

3. (écrire) les sports / des mails / des romans / des rapports

Vous _____

_____

4. (lire) le journal / des histoires / le journal télévisé / une publicité

On _____

_____

G **Un week-end pluvieux.** Danielle describes how she and her cousin spent a rainy weekend. Complete the paragraph in the **passé composé,** choosing from the verbs in the list. You may use a verb more than once, but you must use each verb at least once. (Attention! Some verbs use **être** and others use **avoir** as the auxiliary.)

aller	comprendre	lire	rentrer	commencer
apprendre	décider	oublier	rester	faire
arriver	écrire	préparer	voir	rater

Quel mauvais temps! Mon cousin Patrick **(1)** _____ vers 9h30 samedi

dernier sous la pluie. Impossible de faire du sport ou une promenade. Alors nous

(2) _____ les critiques de films dans le journal, et nous **(3)** _____

d'aller au cinéma. Nous **(4)** _____ vers 15h45. Le film **(5)** _____

à 16h. Nous **(6)** _____ *Inception*—un excellent film! Après la séance, nous

(7) _____ au café pour retrouver nos copains et prendre une boisson.

Malheureusement nous **(8)** _____ l'heure, alors nous **(9)** _____

deux heures en retard. Mes parents (ne pas) **(10)** _____ ! Ils n'étaient pas du

tout contents parce que nous **(11)** _____ le dîner—et la fête de mon oncle

Georges! Conséquence? Le lendemain, je **(12)** _____ à la maison et j(e)

(13) _____ mes devoirs. J(e) **(14)** _____ un rapport pour

mon cours de psychologie et j(e) **(15)** _____ un examen d'anglais. Et j(e)

(16) _____ à ne pas oublier l'heure!

H **La compatibilité.** Christophe is looking for someone to share an apartment with him. Read his questions, and answer according to your own preferences and habits. Use a direct object pronoun in your response.

➡ — Pavarotti est mon chanteur favori. J'adore la musique classique, et toi?

— *Je l'aime beaucoup / Je ne l'aime pas du tout.*

— Et j'aime les films d'épouvante. Et toi?

— _____

— Par contre, je ne regarde jamais la télévision. Tu regardes souvent la télé?

— _____

— Moi, j'ai un abonnement au journal. Tu lis le journal tous les jours?

— _____

— Moi, je ne sais pas cuisiner. Tu fais la cuisine peut-être?

— _____

— Je suis un étudiant sérieux et je fais mes devoirs tous les soirs. Et toi?

— _____

— Le week-end, j'adore faire du sport. Et toi, tu aimes le sport aussi?

— _____

I **Un(e) étudiant(e) typique?** The teacher wants to be sure you're keeping up with your work and that you understand the material well. Answer the following "teacher" questions using a direct object pronoun in your response. Don't forget to make agreement of the past participle when necessary.

1. Vous avez fait vos devoirs?

_____

2. Vous avez lu la leçon?

_____

3. Vous avez compris les exercices?

_____

4. Vous voulez écrire votre rapport?

_____

5. Vous voulez aider vos camarades?

_____

6. Vous voulez écouter le CD?

_____

J **Nathan comprend bien.** Your classmate is a tutor and is agreeable to helping you and Marina with your homework. Reconstruct the conversation using an appropriate direct object pronoun: **me, te, nous, vous.**

— Tu m'as cherché après le cours?

— Oui, Nathan. Je **(1)** _____ ai cherché. Je n'ai pas compris la leçon aujourd'hui.

— Tu veux que je **(2)** _____ aide à faire tes devoirs?

— Oui, je veux bien que tu (3) _____ aides. Et Marina ne comprend pas non

plus. Tu peux (4) _____ retrouver à la bibliothèque ce soir?

— Oui … ou bien je (5) _____ invite à venir (come) chez moi, tous les deux.

— Excellent! Nous (6) _____ retrouvons vers quelle heure?

— Je (7) _____ verrai (will see) vers 7h, d'accord? Vous pouvez

(8) _____ appeler si ça ne convient pas à Marina.

Troisième étape

K   **Les choix.**   Indicate the choices you think the following people would make from among those indicated below.

➡   choisir des desserts au chocolat

     Les gens disciplinés *ne choisissent pas de dessert(s) au chocolat.*

     Moi, je *choisis toujours des desserts au chocolat!*

1.   réfléchir à sa santé

     Les gens disciplinés _____

     Mon copain _____

     Je _____

2.   réussir à faire du sport tous les jours

     Les étudiants disciplinés _____

     Ma famille et moi, nous _____

     Vous _____

3.   finir vite les devoirs

     Les étudiants disciplinés _____

     Mes camarades de classe _____

     Moi, je _____

4.   choisir des plats sains

     Les gens disciplinés _____

     Mon (Ma) camarade de chambre _____

     Vous _____

L   **Grossir ou maigrir?**   Read about the habits of the following people and complete the sentences with the correct form of the logical verb: **grossir** or **maigrir.**

1.   Les étudiantes _____ parce qu'elles prennent souvent des hamburgers et

     des frites au déjeuner.

2.   Le professeur ne regarde pas d'émissions sportives à la télé, mais il fait de la gymnastique

     tous les jours, alors il _____.

3.   Quand tu manges trop de desserts, tu _____, bien sûr!

4. Nous mangeons toujours des plats sains et nous faisons régulièrement de l'exercice. Voilà pourquoi nous _____.

5. Vous n'aimez pas du tout le sport ou les activités physiques, mais vous adorez le chocolat, alors vous _____.

6. Pendant les vacances, j'aime regarder la télé et manger souvent au restaurant, donc, d'habitude je _____ un peu en été.

M **Des invitations.** Put the sentences of the following conversations in a logical order.

1. _____ Ça t'intéresse?

   _____ Je veux bien. Prenons ma voiture.

   _____ Il y a un match de hockey cet après-midi.

   _____ Bonne idée.

2. _____ Rendez-vous à six heures?

   _____ Allons au restaurant. Je t'invite.

   _____ Parfait.

   _____ Volontiers.

3. _____ D'accord.

   _____ Voudriez-vous aller au cinéma?

   _____ Une autre fois, alors?

   _____ Malheureusement, je n'ai pas le temps.

Quatrième étape: intégration

Lecture   Ils sont champions du monde!

Pensez

1 Les mots

A. This article reports on the outcome of the 1998 World Cup final match which remains vivid in the memory of the French. Many words in the reading are similar to English words. Some of them are listed below. Can you guess their meaning?

1. héroïques _____

2. légendes _____

3. demi-finales _____

4. champions _____

5. gloire _____

6. mythologique _____

7. résidence _____

8. exubérants _____

B. You will also encounter some verbs in a past tense called the imperfect **(l'imparfait).** Try to guess the infinitive form of each of the following verbs, which appear in the article in the imperfect.

1. (se) préparait _____

2. commentait _____

3. pensait _____

4. chantaient _____

Observez et déduisez: en général

2 Choose the best description for each paragraph of the article.

1. _____ «Ils sont champions… »   **a.** la fête après le match

2. _____ «Ils sont champions du monde et… »   **b.** le jour du match et les fans

3. _____ «Dès les premières heures… »   **c.** la diligence de l'équipe

4. _____ «Les joueurs… »   **d.** la victoire des Français

Ils sont champions du monde!

Ils sont champions du monde de football. Ce titre est suprême dans le sport le plus populaire de la planète. On le pensait toujours destiné aux autres: aux Allemands, aux Argentins, Italiens ou Brésiliens, tous des habitués de la gloire. La France? Elle finissait plutôt en demi-finales et en défaites héroïques. C'était vrai jusqu'à cet historique 12 juillet 1998, jusqu'à cette liesse° insensée qui a déferlé sur tout un pays. «Maintenant, commentait simplement un supporter brésilien, vous allez savoir ce que c'est que la gloire.»   joie

Ils sont champions du monde et ils ont jeté un million et demi de personnes sur les Champs-Élysées, la plus célèbre avenue du monde et lieu mythologique de résidence des héros grecs. Ils sont venus de partout, de l'est et du nord, des banlieues et du centre, dans des voitures décorées de drapeaux tricolores, garçons et filles exubérants, chantant, dansant, s'embrassant, criant: «On est les champions!». Ils ont recouvert la chaussée° depuis la porte Maillot jusqu'à la place de l'Étoile, quelque chose de pas vu depuis la Libération.   l'avenue

Dès les premières heures de la journée, c'était étrange, la France entière se préparait à la victoire. Bleu-blanc-rouge étaient les visages maquillés, bleu-blanc-rouge les vêtements, bleu-blanc-rouge les drapeaux. Bien des heures avant le coup d'envoi°, la foule avait pris place au Stade de France. Ceux qui n'avaient pas de billets déambulaient autour du gigantesque bâtiment pour le simple plaisir d'être là. Tous chantaient: «On va la gagner! On va la gagner!». On voyait de très importantes personnes, invités de marque, chefs d'entreprise et des cadres supérieurs hilares, le visage bariolé°, porteurs du maillot de l'équipe de France ou en T-shirt. Michel Platini° montrait l'exemple. Il avait le maillot sous la veste. Jacques Chirac° son maillot fétiche, numéro 23, à la main, et l'écharpe tricolore autour du cou, comme Lionel Jospin°. Ils sont champions du monde et ils l'ont bien mérité. Le match? Quel match? Le Brésil est tombé sans honneur, dominé par une équipe de France à peu près parfaite et, cette fois, si sûre de sa force.   kickoff / painted / champion de foot / Président de la République / Premier ministre

Les joueurs, eux, n'ont jamais lâché, et c'est ce qui a compté. Le secret de ce groupe de vainqueurs? «La volonté de rendre la France heureuse.»

Source: Reprinted with permission from *Le mundial.*

Déduisez et confirmez: en détail

3 **Les mots**

A. Using context and cognates, guess the meaning of the words in bold and check the most likely English equivalent.

1. (par. 1) «On le pensait toujours **destiné** aux autres...»

a. _____ described

b. _____ destined

2. (par. 2) «Ils sont venus de partout, de l'est et du nord, des **banlieues** et du centre...»

a. _____ suburbs

b. _____ borders

3. (par. 3) «Ceux qui n'avaient pas de billets **déambulaient** autour du gigantesque bâtiment pour le simple plaisir d'être là.»

a. _____ demonstrated

b. _____ strolled

4. (par. 4) «Les joueurs, eux, n'ont jamais **lâché,** et c'est ce qui a compté.»

a. _____ scored

b. _____ gave up

B. **Interprétez.** Using context and cognates, guess the meaning of the phrase **«tous des habitués de la gloire»** in the first paragraph.

a. _____ all habits of glory

b. _____ all accustomed to glory

c. _____ all glorious habitats

4 **Le texte**

Based on the article, choose the best verb to complete the following sentences in the **passé composé.**

chanter   gagner   faire   dire   arriver   voir

1. Le 12 juillet 1998, les Bleus _____ la Coupe du Monde.

2. Un million et demi de personnes _____ la fête dans la rue après le match.

3. La France (ne... pas) _____ une si grande fête depuis la Libération.

4. Pendant le match, tout le monde _____: «On va gagner!»

5. Un supporteur brésilien _____: «La France va comprendre la gloire.»

6. La foule _____ au Stade de France des heures avant le match.

Explorez

Imagine that you are a sports writer for your school newspaper. Choose a sport and write three or four sentences announcing an upcoming match and another three or four reporting about the match after the fact. Use expressions from Chapter 6 that indicate past and future time. Mention, for example, the day, the weather, the name of the two teams, the expected and actual outcome, and the reasons for the victory or defeat.

➡ (Avant) *Demain, notre équipe de...*
(Après) *La semaine dernière,...*

1. _____

_____

_____

_____

2. _____

_____

_____

Lab Manual

Bonjour!

chapitre préliminaire

Prononciation

A **L'alphabet.** Listen to the French alphabet and repeat each letter.

a b c d e f g h i j k l m n o p q r s t u v w x y z

Now, listen again and write the letters you hear.

1. _____   4. _____
2. _____   5. _____
3. _____   6. _____

B **Les accents.** Listen to the French diacritical marks and repeat each one.

un accent aigu   une cédille   une apostrophe
un accent grave   un tréma
un accent circonflexe   un trait d'union

You will now hear a series of letters, each followed by a diacritical mark. Listen and write each letter with its diacritical mark.

1. _____   4. _____
2. _____   5. _____
3. _____   6. _____

C **Comment ça s'écrit?** Listen to the following names. Spell them and then listen to verify your answers.

➡ *You see and hear:* Sandrine Rosier
   You say: S-a-n-d-r-i-n-e R-o-s-i-e-r
   You hear: S-a-n-d-r-i-n-e R-o-s-i-e-r

1. Thierry Villain
2. Josée Tourneau
3. Gérard Perdreaux
4. Robert Coufin
5. Karima Wéry
6. Mariama Bâ
7. Jean-François Gruyère

Activités de compréhension

CD 1-5

A **Formel? Familier?** Listen to the statements and indicate whether they are formal or familiar by circling your choice.

1. formel   familier   5. formel   familier
2. formel   familier   6. formel   familier
3. formel   familier   7. formel   familier
4. formel   familier   8. formel   familier

CD 1-6

B **Masculin? Féminin?** For each noun that you hear, identify it using the indefinite article **un** or **une.** Then use the appropriate definite article to say that it belongs to Carole. Listen to verify your responses.

➡ *You hear:*   craie
    You say: C'est une craie. C'est la craie de Carole.
    You verify: C'est une craie. C'est la craie de Carole.

CD 1-7

C **Quel nombre?** Circle the numbers you hear.

1.	4	14	40
2.	66	16	76
3.	2	12	32
4.	50	15	5
5.	15	25	50
6.	81	61	91
7.	33	3	13
8.	16	6	76
9.	40	82	42
10.	87	97	96

Now listen and write down the numbers.

11. _____
12. _____
13. _____
14. _____
15. _____
16. _____
17. _____
18. _____
19. _____
20. _____

Activités vidéo

Note culturelle

A Watch the video as four people introduce themselves. Match the descriptions with the appropriate person by checking all that apply in the columns below.

➡ *This person…*	Fatim	Fatou	Camille	Gregory
1. is Moroccan	_____	_____	_____	_____
2. has a "superb" hometown	_____	_____	_____	_____
3. lives in Belgium	_____	_____	_____	_____
4. is originally from Grenoble	_____	_____	_____	_____
5. lives in Paris	_____	_____	_____	_____
6. is French	_____	_____	_____	_____
7. has a double-nationality	_____	_____	_____	_____

B Three people spell the name of the city they come from. Fill in those names below.

Fatim: _____ _____ _____ _____ _____

Fatou: _____ _____ _____ _____ _____

Gregory: _____ _____ _____ _____ _____ _____ _____ _____ _____

Synthèse culturelle

C Watch the video as the speakers discuss social conventions related to greetings. Listen for the expressions on the left below, and put a check mark before the expression each time you hear it mentioned. Then, using logic and what you learned in the **Note culturelle** on page 3 of your book, match the French expressions with the items in the right-hand column.

_____ **1.** saluer / salutations   **a.** to shake hands

_____ **2.** faire la bise   **b.** to give a hug

_____ **3.** serrer la main   **c.** to nod (wave)

_____ **4.** faire un signe de la tête (de la main)   **d.** to greet

_____ **5.** embrasser   **e.** to exchange kisses (on the cheek)

D The three speakers differentiate between how they greet people (**les gens**) they know well (**qu'on connaît bien**) and those they don't know as well (**qu'on ne connaît pas [bien]**). Watch again and circle the categories of people that they refer to.

les gens	les copains (*pals*)	les adultes
les cousins	les collègues	la famille
les femmes	les amis (*friends*)	la grand-mère

E Watch the interviews again and indicate who refers to the following types of greetings or mentions the expression by checking the appropriate column(s).

	Fatim	Fatou	Gregory
1. serrer la main	_____	_____	_____
2. «Comment vas-tu?»	_____	_____	_____
3. faire la bise	_____	_____	_____
4. embrasser quelqu'un	_____	_____	_____
5. faire un signe de la tête	_____	_____	_____
6. «Est-ce que ça va?»	_____	_____	_____

F Watch to determine in which countries the following greetings are appropriate with family and close friends according to the speakers?

1. An American-style hug? _____

2. Kisses on the cheek? _____

3. A wish that "Peace be with you"? _____

G Watch as Gregory responds to the second question regarding the consequences of not conforming to social convention, then answer the following by circling the correct answer.

1. What types of greeting does he mention in his example?

faire la bise / faire un signe de la tête / embrasser quelqu'un / serrer la main

2. Who are the people that he references in his example?

les amis / la famille / les collègues

3. In not following the "rules," he says one might appear. . .

un peu poli / un peu familier / un peu impoli

Qui êtes-vous?

À l'écoute: Faisons connaissance

1-8 You will hear a short interview with a young woman from Madagascar, a large Francophone island in the Indian Ocean. Do Task 1 in **Pensez,** then read Task 2 in **Observez et déduisez** before you listen to the interview.

Pensez

1 Look at the map of the Francophone world in your textbook and locate Madagascar. Can you predict the ethnic origins of the people who live there? Check the possibilities that seem likely to you.

Ils sont d'origine...

_____ africaine (Afrique).   _____ européenne (Europe).

_____ asiatique (Asie).   _____ polynésienne (Polynésie).

Observez et déduisez

Attention! As you listen to the interview, remember that you do not need to understand every word. For each task, focus only on what you are asked to listen for. One step at a time, your ability to understand will increase.

2 Listen to the interview a first time in order to identify the topics covered. Check the categories that are mentioned.

1. _____ name of the interviewer

2. _____ name of the young woman from Madagascar

3. _____ origin of her name

4. _____ origin of the people of Madagascar in general **(les Malgaches)**

5. _____ origin of her family **(la famille)**

6. _____ her profession

7. _____ adjectives that describe **les Malgaches** in general

8. _____ adjectives that describe her personally

3 Play the conversation again, listening for the nationalities mentioned. Were your predictions correct? Circle the ethnic origins that are mentioned, either as adjectives or through the name of the continent or country.

africaine	égyptienne	sénégalaise	arabe	asiatique
chinoise	malaysienne	japonaise	européenne	française
allemande	anglaise	polynésienne	australienne	

4 Listen to the conversation a third time, paying close attention to the young woman's name. Fill in the missing letters **(les lettres),** then answer the two questions.

1. FRANÇOISE R A ___ ___ ___ ___ A ___ ___ ___ I V ___ ___ O

2. What is the probable origin of the prefix Ra- in Françoise's last name?

Ra- est un préfixe d'origine _____.

5 Listen to the conversation a final time in order to identify the adjectives that Françoise uses to describe herself. Complete the list.

complexe, _____ , _____

Prononciation

CD 1-9

A **Les consonnes finales et la liaison.**   Review the pronunciation section on final consonants and **liaisons** in the **Première étape** of Chapter 1 in your textbook. Then, in the following sentences, look at the consonants in bold type. Cross out the ones that should be silent, underline the ones that should be pronounced, and indicate the **liaisons** with a link mark (‿).

➡ Françoise n'est pas‿africaine.

1. Ils sont africains.

2. Elles ne sont pas anglaises.

3. Elle est petite, intelligente, amusante; elle est heureuse.

4. Il est petit, intelligent, amusant; il est heureux.

5. C'est un garçon très intéressant; il n'est pas ennuyeux.

6. C'est une fille très intéressante; elle n'est pas ennuyeuse.

Now, listen to the sentences, and repeat each one.

B **Le rythme et l'accentuation.**   First, review the pronunciation section on rhythm and accentuation in the **Troisième étape** of Chapter 1 in your textbook.

Now, listen to the following sentences a first time and mark them as you listen. Use a slash to indicate the word groups you hear, and underline the accented syllables.

1. Les Malgaches sont d'origine malaysienne, polynésienne, africaine et arabe.

2. Les origines de ma famille, c'est la Malaysie, la Polynésie et la France.

3. Françoise est complexe, sérieuse... et principalement heureuse.

4. Elle est petite et mince, brune et très sympathique.

You will now hear the sentences again. Listen and repeat each one. Make sure you say each syllable evenly except the last syllable of each group, which must be slightly longer and show a change in intonation.

Activités de compréhension

A **Le verbe *être*.** First, listen carefully and decide if the sentences you hear refer to one person or to more than one person. Indicate your answers by circling your choices.

1. one person   more than one person   **5.** one person   more than one person

2. one person   more than one person   **6.** one person   more than one person

3. one person   more than one person   **7.** one person   more than one person

4. one person   more than one person   **8.** one person   more than one person

You will now hear the sentences again. If the sentence refers to one person, change it so that it refers to more than one person and vice versa. Then, listen in order to verify your answers.

➡ *You hear:*   Tu es italien?
    You say: Vous êtes italiens?
    You verify: Vous êtes italiens?

B **Traits de caractère.** Listen to Nicolas's questions. Answer each of his questions positively, using a subject pronoun in place of the noun subject.

➡ *You hear:*   Je suis allergique à l'école?
    You write: Oui, *tu es* allergique à l'école.

1. Oui, _____ _____ sympathique.

2. Oui, _____ _____ amusants.

3. Oui, _____ _____ sociables.

4. Oui, _____ _____ typique.

5. Oui, _____ _____ raisonnable.

6. Oui, _____ _____ actifs.

C **Masculin, féminin.** Check whether each adjective or noun you hear refers to a man (**homme**) or a woman (**femme**). If you can't tell, check **?**.

➡ *You hear:*   grand
    You check: ___✓___ homme   _____ femme   _____ ?

1. _____ homme   _____ femme   _____ ?

2. _____ homme   _____ femme   _____ ?

3. _____ homme   _____ femme   _____ ?

4. _____ homme   _____ femme   _____ ?

5. _____ homme   _____ femme   _____ ?

6. _____ homme   _____ femme   _____ ?

7. _____ homme   _____ femme   _____ ?

8. _____ homme   _____ femme   _____ ?

🔊 **D** **Qui est-ce?** You will hear the descriptions of five people, four of whom are pictured below.
CD 1-14 Do not worry if you do not understand every word you hear. Just listen for familiar words, and
write the number of the description you hear under its corresponding picture. Can you draw in
the picture that is missing?

a. _____

c. _____

b. _____   d. _____   e. _____

🔊 **E** **Les adjectifs démonstratifs.** Listen as several people are described. Indicate the form of the
CD 1-15 demonstrative adjective that you hear in each sentence.

➡ *You hear:*   Cet homme est français.
  You check: _____ ce   ✓ cet   _____ cette   _____ ces

1. _____ ce   _____ cet   _____ cette   _____ ces

2. _____ ce   _____ cet   _____ cette   _____ ces

3. _____ ce   _____ cet   _____ cette   _____ ces

4. _____ ce   _____ cet   _____ cette   _____ ces

5. _____ ce   _____ cet   _____ cette   _____ ces

6. _____ ce   _____ cet   _____ cette   _____ ces

🔊 **F** **C'est? Il est?** For each adjective or noun you hear, check the expression you would use if you
CD 1-16 were saying a complete sentence.

➡ *You hear:*   américaine
  You check: _____ c'est   _____ il est   ✓ elle est

1. _____ c'est   _____ il est   _____ elle est

2. _____ c'est   _____ il est   _____ elle est

3. _____ c'est   _____ il est   _____ elle est

4. _____ c'est   _____ il est   _____ elle est

5. _____ c'est   _____ il est   _____ elle est

6. _____ c'est   _____ il est   _____ elle est

G **Personnages célèbres.** You will hear a brief description of four people. Listen carefully and fill in the chart with the required information. Then, complete your chart by writing in the name of a person that fits each description.

	nationalité	profession	trait physique ou de caractère	nom
1.				
2.				
3.				
4.				

H **C'est faux!** Disagree with each statement you hear according to the example. Then listen in order to verify your response.

→ *You hear:* Nicolas est malade.
You say: C'est faux. Il n'est pas malade.
You verify: C'est faux. Il n'est pas malade.

I **Dictée.** Listen to the following paragraph as often as necessary to fill in the words that are missing. Then, answer the question that follows.

Je _____ _____ . _____ suis _____

et _____ . Nicolas _____ Alceste _____ mes (*my*)

_____ . Nicolas _____ _____ _____ un

peu fou—et il _____ _____ malade! Alceste _____

_____ mais un peu _____. Moi, _____ - _____

_____ et énergique. _____ _____ nous _____

_____ élèves _____?

Et moi, qui suis-je? _____

Activités vidéo

□ ### Note culturelle

A Watch the video as Fatou talks about her choice of profession. Circle the correct answer based on what you hear her say.

1. Where is Fatou currently a student?   au lycée / à l'université
2. What is her ideal profession?   artiste / journaliste / dentiste
3. She's considering this profession because she likes… ?   CNN / la musique / voyager

□ ### Synthèse culturelle

B Watch as the speakers answer the first question and discuss the most important components of their identify. Check the ones you hear mentioned:

_____ profession   _____ nationality   _____ education

_____ religion   _____ family role   _____ gender

_____ political party   _____ marital status   _____ leisure / interests

C Place the following words and phrases from the video into the appropriate categories in the table below: **les centres d'intérêt, les origines, l'emploi que j'exerce, ingénieur, l'identité culturelle, la danse classique**

la nationalité	la profession	les loisirs *(leisure)*

D Indicate the speaker(s) for whom each statement applies: Gregory (G), Camille (C), or Fatim (FK). (There may be more than one for some statements.)

1. _____ This person has ancestors from Armenia.

2. _____ Cultural identity is very important for this person.

3. _____ This person mentions his/her family role.

4. _____ This person is married.

5. _____ This person likes chocolate.

6. _____ Friends *and* family comprise an important identity component for this person.

7. _____ This person is proud of his/her heritage.

8. _____ This person is an engineer.

9. _____ This person does classical dance.

10. _____ This person likes to discuss different aspects of his/her profession.

E Watch again, then use the following words and expressions to complete the sentences based on your understanding of the video responses: **les origines, la nationalité, la profession, la famille, les amis, les centres d'intérêt, la fonction familiale** (family role)**, l'identité culturelle, les loisirs.**

1. Pour Gregory, les composantes principales de son identité sont:

_____

2. Pour Camille, les composantes principales de son identité sont:

_____

3. Pour Fatim, les composantes principales de son identité sont:

_____

La famille

À l'écoute: La famille de Françoise

CD 1-20 Do you remember Françoise from Madagascar? (See Chapter 1 in your Lab Manual.) You will now hear her speak about her family. Do Task 1 in **Pensez,** then read Task 2 in **Observez et déduisez** before you listen to the conversation.

Pensez

1 In describing a family with several children, the following words are likely to be mentioned. Can you infer their meaning? Match them with their equivalent.

1. _____ le/la deuxième   **a.** l'enfant numéro 1

2. _____ le/la troisième   **b.** l'enfant numéro 2

3. _____ le fils/la fille aîné(e)   **c.** l'enfant numéro 3

Observez et déduisez

Attention! This conversation contains some unfamiliar expressions that you are not expected to understand. For each task, focus only on what you are asked to listen for. One task at a time, your comprehension will increase.

2 Listen to the conversation a first time in order to identify the type of information it contains. Check all categories that are mentioned, then listen again and put them in the proper sequence.

☑ _____ information about her parents

☐ _____ information about her brothers and/or sisters

☐ _____ information about her grandparents

☐ _____ information about family activities

3 Listen to the conversation again in order to identify how many children there are in Françoise's family, and where she fits in. Circle the correct answers.

1. Nombre de fils   0   1   2   3   4   5

2. Nombre de filles   0   1   2   3   4   5

3. Françoise est   l'aînée   la deuxième   la troisième de sa famille.

4 Now play the conversation as often as necessary in order to complete the following chart. Write X in each box for which the information is either not given or irrelevant.

Nom	Âge	Marié(e)?	Nombre d'enfants	Profession
Françoise		non		
Anne-Marie	35 ans			travaille à Air Madagascar
Chantal			3	
Béatrice		fiancée		infirmière (nurse)
Christiane				travaille dans un bureau
Cyril				
Aimée				

5 Listen to the conversation a final time in order to answer the following questions.

1. Qui n'a pas un prénom typiquement français? _____

2. Quel est le nom de jeune fille (maiden name) de la mère? Complétez.

R ____ Z ____ ____ ____ ____ ____ O

3. Quelles sont les activités préférées de la famille de Françoise? Cochez les bonnes réponses.

a. _____ manger ensemble (together) **d.** _____ les jeux: le Scrabble, les dominos, etc.

b. _____ le cinéma **e.** _____ voyager

c. _____ le sport

Prononciation

A **Le son [r].** First, review the three keys to pronouncing a French [r] correctly in the **Première étape** of Chapter 2 in your textbook.

Now, listen to the following sentences and repeat each one, paying close attention to the pronunciation of the French **r.**

1. Alors, Françoise n'a pas de frères.

2. Anne-Marie, la sœur aînée, a trente-cinq ans.

3. Elle travaille à Air Madagascar.

4. La sœur qui est architecte est mariée et a trois enfants.

5. Béatrice n'est pas mariée.

6. Christiane travaille dans un bureau.

7. Le père s'appelle Cyril.

◁)) **B** **L'intonation.** Review the four basic intonation patterns outlined in the pronunciation section of
CD 1-22 the **Troisième étape** of Chapter 2 in your textbook.

Now, listen to the following sentences and repeat each one, using proper intonation as indicated.

1. Alors ma sœur aînée s'appelle Anne-Marie, elle a trente-cinq ans, elle
   est mariée, elle a deux garçons et elle travaille à Air Madagascar.

2. Ma petite sœur est à Madagascar, avec mes parents. Elle a vingt-neuf ans et
   elle travaille dans un bureau.

3. — Comment s'appelle-t-elle? — Christiane.

4. Vos parents aussi ont des noms bien français?

5. Mon père s'appelle Cyril et ma mère s'appelle Aimée.

Activités de compréhension

◁)) **A** **Adjectifs possessifs.** Listen to the following nouns, and write the possessive adjectives that
CD 1-23 correspond to the subject pronouns provided.

➡ *You hear:* une mère
   You see: je
   You write: ma mère

1. elle _____

2. il _____

3. tu _____

4. tu _____

5. je _____

6. je _____

7. ils _____

8. nous _____

9. vous _____

10. elles _____

◁)) **B** **Les verbes en *-er*.** Listen to the following sentences and determine if each one is singular or
CD 1-24 plural. If it is singular, change the sentence to the plural. If it is plural, change it to the singular.
Don't forget to pay particular attention to **liaison.**

➡ *You hear:* Il écoute la radio.
   You say: Ils écoutent la radio.
   You verify: Ils écoutent la radio.

C **La famille d'Angèle.** Angèle is going to describe the likes and dislikes of the members of her family. Listen as many times as necessary to fill in the chart with the information you hear. Pause the audio as needed to write your answers.

la personne	ce qu'on aime	ce qu'on n'aime pas	un adjectif pour le/la décrire
1. la demi-sœur			
2.			
3.			sérieux
4.			

D **Encore des suggestions.** Your friends are bored, but you're full of ideas! Suggest to your friends some things to do, using the expressions you hear. Listen to verify your answers.

➡ *You hear:* dîner au restaurant
You say: Dînons au restaurant!
You verify: Dînons au restaurant!

E **Comment?** Patrick surveyed students in his French class on their likes and dislikes. Listen as he reads the results of his poll. For each of his statements, confirm what you heard by asking a question using **qu'est-ce que** or **qui est-ce que.** Then, listen in order to verify your questions.

➡ *You hear:* Nous aimons les vacances.
You say: Qu'est-ce que vous aimez?
You verify: Qu'est-ce que vous aimez?

F **Quel âge?** Write down the ages of the people you hear mentioned.

➡ *You hear:* Robert a 13 ans.
You write: Robert: *13 ans*

1. M. Martin: _____ ans
2. Hélène: _____ ans
3. Tante Geneviève: _____ ans
4. Oncle Joseph: _____ ans
5. Mon grand-père: _____ ans
6. M. Étienne: _____ ans
7. Mme Arnaud: _____ ans
8. Moi: _____ ans

Dictée. First, listen as Babette describes her family. Then, listen to her description as many times as necessary in order to complete the paragraph with the missing words. When you finish the paragraph, answer the question about Babette's family.

J'_____ une _____ assez _____. Nous _____

_____ personnes. _____ _____ _____

_____ _____-père, _____ _____, _____

deux _____ et moi. Chez nous, _____ _____ beaucoup les

activités en_____, _____ _____, les concerts et

_____ _____ aussi. Bientôt _____ _____ fête de

_____ _____-_____ Charles qui _____ _____ ans.

Il _____ amusant _____ il _____ beaucoup _____

_____ _____. _____ _____ Bernard _____

_____ _____ et il _____ _____ aussi. Tous les deux,

_____ _____ les matchs de _____ et de _____.

Moi, _____ _____ la _____ : _____ musique

_____ et _____ _____. J'_____ _____

de disques compacts et un _____. J'_____ aussi les _____

_____. _____ _____ _____ la

_____ classique et les _____, _____ _____

la _____. Nous _____ _____ _____

_____ à la maison, mais nous _____ un _____ de

_____. Peut-être que nous _____ _____ _____

_____ _____ typique!

On the basis of Babette's description, which of the following magazines would you *not* expect to find in the family's home?

_____ *Loisirs et sports*

_____ *Télérama*

_____ *La Revue du cinéma*

_____ *Le Monde de la musique*

_____ *Études littéraires*

Activités vidéo

Note culturelle

A Watch the video a first time as Fatim answers two questions regarding common topics of conversation. Circle the items you hear her mention.

la télévision	le sport	l'actualité (les informations)
ses difficultés	la politique	sa profession
ses plaintes	la famille	ses opinions
l'argent (money)	l'économie	la pluie et le beau temps (weather)

B Watch again and indicate with whom she discusses various topics

	avec les gens qu'elle ne connaît pas très bien	avec la famille et les amis proches	sujet pas mentionné
1. les opinions			
2. la politique			
3. l'actualité			
4. la télévision			
5. son fils			
6. les plaintes			
7. le temps			
8. le cinéma			

Synthèse culturelle

C Watch the video as Camille and Fatou state what "family" means to them. Indicate who refers to the following in their description by checking the applicable column(s).

	Camille	Fatou
1. la famille que j'ai choisie (chose)	_____	_____
2. le noyau (kernel) de la famille	_____	_____
3. les amis	_____	_____

	Camille	Fatou
4. la famille nucléaire	_____	_____
5. les parents	_____	_____
6. les liens du sang *(blood ties)*	_____	_____
7. la famille élargie (très grande)	_____	_____
8. les grands-parents	_____	_____
9. les cousins	_____	_____
10. la famille de cœur *(heart)*	_____	_____
11. les tantes et les oncles	_____	_____

D Now watch as Fatim and Fatou respond to the second question and present a portrait of their family. Indicate the speaker(s) for whom each statement applies: Fatou (FF) or Fatim (FK).

_____ **1.** This person has four sisters.

_____ **2.** This person's aunt lives with the family.

_____ **3.** This person has a lot of cousins.

_____ **4.** This person is the seventh child in the family.

_____ **5.** This person has brothers who live in different countries.

_____ **6.** This person is the oldest daughter in the family.

_____ **7.** This person has married brothers and sisters.

_____ **8.** This person has a child.

E Fatou describes some of the interests of her family members. Watch again then match the people with the appropriate activities/items according to what she says.

a. chanter   **e.** surfer Internet

b. faire des achats   **f.** voyager

c. vivre en France   **g.** étudier

d. sa voiture   **h.** écouter la musique de Youssou N'Dour

son père _____   sa mère _____   ses sœurs _____   ses frères _____

La maison et la ville

À l'écoute: Les maisons à Tahiti

You will hear a short interview with a Tahitian man who is going to talk about houses in French Polynesia. Do Task 1 in **Pensez,** then read Task 2 in **Observez et déduisez** before you listen to the interview.

Pensez

1 The Tahitian word for house is **fare. Fare tupuna** is the traditional ancestral home. How do you imagine a **fare tupuna**? Check the possibilities that seem likely to you.

l'extérieur

_____ construction en bois *(wood)*

_____ construction en matières végétales: branches d'arbres *(trees),* feuilles *(leaves),* etc.

_____ construction en briques

l'intérieur

_____ une seule *(single)* pièce

_____ une seule maison pour plusieurs familles

_____ plusieurs maisons pour une famille

Observez et déduisez

2 Listen to the interview a first time to identify its organization. Put the following topics in the proper sequence from 1 to 4.

a. _____ description of houses in Papeete, the capital of Tahiti

b. _____ the inside of a **fare tupuna**

c. _____ the outside of a **fare tupuna**

d. _____ family communities

3 Listen to the interview again to find out if the following statements are true or false. Write **V** for **vrai** or **F** for **faux,** and correct any false statements.

1. _____ Les maisons tahitiennes typiques sont construites en matières végétales.

_____

2. _____ On utilise des feuilles de cocotier *(coconut tree)* pour le toit *(roof).*

_____

3. _____ Le **fare tupuna** est une maison avec trois murs.

_____

4. _____ Pour l'intimité *(privacy),* on utilise un système de rideaux.

_____

5. _____ Trente personnes peuvent dormir *(can sleep)* dans la grande pièce.

_____

6. _____ Il y a un coin cuisine dans la grande pièce.

_____

7. _____ Il y a une maison séparée pour dormir, une maison pour se laver *(to wash up)*, etc.

_____

8. _____ Plusieurs familles qui sont rattachées au même **tupuna** *(related to the same ancestor)* habitent ensemble.

_____

9. _____ À Papeete, il n'y a pas de maisons polynésiennes traditionnelles.

_____

4 Listen a final time to identify four specific rooms that are mentioned in the conversation.

_____

Prononciation

CD 1-31

A **Les voyelles nasales.** First, review the pronunciation section on nasal vowels in the **Première étape** of Chapter 3 in your textbook.

Now, listen to the following sentences, underline the nasal vowels you hear, and write the words with nasal sounds in the appropriate column. The first one is done for you.

	[ɑ̃]	[ɔ̃]	[ɛ̃]
1. Monsieur[1], vous êtes tahi<u>tien</u>. Comm<u>ent</u> s<u>ont</u> les mais<u>ons</u> à Tahiti?	comm<u>ent</u>	s<u>ont</u> mais<u>ons</u>	tahi<u>tien</u>
2. Les maisons tahitiennes sont construites en matières locales.			
3. La maison des ancêtres, c'est une grande pièce, comme une énorme chambre pour trente personnes.			
4. Les oncles et les tantes, les cousins et les cousines, les enfants, les parents et les grands-parents habitent ensemble.			
5. En ville, il y a des maisons comme en France avec des pièces séparées à l'intérieur.			

You will now hear the sentences again. Listen and repeat each one.

---

[1] *Remember that the* **on** *in* **monsieur** *does not correspond to a nasal sound.*

B **Les sons [u] et [y].**   First, review the pronunciation section on [u] and [y] in the **Troisième étape** 32 of Chapter 3 in your textbook. Now, look at the following sentences. Underline the [u] sounds with one line and the [y] sounds with two lines.

1. Pouvez-vous nous parler des maisons à Tahiti?

2. C'est une maison avec ses quatre murs, pour une communauté de plusieurs familles.

3. Il y a une maison pour dormir, une maison pour la cuisine...

4. — Et toi, tu connais Tahiti? — Pas du tout!

Now listen to the sentences, and repeat each one.

Activités de comprehénsion

A **Les pièces.**   You will hear several people describing a room in their house or apartment. Listen 1-33 and circle the room that is most likely being described.

1.	une chambre	une cuisine	un séjour	une salle à manger
2.	une chambre	une cuisine	un séjour	une salle à manger
3.	une chambre	une cuisine	un séjour	une salle à manger
4.	une chambre	une cuisine	un séjour	une salle à manger
5.	une chambre	une cuisine	un séjour	une salle à manger
6.	une chambre	une cuisine	un séjour	une salle à manger

B **Questions.**   You will hear several students asking questions. Listen and check the 1-34 most logical response.

1.	_____ Devant le cinéma.	_____ Agréable.	_____ Dakar.
2.	_____ Au magasin.	_____ Français.	_____ Amusante.
3.	_____ Sympathiques.	_____ Deux.	_____ Américains.
4.	_____ Un peu fou.	_____ Maintenant.	_____ Georges.
5.	_____ Je déteste les langues.	_____ Je vais aller en France.	_____ J'aime le jazz.
6.	_____ Demain.	_____ Au centre-ville.	_____ C'est intéressant.
7.	_____ Au restaurant.	_____ Le placard.	_____ Ma radio.
8.	_____ Les films.	_____ Maintenant.	_____ Un studio.
9.	_____ Je préfère les livres.	_____ J'aime les sports.	_____ Je déteste le rock.

C **Les dépenses.**   Étienne is trying to keep track of his expenses. Write down the amount he spent 1-35 this month on each item and how much he has left.

1. Le studio: _____ €

2. Le téléphone: _____ €

3. Le sac à dos: _____ €

4. Des livres: _____ €

5. Pour manger: _____ €

6. Ce qui reste: _____ €

🔊 **D**
CD 1-36

Les adjectifs. You will hear a list of adjectives. Listen and determine if each adjective refers to a bedroom or a living room, and circle the correct choice. If it can refer to either a bedroom or a living room, circle **les deux.**

1. une chambre   un salon   les deux

2. une chambre   un salon   les deux

3. une chambre   un salon   les deux

4. une chambre   un salon   les deux

5. une chambre   un salon   les deux

6. une chambre   un salon   les deux

7. une chambre   un salon   les deux

8. une chambre   un salon   les deux

You will now hear the adjectives again. Based on the choices you made in the first part of this activity, write the complete adjective + noun phrase(s).

➡ *You hear:*   petit
    You write: *un petit salon*

1. _____

2. _____

3. _____

4. _____

5. _____

6. _____

7. _____

8. _____

🔊 **E**
CD 1-37

Le week-end. You will hear a series of questions about weekend plans—yours and those of others you know. Listen and answer affirmatively or negatively.

➡ *You hear:*   Tu vas travailler beaucoup?
    You say: Oui, je vais travailler beaucoup.
    or: Non, je ne vais pas travailler beaucoup.

🔊 **F**
CD 1-38

Où vont-ils? You will hear bits of conversations or a variety of sounds. Listen carefully and write down where you think the people are or where they are going. Use the verbs **être** or **aller** as appropriate.

➡ *You hear:*   Une chambre pour deux personnes, s'il vous plaît.
    You write: *Ils sont à l'hôtel.*

1. _____

2. _____

3. _____

4. _____

5. _____

6. _____

7. _____

8. _____

Dictée.   First, listen as Dominique describes his neighborhood. Then, listen to his description as many times as necessary in order to complete the paragraph with the missing words. When you finish the paragraph, label the houses with the names of the people who live in them to find out which one belongs to Dominique's family.

J(e) _____ un _____ quartier (*neighborhood*) _____.

Mes _____ et mes _____ _____ dans _____

quartier aussi. Cécile _____ un _____ _____ dans un

bâtiment tout _____ _____ _____ poste. _____

de Salima est _____ _____ _____ ce studio. Mon copain

Alain _____ une _____ maison _____ _____

_____ chez Salima (*Salima's place*) et Catherine a un _____ appartement

_____ _____ _____ chez Alain. Kofi, le _____

de Salima, habite _____ _____ d'elle. La _____ de

_____ copain Gilles est _____ _____ _____ la

_____. Enfin, ma _____ Denise habite un _____ immeuble

(*apartment building*) _____ la _____ de Gilles.

Où est-ce que j'habite, moi?

Activités vidéo

☐ ## Note culturelle

A Regardez la vidéo pour découvrir comment Camille préfère communiquer avec ses amis. Numérotez les moyens suivants selon ses priorités.

_____ envoyer des messages sur Facebook

_____ appeler au téléphone (passer un coup de fil)

_____ voir (to see) la personne

_____ envoyer des SMS (textos)

B Regardez encore, puis indiquez si les phrases suivantes sont vraies ou fausses, selon ce qu'elle dit.

_____ **1.** Elle consulte rarement sa page Facebook.

_____ **2.** Elle utilise sa page Facebook pour communiquer avec ses amis qui habitent loin (far) d'elle.

_____ **3.** Elle utilise sa page Facebook pour regarder les photos de ses parents.

_____ **4.** Elle a accepté ses parents en amis sur Facebook.

_____ **5.** Ses parents sont embarrassés d'être sur Facebook.

_____ **6.** Elle a étudié (fait un échange) à Boston.

☐ ## Synthèse culturelle

C Regardez la vidéo où Camille, Fatim et Gregory décrivent leurs logements. Cochez les mots qui sont mentionnés.

_____ fauteuil	_____ confortable	_____ chambre	_____ propriétaire
_____ moderne	_____ balcon	_____ pratique	_____ salle à manger
_____ fenêtre	_____ voisin	_____ canapé	_____ cuisine
_____ bâtiment	_____ spacieux	_____ meublé	_____ étage

D D'après le contexte, que veulent dire les mots en caractère gras? Choisissez «a» ou «b».

1. … mon logement se situe dans le 5ème **arrondissement** de Paris.
   a. district   **b.** suburb

2. J'aime bien **mélanger** les éléments modernes et anciens…
   a. purchase   **b.** combine

3. … avec le vieux **parquet** et le **mobilier** moderne
   a. floor / furniture   **b.** park / mobile

4. … mais quand on regarde à l'intérieur des **placards** et… des **tiroirs**

    a. rooms / cabinets   **b.** closets / drawers

5. Nous avons… une grande cuisine qui **ouvre** sur la salle de séjour…

    a. opens onto   **b.** serves as

6. Il y a beaucoup de fenêtres, donc… beaucoup de **lumière**.

    a. nice views   **b.** light

7. J'aime bien me sentir (*to feel*) **à l'aise** dans mon appartement….

    a. easy   **b.** comfortable

8. J'aime bien avoir un endroit où je peux **m'isoler**.

    a. console myself   **b.** be alone

E Regardez encore une fois et indiquez pour qui les phrases suivantes sont vraies.

Cette personne…	Camille	Gregory	Fatim
1. aime combiner le vieux et le moderne.			
2. préfère un endroit (*place*) calme pour travailler.			
3. pense que son appartement reflète sa personnalité.			
4. aime bien inviter ses amis à son appartement.			
5. indique que le confort du logement est important.			
6. aime que son appartement reflète la nature.			
7. habite sur deux étages.			
8. a deux chambres.			

F Regardez encore une fois, puis répondez aux questions en employant les mots suivants: **confortable, relaxation, pratique, couleurs, bien organisé, principale, la nature, en désordre, apparence, très rangé, plantes, d'amis.**

1. L'appartement de Camille est _____ en _____.

2. Il est _____ à l'extérieur et _____ à l'intérieur.

3. Fatim choisit (*chooses*) des _____ qui reflètent _____.

4. Elle a beaucoup de _____; c'est un lieu (*place*) de _____.

5. Gregory a deux chambres: une chambre _____ et une chambre _____.

6. Il préfère un appartement qui est _____ et _____.

L'école

À l'écoute: En première année de fac

CD 2-2 You will hear a short interview with a French student from the Paris area. Do Task 1 in **Pensez**, then read Task 2 in **Observez et déduisez** before you listen to the conversation.

Pensez

1 In an interview with a student who is in her first year at a French university, what topics are likely to come up? Check the ones you would anticipate.

1. _____ des présentations: son nom, d'où elle vient, etc.

2. _____ ce qu'elle fait comme études (sa spécialisation)

3. _____ une description de ses cours

4. _____ ses projets: ce qu'elle veut devenir (*to become*)

5. _____ des commentaires sur ses profs

6. _____ des commentaires sur les examens

7. _____ son emploi du temps

8. _____ ce qu'elle fait après (*after*) les cours

9. _____ ce qu'elle fait pendant l'été (*during the summer*)

10. _____ une comparaison entre le lycée et la fac

Observez et déduisez

2 Listen to the interview a first time in order to verify the topics discussed. Place a second check mark in Task 1 next to the topics that are mentioned.

3 Listen to the conversation again in order to complete the following statements. Check the correct answers.

1. La jeune fille s'appelle Christelle

   a. _____ Guermantes.

   b. _____ Lazéras.

   c. _____ Marne-la-Vallée.

2. Elle vient de

   a. _____ Guermantes.

   b. _____ Lazéras.

   c. _____ Marne-la-Vallée.

3. Elle habite à _____ de Paris.

   a. _____ 2 km

   b. _____ 12 km

   c. _____ 24 km

4. Elle mentionne EuroDisney parce que c'est là

   a. _____ que son père travaille.

   b. _____ qu'elle travaille pendant l'été.

   c. _____ qu'elle veut travailler après ses études.

5. La fac où elle fait ses études est à

   a. _____ Paris.

   b. _____ Marne-la-Vallée.

   c. _____ L.C.E.

6. Elle fait des études

   a. _____ de langue et civilisation étrangères.

   b. _____ de commerce international.

   c. _____ d'informatique.

7. Elle a cours

   a. _____ de 9h à 14 ou 15h.

   b. _____ de 10h à 16 ou 18h.

   c. _____ de 8h à 16h.

8. Après ses cours, elle _____ avec des copains.

   a. _____ fait du sport

   b. _____ fait ses devoirs

   c. _____ va au café

9. Elle a _____ de devoirs par jour.

   a. _____ 2–3 heures

   b. _____ 3–4 heures

   c. _____ 4–5 heures

10. Dans son programme d'études, les professeurs donnent beaucoup

   a. _____ de dissertations (*papers*).

   b. _____ de travail de laboratoire.

   c. _____ d'examens.

4 Listen to the conversation a final time in order to complete the list of her courses. Then answer the question about Christelle's professional plans.

  1. Elle a des cours de

   a. _____ britannique.   **e.** _____ espagnole.

   b. grammaire _____.   **f.** conversation _____.

   c. littérature _____.   **g.** _____ anglaise.

   d. littérature _____.   **h.** _____ britannique.

  2. Quelle profession Christelle prépare-t-elle? _____

Prononciation

CD 2-3

A **Les sons [e] et [ɛ].** Review the pronunciation section on the sounds [e] and [ɛ] in the **Première étape** of Chapter 4 in your textbook.

Now, listen to the following sentences, paying particular attention to the highlighted sounds. Underline the closed [e] sounds that you hear with one line, and the open [ɛ] sounds with two lines.

1. **Est**-ce que tu peux te pr**é**sent**er**?
2. Je m'appelle Christ**e**lle Laz**é**ras.
3. Pendant l'**été** je travaille à EuroDisn**ey**.
4. Je suis en premi**è**re ann**ée** à la fac d**es** lettres de Marne-la-Vall**ée**; je f**ais** d**es é**tudes de langue et civilisation **é**trang**è**res.
5. J'**ai** de la gramm**ai**re angl**ai**se, un cours de litt**é**rature française, de la conv**e**rsation espagnole. Qu'**est**-ce que j'**ai** d'autre?
6. C'**est** un emploi du temps ass**ez** charg**é**.

Now, check the answers in the answer key.

Listen to the sentences again and repeat each one, being careful to distinguish between the closed [e] and the open [ɛ] sounds. Make sure you do not make a diphthong for either sound.

CD 2-4

B **Les sons [ø] et [œ].** Review the pronunciation section on the sounds [ø] and [œ] in the **Troisième étape** of Chapter 4 in your textbook.

Now, listen to the following sentences a first time and mark them as you listen. Do the highlighted sounds correspond to a closed [ø] or to an open [œ]? Underline the [ø] sounds that you hear with one line, and the [œ] sounds with two lines.

1. D'aill**eur**s *(By the way)*, elle travaille à **Eu**roDisney.
2. Christelle v**eu**t être profess**eur** d'anglais.
3. Elle n'est pas paress**eu**se; c'est une j**eu**ne fille séri**eu**se.
4. Son cours qui commence à d**eu**x h**eu**res est quelquefois un p**eu** ennuy**eu**x.
5. Alors elle fait des dessins sur une f**eu**ille de son cahier, pour p**a**sser le temps...
6. Les étudiants qui v**eu**lent être avec l**eu**rs copains p**eu**vent aller au café.

Now, check the answers in the answer key.

Listen to the sentences again and repeat each one, showing clearly the difference between the closed [ø] and the open [œ].

Activités de compréhension

CD 2-5

A **L'heure.** You will hear several statements in which someone mentions the time of an event. Write down each indication of time that you hear.

⇒ *You hear:* Le train numéro 300 pour Lyon-Ville part à 22h40
   You write: *22h40*

1. _____   4. _____   7. _____

2. _____   5. _____   8. _____

3. _____   6. _____   9. _____

B **Réactions.** Listen to several statements made by your roommate, then check the *least* appropriate response.

1. _____ Vraiment? _____ C'est pas vrai! _____ C'est génial! _____ Et alors?

2. _____ J'en ai marre! _____ Quelle chance! _____ C'est vrai? _____ C'est génial!

3. _____ Super! _____ C'est pas vrai! _____ Mince! _____ Ah bon?

4. _____ Tu rigoles! _____ Tant pis! _____ Ce n'est pas possible! _____ Ah, oui?

5. _____ Tu plaisantes! _____ Ça m'énerve! _____ C'est nul! _____ Je m'en fiche.

C **Les dates de naissance.** You will hear a number of people giving their birth date. Write down the dates you hear.

➡ *You hear:* Ma date de naissance est le 5 septembre 1947.
   You write: 5/9/47

1. _____ 4. _____ 7. _____

2. _____ 5. _____ 8. _____

3. _____ 6. _____ 9. _____

D **Les cours.** You will hear Suzette talk about her weekly schedule. Listen as often as necessary in order to complete the schedule that follows.

LUNDI	MARDI	MERCREDI	JEUDI	VENDREDI	SAMEDI	DIMANCHE

What do you think she does on Saturday and Sunday? Include several activities in the schedule for those days.

E **Que font-ils?** You will hear statements describing the following pictures. Write the number of each statement below the picture to which it corresponds.

a. _____

b. _____

c. _____

d. _____

e. _____

f. _____

g. _____

h. _____

F **Les verbes.** Listen to the following sentences and determine if each one is singular or plural. If it is singular, repeat the sentence in the plural and vice versa, paying particular attention to pronunciation. Then listen to verify your answer.

➡ *You hear:* Il apprend le français.
You say: Ils apprennent le français.
You verify: Ils apprennent le français.

G **La diseuse de bonne aventure (fortuneteller).** Look into your crystal ball and say whether you think someone is or is not going to do the following things, based on the information you hear. Then listen and see if your answer is the same as that of the fortuneteller.

⇒ *You hear:*   Elle déteste étudier.
  You see: faire ses devoirs.
  You say: Elle ne va pas faire ses devoirs.
  You verify: Elle ne va pas faire ses devoirs.

1. être médecin

2. comprendre les Français

3. comprendre le professeur

4. avoir une bonne note

5. étudier aujourd'hui

6. jouer au golf ce week-end

7. apprendre à jouer au tennis

H **Dictée.** First listen as a young person describes himself. Then listen to the description as often as necessary in order to complete the paragraph with the missing words. When you finish the paragraph, answer the question that follows.

Je _____ très _____. _____ _____

_____ et _____ _____ _____ lire.

_____ _____ dans _____ _____ de

_____ _____. _____ _____ ce que papa écrit

_____ _____ aussi. Papa _____ _____ et fier de

moi, _____ maman dit qu'il a tort *(he's wrong)*. _____ _____

_____. _____ _____ convaincue que _____

cerveau _____ éclater, _____ _____ dit que

_____ _____ _____ _____ _____

_____ _____ avec papa.

Qui suis-je? _____

Activités vidéo

A Regardez la vidéo où Gregory décrit le système scolaire belge. Écoutez, puis employez le contexte et la logique pour déduire le sens des expressions suivantes. Choisissez la bonne réponse (a–d).

_____ **1.** durer

_____ **2.** l'athénée

_____ **3.** l'établissement

a. to harden

b. educational institution

c. a type of secondary school

d. to last

B Regardez encore une fois la vidéo et complétez le tableau suivant.

	l'enseignement primaire	l'enseignement secondaire
1. la durée	_____ ans	_____ ans
2. âges	de _____ ans à _____ ans	de _____ ans à _____ ans
3. Nom des établissements	_____	_____ et _____

Synthèse culturelle

C Regardez la vidéo où l'on parle des cours et des spécialisations. Écrivez toutes les matières mentionnées.

Camille (4) _____

_____

Fatou (6) _____

_____

Fatim (6) _____

_____

D Regardez encore une fois la vidéo. Puis, en usilisant le contexte et la logique, déduisez le sens des mots à gauche ci-dessous. Reliez-les avec le bon synonyme à droite.

1. la filière (la voie) S   **a.** aimer beaucoup

2. tenter   **b.** essayer

3. être attiré par quelque chose   **c.** la série scientifique (au lycée)

4. les États-Unis   **d.** un pays (country) en Amérique du Nord

E Regardez et décidez si les phrases suivantes sont vraies ou fausses selon la vidéo. Choisissez **V** ou **F**.

V / F   **1.** Camille voulait faire des études de médecine.

V / F   **2.** Camille est bonne en mathématiques *et* en sciences.

V / F   **3.** Elle est allée à une grande école.

V / F   **4.** Finalement elle a fait des sciences politiques.

V / F   **5.** Fatou a étudié dans trois pays (countries) différents.

V / F   **6.** Fatou est étudiante aux États-Unis.

V / F   **7.** Elle trouve que les mathématiques n'ont pas d'applications pratiques.

V / F   **8.** Fatim trouve que les sciences et les maths sont difficiles.

V / F   **9.** Elle est bonne en tout ce qui est sémantique (l'étude scientifique des langues).

V / F   **10.** Le choix (choice) de spécialisation était une décision vraiment personnelle.

À table!

À l'écoute: Les repas au Cameroun

CD 2-13 You will hear a short conversation in which a woman from Cameroon talks about meals in her native country. Do Task 1 in **Pensez,** then read Task 2 in **Observez et déduisez** before you listen to the conversation.

Pensez

1 What kind of food do you think people generally eat in West Africa **(en Afrique de l'Ouest)?** Make a check mark to the *left* of the items you think are plausible.

a. _____ des tomates _____   **i.** _____ du pain et du camembert _____

b. _____ des pâtes _____   **j.** _____ des épinards *(spinach)* _____

c. _____ du riz _____   **k.** _____ des bananes _____

d. _____ du couscous _____   **l.** _____ des mangues *(mangoes)* _____

e. _____ du bœuf _____   **m.** _____ des arachides *(peanuts)* _____

f. _____ du poulet _____   **n.** _____ des soupes _____

g. _____ du poisson _____   **o.** _____ des sauces _____

h. _____ des haricots verts _____   **p.** _____ ? _____

Observez et déduisez

2 Listen to the conversation a first time in order to verify your predictions. Put a second check mark in Task 1 to the *right* of the food items that are actually mentioned.

3 Play the conversation again in order to complete the following statements. Check all correct completions; however, do *not* check answers that are *not* mentioned in the conversation.

1. Élise mentionne que chaque *(each)* région du Cameroun a

     a. _____ son mode de vie *(way of life).*

     b. _____ son climat.

     c. _____ ses repas particuliers.

2. Élise vient

     a. _____ de l'ouest du Cameroun.

     b. _____ du sud *(south)* du Cameroun.

     c. _____ de la région de Lolodorf.

3. Le plantain

    a. _____ est une banane.

    b. _____ se prépare *(is prepared)* comme les pommes de terre.

    c. _____ se mange avec la viande.

4. En Afrique de l'Ouest, on fait des sauces avec

    a. _____ des arachides.

    b. _____ des mangues sauvages *(wild)*.

    c. _____ des tomates.

5. Les légumes se mangent avec

    a. _____ du beurre.

    b. _____ des arachides.

    c. _____ de la crème de palme.

6. Les haricots verts et les petits pois sont

    a. _____ très communs dans les villages.

    b. _____ considérés comme la nourriture des Blancs.

    c. _____ importés de France.

7. Le couscous se mange avec

    a. _____ les doigts *(fingers)*.

    b. _____ une fourchette.

    c. _____ une cuillère.

8. On mange la majorité des plats en Afrique de l'Ouest avec

    a. _____ de la sauce.

    b. _____ une cuillère en bois *(wooden)*.

    c. _____ les doigts.

4 Listen to the conversation a final time in order to answer the following questions. Find at least three things to say for each question.

1. Qu'est-ce que c'est que le plantain?

_____

_____

_____

2. Qu'avez-vous appris ici sur les légumes au Cameroun?

_____

_____

_____

3. Qu'avez-vous appris sur les sauces?

_____

_____

_____

Prononciation

🔊 **A** **Le _e_ caduc.** Review the pronunciation section in the **Première étape** of Chapter 5 in your
CD 2-14 textbook.

Now, listen to the following sentences a first time, paying close attention to the _e_ **caducs** in bold
type. As you listen, underline the _e_ **caducs** that are pronounced and cross out the ones that
are dropped.

1. Nous avons plusieurs sortes d**e** r**e**pas, tout dépend d**e** la région.
2. L**e** plantain, ça s**e** prépare comme les pommes d**e** terre, et ça s**e** mange avec la viande, la
   sauce, tout c**e** qu'on veut.
3. On mange beaucoup d**e** légumes. Les légumes, en Afrique d**e** l'Ouest, ça s**e** mange avec la
   crème d**e** palme.

Now, check your answers in the answer key.

Listen to the sentences again and repeat each one, making sure you drop the _e_ **caducs** where
necessary.

🔊 **B** **Les articles et l'articulation.** Review the pronunciation section in the **Troisième étape** of
CD 2-15 Chapter 5 in your textbook.

Now, listen to the following summary of the conversation about food in Cameroon, and fill in
the articles you hear. Cross out the _e_ **caducs** that are not pronounced.

_____ gens _____ Cameroun ne mangent pas _____ pommes de terre, mais _____

plantain est comme _____ pomme de terre. _____ viande se mange donc avec _____

plantain et _____ sauce. _____ sauces _____ arachides ou _____ mangues sauvages sont

très agréables avec _____ poulet. _____ légumes, comme _____ épinards par exemple, se

mangent aussi avec _____ sauce spéciale.

Check your answers in the answer key.

Now, practice saying the preceding paragraph at fluent speed, making sure you drop the _e_
caducs where necessary and pronounce all other vowels distinctly.

Activités de compréhension

A **Les verbes.** Listen as Richard makes statements about his friend Michel and his twin brothers Alain and Alexis. If you can tell who he is referring to in each sentence, check the appropriate column. If you can't tell, check the question mark.

➡ *You hear:* Ils achètent beaucoup de gâteaux.
   You check: Alain et Alexis

Michel	**Alain et Alexis**	**?**
1. _____	_____	_____
2. _____	_____	_____
3. _____	_____	_____
4. _____	_____	_____
5. _____	_____	_____
6. _____	_____	_____
7. _____	_____	_____
8. _____	_____	_____

B **Au restaurant.** You will hear a series of statements about what Laure and her friends are having for lunch. Based on the drawings that follow, indicate whether the statements you hear are probably true or probably false by writing **V** for **vrai** or **F** for **faux.**

le repas de Laure   le repas d'Aimée   le repas de Salima

1. _____   3. _____   5. _____

2. _____   4. _____   6. _____

C **Ce qu'elles mangent.** Refer once again to the drawing of the meals of Laure and her friends. You will hear a name and a food or drink item. Say whether or not each person is having that item.

➡ *You hear:* Laure / frites?
   You say: Oui, elle prend des frites.
   You verify: Oui, elle prend des frites.

➡ *You hear:* Laure / homard?
   You say: Non, elle ne prend pas de homard.
   You verify: Non, elle ne prend pas de homard.

D **La fête.** Lise and Karine are discussing what everyone has brought for a gathering of friends that evening. Listen to their conversation and fill in the chart with the items brought by each person.

CD 2-19

Lise	Karine	Gilles	Charles
		1 bouteille d'eau minérale	de la salsita

E **On joue aux cartes.** The Martin children like to play a card game called *Fruits et Légumes,* in which players are awarded points for the various cards they have won. First, listen to their conversation and fill in the first part of the score card—the part that shows how many cards they have of each fruit and vegetable.

CD 2-20

	pêches	fraises	framboises	carottes	oignons	tomates	total des points
Anne							
Paul							
Jean							
Lise							

Now stop the audio and figure out how many points each child has. Fill in the total in the right column of the score card. Each fruit and vegetable card is worth a different number of points:

oignons = 1 point   tomates = 3 points   framboises = 5 points
carottes = 2 points   fraises = 4 points   pêches = 6 points

Now answer the following questions, using complete sentences.

1. Qui a plus de carottes qu'Anne?

_____

2. Qui a autant de fraises que Paul?

_____

3. Qui a moins de tomates que Lise?

_____

4. Qui a plus de points qu'Anne?

_____

5. Qui a moins de points que Lise?

_____

_____

6. Qui a gagné *(won)*?

_____

F **Aujourd'hui? Hier? Demain?**   Listen as various people make statements about their activities. Decide whether they are referring to the present, the past, or the future. Indicate your choice by circling either **aujourd'hui, hier,** or **demain.**

1.	aujourd'hui	hier	demain	**5.** aujourd'hui	hier	demain
2.	aujourd'hui	hier	demain	**6.** aujourd'hui	hier	demain
3.	aujourd'hui	hier	demain	**7.** aujourd'hui	hier	demain
4.	aujourd'hui	hier	demain	**8.** aujourd'hui	hier	demain

G **L'anniversaire de maman.**   The whole family contributed to making mom's birthday special. As your grandmother asks about everyone's participation, tell her what everyone did, using the **passé composé** of the verbs indicated.

➡ *You hear:*   Qu'est-ce que Caroline a fait?
   You see: manger beaucoup de gateau
   You say: Elle a mangé beaucoup de gâteau.
   You verify: Elle a mangé beaucoup de gâteau.

1. faire les courses

2. acheter le gâteau

3. oublier d'acheter le cadeau

4. préparer le dîner

5. beaucoup manger

6. prendre des photos

H **Dictée.**   You will hear Mme Bouvier talking about the groceries she purchased. Listen to the paragraph as often as necessary to fill in the missing words.

Pour préparer _____ _____, j'_____

_____ beaucoup _____ choses: deux _____

_____ _____ et un kilo de _____

de _____. J'_____ _____ aussi des

_____, _____ _____, des _____.

Puis, au _____ j'ai pris _____ _____,

_____ _____, des _____,

_____, _____ _____

vanille et deux _____ de _____. Et _____

pas le _____. Nous _____ toujours _____

_____ avec le _____.

Now write down which dish(es) you believe she prepared, based on the items she purchased.

une pizza?   une quiche?   un gâteau?   un ragoût?

Elle a préparé _____ et _____.

Activités vidéo

☐ ## Note culturelle

A Regardez la vidéo où Fatou parle des courses. Quels endroits (*places*) est-ce qu'elle mentionne? Cochez-les.

_____ le centre commercial   _____ la boulangerie   _____ le marché Sandaga

_____ les petits magasins   _____ le supermarché   _____ le marché en plein air

B Regardez encore une fois, puis répondez aux questions en employant les mots et les expressions suivantes: **le marchandage, Dakar, le client, au marché en plein air, prix** (*price*), **dans les petits magasins, moins cher, le marchand.**

1. En général, quand Fatou achète des vêtements et des chaussures (*shoes*), elle va

   _____.

2. Le marché Sandaga se trouve au centre-ville de _____.

3. Elle aime les marchés en plein air parce que c'est _____.

4. Quand elle achète des vêtements pour une occasion spéciale, elle va

   _____.

5. Le plus intéressant dans les marchés, c'est _____.

6. Ça c'est quand _____ et _____ discutent

   le _____.

☐ ## Synthèse culturelle

C Regardez les réponses aux questions concernant les habitudes et les préférences alimentaires. Puis, en utilisant le contexte et la logique, déduisez le sens des mots en caractères gras.

1. prendre le temps de **s'asseoir** à table
   a. set the table   b. be seated

2. manger un sandwich **sur le pouce**
   a. on the fly   b. at the flea market

3. Je regarde bien sûr la **fraîcheur** des aliments.
   a. the smell   b. the freshness

4. C'est désagréable au restaurant quand il y a trop de **bruit**.
   a. brutes   b. noise

5. On achète des produits **locaux, de saison.**
   a. crazy / seasoned   b. local / in season

6. Le **goût** naturel est sensationnel.

    a. taste   **b.** gooeyness

7. … un repas simple, pas très **compliqué ou élaboré**

    a. complex   **b.** elegant

8. … un bon repas après lequel *(after which)* on ne **se sent** pas **lourd**, comme si c'était impossible de **bouger**

    a. feel hungry / to starve   **b.** feel heavy / to move

9. des biscuits marocains avec du **miel**

    a. honey   **b.** cornmeal

D   Regardez encore une fois, puis cochez les colonnes appropriées selon les interviews.

	Fatou mentionne...	Camille mentionne...	Fatim mentionne...
1. des produits locaux			
2. le poisson			
3. des carottes			
4. la cuisine au naturel			
5. des légumes			
6. des produits céréaliers			
7. la salade			
8. le couvert			
9. la viande			
10. l'équilibre			

E   Regardez la vidéo en fonction des phrases suivantes, puis répondez aux questions avec le(s) nom(s) des personnes qui conviennent.

1. Qui mange souvent du riz? _____

2. Qui préfère un dessert avec du miel et des graines de sésame? _____

3. Qui ne mentionne ni viande ni poisson? _____

4. Qui aime beaucoup les repas que sa mère préparait souvent quand elle était petite?

_____

5. Qui préfère avoir un repas «bon et simple»? _____

6. Pour qui est-il important de manger lentement *(slowly)*? _____

7. Qui ne mange jamais de viande? _____

8. Pour qui est-ce que «qualité» et «fraîcheur» sont des facteurs importants dans le choix d'un restaurant? _____

Le temps et les passe-temps

À l'écoute: Les loisirs de Christelle

🔊 Do you remember Christelle, the French student from the Paris area? (See Chapter 4 in your Lab Man-
CD 2-24 ual.) You will now hear her speak about her leisure activities. Do Task 1 in **Pensez,** then read Task 2 in
Observez et déduisez before you listen to the conversation.

Pensez

1 How do you react to the following television shows? Check your personal reactions.

	je regarde ou j'enregistre *(record)*	j'éteins la télé	je m'endors *(fall asleep)*	ça m'énerve *(ça m'irrite)*
le journal télévisé				
un film historique				
un drame psychologique				
une comédie				
un jeu télévisé				
une émission de sport				
un documentaire				
un vieux film tard le soir				

Observez et déduisez

2 Listen to the conversation a first time in order to identify its organization. Put the following topics in the proper sequence, from 1 to 4.

Christelle parle...

a. _____ des livres. **c.** _____ des activités pour «se changer les idées» *(change of pace)*.

b. _____ de la télé. **d.** _____ du sport.

3 Listen to the conversation again in order to complete the following statements. Check *all* correct answers.

1. En période de cours (pendant l'année scolaire), Christelle

a. _____ regarde souvent la télé.

b. _____ n'a pas le temps de regarder la télé.

2. Quand il y a une émission très intéressante à la télé, elle s'arrange *(makes arrangements)* pour

a. _____ la regarder.

b. _____ l'enregistrer.

3. Les émissions qu'elle considère comme très intéressantes sont

    a. _____ des films ou des documentaires.

    b. _____ des émissions de variétés ou de sport.

4. Pendant les vacances, elle

    a. _____ regarde souvent la télé le soir.

    b. _____ s'endort devant la télé presque *(almost)* tous les soirs.

5. Elle ne regarde pas souvent les jeux

    a. _____ parce qu'elle trouve que c'est bête.

    b. _____ parce que ça énerve sa petite sœur.

6. Elle aime

    a. _____ les films qui font penser *(that make you think)*.

    b. _____ les drames.

7. Elle pense que les comédies

    a. _____ ont des répercussions sur sa vie.

    b. _____, on les oublie facilement.

8. Elle aime les livres

    a. _____ qui font penser.

    b. _____ qui ne font pas penser.

9. Elle dit que les étudiants français

    a. _____ jouent souvent au tennis.

    b. _____ n'ont pas le temps de faire beaucoup de sport.

10. Pour se changer les idées, Christelle aime

    a. _____ se balader (faire des promenades) dans Paris.

    b. _____ passer des heures dans les musées.

Prononciation

CD 2-25

A   **Les sons [o] et [ɔ].**   Review the pronunciation section of the **Première étape** of Chapter 6 in your textbook, and note the cases when the closed [o] occurs. All other **o**'s correspond to the open [ɔ]. Now, look at the following sentences. Underline the [o] sounds with one line, and the [ɔ] sounds with two lines.

1. Elle aime les documentaires et les films historiques; elle n'aime pas beaucoup les comédies.

2. Elle adore lire des romans, des poèmes et des journaux.

3. Quand il fait beau, elle fait du sport.

4. Comme autres loisirs, elle aime faire des promenades dans Paris.

Now, listen to the sentences and repeat each one.

CD 2-26

B   **Les consonnes s et c.**   First, review the pronunciation section of the **Troisième étape** of Chapter 6 in your textbook on the various pronunciations of the letters **s** and **c** in French. Now, imagine that you are strolling through Paris with Christelle and you see the following expressions on signs or other notices. Some are familiar to you, others are not. Would you know how to pronounce them? Above the highlighted letters, write the proper sound: [s], [z], or [k].

1. Poisson frais!

2. Danger! Poison!

3. Traversée du désert du Sahara.

4. Spécialités de desserts-maison!

5. Visitez le site de vos prochaines vacances: Tarascon!

6. Ce coussin *(cushion)* pour votre cousin...

7. Conversion assurée de vos possessions!

Now, listen to the expressions and repeat each one.

A **Le 4 juillet.** You will hear a meteorologist giving the day's weather report for several locations. Using the weather map as a guide, write the name of the city or region for each forecast you hear.

CD 2-27

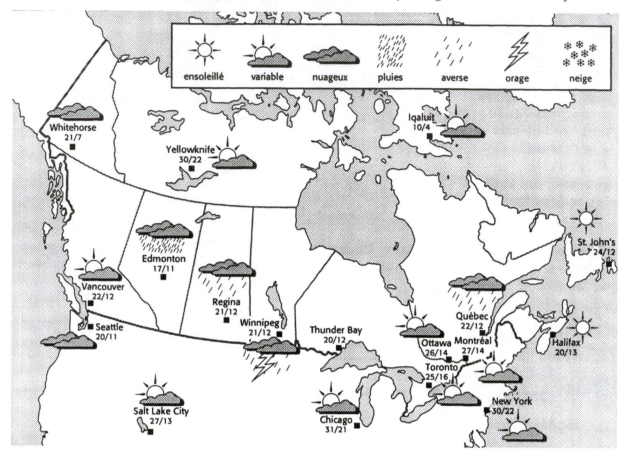

1. _____

2. _____

3. _____

4. _____

5. _____

B **Des questions personnelles.** Sandrine's French teacher tends to ask a lot of personal questions every Monday morning to get the students to practice the **passé composé.** Listen as she questions Sandrine about her weekend activities. You play the role of Sandrine, answering the questions based on the written cues—using the **passé composé,** of course. Then listen in order to verify your answers.

CD 2-28

➡ *You hear:*   Qu'est-ce que vous avez fait ce week-end, Sandrine?
   You see: aller au cinema
   You say: Je suis allée au cinéma.
   You verify: Je suis allée au cinéma.

1. aller avec ma copine
2. arriver vers 7h30
3. non / commencer vers 7h45
4. voir *Twilight*

5. aller au café
6. retrouver nos amis
7. rester deux heures
8. non / rentrer avant minuit

◀))) C **Une visite.** You will hear Madame Ducharme talk about the visit of her husband's aunt. Listen
2-29   a first time, numbering the verbs below in chronological order. The first one has been done
for you.

_____ nous téléphoner _____

_____ rentrer chez elle _____

_____ aller à l'exposition Picasso _____

_____ décider de nous rendre visite _____

____1____ passer une semaine chez nous *l'année dernière* _____

_____ écrire une lettre _____

_____ aller voir un match de foot _____

_____ arriver à la gare _____

_____ rentrer _____

Now listen to the statements again, and write *when* each activity occurred or will occur in the
blank beside the corresponding verb.

◀))) D **Les verbes.** Listen to the following sentences and determine if each one is singular or plural.
CD 2-30   If it is singular, repeat the sentence in the plural and vice versa, paying particular attention to
pronunciation. Then listen in order to verify your answers.

➡ *You hear:*   Vous dites la vérité.
 You say: Tu dis la vérité.
 You verify: Tu dis la vérité.

◀))) E **Moi, je l'ai fait.** Answer each implied question using a direct object pronoun and the verb **lire,**
CD 2-31   **dire, écrire,** or **voir.** Don't forget to make agreement with the past participle when necessary.
Then listen in order to verify your answer.

➡ *You hear:*   Ce rapport?
 You say: Je l'ai écrit.
 You verify: Je l'ai écrit.

➡ *You hear:*   Ce feuilleton?
 You say: Je l'ai vu.
 You verify: Je l'ai vu.

◀))) F **Comment répondre.** Listen to the questions and repond using the appropriate direct object
CD 2-32   pronoun: **me, te, nous,** or **vous.** Then listen in order to verify your answer.

➡ *You hear:*   Tu nous invites, Anne et moi, à manger au restaurant?
 You say: Je vous invite à manger au restaurant.
 You verify: Je vous invite à manger au restaurant.

◀))) G **Les verbes comme** *choisir.* Listen to the following sentences and determine if each one is
CD 2-33   singular or plural. If it is singular, repeat the sentence in the plural and vice versa, paying
particular attention to pronunciation. Then listen to verify your answer.

➡ *You hear:*   Je maigris facilement.
 You say: Nous maigrissons facilement.
 You verify: Nous maigrissons facilement.

🔊 **H** **Invitations.** You will hear four conversations in which an invitation is being extended. As you
CD 2-34 listen to each conversation, fill in the chart with the place, time, and expression used to accept or
refuse each invitation.

	Où va-t-on?	À quelle heure?	Expression pour accepter/refuser
1.			
2.			
3.			
4.			

🔊 **I** **Dictée.** First listen as Claudine tells her roommate what she and her cousins did last weekend.
CD 2-35 Then listen to her description as many times as necessary in order to complete the paragraph
with the missing words. When you finish the paragraph, complete the statement that follows
about what you do to understand French better.

L'_____ _____ j'_____ _____ deux

_____ au Canada où je _____ _____ _____ mes

grands-parents. Nous _____ _____ tous les sites touristiques—le

château, les _____, le Parlement. J'_____ beaucoup _____

la ville de Québec, et je _____ _____ _____

_____ un seul jour _____ _____ _____. Je

_____ _____ _____ mois de _____ quand il

_____ _____ alors j'_____ _____ beaucoup

de _____ avec _____ _____ et _____

_____ _____ tard. J'_____ _____ à

_____ «bonjour» au lieu d'_____ _____—c'est la

coutume au Québec! Maintenant je _____ mieux le _____ parce

que j'_____ _____ le _____ et j'_____

_____ des _____ à la _____ tous les jours.

J'_____ _____ beaucoup _____ cartes postales à

_____ _____ aussi—en _____, _____

_____. Voilà ce que _____ _____ l'été _____.

Pour mieux comprendre le français, moi, je _____

_____.

178 *MAIS OUI!* Fifth Edition • Student Activities Manual

Activités vidéo

Note culturelle

A Regardez la vidéo où Gregory discute de la fête nationale belge. Choisissez les meilleures expressions pour compléter les phrases suivantes.

1. La fête a lieu *(takes place)*

    a. en été   **b.** au printemps

2. Les gens se réunissent

    a. près des lacs *(lakes)*   **b.** dans les parcs

3. La date exacte est

    a. le 21 juillet   **b.** le 21 mai

4. L'indépendance de la Belgique a eu lieu en

    a. 1830   **b.** 1930

5. Pour célébrer cette fête, les gens aiment

    a. aller à une soirée   **b.** boire un verre et discuter

6. Le soir, à l'extérieur, il y a souvent

    a. un feu *(fire)* de camp   **b.** un feu d'artifice

Synthèse culturelle

B Regardez la vidéo où l'on parle des passe-temps préférés et de l'influence du temps sur les loisirs. Puis employez le contexte et la logique pour relier les mots de gauche avec leur synonyme à droite.

1. la mer   **a.** heureuse

2. lecture   **b.** une sensation

3. nager   **c.** tempérament, disposition

4. joyeuse   **d.** fatigué, malheureux

5. profiter   **e.** des magazines ou des livres, par exemple

6. déprimé   **f.** l'océan

7. humeur   **g.** bénéficier

8. un sentiment   **h.** faire de la natation

C Regardez encore la vidéo en fonction des phrases suivantes. Indiquez si elles sont vraies ou fausses.

V / F **1.** Camille se sent (*feels*) contente quand il fait mauvais parce qu'elle peut faire toutes ses activités préférées à l'intérieur.

V / F **2.** Elle aime la photographie, et elle a deux appareils photos.

V / F **3.** S'il fait beau, elle aime aller dans un parc pour se promener.

V / F **4.** Gregory profite du beau temps pour faire du sport à l'extérieur.

V / F **5.** Il trouve le rugby extrêmement motivant.

V / F **6.** Il se sent encouragé quand il y a un grand ciel bleu.

V / F **7.** Fatou est malheureuse parce qu'elle aime nager, mais elle habite loin de la mer.

V / F **8.** La lecture est un de ses passe-temps préférés.

D Regardez encore une fois la vidéo et complétez le tableau avec les activités mentionnées dans les interviews.

Fatou (2)	Camille (4)	Gregory (4)